SO WIE EIN KRIEG IM FRIEDEN
Rittmeister Friedrich v.d. Spree

Michael F. Nousch

SO WIE EIN KRIEG IM FRIEDEN

Rittmeister Friedrich v.d. Spree

Page, Husar und Diplomat des Königs von Preußen
im
spätnapoléonischen Zeitalter

Historischer Roman in sechs Kapiteln

Für die freundliche Unterstützung wird gedankt:

- *Dreluso-Pharmazeutika, Hessisch Oldendorf*
- *Stadt Bad Pyrmont*
- *Stadtsparkasse Bad Pyrmont*
- *Stadtwerke Bad Pyrmont*

Das Werk ist urheberrechtlich geschützt. Jede Verwertung außerhalb der engen Grenzen des Urheberrechtsgesetzes ist ohne Zustimmung des Verlegers unzulässig. Dies gilt insbesondere für Vervielfältigungen, Übersetzungen, Mikroverfilmungen und die Einspeicherung und Verarbeitung in elektronischen Systemen.

Die Namen und Charaktere der Romanfiguren sind frei erfunden.

Erschienen im Eigenverlag des Autors
Michael F. Nousch
Wredestr. 9
31812 Bad Pyrmont
Germany
Umschlag: Constanze Gerke; Stefan Nousch
Druck: Emmrich GmbH, Bremen
Printed in Germany
ISBN 3-00-017280-7

Für Angelika

Inhaltsverzeichnis

Vorwort

Prolog:
Der große Umbruch im Leben des Friedrich v.d. Spree
- oder wie eigentlich alles begann

Als königlich preußischer Diplomat am dänischen Hof

Bornholmer Heringskrieg

Unverhofftes Wiedersehen mit dem König von Schweden

Verschwörung im Hirschpark

Epilog:
Von Kopenhagen nach Pyrmont –
die Schatten wandern mit

Personalübersichten

Karten des Ostseeraumes

Karte Fürstentum Pyrmont

Genealogien

Zeittafel

Anmerkungen

Vorwort

Über die Zeit Kaiser Napoléons, vom triumphalen Aufstieg bis zu seinem Abtreten von der Weltbühne, ist bereits vieles geschrieben worden. In unserer Geschichte kommen Personen zu Wort, welche die Jahre seit der französischen Revolution 1789 bis zur Neuordnung Europas nach dem Wiener Kongress 1814/15 mit all ihren Umbrüchen, Krisen und Kriegen, ganz oder teilweise mit erlebt und auch gestaltet haben. Sie veranschaulichen mit ihrer Erfahrung und vielfältigen faszinierenden Erlebnissen, Skandalen und Abenteuern, wie schwierig in den Jahren danach die Umstellung in eine gänzlich neue Epoche gewesen ist. Dies gilt sowohl für den Einzelnen, für wirtschaftliche Institutionen und Handel als auch die verschiedenen Staaten und ihre Herrscher. Es ist ein Zeitabschnitt, der trotz der Abwesenheit von erklärtem Krieg, von Schlachten und auch ohne den bis dato fast permanenten scharfen Kanonendonner durchaus nicht ohne Probleme und Gefahren ist. Auch in einer scheinbar so friedfertig anmutenden Phase unserer Geschichte sind Bewährung, Tapferkeit, gar besondere Heldentaten einzelner Menschen möglich und vom Schicksal so gewollt, um das Getriebe des Weltgeschehens vom hemmenden Sand zu befreien.

Die Hauptperson dieses Abenteuerromans, ja vielleicht ist sie treffender auch als Held zu bezeichnen, wird in den historischen Rahmen der Zeit unmittelbar nach den Napoléonischen Kriegen gestellt. Dabei erfolgen zum besseren Verständnis jeweils kurze Rückblenden in die davor liegenden Jahrzehnte, um so den notwendigen Bezug herzustellen. Personen der Geschichte spielen sowohl ihre angestammten historischen Rollen als auch ihre fesselnden Parts als Handelnde innerhalb des Romans. Die erstaunlichen Verknüpfungen der alten und der erst durch Napoléon neu etablierten Herrscherhäuser werden nachvollziehbar und detailliert aufgezeigt.

Der nach dem Wiener Kongress politisch grundlegend umgestaltete Ostseeraum, hier beispielhaft dargestellt das spätabsolutistische Königreich Dänemark, bildet die Bühne, auf der die handelnden Personen sich bewegen, sich ganz spezifisch darstellen und auch einen Teil ihrer Epoche höchst lebendig und kritisch widerspiegeln. Es ist weniger Schwerpunkt auf absolut akkurate Darstellung aller Details gesetzt worden, als eine dem geschätzten Leser verständliche Sprache und Umfeld zu schaffen, die es ihm erlaubt, den handelnden Personen und im Besonderen dem Hauptdarsteller Friedrich von der Spree folgen zu können. Hierzu bietet die Zeit der beginnenden Industrialisierung und der im Ansatz schon erkennbaren Revolutionierung des Verkehrs- und Kommunikationswesens eine interessante Kulisse; aber ebenso fesselnd, zuweilen delikat ist das damalige gesellschaftliche Umfeld mit all seinen Konventionen, Versuchungen, Intrigen und Fährnissen.

In einer Umgebung der beiden widerstreitenden Pole, des späten Absolutismus auf der einen und liberaler Tendenzen auf der anderen Seite, bewegt sich der Hauptdarsteller in den wechselnden Rollen als Höfling im Knabenalter, junger preußischer Soldat in Krieg und Frieden; nach seinem Abschied aus dem Militärdienst vorübergehend als Reitlehrer in Pyrmont, schließlich als unkonventioneller Diplomat am dänischen Königshof. Ja, beinahe agiert Friedrich Spree - ungewollt - in einer Art von Geheimagent. Sein Leben und Wirken mit großen Erfolgen, aber auch voller gravierender Unsicherheiten und Zweifel, gleicht noch einem Auf und Ab der Gefühle und Selbstfindung. Doch bald dominieren gesunder Menschenverstand, Kühnheit samt Fortune und sich entwickelnder diplomatischer Spürsinn. Sie lassen den Leser an verschiedensten Abenteuern zu Lande, zu Wasser und auch in der Luft teilhaben und Geheimnisse mit enträtseln.

Im Umgang mit den - ihn benutzenden, teils aber auch umschwärmenden - Damen spielt der junge Edelmann eine nicht immer heldenhafte oder gar standhafte Rolle. Hier öffnet sich der Deckel zu einem Fass voller Abenteuer, vermischt mit einem Schöpflöffel Romantik.

Bad Pyrmont, Herbst 2005

Prolog:

Der große Umbruch im Leben des Friedrich v.d. Spree – oder wie eigentlich alles begann

-1-

Zwar war nach der erneuten Abdankung Kaiser Napoléons im Sommer 1815 und seiner Verbannung nach St. Helena die preußische Armee noch für ein paar Jahre beinahe in voller Kriegsstärke gehalten worden, doch im Rahmen der preußischen Heeresreform wurde nicht nur die Armee umstrukturiert, sondern auch die beim Wiener Kongress versprochene Friedensdividende eingefordert. Die Seemacht England verringerte ihre Flotte auf ein Drittel und die siegreichen Regimenter des Herzogs von Wellington, der Napoléon die alles entscheidende Niederlage bei Waterloo - in der Nähe von Brüssel - bereiteten, mussten fast zur Hälfte ausgemustert werden. Die nach den Siegen des Feldmarschalls Blücher wieder erstarkte Kontinentalmacht Preußen gehörte nun anerkanntermaßen zu den fünf europäischen Großmächten, wenn auch in Selbsteinschätzung als die Nummer Fünf. Doch bei der Landesverteidigung sah man unausweichlich einer entsprechenden Reduzierung bei der Anzahl ihrer Regimenter entgegen. Der einst übermächtige Feind Frankreich mit seinem Generalkaiser Napoléon Bonaparte an der Spitze war Teil der Geschichte geworden und einstweilen keine Gefahr mehr für seine Nachbarn. Der in mehreren Kontinenten und auf den Weltmeeren ausgetragene Krieg hatte wie 50 Jahre zuvor im Siebenjährigen Krieg bereits Weltkriegscharakter. Die Völker bluteten aus, ohne dass dadurch die Qualität der Überlebenden sich verbessern konnte. Von den vier anderen bedeutenden Ländern Europas: England, Österreich, Russland und Frankreich ging keine militärische Bedrohung aus, die eine starke Armee in Preußen zwingend erforderlich gemacht hätte. Und dem preußischen König Friedrich Wilhelm III., der immer noch seiner zu früh verstorbenen Frau und Ratgeberin, der Königin Luise, nachtrauerte, konnten gewiss keine Expansionsgelüste nachgesagt werden. Der Großneffe des legendären Friedrich II. war weder Feldherr noch strebte er Neuerungen irgendwelcher Art an. Im Gegenteil, die Französische Revolution von 1789 und der Sturm, der nach ihr über Europas Reiche toste, hatte ihn zutiefst verunsichert und der Einmarsch Napoléons in Berlin im Jahre 1806 schwer gedemütigt. Nur die selbst körperlich und seelisch geschwächte Königin besaß noch einen Rest von Willen und Energie, konnte ihm noch Halt und Zuversicht geben. Dies sollte seine weitere Regierungszeit prägen. Die Monarchien Preußen, Österreich und Russland bildeten nunmehr die „Heilige Allianz" gegen liberale und revolutionäre Bewegungen. Die Fürsten waren entschlossen, den Status quo aufrechtzuerhalten und den absoluten Fürstenstaat auf der Grundlage des Gottesgnadentums wiederherzustellen. Und diese Allianz erforderte eher eine Verstärkung der inneren Sicherheitskräfte als einen Zuwachs für das Militär. Im Norden, in Skandinavien waren die Machtverhältnisse nach dem Wiener Kongress neu gemischt. Dänemark als quasi gezwungener Verbündeter des französischen

Kaisers war der große Verlierer. 1801 zerstörten die Engländer die dänische Flotte auf der Reede vor Kopenhagen und setzten 1807 in einem gewaltigen Bombardement, von See und Land aus, große Teile der Hauptstadt in Brand. Die älteste Monarchie Europas musste als Folge des Friedens von Kiel und des anschließenden Wiener Kongresses 1814 das Königreich Norwegen an Schweden abtreten. Das Haupt des Dänenkönigs wurde um die Last einer Krone erleichtert. Es wurde in einem komplexen, unter mehreren Staaten vereinbarten Tauschgeschäft von Preußen mit dem Herzogtum Lauenburg teilweise entschädigt. Knapp zwei Jahre zuvor, anno 1813, hatte das einst durch seinen Seehandel wohlhabende Reich einen Staatsbankrott erlebt, allerdings auch überlebt. Alles in allem eine schwierige Situation, die das dänische Selbstwertgefühl schwer erschütterte und die Keime für Revanche und Rache in die Herzen so mancher Kriegsverlierer pflanzte. Schweden, seit Jahrhunderten der Rivale auf der anderen Seite des Öresunds, hatte während der letzten Jahrzehnte zahlreiche Tiefpunkte erlebt. König Gustav III. beseitigte durch einen Staatsstreich von oben die Herrschaft der Stände, doch machten ihn finanzielle und kriegerische Misserfolge so unbeliebt, dass er einem Mordanschlag 1792 zum Opfer fiel. Vielleicht waren es die revolutionären Signale aus den Wirren der französischen Revolutionszeit, die hierzu führten, ebenso wie anschließend die Absetzung seines als geistig verwirrt deklarierten Sohnes, König Gustav IV., im Jahre 1809. Seine Erben, die letzten der Wasa-Dynastie, wurden des Landes verwiesen. Sein kinderloser Onkel, König Karl XIII. wurde zum König proklamiert und im Jahre 1810 vom Reichstag ein Marschall Napoléons, Jean Baptiste Bernadotte, zum Kronprinzen gewählt. Damit wollte man dem machtvollen Kaiser gefällig sein und dieser seinem Hauptgegner, nämlich England, einen tiefen Stich versetzen. Bernadotte stand seinem Schwippschwager, dem Kaiser Napoléon I., trotz aller durch ihn erhaltenen Würden wie Marschallsstab und Fürstenhut schon bald sehr kritisch gegenüber und rechtfertigte später auch die Erwartungen der Schweden, die er ab 1818 als König Karl XIV. Johan regieren durfte. Für Schweden, zuerst Napoléon umschmeichelnd, wurde dies später, in der Allianz gegen den stürzenden Kriegsgott, insgesamt eine Periode des Aufschwungs und großer Hoffnungen in die Zukunft. Doch noch drohte Schweden und dem Hause Bernadotte Gefahr im eigenen Lande, und zwar durch mögliche Intrigen des unberechenbaren Adels sowie der enterbten Dynastie samt ihrer Anhänger.

Das war - so vereinfacht beschrieben - die sicherheitspolitische Konstellation in der Mitte und im Norden Europas, als an einem grautrüben Tag zu Beginn der Adventszeit des Jahres 1819 Rittmeister[1] v.d. Spree vom Exerzier- und Reitplatz der Prinz-Louis-Ferdinand-Kaserne in Potsdam von dem Ordonnanzoffizier Leutnant v. Behlow Bescheid erhielt, sich unverzüglich beim Regimentskommandeur zu melden. „Unverzüglich" klang sehr süffisant aus dem Mund dieses feinen Pinkels, dessen Familie ihn monatlich mit einem dicken Wechsel versorgte und ihm ein sorgenfreies, sozusagen ein „herrenmäßiges" Leben gestattete. Stets trug er die bestgeschneiderte Uniform, selbst beim Dienst im Gelände oder in den Stallungen des Husarenregiments Nr.10 „Prinz-Louis-Ferdinand". Ein wenig hochnäsig schaute er auf Friedrich Sprees saubere, aber sichtbar mehrfach geflickte Tagesdienst-Uniform, so als wenn ausschließlich der äußere Schein das Wesen eines Offiziers ausmachte und nicht dessen Schneid und das fachliche Können. Behlow beneidete in Wirklichkeit den gleichaltrigen Rittmeister, der es weiter als er im Dienstrang gebracht hat und schon seit zwei Jahren eine eigene Husarenschwadron kommandierte. Auch hatte Spree beim Regimentskommandeur ein Stein im Brett. Oberst von der Tanne war nämlich ein alter Kamerad seines Vaters und Freund des verstorbenen Ehepaares v.d. Spree. Er hat den Jungen aufwachsen gesehen und gebrauchte noch heute das vertraute „Fritz" aus dessen Kindertagen, auch fast immer im dienstlichen Umgang. Als Junggeselle und ganz ohne nahe Verwandtschaft fühlte er sich oftmals wie ein wohlmeinender Onkel gegenüber dem um über 30 Jahre jüngeren Untergebenen.

Von der Spree übergab seinem Burschen Wilhelm die Zügel seines Hannoveraner Hengstes und folgte zu Fuß dem Ordonnanzoffizier in den Regimentsblock, einen neuen dreigeschossigen Bau aus rotem Klinkerstein. Eigentlich ein schmuckloser Funktionsbau, nur über dem Portal die preußische Königskrone mit ungenauen Konturen in Sandstein gemeißelt, kein Wappen des Regiments oder seines Namensgebers, dem immer noch sehr verehrten und geliebten Prinzen Louis Ferdinand von Preußen. Dieser war zum großen Kummer des ganzen Landes im Oktober 1806 als talentierter Feldherr bei Saalfeld im Kampf gegen die Franzosen gefallen und mit ihm die Hoffnung Preußens, dem französischen Usurpator den Einmarsch in Preußen zu verwehren. Der Oberst hatte seine Diensträume im ersten Stockwerk, mit Blick auf den Exerzierplatz und die Reitbahn. In sein Kommandeurszimmer gelangte man durch die Schreibstube, die dem Regimentsadjutanten, Major Henning Graf von Falckenhain, unterstand und in dem sich auch die beiden Ordonnanzoffiziere ein Pult teilten. Der Adjutant stand an ein eichenes Schreibpult gelehnt und diktierte gerade einem Schreibstubengefreiten einen der zahlreichen Regimentsbefehle. Er winkte dem Ankömmling freundlich zu „ja, grüß dich lieber Spree, was beneide ich euch da draußen beim Exerzieren, während ich hier in all' der langweiligen Büroarbeit und Flut von administrativen Anweisungen ersticke. Gerade haben wir vom Armeekorps wieder einmal Befehle zum Einsparen bei den Manöverkosten erhalten. Es ist kaum noch Geld für euch zur Verfügung. Sogar die Haferrationen für die Pferde sind verkleinert worden. Das macht meine Hoffnung auf vier Wochen Manöver in der Märkischen Heide zunichte. Der Finanzminister diktiert die Marschrichtung im Frieden und unser Kriegsminister lässt mal wieder alles mit sich geschehen. Doch es kommt noch viel schlimmer; aber der Oberst wird es dir gleich erklären. Geh' nur hinein."

Oberst Eitel von der Tanne ist der dritte Regimentskommandeur der gerade erst 1812 aufgestellten Louis-Ferdinand-Husaren, auch „Fliederbüsche" genannt in Anspielung auf die Farbe ihrer Uniform. Er machte seinem Vornamen wahrlich keine Ehre, sondern gefiel sich, wenn er nicht gerade paradieren oder hochgestellte Besucher empfangen musste, in unnachahmlicher Schlichtheit. Er trug „univil", heißt eine Mischung aus Uniform und ziviler Bekleidung, die ihn manchmal so richtig grotesk aussehen ließ, ohne dabei jedoch an Würde einzubüßen. Die Würde dieses mittelalterlichen Husaren ging nämlich von seinem vierkantigen Schädel aus, seinem vollem weißem Haupthaar. Ein mehrfach gedrehter Schnauzbart reichte herab bis unter das Kinn. Das Gesicht wurde dominiert von zwei immer noch blinkenden grünen Augen, darüber buschige weiße Augenbrauen. Die Krönung war eine kühn geschwungene Hakennase, über die bis zum linken Ohr eine Narbe verlief, die er sich bei der Schlacht bei Jena, im Zweikampf mit einem französischen Kürassier, holte. Heute trug er zu Jagdstiefeln und grünen groben Jagdhosen den fliederfarbenen Dolman mit den 18 Goldschnüren, dem Waffenrock der 10. Husaren. Die weiten Hosenbeine kaschierten nur teilweise seine extrem krummen Beine, denen man über 45 Jahre Dienst im Sattel ansah. Die O-Beine und der leicht gebeugte Rücken ließen ihn auf den ersten Blick fast einen Kopf kleiner erscheinen als Spree, obwohl beide in aufrechter Haltung gut sechs Fuß lang waren. Wahrscheinlich ist er gerade von der Jagd gekommen und mochte seinem untergebenen Schwadronchef halbwegs formell gegenüberstehen. Sein Jagdhut, eine grüne Lederjoppe und eine Doppelflinte lagen noch wie gerade ablegt über einem der beiden Fauteuils. Dass er seinen Husarenrock angelegt hatte verhieß irgendetwas Außergewöhnliches, ebenso die Anspielung des Adjutanten. Etwas Gutes oder Schlechtes? Eher wohl Letzteres. Was ist in den vergangenen Tagen geschehen? Vorgestern im Regimentskasino ein klein wenig zu viel mit dem Adjutanten und zwei anderen Regimentskameraden getrunken, und danach noch durch zwei Potsdamer Wirtshäuser gezogen. Der vermeintlichen Tochter des Schuldirektors im Gasthaus „Zur königlichen Mühle" ein paar sehr eindringliche Komplimente gemacht, bis sich herausstellte, dass es die Ehefrau des im Kontrast dazu beinahe greisenhaft wirkenden Schulmeisters war. Wie kommt dieser trockene Zausel nur an so eine bildhübsche und lebhafte junge Frau? Hat der Kerl doch selbst Schuld, wenn er unsereins so herausfordert. Seine Schulden sind fast alle bezahlt. Der Ausbildungsstand seiner Schwadron könnte kaum besser sein, also was war los?

„Melde mich gehorsamst zur Stelle, Herr Oberst. In der 2. Schwadron keine Vorkommnisse", rasselte Spree herunter und legte seine rechte Hand grüßend an die weiße Pelzmütze mit dem auffälligen schwarzen Kreuz an der Stirn. „Danke, Herr Rittmeister. Ich habe gerade die Zweite beim Exerzieren aus dem Fenster beobachtet. Bin zufrieden mit ihren pommerschen Rekruten". Nanu, erst das förmliche Herr Rittmeister, anstatt Fritz, und jetzt noch eine Anerkennung... "Setz dich hin Fritz, wir müssen reden. Es ist Frieden, wir haben ihn mühsam erkämpft und uns damit auch wieder einmal entbehrlich gemacht. Am 24.Januar, am Geburtstag des großen Königs – er meinte Friedrich II., auch liebevoll und verehrend "Alte Fritz" genannt – wird seine Majestät eine große Parade und Inspektion hier in Potsdam abhalten. Vier Dragonerregimenter werden zu Beginn teilnehmen und am Ende zu zwei neuen Truppenteilen zusammengelegt. Erhöhung der Leistungsfähigkeit und Straffung der Führungsstruktur sagt man im Großen Generalstab. Ich sage einfach, das ist eine Form von Abrüstung und radikaler Haushaltseinsparung auf Kosten der Armee. Nichts als Verdummung! Wir bewegen uns wieder hin zu einer unbedeutenden

Mittelmacht in Europa und Seine Majestät macht da einfach mit, um ja mit den anderen Mächten gut Freund zu sein und bloß keine Führungsrolle übernehmen zu müssen. Fritz, für uns beide wird sehr bald der Zapfenstreich geblasen. Ja, du hast richtig gehört, für uns beide. Mehrere Regimenter werden aufgelöst oder einfach die Anzahl der Schwadronen halbiert. Unser Regiment ist mit dabei. Ich gehe in den Ruhestand, jemand von den Reformern um die Generale Gneisenau[2] und Grolman[3] oder den von Fürst Blücher favorisierten Waterloo-Helden wird eines der zusammengelegten Regimenter übernehmen. Für alle anderen ohne allerhöchste Protektion, wie du und ich, wird in der neuen Armee kein angemessener Platz mehr sein. Ich gehöre auf jeden Fall bald nicht mehr dazu und muss mich wohl oder übel in das mir zugedachte Schicksal fügen. Das habe ich aber schon kommen gesehen. So habe ich schon einmal die Fühler ausgestreckt, um mir ein kleines Gut mit Pferdegestüt zu erwerben. Da besteht eine sehr reale Möglichkeit, im Weserbergland, ganz in der Nähe von dem berühmten Badeort Pyrmont. Nicht groß an landwirtschaftlicher Fläche, aber etwas Wald dazu, ein Stück vom Flusslauf und saftige Koppeln für die Pferdezucht. Und Rösser werden immer benötigt. Aber, entschuldige bitte, dass ich dir hier schon etwas vorschwärme. Was dich zu meinem großen Kummer anbelangt, so wirst du wohl oder übel deine Schwadron an einen wesentlich dienstälteren, beinahe doppelt so alten Rittmeister abgeben müssen. Ja, wir kommen wieder in die Situation, in der über 50jährige - wo möglich dickbäuchige - Hauptleute Kompanien führen und Tattergreise ihre Vorgesetzten sind. Dann wiederholt sich diese verhängnisvolle Ausgangslage wie vor Jena und Auerstedt, als ein überaltertes Offizierkorps mit noch viel älteren Generälen den jungen Militärs Napoléons gegenüber standen. Es gibt trotz all meiner Bemühungen beim Kommandierenden General nur zwei Möglichkeiten, die dich beide vermutlich nicht zufrieden stellen können: Erstens der vorläufige Ruhestand mit Halbsold eines Rittmeisters und dem Warten auf eventuelle Reaktivierung oder zweitens die herunter gestufte Stellung eines Premierleutnants[4], aber leider nicht in einem der zukünftigen Regimenter, sondern als Taktiklehrer an einer Militärschule in Frankfurt an der Oder." Der Oberst ging tief gebückt um den Schreibtisch herum, über seinem quadratischen Schädel hing die Regimentsfahne mit dem Wappen, einem sprungbereiten gelbbraunen Löwen auf lila Grund. Beide schauten auf ihre Fahne, die bald im Armeearsenal zu Potsdam oder später einmal in einem Museum oder in der Aula einer Militärakademie ihren Platz finden sollte. Wehmut beschlich sie, auch der Namensgeber Prinz Louis Ferdinand schien traurig von seinem Porträt zur Fahne zu blicken. Früher schaute er doch immer so optimistisch und siegesgewiss auf sie herunter.

Spree rang sichtlich um Fassung. Zwar gingen schon seit ein paar Monaten Gerüchte um Reform, Reduzierung und Zusammenlegungen herum, doch er war so damit beschäftigt, seine neuen Rekruten zu einsatzfähigen Husaren zu drillen, dass er für Armeeplanungen sowie Gedankengänge oberhalb seiner Schwadron und des Regiments momentan keinen Platz in seinem Kopf hatte. Vielleicht war dies auch eine Art Flucht ins Detail; denn Spree hatte eigentlich während seiner militärischen

Karriere bereits mehrmals über den Tellerrand schauen können. So, als er im Range eines Sekondeleutnants[5] im preußischen Verbindungskommando vor der Schlacht bei Leipzig beim schwedischen Kronprinzen Karl Johann zugeteilt war. Und ab 1814 wurde er als Ordonnanzoffizier dem Gesandten Graf Weißenberg zukommandiert, dem ständigen Repräsentanten Preußens beim Wiener Kongress. Auch wenn ihm zahlreiche Zusammenhänge zwischen Politik, Diplomatie und Militär nicht gänzlich klar geworden sind, verstand er mehr davon als andere Offiziere seines Jahrgangs und erhielt damals schon Einblick in die Streitkräfteplanungen der ehemaligen Kriegsparteien und in die so genannte "Große Politik" des österreichischen Außenministers und führenden Kopfes des Wiener Kongresses, dem Fürsten von Metternich.

Was erwartete ihn, den jungen Offizier, in der Zukunft? Wie sollte er sich entscheiden? Alles kam so unvermutet. Bisher war alles für ihn geregelt gewesen: Unterkunft und Verpflegung, damals in der Familie, als seine Eltern noch lebten, dann der Dienst als Page am königlich preußischen Hof, ebenso der anschließende Militärdienst. Harter und manchmal auch gefährlicher Dienst, dafür die Kameradschaft in der Kadettenanstalt und im Regiment. Als Offizier hatte er den Burschen, der für seine Bekleidung und das Pferd sorgte. Mit zwölf Talern im Monat verdiente er zuletzt als Rittmeister - mit fünf Jahren im Dienstrang - immerhin doppelt soviel wie ein Schulmeister oder genauso viel wie ein Richter am Amtsgericht. Aber die extravagante Uniform kostete in der Unterhaltung fast einen halben Monatssold und der Bursche bekam auch extra Geld, so dass bisher gerade einmal 180 Taler auf der hohen Kante lagen. Und das Geld stammte zumeist aus der Wiener Zeit, als es eine kräftige Zulage für die diplomatische Delegation gab. Sollte er in dieser militärischen Geborgenheit verbleiben, egal wo man ihn schickte, oder sollte er die Chance seiner Jugend und das Gewicht seiner Erfahrung nutzen, um sich ein Leben außerhalb des preußischen Militärs aufzubauen? Sollte er sich als Husar in einer anderen Armee empor dienen, vielleicht gar im türkischen Dienst, wo man seit langem schon mit lukrativen Angeboten um preußische Offiziere warb? Sollte er vielleicht eine akademische Laufbahn einschlagen, in Berlin oder Heidelberg beispielsweise Jurisprudenz studieren, einmal Richter oder Anwalt werden wie andere Angehörige des niederen Adels? Auswandern in das neue Land Amerika, wovon bereits sein Vater geträumt hatte? Oder vielleicht sich als Reit- oder Tanzlehrer in diesen neuen mondänen Bädern für das erste über Wasser halten? Warum nicht? Bisher haben das überwiegend nur Kriegskameraden mit bürgerlicher Herkunft getan. Sprees Dünkel als Adeliger hielt sich jedoch in Grenzen. Er war der einzige Sohn eines mittellosen vierten Sohnes aus dem Haus eines siebten Sohnes des Geschlechts derer v.d. Spree, die zwar zum brandenburgischen Uradel gehören, das heißt schon vor dem Jahr 1400 urkundlich erwähnt sind, doch bereits auch seit Urzeiten an Geldmangel litten. Will sagen, seine Vorfahren haben es versäumt, durch Heirat eine so genannte gute Partie zu machen oder anderweitig, beispielsweise als Raubritter, zu Geld und Vermögen zu gelangen. Es waren mehr die Liebesheiraten, und wahrscheinlich war das auch der Grund, dass die Sprees immer mehrere Talente zum Einsatz bringen mussten, um ihren Lebensunterhalt zu verdienen. So war sein Großvater zuerst Forstmann, dann Seeoffizier im Dienste eines Hamburger Reeders. Sein Vater trat als verabschiedeter Hauptmann den Dienst am Hofe von König Friedrich Wilhelm III. als Stallmeister, sprich als Beamter des Hofmarschallsamtes, an. Dort hatte Karl von der Spree mehr mit Journalen und Zahlenkolonnen zu schaffen, als mit Pferden und Kutschen. Schon außerhalb des militärischen Dienstes erhielt er dann - mehr ehrenhalber - noch die bereits seit vielen Jahren versprochene Beförderung zum Major. Er führte zusammen mit Friedrichs Mutter - ähnlich wie das Preußische Herrscherpaar - eine glückliche Ehe. Die Mutter war Hofdame der Prinzessin Luise aus dem Hause Mecklenburg und wurde von der späteren Königin mit an den preußischen Königshof genommen. Nur, dass es für Friedrich keine weiteren Geschwister gab. Also, es bestanden da zahlreiche Optionen außerhalb des Militärs, denn dafür hatte Spree sich nunmehr so ziemlich fest entschlossen. Doch der raue schneereiche Winter zu Beginn des Jahres 1820 vereitelte eigene Reiseplanungen und hielt ihn erst einmal noch in Potsdam fest, wo er nach seiner Verabschiedung - mit Handschlag durch den König - noch bis Ende März kostenfrei in der militärischen Unterkunft wohnen durfte.

-2-

Für April hatte ihn Major Henning Graf von Falckenhain, der als Prinzenerzieher an den preußischen Hof versetzt worden ist, dann auf das Landgut seines Vaters in die Nähe von Bernau eingeladen. Dort im Norden Berlins sollten ihn zwei unbeschwerte Monate auf dem offenen Lande erwarten. Das Gut verfügte über 2.000 Hektar Land und Forst. Es gab auch ein paar Trakehner Pferde, ein Hobby des alten Eigentümers, der sich darüber freute, dass seine wertvollen ostpreußischen Pferde nun für ein paar Monate fachmännisch bewegt werden sollten. Seinen Hannoveraner Hengst hat Spree noch für 50 Taler günstig verkaufen können und damit zusammen mit dem Erlös aus ein paar Uniformteilen seine Ersparnisse auf fast 450 Taler erhöht. 300 Taler davon hat er in Staatspapieren über die Berliner Bank festgelegt. Sein vom König gnädig bewilligter Halbsold von nunmehr sechs Talern und zehn Silbergroschen sollte für die monatlichen Unkosten reichen, so dass die verbliebenen 150 Taler für Anschaffungen aller Art ein beruhigendes Geldpolster für Friedrich Spree darstellten. Er trug dieses Geld in 1 und 2 Friedrichsdor Goldstücken in einem hirschledernen Geldbeutel stets bei sich. Die 2 Friedrichsdor stammen alle aus dem Jahr 1814 mit dem Bildnis Friedrich Wilhelms III. auf der Vorderseite und den erbeuteten Kanonen, Standarten und Fahnen aus den Siegen gegen Napoléon auf der Rückseite. Immerhin Schlachten, an denen v.d. Spree selbst teilgenommen hat. Für den gerade 25-Jährigen ein beruhigendes Gefühl, einmal solche Goldstücke zwischen den eigenen Fingern zu spüren.

Am letzten Sonnabend im März stand gegen Mittag der Kutscher Heinrich von dem Falckenhainschen Gut mit einem Zweispänner vor der Kaserne. Er sollte nicht nur

Spree abholen, sondern auch dessen gesamte Habe, die in einer überdimensionalen Messingbeschlagenen Eichentruhe, die einst seinem Vater gehörte, untergebracht werden konnte. Heinrich, zwei Kameraden und er hievten das Ungetüm von Kiste auf die Ladefläche und dann ging es mit einem doch leicht wehmütigem Winken hin zu den altvertrauten Gebäuden und Plätzen los in Richtung Bernau. Doch niemand nahm weiter Notiz oder winkte hinterher. Das Verlassen der Garnisonsstadt Potsdam fiel ihm dadurch nicht so schwer. Die Stadt mit ihren etwa 17.000 Zivilpersonen und knapp 8.000 Soldaten hat stark unter der französischen Einquartierung gelitten und ungefähr ein Drittel der Einwohner lebten unter tiefster Armut. Der Wiederaufschwung nach den Befreiungskriegen hatte hier auf jeden Fall noch nicht gegriffen. Auch die Reduzierung beim Militär und der damit einhergehende wirtschaftliche Verlust für Verpflegung und Unterbringung von Mensch und Tier erschwerte die Lage der alten Residenzstadt. Obwohl an glorreiche Epochen erinnernd, bröckelte deren Fassade sichtbar. Ach, für die Erinnerungen an die Kindheit in den Potsdamer und Berliner Schlössern wird noch Zeit für lange Winterabende verbleiben. Jetzt lockte erst einmal der Frühling, der schon überall sichtbar wurde. Es war in den letzten zwei Wochen trocken gewesen, angenehme Temperaturen um gut 15 Grad, und Kutscher Heinrich führte sein Gespann im leichten Trab über die Alleen und Straßen westlich um Berlin herum. Man merkte den Pferden an, dass es die erste längere Ausfahrt nach dem Winter war, und so konnte Heinrich Hanke, der älteste Kutscher des gräflichen Haushalts, dem Gast seiner Herrschaft sein Können vorführen. Ja, er verstand wirklich etwas von Pferden und war auch ansonsten auf rührende Art um das Wohl des Rittmeisters bemüht. Die Köchin hatte einen Krug Bier, Hühnerbeine und belegte Brote mitgegeben, die sie gemeinsam bei der Rast hinter Heringsdorf verspeisten. Dabei berichtete ihm der Kutscher, dass sein Regimentskamerad Henning bereits am Vorabend auf dem väterlichen Gut eingetroffen sei und zwei Monate Urlaub vom Hofdienst genommen habe. Kurz vor Sonnenuntergang passierten sie die Tore der mittelalterlichen Stadt Bernau, die sogar noch vor Berlin die Stadtrechte erhalten hat, wie Heinrich stolz berichtete. Hinter Bernau auf dem Wege nach Eberswalde liegt das Gut derer von Falckenhain, in der Herrschaft Falckenhain. Von der Landstraße geht eine Ulmenallee ab zum Herrenhaus, das 1806 von den Franzosen in Brand gesteckt wurde und erst ab 1815 im klassizistischen Stil wieder vollkommen neu aufgebaut worden ist. Der alte Graf hatte gut mit preußischen Staatsanleihen verdient, die er 1808 sehr günstig erstanden hatte. Sein ältester Sohn ist im Felde geblieben, in der letzten Phase der Schlacht bei Jena. Sein Freund und Kamerad Henning Graf von Falckenhain, der zweite Sohn, steht nun als Husarenmajor im Hofdienst und hat bisher noch kein Interesse an der Landwirtschaft bekundet. Zur Familie gehören noch drei Schwestern zwischen 17 und 22 Jahren, alle noch unvermählt. Damit wusste Spree das Wesentliche über seine Gastgeber, die Familie seines langjährigen Freundes Henning, die sich offensichtlich genauso auf seinen Besuch freuten wie er. Vater, Sohn und drei junge Frauen in hübschen fliederfarbenen Kleidern, offensichtlich die drei Schwestern seines Freundes, standen winkend auf der Treppe zum Haupteingang des Herrenhauses. Die Frauen hielten frische Forsythienzweige als Willkommensgruß in den Händen und sprangen wie junge Füllen, aber doch mit mädchenhafter Anmut, gemeinsam mit Henning auf Friedrich zu, als dieser mit etwas steifem Rücken vom Kutschbock stieg. Alle drei, bei näherem Hinschauen erkennt man, es sind wirkliche Damen, küssten ihn fast gleichzeitig auf seine vom Fahrtwind kühlen Wangen, gerade so, als wenn er der langersehnte Cousin sei. „Denk dir nichts dabei, so wild und direkt sind die seit ihrer Italienreise. Schöne Sitten dort jenseits der Alpen, na, uns Männern soll es recht sein. Willkommen auf Falckenhain!", und herzhaft drückte er seinem Freund die Hand und haute ihm dann vertraulich auf die Schulter. Nach der Vorstellung bei dem Vater des Freundes, der schmunzelnd die jungen Leute betrachtete, nahm Henning seinen Freund am Arm und führte ihn durch eine mindestens sechs Meter hohe Eingangshalle in das erste Stockwerk und wies ihm zwei nebeneinander liegende Zimmer als Schlafzimmer und Salon an. „Unsere Fürstensuite, auch geeignet für Raubritter deines Schlages", witzelte Henning. Von den Fenstern hatte er Aussicht auf einen Park mit kleinem Teich, auf dem er bei der Abenddämmerung noch ein paar Enten und am Rand auch Gänse erkennen konnte. Die Zimmer waren wirklich sehr luxuriös eingerichtet. Frische Birkenzweige standen zusammen mit Forsythien in einer fast meterhohen chinesischen Vase, die mit ihren bunt aufgemalten Drachenfiguren den Salon als Blickfang dominierte. Eine Recamiere, zwei Sessel von demselben farngrünen Samtstoff und ein nierenförmiger Rokokotisch mit Intarsieneinlage waren der Ausdruck erlesenen Geschmacks und gaben dem Salon einen sehr femininen Charakter. Während Friedrich Spree die besondere Schönheit dieses Raumes aufnahm, kam Heinrich mit zwei Knechten, die ächzend die Eichenkiste herein trugen und ihn fragend anblickten. „Dort in die Ecke neben den Waschtisch, bitte", wies er sie an und goss sich Wasser in die Schüssel, um sich erst einmal den Straßenstaub abzuwaschen. Für das Abendessen, das gleich im Erdgeschoß, im Speiseraum links vom Haupteingang, eingenommen werden sollte, zog er sich nicht weiter um, sondern bürstete nur seine Reitstiefel ab, um den Staub der Landstraße zu entfernen. Er begab sich ins untere Geschoß, wo Henning schon auf ihn wartete und gleich in den Speiseraum zog. Ein bestimmt acht Meter langer ovaler, dunkel gebeizter Eichentisch mit zehn passenden und sehr bequem wirkenden Stühlen stand in Längsrichtung. Im Kamin brannte ein offenes Feuer, das wärmte und gleichzeitig einen angenehm herben und Gemütlichkeit verbreitenden Geruch im Raum verbreitete. Am Tisch saßen bereits der Gutsherr und ein älterer Herr. Es handelte sich um einen Vetter der verstorbenen Gutsherrin, der schon seit der Jahrhundertwende als Familienmitglied im Haus wohnte und sich bisher als Jäger, Unterhalter und finanzieller Ratgeber nützlich gemacht hatte. Seit einem Sturz vom Pferd im letzten Herbst war er noch gehbehindert und war deshalb auch vom Ober- in das Erdgeschoß umquartiert worden, um es ihm so bequem wie möglich zu machen. Wilhelm von Stackel wurde von den Töchtern des Hauses liebevoll, ja fast zärtlich mit Onkel Willy angesprochen. So war er am Tisch auch von den beiden älteren Töchtern Elisabeth und Dorothee flankiert. Zwischen dem Hausherrn und der jüngsten Tochter Andrea hatte man einen Stuhl freigelassen, auf den Henning mit der Hand hinwies. Der setzte sich auf die gegenüber liegende Seite. „Ja, Herr Rittmeister, wenn Sie erst einmal in mein Alter kommen, dann haben Sie auch Anspruch auf zwei

Tischdamen." Allgemeines Gelächter, eine unkonventionelle Gesellschaft, in der sich Friedrich gleich wohl fühlte. Das Abendessen bestand aus vier Gängen mit Wildsuppe, Perlhuhnsalat, Rinderrouladen und Himbeerpudding. Dazu gab es Moselwein und Rotwein aus dem Ahrtal. Der Graf legte großen Wert auf deutschen Wein, obwohl er dafür genau soviel Zoll und Steuern wie auf Weine aus Italien, Spanien oder Frankreich bezahlen musste. Nach dem Kaffee wurde noch Weinbrand gereicht, was Friedrich zusammen mit der Wärme, die der Kamin ausstrahlte, ein wenig schläfrig machte. Während des Essens musste Henning über den letzten Hofklatsch berichten und Friedrich über Potsdam. Der alte Graf fragte, ob in Potsdam die Bettler immer noch so aggressiv wären, was ihn bei seinem letzten Besuch vor einigen Wochen sehr irritiert hatte, denn bei Hofe und innerhalb der Regierung wurde über Not und Elend im Lande nicht gesprochen. Spree hatte nur wenig Erfahrung, doch wusste er, dass Tausende von Staatenlosen, die durch die Kriegswirren, durch Flucht, Vertreibung ihre Heimat verloren hatten und zahlreiche ehemalige Soldaten der zwischenzeitlich aufgelösten preußischen Regimenter ohne Arbeit und Brot waren und keine neue Anstellung fanden. Sie waren in ihrer Not nicht nur zum Betteln verdammt, sondern lebten auch von kleinen Gaunereien, Diebstählen und Wilddieberei. Kleine Gruppen von „Marodebrüdern", wie sie von der Polizei bezeichnet wurden, durchstreiften auch die ländlichen Bereiche. Hierauf kam Graf Falckenhain zu sprechen: „Wir haben fast jede Woche Meldungen unserer Pächter über Einbrüche und Viehdiebstähle. In der letzten Zeit sogar am helllichten Tag. In unserer Nähe scheint ein Versteck der Halunken zu sein. Die Spuren weisen häufig in die Wälder um Biesenthal herum. Der Landrat von Bernau konzentriert seine noch verbliebenen zwölf Gendarmen auf die Sicherheit der Städte Bernau, Eberswalde und Finow und die alte Kopfstein gepflasterte Heerstraße Bernau-Berlin. Wir Rittergutsbesitzer sollen unser eigens vom König verliehene Vollzugsrecht anwenden und mit unseren Knechten selbst für Ruhe und Ordnung sorgen. In Berlin kümmert man sich um den Aufbau einer Geheimpolizei, die nach revolutionären Elementen ausschauen sollen. Der König fürchtet sich mehr vor diesen Phantomgestalten von irgendwo her als den realen Strauchdieben in seinen Provinzen. Der Landrat musste für diese neue Truppe allein acht Polizisten abstellen. Ich glaube, es ist gut, dass ich nun zwei Offiziere im Haus habe, die eine Mannschaft zusammenstellen und die Räuberbande in ihrer Höhle ausräuchern können." Henning und Friedrich schauten sich fragend an und nickten dann. „Lass uns morgen darüber im Detail sprechen, Vater. Unser Gast ist müde und wir haben ja schließlich zwei Monate Zeit, um Ordnung in deine Herrschaft zu bringen." Friedrich widersprach nur leicht, die Müdigkeit hatte ihn tatsächlich gepackt und gern ließ er sich von Elisabeth Falckenhain die Treppe zum ersten Stock hoch geleiten. Ihr fliederfarbenes Seidenkleid ließ im flackernden Licht der Kerzenleuchte ihre wohlgeformten Körperkonturen abzeichnen. Die zusammengesteckten brünetten Haare bildeten einen Kontrast zu ihrem weißen wohlgeformten Hals, der bei diesen Lichtverhältnissen außerordentlich reizvoll wirkte. Ganz besonders diese bis zum Nacken herunterfallenden Ringellocken. Lächelnd reichte sie ihm den Kerzenhalter und berührte dabei ganz flüchtig seinen rechten Handrücken. „Schlafen Sie wohl,

Friedrich. Ich darf doch Friedrich sagen?" „Ja, ja, natürlich", stammelte v.d. Spree, als sie schon um die Ecke in den anderen Flügel des Herrenhauses entschwebte, ihn mit ihrem nur langsam verfliegenden Duft zurücklassend.

Die Sonne drang selbst durch die dunklen Vorhänge seines Schlafzimmers. Es musste schon fast Mittag sein, als Spree erwachte. Obwohl er bestimmt zehn Stunden geschlafen hatte, fühlte er sich noch so erschlagen wie nach ganztagigen Ritten während der napoléonischen Feldzüge. Schuld daran hatte bestimmt die lange Kutschfahrt, das Gerumpel über die Landstraßen mit den unzähligen Schlaglöchern. Die letzten Kilometer über die gepflasterte Heerstraße hatten ihm gestern wohl den Rest gegeben. Nach seiner Morgentoilette begab er sich in die Halle, wo er von Stackel auf einen Stock gestützt antraf. „Guten Morgen, hoffentlich haben Sie gut geschlafen bei uns hier auf dem Lande? Graf Christian und die Komtessen kommen gerade aus Bernau zurück." Da sah er Heinrich mit dem Kutschwagen in die Einfahrt einbiegen. Ach richtig, es war ja Sonntag und die Herrschaften waren bestimmt zum Kirchgang unterwegs. Die Falkenhains haben ihre eigenen Plätze in der 300 Jahre alten Marienkirche zu Bernau, wo man sie regelmäßig am Sonntag zum Gottesdienst sieht und der Pfarrer gern die großzügige Kollekte des Grafen erwartet. Gerade wurde wieder Geld für die Restaurierung von Teilen des Hochaltars benötigt, der wohl in der Werkstatt von Lucas Cranach entstanden ist, so erklärte wenigstens der alte Stackel. Da kam auch Henning die breite Marmortreppe herunter und erlöste Friedrich vor weiteren heimatkundlichen Erklärungen, zu denen er einfach noch nicht aufgelegt war. Er hatte wie Friedrich erst einmal ausgeschlafen und begrüßte Freund und Familie mit seinem trotz seiner 35 Jahre immer noch jungenhaften Lächeln. „Komm, Fritz, lass uns gleich in die Küche gehen und ein richtiges Husarenfrühstück bestellen", meinte Henning und zog den Freund mit sich. Darunter verstand er Schinkenspeck, Eier und Bratkartoffeln sowie geröstete Zwiebeln und getrocknete Tomaten aus Italien, alles in einer Pfanne geschmurgelt. In einer extra Pfanne bereitete die Köchin Bratwürste nach einem Rezept aus ihrer Thüringer Heimat zu. Dazu frisches Landbrot, kolumbianischen Kaffee und gekühlten Apfelsaft. „Der Kaffee wird durch Vaters Schiffe direkt aus der Karibik importiert." Ja richtig, Graf von Falckenhain ist nicht nur Herr auf Falkenhain, Herr über 2.000 Hektar Land und erbliches Mitglied im Preußischen Herrenhaus. Er hatte auch Geld als stiller Teilhaber in einer Großreederei in Rostock angelegt. Die Schiffe des Kaufmanns und privilegierten Hoflieferanten Schönerrock gehörten zu einem Drittel ihm, ebenso die Kaffeeröstereien, die Heringsverarbeitungsbetriebe in den pommerschen Hansestädten Kolberg, Köslin und auf der dänischen Insel Bornholm. Ungeheurer Reichtum wurde nach Beendigung der Kontinentalsperre ab 1814 durch den Import von Kaffee, Tabak und Gewürzen aus dem karibischen Raum gescheffelt. Auch mit Rum, aus Zuckerrohr hergestellt, ließ sich gut Geld verdienen. Die Geschäfte in der Ostsee, wo die Reederei gerade Agenturen in der dänischen Hauptstadt Kopenhagen, im schwedischen Helsingborg und dem norwegischen Hafen Kristiania eingerichtet hatte, gingen insgesamt auch gut, doch gab es durch zwei mysteriöse Totalverluste bei den Schiffen erste schwere Rückschläge. Hier wollte Graf Christian sich persönlich einmal um Aufklärung bemühen und nach Rostock zum Firmensitz reisen und sich damit aktiv in die Geschicke der Firma einschalten. Seit seine Töchter groß waren und immer häufiger mit ihren Gouvernanten und einem Hauslehrer auf Studienfahrten, vorzugsweise nach Frankreich und Italien, reisten, fühlte er sich einerseits sehr allein im großen Herrenhaus, andererseits spürte er das aufkommende Interesse, ja beinahe die Lust nach neuer unbekannter Betätigung und Herausforderung. Für das Gut hatte er einen tüchtigen Verwalter, den Oberinspektor Hans von Hochmeier, der selbst einmal ein Gut in Mecklenburg besessen hatte, aber für einen Freund gutsagte und letztendlich für dessen Schulden gerade stehen und seinen Besitz verkaufen musste. So hatte der alte Graf auch bereits seinem Sohn Henning angeboten, sich von dem Verwalter in die Landwirtschaft einweisen zu lassen, um bald die Leitung des Falckenhainschen Rittergutes zu übernehmen. Doch dieses Angebot gleich nach der Außerdienststellung des Regiments hatte Henning ausgeschlagen, um stattdessen Dienst am preußischen Hofe zu leisten. „Den jungen Prinzen die Rotznasen zu putzen", wie sein Vater ein wenig scherzend und gleichzeitig geringschätzig kommentierte. Er selbst hatte als junger Mann, noch vor Hennings Geburt, Dienst als Kammerjunker geleistet und im Streit mit dem Oberhofmarschall den Palast in Charlottenburg verlassen. Seitdem hat er bei Hofe gerade nur noch Pflichtveranstaltungen, wie die jährliche Cour des Königs für die erblichen Mitglieder des preußischen Herrenhauses, besucht.

Nach dem ausgiebigen Frühstück leisteten die beiden Männer den Komtessen, Wilhelm von Stackel und dem Hausherren im grünen Salon Gesellschaft. Der Raum heißt so wegen der grünen Seidentapete an der Fensterseite. Die verstorbene Gräfin hatte früher allen Räumen, oder zumindest den von der Familie genutzten, entsprechende Namen gegeben. Im neuen Herrenhaus haben die beiden ältesten Töchter die Namensfindung ihrer Mutter übernommen. An der Stirnseite hing ein Bildnis einer jungen Frau in klassisch-griechischem Gewand, deren Gesicht und Haar der jüngsten Komtesse Andrea stark ähnelte. „Meine Mutter, sie liebte das klassische Theater und Kostüme aus dieser Zeit", erklärte Henning dem Freund. Gräfin Louise von Falckenhain war wenige Tage nach der Geburt von Andrea verstorben und hat einen kummervollen Witwer mit drei kleinen Mädchen hinterlassen, während die Söhne bereits Fähnriche bei den Zietenhusaren waren und nur selten auf Urlaub kamen. Von ein paar flüchtigen Damenbekanntschaften und zwei daraus entstandenen Liebschaften abgesehen ist Graf Christian ohne Frau geblieben und hat seine Zeit den Töchtern, der Politik sowie der Landwirtschaft und ihren Menschen gewidmet.

„Onkel Willy, was ist mit den Wilderern und Herumtreibern in unserem Gebiet?", fragte Henning. Sie erfuhren, dass nach Neujahr immer häufiger Gewehr- und Flintenschüsse in der Nacht zu hören waren und man sah Blut- und Schleifspuren von erlegtem Wild direkt in die Dickichte bei Biesenthal führen. Auch wurde mehrfach nachts Federvieh aus den Ställen der Pächter gestohlen. Als der Biesenmüller einmal zwei Männer nach einem Einbruch in der Mühle verfolgte, wurde er niedergeschlagen und von einem der Kerle mit einer säbelähnlichen Waffe mit stumpfer Klinge schwer verletzt. Der Inspektor und Gutsförster haben sich mit einigen Knechten und Eleven Nächte um die Ohren geschlagen, um die Bande auf frischer Tat zu fassen und dingfest zu machen. Doch gerade in solchen Nächten waren die wie vom Erdboden verschwunden. Teilweise hörte man später von Übergriffen in anderen benachbarten Gutsbezirken.

Henning und Friedrich ließen sich zwei Pferde satteln, und ab ging es auf Erkundungsritt, zuerst bis vor die Tore Bernaus, von dort nach Westen am Rande des Besitzes entlang dem Ladeburger Bachlauf. Zur linken stand die Wintergerste handbreit in die Höhe, zur rechten die Weiden für das Rindvieh, das jetzt noch in den Ställen hinter dem Herrenhaus ein stand. Nun schwenkten sie mit den Trakehnern, die den Ausritt nach längerer Stehzeit im Pferdestall übermütig genossen und immer wieder in Galopp wechselten, hinein in die Kiefer- und Fichtenschonungen. Hohl klangen die Hufe auf dem sandigen Untergrund. Der Hauptweg war mehrere Meter breit und ließ den Pferden ausreichend Raum. Für ein paar Augenblicke vergessen war der eigentliche Erkundungsauftrag, als die beiden Husaren dahingaloppierten; mal war das Haupt des einen mal des anderen Pferdes vorn. Plötzlich mussten sie die Pferde aus vollem Galopp parieren, weil quer über den Weg mehrere frisch geschlagene Baumstämme lagen, ein zu großes Hindernis, um gefahrlos einfach darüber hinweg zu setzen. Sicher haben die Forstarbeiter hier vor dem arbeitsfreien Sonntag die noch unerledigte Arbeit einfach liegen gelassen. Wer sollte auch hier schon durch den Wald kommen? Weiter hinab durch den Mischwald nach Biesenthal, zur linken der Zugang zu einer nicht mehr genutzten Sandkuhle, in die jedoch zwei Trampelpfade mit zahlreichen schon verwischten Fußspuren führten. Die Männer saßen ab, befestigten die Zügel an zwei Krüppelbirken, deren saftiggrüne Knospen unmittelbar vor dem Ausschlagen waren. Hier waren zwei verlassene Feuerstellen, mit Sand flüchtig abgedeckt. Überall lagen Geflügelknochen und Federn herum, daneben Scherben einer Branntweinflasche. Sollte das ein Versteck der Wilddiebe sein? Im Dickicht zur linken des Weges lag Reisig, ein paar abgeschälte Fichtenstangen, als hätte man einen Schlafplatz gebaut und wieder eingerissen. Wie alt mögen die Spuren sein? Nach den Wetterbedingungen der vergangenen Tage konnte man darauf schließen, dass hier noch vor drei bis vier Tagen Menschen kampiert hatten. War dies eines der Verstecke, war es das einzige Versteck der Halunken, die vielleicht vom geplanten Kommen der beiden Husarenoffiziere hörten und sich erst einmal aus dem Staub gemacht haben? Für einen ersten Ausritt hatten sie genug entdeckt. Jetzt wollte Henning seinem Freund das Herrenhaus und den Gutshof zeigen und danach der bestimmt schon wartenden Familie Gesellschaft leisten. „Hast du übrigens bemerkt, dass meine Schwestern sich extra für uns Kleider in der Regimentsfarbe haben schneidern lassen?" Nun, Friedrich hatte es nicht in diesem Zusammenhang gesehen, doch der Gedanke an Elisabeths Berührung und betörenden Dufthauch gestern Abend ließ seinen Puls etwas beschleunigen. Die Komtessen sind alle drei sehr hübsch anzuschauen, doch Elisabeths Blick unter den langen Wimpern hatte es ihm wohl angetan. Ob sie etwa Interesse an ihm zeigte?

„Komm, Fritz!", rief Henning seinem Kameraden zu und los galoppierten beide Pferde, den Hohlweg entlang, links über die frisch geschnittenen stummeligen Weidenstämme hinweg und über die noch freistehenden Koppeln. In der Ferne sahen sie das Grafenschloss und daneben den eigentlichen Gutshof mit seinen Stallungen und riesigen Scheunen. Über ihnen kreisten zwei Milane und nutzten mit kräftigen Steuermanövern ihrer unverkennbar stark gegabelten Stöße die Frühlingsthermik aus. „Schau, die Milane sind aus dem Süden gekommen, jetzt beginnen wieder schwere Zeiten für unser Federvieh," rief Henning, doch Friedrich hatte genug mit seinem Pferd hier im nicht vertrauten Terrain zu tun und wollte die letzten paar hundert Schritt vom Herrenhaus entfernt sich nicht durch linkisches Verhalten oder gar einen Sturz der Lächerlichkeit preisgeben.

Zwei Reitknechte nahmen die Pferde an die Zügel und die beiden Männer konnten sich frisch machen. Friedrich hatte in seiner „Fürstensuite" einen Waschtisch und auf jeder Etage gab es jeweils am Ende der beiden Flügel Toiletten mit fließendem Wasser. Abwasserrohre führten in eine Sickergrube abseits der Gebäude. Damit hatte das gräfliche Schloss oder Herrenhaus, wie der alte Graf bevorzugte, eine modernere Sanitäranlage als am preußischen Königshof. Mit Unbehagen erinnerte er sich, wie er als kleiner Junge von knapp zehn Jahren in der Funktion eines der unzähligen Pagen in Charlottenburg auch manches Mal die königlichen und prinzlichen Nachtgeschirre durch die engen, schlecht beleuchteten Wirtschaftsgänge zur Sickergrube hinter dem Westflügel transportieren musste. Dort standen auch die Pissoire und Abtritte für die Hofbediensteten, sofern sie ihre Notdurft nicht im Freien in den Parkanlagen verrichteten, ganz so wie die Hunde. Welch ein behaglicher Luxus dagegen hier auf Falckenhain!

Ein Kammermädchen klopfte und meldete: "Der Herr Rittmeister werden bereits von den Komtessen zum Kaffee erwartet. Im Italienzimmer, bitte." Daran konnte er sich erinnern und fand auch ohne großen Umweg diesen im Verhältnis zu den verschiedenen Salons und Sälen kleinen Raum, in dem die Damen mit zwei Gouvernanten bereits bei Kaffee und Apfelkuchen saßen. Der Raum war im Stil des verspielten Spät-Rokokos eingerichtet. An den Wänden hingen wohl italienische Meister, oder Motive der italienischen Landschaft, ein Bild mit dem unverkennbaren Markusplatz von Venedig, das so aufgehängt war, dass der eintretende Gast auf Augenhöhe darauf blickte und durch die Farbenpracht sofort gefangen wurde. In Gegenwart der Gouvernanten ließen alle drei jungen Damen ihren hohen gesellschaftlichen Rang gegenüber Friedrich heraushängen, und es schien ihm so, dass es ihnen auch noch Spaß machte. Sprees Eltern und später auch er selbst waren zwar lange Zeit bei Hofe angestellt gewesen, doch bei den über 1000 Bediensteten war er eine ganz kleine Nummer gewesen. Körperlich zwar oft nur ein paar Schritt entfernt zu den Majestäten und der königlichen Familie und den hohen Würdenträgern, doch in der Hofetikette wirkten Bedienstete seiner niederen Stellung wie unsichtbare Geister, die nur bemerkt wurden, wenn etwas schief ging und es Schelte oder Schläge zu verteilen galt. So war er auch heute als erwachsener und gestandener Mann immer noch etwas eingeschüchtert, wenn er als eigentlich armer

Schlucker Menschen gegenüberstand, die im Reichtum nur so schwelgten. Es bereitete ihm regelrecht körperliches Unbehagen, feuchte Hände und vor allem ärgerte er sich selbst über seine Gefühle, die er jedoch mit einem Lächeln und oberflächlich-heiterer Konversation übertünchte und dabei „ihr dummen Gänse" dachte. Wo bleibt Henning denn bloß? Jetzt wäre ihm auch die Gesellschaft des alten Herrn von Stackel recht gewesen, doch er blieb der einzige Mann in dieser illustren Damengesellschaft, die er tapfer ertragen musste.

Im anderen Flügel des Herrenhauses waren in der Zwischenzeit die beiden Grafen mit Herrn von Stackel und dem Oberinspektor im Jagdzimmer zusammengekommen, um das weitere Vorgehen gegen die Wilderer und kriminellen Landstreicher in ihrem Gutsbezirk zu beraten. Friedrich Spree sollte ursprünglich auch dabei sein, doch hatten die drei Komtessen mit Nachdruck gegenüber ihrem Bruder auf dessen Gesellschaft bestanden. Man wollte am kommenden Tag im Bernauer Landratsamt mit dem Polizeimeister sprechen und danach eine regelrechte Treibjagd gegen die Halunken veranstalten. Als Spree davon hörte, war er zuerst einmal richtig verschnupft, dass man ihn nicht zu der Beratung eingeladen hatte. Zum anderen war ihm der Gedanke einer Treibjagd, um Menschen, wenn auch gesetzlosen Wilderern, das Handwerk zu legen einfach, zuwider. Doch vielleicht war es einfach nur der Begriff „Treibjagd", der ihn befremdete oder gar sein human geprägtes Menschenbild störend beeinflusste.

Nach dem Abendessen, bei dem sich die drei Komtessen bemühten, besonders diesmal die jüngste Andrea, mit all ihrem Liebreiz und Witz den etwas verstimmt wirkenden Gast wieder aufzumuntern, kam Graf Christian mit dem Vorschlag, eine Runde Doppelkopf zu spielen und dabei das frisch gebraute Osterbier aus der Falckenhainschen Brauerei zu probieren. Dazu sollte die spezielle Kiste mit echten Havannas herumgehen. Ein Vorschlag, der von den drei anderen Herren hocherfreut aufgenommen wurde und damit die drei Komtessen ihren Stickrahmen überließ. Eine Art ausgleichende Gerechtigkeit empfand Spree und ließ sich vom Hausherren die besonderen Regeln des Doppelkopfes erklären; denn dieses interessante Kartenspiel für vier Personen hat an jedem Ort seine Eigenarten wie beispielsweise in der Hierarchie der Trumpfkarten, dem Ausreizen und andere Raffinessen, die man kennen und zu beachten hatte, um nicht als Gast oder Fremder aufs Kreuz gelegt zu werden. Da es in den Kreisen des Adels und im Offizierkasino häufig üblich war, um Geld zu spielen, war Friedrich besonders auf der Hut, um nicht Haus und Hof zu verlieren oder in seinem Fall die mühselig ersparten Taler oder gar die Goldstücke, die er auch jetzt bei sich trug und nach deren Verbleib er erst einmal fühlen musste. Wie befürchtet ging es hier nicht um Pfennige wie bei den meisten nur über ihren Sold verfügende Offiziere im Regimentskasino, sondern um Silbergroschen. Und das pro Punkt! Auweh, da musste er durch. Die beiden Grafen spielten gern, aber nicht gut und merkten sich markante Spielzüge überhaupt nicht, so dass Friedrich mit Konzentration, gutem Gedächtnis sowie raschem und richtigem Kopfrechnen seine Vorteile auch bei nur mittelmäßiger Kartenverteilung ausspielen konnte. Von Stackel war ebenfalls ein guter Rechner und ähnlich konzentriert. Ergab sich während des

Spieles, dass diese beiden zusamen spielten, so war ihnen der Sieg kaum zu nehmen, was den neben ihren Bierkrügen wachsenden Türmen von Talern und Silbergroschen deutlich anzusehen war. Zum Glück ging es den beiden Grafen nur um das Spiel und nicht um einen finanziellen Gewinn, ergo die beste Voraussetzung für eine sehr behagliche Atmosphäre nach einem ausgezeichneten Abendessen, süffigem wohl gekühltem Osterbier und dem benebelnden Duft der Havannazigarren. Unbemerkt von den vier Kartenspielern war die älteste Tochter Dorothee hereingekommen und beugte ihren Kopf über Friedrichs rechte Schulter, so dass ihre seitlich abfallenden Locken flüchtig seinen Hals berührten und er ihr Parfüm intensiv duftete. Sie wedelte mit dem Fächer und „ich muss erst einmal die Qualmwolken fortwedeln, um zu erkennen, wer eigentlich in welcher Wolke steckt. Ist es nicht Zeit zum Schlafengehen?" Die Herren nickten, denn alle hatten nach diesem prächtigen Abend die richtige Bettschwere erreicht, und am kommenden Tag wartete schließlich eine wichtige Aufgabe auf sie. Friedrich steckte sein Geld ein. 15 Taler und 20 Silbergroschen hatte er gewonnen. Das war sein Halbsold für mehr als zwei Monate. War das nicht etwa unhöflich gegenüber seinen großzügigen Gastgebern? Er schielte zu Stackel hinüber. Der strich seine zehn Taler sehr selbstverständlich ein. Vielleicht war das auch eine unauffällige Art der Falckenhains, Onkel Willy ein Extra-Taschengeld zukommen zu lassen? Ach was, dachte Spree, die paar Taler können die Grafen bestimmt verschmerzen und er stand vom Spieltisch auf und verabschiedete sich zur Nachtruhe. Graf Christian wies den Diener Karl an, dem Herrn Rittmeister auf seinem Gang zum Zimmer zu leuchten, doch Dorothee nahm selbst die Leuchte: „Ich mache das schon, es liegt auf meinem Weg". Dabei warf sie ihrem Bruder einen schelmischen Blick zu und küsste beim Rausgehen ihrem Vater und Onkel Willy flüchtig die Wange. Vor Friedrichs Zimmertür gab sie ihm die Leuchte und wünschte „Gute Nacht, Herr Rittmeister". Vom Alkohohl wohl etwas mutiger als in nüchternem Zustand fragte Friedrich auch nach einem Gute Nacht Kuss, so einen wie für Onkel Willy. Dorothee näherte sich auf Zentimeter mit ihrem Mund dem seinigen, worauf Friedrich sie mit der linken Hand um die Taille fassen wollte, doch sie entwand sich mit den Worten: „Entweder in 30 Jahren den Onkelkuss oder aber das nächste Mal ohne Bier-und Zigarrenfahne." Dabei streichelte sie mit dem kühlen, ja fast kalten Handrücken ihrer rechten Hand seine Wangen. Das waren dann ja doch ein interessanter Tag und noch spannendere Aussichten auf die kommenden.

Am nächsten Morgen klopfte - im Vergleich zum vergangenen Sonntag - schon sehr zeitig das Kammermädchen an der Tür und vermeldete, dass der Frühstückstisch gedeckt sei und Graf Henning in einer Stunde anspannen lassen wollte, um zum Landrat zu fahren. Die Besprechung im Bernauer Landratsamt, das am Wehrgang zwischen Hungerturm und Steintor gerade neu fertig gestellt worden ist und nun den administrativen Mittelpunkt des Kreises bildete, dauerte bis zum Mittag an. Die Berichte aus den benachbarten Kreisen bestätigte die Vermutung, dass es sich um drei bis höchstens fünf Gruppen von Wilderern, Dieben und Einbrechern handelte, die keine Ortsansässigen waren, doch wahrscheinlich über ortsansässige Informanten verfügen mussten; denn vor jeder polizeilichen Razzia waren sie wie die Täubchen ausgeflogen und wie vom Erdboden verschwunden. Die Razzien mussten, damit ausreichend Personal zusammenkam, immer mit Unterstützung der benachbarten Polizeistationen und unter Mithilfe Freiwilliger aus den Gutsbezirken erfolgen. Und irgendwo muss in dieser großen Gruppe mindestens eine undichte Stelle vorhanden sein.

Friedrich, Henning und der Gutsverwalter Hochmeier unternahmen an den kommenden zwei Tagen Ausritte durch den Gutsbezirk und stießen auf drei weitere Verstecke, in denen sich ohne Zweifel in den vergangenen Tagen Wilderer aufgehalten haben. Diese waren alle zu Fuß, wurden jedoch - den Spuren nach zu urteilen - von mehreren großen Hunden begleitet. Am Ende des zweiten Tages trafen sie in Richtung Eberswalde hin auf ein halbes Dutzend wild aussehender, nur mit Knüppeln ausgestatteter Kerle, die sie vermutlich vorher aus einem nahe gelegenen Schlupfwinkel aufgescheucht hatten. Zwei Zähne fletschende Köter, Mischungen aus Schäferhund und Hannoverschem Schweißhund, machten das noch junge Pferd des Verwalters scheu. Der vermeintliche Anführer, ein grobschlächtig aussehender Mittdreißiger stürzte sich auf Hennings Pferd und schrie etwas Unverständliches seinen Komplizen zu, worauf die sich jeder zwei gegen einen auf die drei Reiter losstürzten und ihre Knüppel einsetzten. Die Köter versuchten, sich in die auskeilenden Vorderbeine des Verwalterpferdes festzubeißen. Sowohl das Pferd als auch ein Hund zeigten offene Verletzungen und Henning war vom Pferd gestürzt. Der Grobschlächtige stand mit einem Hirschfänger über dem auf dem Rücken liegenden, der verzweifelt versuchte, an seinen Säbel zu gelangen. Hundegejaule und das ängstlich aufgeregte Wiehern der Pferde bildeten die Geräuschkulisse. Rittmeister v.d. Spree hatte ebenso wie der Major seinen Offizierssäbel auf diesen Erkundungsritt mitgenommen. Spree - noch im Sattel - hatte endlich die blanke Waffe gezückt und hieb mit aller Wucht auf die rechte Schulter des Anführers. Die beim Gutsschmied Hannes vorher noch frisch geschliffene Klinge ging durch den Lederwams hindurch bis auf den Knochen, wie man dem knirschenden Geräusch entnehmen konnte und stoppte dessen Stoß, den er gerade mit dem Hirschfänger gegen Henning ausführen wollte. Dieser gelangte wieder auf die Beine, wurde erneut bedrängt und hieb gleichzeitig auf drei der ihn attackierenden Wegelagerer ein. Hochmeier hatte in dem Versuch, die Beherrschung über sein Pferd zu behalten, seine vorher noch geladene Reiterpistole aus der Hand fallen lassen, die nun einer der Schurken aufhob, auf den Verwalter richtete und abfeuerte, als gerade das Pferd erneut scheute. Das Projektil durchschlug den Hals des Pferdes, das sich wie rasend aufbäumte, auskeilend zu Boden schlug. Friedrich galoppierte den Schützen über den Haufen und wurde von einem anderen, der wie ein Berserker seinen Knüppel über dem Kopf rotieren ließ, am linken Oberarm getroffen, so dass ihm vor Schmerz die Tränen in die Augen schossen und den Blick trübten. Auch sein Rappe erhielt einen Treffer hinter dem Ohr und scheute. Der Schmerz raubte Friedrich fast den Atem, doch er blieb im Sattel und konnte seinem Gegner mit der flachen Klinge einen Hieb über den Schädel geben, der diesen zu Boden streckte und ihm selbst vor Wucht fast den Arm auskugelte. Der Verwalter hatte sich inzwischen unter seinem gestürzten und tödlich verletzten Pferd befreien können und hieb seinem Widersacher mit dessen eigenem Eichenknüppel einen über den Schädel, was den für ein paar Minuten unschädlich machte. Zwei Kerle waren niedergestreckt, ein Dritter hatte eine klaffende Schulterverletzung durch Hennings Säbel erhalten. Ein Köter lag ebenfalls tödlich getroffen in seinem Blute und der andere zog sich jaulend mit den drei verbliebenen Marodebrüdern zurück. Ihre Rucksäcke mussten die zurücklassen, als sie sich durch das struppige und dornige Unterholz kämpften, in welchem Friedrich Spree sie nicht mehr auf seinem Pferd verfolgen konnte. Hinter dem Dickicht floss die Lanke, über die sich die Kerle, wie man durch die Platschgeräusche vernahm, gerettet haben. Nun hieß es die beiden betäubten Halunken zu fesseln, und Oberinspektor von Hochmeier musste die traurige Pflicht erfüllen und das tödlich verletzte Pferd mit einem Kopfschuss von seinen Qualen erlösen. „Fritz, du bleibst mit Hochmeier hier. Ich hole rasch Verstärkung", und schon galoppierte Henning davon.

Bis zum Abend waren alle nach dem Überfall notwendigen Arbeiten erst einmal erledigt worden. Der junge Gutsinspektor Günther Horst, Infanterieleutnant der Reserve, kriegserfahren und sehr patent, hatte die beiden verletzten Galgenstricke - von vier Knechten bewacht - auf einem Leiterwagen zur Polizeistation nach Bernau bringen lassen, von wo sie gleich in das Stadtgefängnis überführt wurden. Er hatte frische Pferde für sie mitgeführt. Den Pferdekadaver ließ er über eine Rampe auf ein weiteres Gespann aufladen. Gleichzeitig schaute der Inspektor nach Friedrichs linkem Arm, der schlaff und gefühllos herabhing. Die Joppe war am Ärmel aufgerissen und Blut sickerte noch aus einer breiten Platzwunde. Friedrich hatte das während des Kampfes gar nicht richtig zur Kenntnis genommen, auch nicht während der letzten halben Stunde, als er mit Hochmeier die beiden wieder zu Bewusstsein gelangten Kerle bewachte. Horst hatte Leinenbinden mitgebracht und wickelte sie sehr fachmännisch um den Arm des Rittmeisters, nachdem er vorher irgendeine Kräutersalbe breit auf die Wunde aufgetragen hatte. „Der Herr Major ist im Schloss geblieben. Er hat sich an der linken Rückseite die Rippen verletzt und Komtesse Elisabeth hat schon nach dem Arzt geschickt. Wir mussten ihn schon vorsichtig vom Pferd heben", berichtete ihm der Inspektor.

Der aus der nahe gelegenen Stadt Bernau zusammen mit einer jungen Pflegerin herbei geeilte Doktor Schmidt, der seit einem Jahrzehnt die gräfliche Familie behandelte und in den letzten Wochen mehrmals zu Onkel Willy auf Visite gekommen ist, hatte nun reichlich mit den beiden blessierten Offizieren zu tun. Eigentlich wollte er beiden das Bett verschreiben, doch musste er sich letztendlich dem gemeinsamen Protest beugen. Henning bekam einen Korsettverband für seine drei gebrochenen Rippen und auch Friedrichs Bandagen wurden gewechselt und von der Pflegerin die Wunde vorher noch einmal mit medizinischem Alkohol gereinigt. Auf Friedrichs Einwand „das schmerzt ja höllisch" meinte der Doktor: „Ein gutes Zeichen, Herr Rittmeister, es wird auch noch die nächsten Wochen heftig schmerzen und dick anschwellen, anschließend alle Farben des Regenbogens annehmen, doch sind die Oberarmknochen zum Glück nur geprellt. Wir müssen die Wunde beobachten und täglich den Verband wechseln, auf dass keine Blutvergiftung entsteht." Graf Christian und seine Töchter blickten sehr besorgt drein. Heil waren die beiden Soldaten aus den Schlachten der Napoléonischen Kriege zurückgekehrt, und plötzlich wurde ihnen bewusst, wie unvermutet das Schicksal mitten im Frieden, außerhalb der Schlachtfelder, auch hätte zuschlagen können. Graf Henning erzählte seinem Vater im vertraulichen Gespräch, dass er wohl nur Friedrichs beherztem Eingreifen sein Leben zu verdanken habe. Große Dankbarkeit erfüllte den alten Herrn gegenüber seinem Gast, für den er von Anfang an schon besondere Sympathie und große Vertrautheit empfunden hatte.

Zwei Wochen sind ins Land gezogen, es war wieder für kurze Zeit kalt geworden. Der Winter kehrte - sich noch einmal heftig aufbäumend - mit Hagel, Blitz und Donner und ein paar ergiebigen Schneeschauern zurück. Bei Temperaturen um etwas über null Grad taute der Schnee jedoch rasch wieder, doch danach wehte tagelang bei klarem Himmel ein eisiger Wind von Osten, so dass Henning und Friedrich lieber im Haus blieben, auf ihre Spaziergänge im Park verzichteten und mit Wilhelm von Stackel und den Komtessen Gesellschaftsspiele spielten, am liebsten Brett- und Würfelspiele. Dies konnte Friedrich mit einer Hand gut verrichten, denn noch zwei Wochen nach seiner Verletzung konnte er nur unter Schmerzen mit dem linken Arm hantieren. So nahm er dankbar und außergewöhnlich geduldig die Hilfe der Pflegerin und der aufmerksamen Dienerschaft an, und ganz besonders die der drei Komtessen.

Erneut war Graf Christian mit ein paar benachbarten Rittergutsbesitzern im Landratsamt zu einer Besprechung zusammengekommen. Das Gesindel, welches in den vergangenen Wochen für Unruhe gesorgt hatte und hinter dem Überfall auf seinen Sohn steckte, verhielt sich derzeit ruhig oder hatte sich aus dem Staub gemacht. Trotzdem war man sich einig, regelmäßig bewaffnete Patrouillen auszusenden, um für Ruhe und Ordnung zu sorgen. Hierfür wurde ein Kommando dem Polizeimeister unterstellt, das wechselweise von den Gütern gestellt werden sollte. Hiermit beauftragte Graf Christian seinen Inspektor Horst, der später im „kleinen Kriegsrat" mit den beiden Offizieren die verschiedenen Vorgehensweisen beratschlagte.

Im Gutsbetrieb war Oberinspektor von Hochmeier nun in seinem Element, denn die Arbeiten in Feld, Flur und im Forst verlangten seine volle Aufmerksamkeit. Hier war er mit dem Gutsbesitzer in voller Übereinstimmung, beinahe ein Herz und eine Seele. Beide fanden in Friedrich Spree einen interessierten Zuhörer, wenn sie über ihre Planungen bezüglich der Vergrößerung der Gärtnerei, dem Anlegen von Fischteichen und neue aus England übernommene Viehzuchtmethoden sprachen. Graf Christians Vision von einer Reform der preußischen Landwirtschaft, um dem steigenden Bedarf der größer werdenden Bevölkerung zukünftig gerecht zu werden, sollte in der Herrschaft Falckenhain einmal Realität werden. Er konnte mit seinem Vermögen schließlich auch finanzielle Risiken eingehen und durchaus etwas experimentieren, ohne damit seinen Betrieb in den Ruin zu treiben.

Ende April gab Graf Christian bekannt, dass er für eine Woche mit seinem Sohn und dessen Freund nach Rostock fahren wollte, um nach der Reederei zu sehen und

Henning mit den Geschäften vertraut zu machen. Wilhelm von Stackel wollte als Finanzier aber auch gern mit. Nun beharrten die Komtessen darauf, dass wenigstens ein Mann im Hause bliebe, und da war ihnen der fesche Besucher Friedrich ganz offensichtlich am liebsten. Den hielt es auch lieber auf Falckenhain, wo er täglich mit Verwalter von Hochmeier zusammen saß, inzwischen sogar wieder ausreiten konnte und von Tag zu Tag mehr Sachverstand und praktische Kenntnisse über Land- und Forstwirtschaft erwarb. Montag früh wollten die Männer aufbrechen, mit einer geplanten Übernachtung in Malchow bei einem Vetter des Grafen Christian und dann am Dienstagabend in Rostock sich in Reeder Schönerrocks Gästehaus für zwei bis drei Tage einquartieren. Am Sonntagabend wollten sie dann wieder zurück sein. Die jungen Damen hatten ihrem Bruder noch eine lange Einkaufsliste mitgegeben. Ihr Vater lächelte vergnügt, denn sonst hatte er stets die Aufgabe erhalten und musste sich immer rechtfertigen, wenn die beschafften Sachen nicht so waren, wie die Bestellerinnen sich das gedacht hatten.

Friedrich war fast vollständig genesen, nur waren die Muskeln im linken Arm etwas geschwunden, was zufolge des Hausarztes in ein paar Wochen nach kräftiger körperlicher Betätigung behoben sein sollte. Die Komtessen hatten sich alle drei um den Rekonvaleszenten rührend gekümmert, fast so wie nette Cousinen. Keine hatte ihn mehr in irgendeine gefühlsmäßige oder romantische Verlegenheit gebracht. Der Frühling war nun mit Sonnenschein und Temperaturen über 20 Grad eingekehrt. Man konnte der Natur im Tagesverlauf zusehen, wie sie sich entfaltete. Die Magnolienbäume im Park waren über Nacht erblüht, Primeln und Veilchen hingegen schon wieder fast verblüht. Die Kübel mit den Blumen aus dem Mittelmeerbereich wie Hebiscus und Oleander wurden aus der Orangerie auf den Vorplatz getragen und flankierten nun die breite Aufgangstreppe. Rhododendronbüsche bis weit über Mannshöhe hoch strotzten mit ihren vollen Knospen. So auch die Kastanien. Außer den alten Eichen waren die Laubbäume bereits ausgeschlagen und Friedrich entdeckte ganz neue Seiten an sich, nämlich die Freude an der Natur, die er bisher primär nur als militärisches Gelände - eine Umgebung ohne besondere Ausstrahlung - empfunden hatte. Vielleicht inspirierten ihn auch die Damen zu den bisher verkümmerten Betrachtungen, mit denen er ein Picknick im Grünen veranstalten sollte und dann auch aus freien Stücken wollte. Geplant war eine Fahrt zu einem anderthalb Meilen entfernten See, an dessen Ufer die Familie ein Fischerhaus mit Boot besaß. Kutscher Heinrich und der Gast saßen auf dem Bock. Friedrich kutschierte den Zweispanner den ganzen Hinweg. Hinter ihnen ritten zwei bewaffnete Knechte, die der aufmerksame und fürsorgliche Inspektor Horst ihnen eingedenk des Überfalls vor vier Wochen mitgegeben hatte. Das Picknick am See und die kleine Bootsfahrt mit dem Ruderboot sowie die charmante Gesellschaft waren Balsam für Friedrichs Seele. Die jungen Damen sahen immer wieder im Sonnenlicht zu dem hoch gewachsenen Husarenoffizier hin, der auch in zivil trotz seiner Jugend schon Autorität und Würde ausstrahlte, aber zu ihrer Freude auch Straffheit und sportliche Eleganz. Sein volles nach hinten gekämmtes Haar schimmerte haselnussbraun. Im Wirbel waren die Haare widerspenstig und gaben der

Kopfform eine etwas lustige, aber doch anziehende Note. „So, wie die da", gluckste Andrea und zeigte auf die Haubentaucher, die dicht am Ufer vorbei glitten. Seine Gesichtskonturen waren männlich schön, von seinen graugrünen Augen gingen ein Strahlen und forschende Intelligenz aus. Selbst wenn er sich unbeobachtet wähnte und seinen Mund zuweilen etwas melancholisch nach unten zog, konnte man in seinem Wesen die alles dominierende Lebensfreude deutlich erkennen. Es war Elisabeth, die nach den vergangenen Wochen, in denen sie Friedrich zuerst als Patienten, dann wie einen Verwandten und engen Freund betrachtet hatte, nunmehr übermächtig verlangend den Mann in Friedrich sah und ihm auch irgendwie ihre Weiblichkeit zeigen wollte. Aber in der Gesellschaft der Schwestern, die vielleicht gerade einen ähnlichen Gefühlsanfall erlebten, vermochte sie sich Friedrich nicht weiter zu erkennen geben. Hatte er es vielleicht auf eine andere abgesehen, gab es etwa doch irgendwo ein weibliches Wesen, dem seine Aufmerksamkeit oder gar Liebe galt? Henning hatte zwar erklärt, dass Friedrich total ohne feste Bindungen sei, doch wusste der Bruder denn wirklich alles über seinen Freund? Das Picknick verlief zur allgemeinen Zufriedenheit in ungetrübter Harmonie und ohne jedwede Störung. Während der Heimfahrt reichte Friedrich dem Kutscher die Zügel und gab sich ganz seinen Gedanken hin. Bald werden dieser Aufenthalt und der Müßiggang vorbei sein. Was wartete dann auf ihn, den 25jährigen preußischen Rittmeister? Außer Diensten wohl gemerkt! Henning hatte angedeutet, dass sein Vater eventuell einen Vorschlag, ja, ein interessantes Angebot habe. Das muntere Geplapper der Komtessen hatte aufgehört. Der Blick nach hinten zeigte ihm, dass sie alle drei samt Gouvernante sich dem Schlummer hingaben, der von der Schaukelbewegung der Kutsche ja auch besonders gefördert wurde.

Nach dem Abendessen und einer ausgiebigen Partie „Mensch ärgre dich nicht" zeigte Elisabeth durch dezentes Gähnen an, dass es Zeit zum Schlafen sei und übernahm vom Diener die Leuchte, um diesmal Friedrich persönlich zu seiner Suite zu geleiten. Dorothee und Andrea zwinkerten sich diskret zu und wünschten ebenfalls angenehme Nachtruhe. Elisabeth schob Friedrich voraus, der eigentlich noch gar nicht zu Bett gehen wollte, sich jedoch fügte. Vor seinem Zimmer blieb Elisabeth nicht etwa stehen, um sich zu verabschieden, sondern öffnete die Tür. „Ist es nicht schön, wenn es abends noch so hell ist, dass man gar kein Licht hier im Raum benötigt?" Damit pustete sie das Licht aus, fasste Friedrich bei der linken Hand und zog ihn zum Fenster. Dort standen beide Hand in Hand und schauten auf den Park hinaus. Friedrich genoss den verlockend lieblichen Duft, der ihren hoch frisierten Haaren entströmte, als sie ihren Kopf gegen seine Schulter schmiegte. In ihren flachen Sandaletten war sie ein ganzer Kopf kleiner als er. Sich zu ihm hin drehend stellte sie sich auf die Fußspitzen und lächelte ihn mit leicht geöffnetem Mund an. Ihre warmen Finger umfassten seinen Nacken. Sie flüsterte „liebster Friedrich" als sich ihre Lippen wieder trennten und schmiegte sich mit ihrer Brust fest an ihn. Welche süße Versuchung ging es Friedrich durch den Kopf, doch er konnte und wollte die Abwesenheit der männlichen Gastgeber nicht missbrauchen, aber auch diesen Augenblick der Wonne nicht abrupt beenden und damit der liebreizenden

Elisabeth etwa weh tun. Welche Gefühle empfand er für sie? Ist dies die große Liebe, auf die er – bewusst oder unbewusst - seit Jahren wartete? Was für eine Zukunft konnte er ihr bieten, ohne Beruf und Vermögen? Ihr, einer Dame des Hochadels und aus stinkreicher Familie? Dann schalt er sich wegen dieser materiellen Gedanken. Elisabeth unterbrach diese Gedankengänge und zog ihn neben sich auf die Recamiere, wo er sie leidenschaftlich küsste und immer wieder ihre Wangen, Schultern und Nacken streichelte. Sie nahm sanft seine rechte Hand und presste sie gegen ihren Busen, der sich für ihn unendlich weich anfühlte. Sie atmete heftig unter seinen Liebkosungen. Welch betörende Süße strömte von all dieser Weiblichkeit aus, die er da im Arm hielt. Doch ein Fünkchen Vernunft rettete die Situation, bewahrte ihn davor, die Gastfreundschaft zu missbrauchen. Er stöhnte leicht auf, als sie seinen linken Arm berührte. „Liebster, hast du wieder Schmerzen?" Er bejahte mit etwas kläglichem Gesichtsausdruck, und sofort war sie aus dem Zimmer gehuscht und gleich wieder zurück mit einem Porzellangefäß voller Heilcreme, deren Geruch in der Nase brannte, und einer Leinenbinde. Er ließ sich willig von ihr verbinden, verneinte das Angebot, nach dem Arzt zu schicken und geleitete sie aus dem Zimmer, das sie mit sorgenvoll groß geöffneten Augen verließ. Übrigens wunderschönen braunen Augen, die ihn diesmal fast seine Beherrschung gekostet hätten.

Der Rest der Woche verging wie im Fluge. Friedrich intensivierte seine Kenntnisse um den Gutsbetrieb und fand richtig Gefallen daran. Die jungen Damen freuten sich über seine abendliche Gesellschaft und lehrten ihn Federball zu spielen, ein Rasenspiel mit zwei Parteien, das er bei Hofe bisweilen beobachten konnte, doch in seinen Regeln erst jetzt kennen lernen durfte. Jede der Komtessen wollte natürlich mit Friedrich zusammen in einer Mannschaft spielen, doch die Paarungen wurden jedes Mal erneut ausgelost. Es ergab sich, dass Dorothee am häufigsten seine Partnerin war und dabei so abgelenkt erschien, dass sie zusammen häufiger als die Gegenpartei den Satz verloren. Und das trotz Friedrichs großer Reaktionsschnelligkeit, die er sich schon frühzeitig beim Fechten antrainiert hatte und auch allein schon von seiner Veranlagung her besaß. Es ergab sich an einem Nachmittag, dass Dorothee im Park auf dem Weg zum Gutsgebäude ihn abfing und zu einem Spaziergang einlud. Erstmalig richtig allein unterhielten sich beide sehr angeregt und intensiv über die politische Entwicklung in Preußen, das sich nach den gelungenen Reformen und dem Kampf und Sieg gegen Frankreich wieder zurück in den Absolutismus entwickelte und die gerade erst erlangten Freiheiten der Bürger deutlich wieder einschränkte. So erfuhr er, dass Graf Christian die älteste Tochter anstelle der abwesenden Söhne schon früh in die Politik eingewiesen hatte, was ihr einen außergewöhnlich umfassenden Einblick gewährte. Ihre klaren Gedanken beeindruckten ihn tief, ja er genoss diesen Spaziergang regelrecht. Alle drei Komtessen waren nicht nur hübsch anzusehen, sondern hatten ungeahnte Kenntnisse zu sozialen Fragen und politischen Entwicklungen in einem nach der Ära Napoléons veränderten Europa. Die klügste war jedoch zweifelsfrei Dorothee, die ihn auch immer wieder als Gesprächspartner für angeregte Diskussionen suchte und vermutlich dabei auch ihren Liebreiz als Honig einsetzte, von dem Friedrich sich – bewusst oder unbewusst - durchaus anlocken ließ.

Am Sonntagabend kehrten die Rostock-Besucher wie geplant wieder zurück. Das Familienoberhaupt war so ermüdet, dass es sich nach einem leichten Abendessen schon bald entschuldigte, kurz danach auch Onkel Willy. Henning war voller Neuigkeiten die Reederei und den Seehandel betreffend. Er berichtete über das merkwürdige Verschwinden der beiden Handelsschiffe, von denen man angeblich eins in der Danziger Bucht unter russischer Flagge und mit anderem Namen wieder erkannt haben will. Beide Schiffe, der Zweimast-Schoner „Greif" und die dreimastige Barke „Greifenburg", das damalige Flaggschiff der Reederei, hatten voll mit Bornholmer Hering und weißem Löschsand beladen bei nur Windstärke vier bis fünf, also bei nur mäßigem Seegang, den Hafen Svaneke an der Ostküste Bornholms in Richtung Rostock verlassen. Sie wurden beide von Dueodde am Südzipfel vom Leuchtturmwärter zuletzt am Horizont gesehen und blieben danach spurlos verschwunden. Das passierte im vergangenen Oktober mit nur zwei Wochen Abstand. Kein Wrack oder Wrackteile wurden entdeckt und fast alle Erkundigungen, die Reeder Fritz Schönerrock in den Ostseehäfen über seine Agenten einholte, konnten dazu keine Aufklärung geben. Eine Ausnahme bildete die Meldung eines Rostocker Kauffahrers, dessen Steuermann in der Danziger Bucht vor gut einem Monat zweifelsfrei die „Greif" unter russischer Flagge und mit kyrillischem Namen an der Bordwand wieder erkannt haben will. Also, da das Wetter nicht außergewöhnlich war und auch keine Wrackteile nach einem eventuellen Schiffsbrand irgendwo angeschwemmt waren, hielt Reeder Fritz Schönerrock eine Kaperung für nicht unmöglich, obwohl seit Jahren, präzise nach Beendigung der napoléonischen Kriege, keine Vorkommnisse dieser Art mehr die Ostsee-Anrainer heimgesucht hatten. „Eine mysteriöse Angelegenheit, der Vater mit allen Mitteln auf den Grund gehen will. Er hat bereits eine Belohnung von 1000 Talern für Hinweise ausgesetzt", erläuterte Henning.

Am nächsten Morgen nahm der Hausherr Henning und Friedrich mit in sein Jagdzimmer, bot ihnen von seinem Cognac und diesmal Virginia-Zigarren an, schaute schmunzelnd die beiden an. Dann zog er dabei genüsslich an seiner eigenen, so richtig wie aus einem Schlot qualmender Zigarre. Danach begann er: „Was haltet Ihr beiden Husaren davon, nach soviel bewiesener Tapferkeit für immer ins Zivilleben zu treten und für die Firma zu arbeiten? Du siehst Henning, wie sie Fritz behandelt haben. Noch schlimmer, als zu Friedrich Wilhelm des II. Regierung. Mit einem überalterten Offizierkorps und unzureichender Bewaffnung haben wir schimpflich gegen den Napoléon verloren. Die Einschnitte in das Armeebudget lassen auf noch Schlimmeres schließen. Wieder einmal übertriebene Sparsamkeit. Aber die hohen Militärs sind trotz Jena und Auerstedt wieder voller Dünkel. Nur weil wir mit zahlreichen Alliierten und viel Fortune es gegen die Franzosen in Leipzig und Waterloo geschafft haben, den Franzosenkaiser zu schlagen. Und was ist heute angesagt? Auf jeden Fall seid ihr beide mir zu schade, einer verlorenen Sache zu dienen." Er hatte gerade dem alten Kaufmann und Reeder Schönerrock Anteile abgekauft und verfügte nunmehr über eine Mehrheit, die er auch aktiv gestalten wollte. „Vater, ganz so schlimm ist es auch wieder nicht, obwohl du in vielem leider Recht hast. Aber du weißt, dass ich mich die nächsten Jahre noch als Prinzenerzieher betätigen möchte, um als Falckenhain dem Königshaus persönlich und ganz unmittelbar zu dienen. Danach können wir noch einmal das Thema besprechen, aber schön wäre es, wenn Fritz eine passende Beschäftigung fände, denn der Urlaub mit Nichtstun ist bald vorbei", ergänzte er augenzwinkernd. Von Henning hatte er am Vorabend auch durch die Blume erfahren, das sein Vater ihn, den Habenichts durchaus als möglichen Schwiegersohn akzeptieren, ja sogar in die Arme schließen würde. Friedrich druckste herum, „noch nicht entschieden, noch in die weite Welt gehen, auf eigene Füße stellen" und so fort. Allein der Gedanke, erneut und grundlegend für die Zukunft zu disponieren schnürte seine Brust ein und rief ein äußerst beklemmendes Gefühl hervor. Der alte Herr war erkennbar betrübt, dass keiner auf sein Angebot eingehen wollte und wandte sich zu Friedrich: „Mein lieber Junge, der Lebensretter meines Sohnes hat immer einen Platz in unserem Haus und in unseren Herzen." Aha, daher weht der Wind, dachte Friedrich, aus purer Dankbarkeit will er mich in die Firma holen. Vom Rittmeister zum „Heringsbändiger"[6] und „Mitgiftjäger", eine tolle Karriere! So ganz ohne Dünkel und Stolz war er dann auch wieder nicht. Da stürmten die Komtessen herein und bedrängten die beiden jungen Männer, doch mit ihnen Federball zu spielen. „Jeder Zeit Fritz, jeder Zeit mein Junge", rief Graf Falckenhain noch hinterher, und bereits draußen waren die jungen Leute und ließen ihn in seiner Tabakwolke allein zurück. Das letzte Wort sollte dazu aber noch nicht gesprochen sein, dachte Graf Christian und vergrub sich in das Studium von Papieren, die ihn als Mitglied des Preußischen Herrenhauses erreicht hatten. Darunter befanden sich auch Vorlagen für das Heereswesen.

Die Wochen gingen dahin mit Kurzweil, Ausritten, Kutschfahrten und einer Jagd auf einen Rehbock, den Henning erlegte und seinem Vater danach stolz die Trophäe des mittelalten Sechserbockes präsentierte. Nun wurde es Zeit, dass Henning seine Sachen packte, um in seine kleine Kammer im Schloss Charlottenburg überzusiedeln. Für Friedrich war der erwartete Brief mit einer Einladung von Eitel v.d. Tanne aus Pyrmont eingetroffen. Der pensionierte Oberst hatte sich dort ein kleines Gut mit einer Pferdezucht gekauft und wollte für die zahlreichen Kurgäste eine Reitschule eröffnen, für die er einen Reitlehrer oder vielleicht später gar einen Chef suchte. Der Husar v.d. Spree war sehr interessiert, seinen väterlichen Freund zu besuchen, und da seine Zeit hier auf Falckenhain nicht ewig andauern konnte, entschloss er sich gemeinsam mit Henning, der nun wieder seine Majorsuniform anzuziehen hatte, Abschied zu nehmen. Er sollte noch von Kutscher Heinrich nach Berlin zum Zeughaus gebracht werden. Von dort aus, gleich neben der Neuen Wache, fuhr täglich die Expresskutsche über Magdeburg nach Hannover, wo er nur noch zeitgerecht die Postkutsche nach Pyrmont, dem traditionellen Fürstenbad im Weserbergland, erreichen musste. Im gräflichen Herrenhaus durfte er den größten Teil seiner Sachen unterstellen und bekam zwei Lederkoffer als kleinere

Gepäckstücke zur Verfügung gestellt. Beide jungen Männer wirkten beim letzten gemeinsamen Abendessen geistig etwas abwesend. Sie waren mit den Gedanken schon am nächsten Ort. Den Damen und Graf Christian sowie Onkel Willy tat der Abschied sichtlich weh. Dorothee und Elisabeth versprachen jede für sich Friedrich sofort zu schreiben und nahmen ihm das feste Versprechen ab, zum Herbst ganz bestimmt wieder nach Falckenhain zu kommen. Gern wird er wieder vorbei schauen, doch erst einmal ist es für ihn wie eine Befreiung, aus diesem goldenen Käfig mit seinen so Besitz ergreifenden Bewohnern zu entfleuchen.

-3-

Das plötzliche Rumpeln der Kutschräder über Bohlen hinweg weckte den dösenden Friedrich auf. Nach dreitägiger Reise hatten sie gerade die mittelalterliche Stadt Hameln durchquert, vorbei an den bestimmt alten, aber ihn beeindruckenden Renaissancebauten und Fachwerkhäusern. Bald befanden sie sich auf der hölzernen Weserbrücke, die hinüber zur linken Flussseite führte. „Noch gut drei Stunden bis Pyrmont", rief der Postillon zu den vier Fahrgästen herunter. Seit dem frühen Morgen fuhren sie bereits durch das Weserbergland mit seinen zahlreichen bewaldeten Kuppen, zwischen Deister und Ith, und jetzt ging es ohne Pferdewechsel über den Strom, der der Landschaft ihren Namen gab. Er schaute zurück auf die Stadt Hameln, die er nur von Merian-Schnitten und der ihn als Kind so fesselnden Rattenfängersage[7] her kannte. Auch musste er einst Goethes kleine Ballade „Der Rattenfänger" auswendig lernen, erfuhr Verwunderliches über diese altberühmte Stadt. Damals wollte er von seiner Mutter wissen, wie man mit Musik Mensch und Tier hinter sich her locken konnte. Dass er Mitte 1806 im Gefolge Königin Luises schon durch die damals noch trutzig wirkende Festungsstadt gekommen ist, hat er gar nicht zur Kenntnis genommen. Da kauerte der kleine dünne Junge an seinem Plätzchen im Wagen der Kammerfrauen und Garderobejungfern. Von der einstigen Festung mit ihren zahlreichen Türmen sowie den Wällen und der Stadtmauer war knapp anderthalb Jahrzehnte später fast nichts mehr zu erkennen, ein paar Stümpfe noch und Steinhaufen. Hameln wurde nach der französischen Inbesitznahme auf Geheiß Kaiser Napoléons als Festung geschleift. Damit erlitt die Stadt das Schicksal anderer besetzter Festungsstädte, erhielt endlich aber auch die verheißungsvolle Möglichkeit, sich über die Enge der Mauern hinaus auszudehnen und den Hauch vom Mittelalter abzustreifen. Bedauerlicherweise lag aber auch das gewaltige Münster am Weserufer noch in Trümmern. Er erkannte zur linken einen tief liegenden Prahm, der gerade von einem Pferdegespann durch die Schleuse neben dem Wehr gezogen wurde. Weitere Boote warteten, dass auch sie an die Reihe kämen. Weiter flussaufwärts konnte man zwei kleinere Frachtboote unter Segeln erkennen. „Was mag hier wohl auf der Weser transportiert werden?", fragte er seine Mitreisenden, die jedoch nur die Achseln zuckten. Die Hannoveraner sind wohl etwas mundfaul, dachte er sich. Die gut ausgebauten Straßen, die er von der Route Berlin - Hannover kannte, waren abrupt zu Ende. Auf der Nebenstrecke gab es zahlreiche Schlaglöcher, besonders die letzten Meilen, die die schlecht gefederte Kutsche im zügigen Tempo zwischen den Hügeln zurücklegte. Die Ortsdurchfahrten waren teilweise mit abgerundetem Kopfstein gepflastert, in deren ausgefahrenen Rillen die Kutsche heftig zum Schlingern brachte. Diese Passagen schienen dem Postkutscher ganz besonderes Vergnügen zu bereiten, denn bei jedem „huch", das aus dem Wagen drang, schien er die Pferde zu noch größerer Eile anzutreiben. Und mit der Eile entstand das jiepende Knarren des sich reibenden Ledergeschirrs. Schließlich erreichten sie nach einem Anstieg durch tiefen Laubwald, der den Blick auf einen ausgedehnten Talkessel frei gab, in dem zwei größere Ortschaften zu sehen waren, dazu ein paar versprengte Häusergruppen. Kurzes Verschnaufen für die Pferde und Kutscher. Dann erreichten sie in rasender Talfahrt das Dorf Holzhausen. Ein Hinweisschild besagte noch eine viertel Meile[8] bis Pyrmont.

Westlich des in einem Talkessel zwischen Teutoburger Wald und Weserbergland liegenden mondänen und von Fürsten und Berühmtheiten geschätzten Badeortes, direkt am Bachlauf der Emmer, hatte sich Oberst a.D. Eitel von der Tanne einen lang ersehnten Traum erfüllt. Es ist ein kleiner Gutshof mit etwas Landwirtschaft und ein paar Waldabteilungen inklusive der Jagd- und Fischrechte im Emmertal. Über ein Dutzend Pferde standen auf der Koppel. Der alte Husarenoffizier kannte Pyrmont bereits von Aufenthalten der königlichen Familie her, besonders den Besuchen der Kronprinzessin und späteren Königin Luise. Zweimal war er im königlich preußischen Begleitkommando dabei gewesen und hatte eine schöne Zeit verlebt und damals schon Gefallen an dem Badeort und seiner hügeligen Umgebung gefunden. Auch der kleine Friedrich Spree war einmal als Page dabei gewesen. Keine sehr aufregende Zeit, als er damals vom Reisemarschall oder der Oberhofmeisterin für diverse kleine Handreichungen eingeteilt worden ist, so beispielsweise das Kümmern um die Schoßhündchen oder das Hinterhertragen eines königlichen Sonnenschirmes. Immer musste er auf Geheiß mindestens fünf Schritt Abstand halten und trotzdem sofort bei der Hand sein, wenn plötzlich die Sonne wieder zwischen den Wolken hervorblinzelte und die Hofdame ohne auch nur zu ihm hinzusehen, einzig mit einer leichten Bewegung der rechten Hand, nach dem Schirm für die Königin verlangte. Alle paar Schritt blieb Ihre Majestät stehen und ließ sich durch den begleitenden Badearzt erklären, wer sie da so höflich grüßte. Da waren beispielsweise ein hünenhafter Staatsrat aus Petersburg mit schlohweißer Haarpracht, ein verwachsener Kommerzienrat aus Bremen mit viel zu großem Hut, ein großherzoglich privilegierter Kaufmann aus Oldenburg, der Stammgast Vogel mit auffallend quirliger Gattin aus dem Kölner Raum, ein Goldschmiedemeister und Ratsherr aus Hameln. Es gab den von mehreren geistlichen Herren begleitete Dompropst von Paderborn, der General von soundso nebst Gemahlin und Töchtern, der französische Comte mit ellenlangem Namen und den tiefsten, allerdings auch elegantesten Verbeugungen. Und wie sie, die Gäste und die Bürger der Stadt sich alle geehrt fühlten, von der schönen Preußenherrscherin auf huldvollste Art den Gruß erwidert zu bekommen. Die Verbeugungen und Bücklinge nahmen kein Ende. Vor Aufregung wurde dabei durch das Rumfuchteln der Arme so manches Glas Brunnenwasser verschüttet, mit dem man als vornehmer Kurgast - quasi wie so ein Erkennungszeichen - unter den alten Linden einer stolzierte. Was wurden da anschließend die frisch frisierten Köpfe zusammen gesteckt, getuschelt und lange hinterher geschaut. Die weniger Vornehmen zeigten dabei sogar ganz ungeniert mit ihren Fingern auf die vorbei defilierende Hofgesellschaft, was selbige keineswegs inkommodierte; denn die Königin hatte ein großes Herz, auch ganz besonders für die einfachen Leute. Den kleinen Fritze Spree konnte dieses Flanieren überhaupt nicht amüsieren; denn schließlich musste er auch noch den gleichaltrigen Prinzen königlicher Verwandtschaft ihr Spielzeug hinterher schleppen und wurde von denen nach Lust und Laune hin und her gescheucht. „Fritze mach dies, Fritze hol uns jenes." Es war schlimmer als zuhause, wenn die kleinen Preußenprinzen Friedrich Wilhelm und Wilhelm ihren Schabernack mit ihm und anderen Pagen trieben. Dann ging es hoch die Allee und wieder runter, und manchmal zum Brunnenausschank. Dort warteten auch die angebundenen Ziegen und Eselinnen, um für die Damen gemolken zu werden, die außer den verschiedenen Brunnenwässern auch mit diesem Getränk Gutes für ihr leibliches Wohl, und natürlich die Schönheit zu tun. Friedrich mochte weder das eine noch das andere trinken, aber ihn fragte eh' niemand nach seinem Geschmack. Er erinnerte sich auch noch, wie beengt sie mit dem ganzen niederen Hofpersonal und der Dienerschaft im Logierhaus auf der Brunnenstraße einquartiert waren. Die Begleitung von Königin Luise kam kaum zu einem zusammenhängenden und erquickenden Schlaf. Zuerst der prasselnde Regen auf dem Dach, der ihre Ohren betäubte; mal war es abends bitterkalt, dann wieder die aufgestaute Hitze unter dem Dach. Der Magen grummelte von den vielen Gläsern Heilwasser, die Pflicht schuldigst, oder aus Gründen einer sparsamen Haushaltsführung, auch das Personal der hohen Herrschaft trinken musste. Die Schönheiten, die der Badeort mit seiner bewaldeten Umgebung zweifelsfrei in so reichlicher Fülle bot, hatte der kleine Kerl vor anderthalb Jahrzehnten gewiss noch nicht bemerkt und in sich aufgenommen. Er vermisste seine Mutter, die als Hofdame eigentlich im Hofstaat der Königin mitreisen sollte, jedoch vor der Abreise schwer krank in Berlin mit seinem Vater zurück bleiben musste. Ebenso wenig verstand der junge Page den Inhalt der Gespräche, den seine Königin mit sehr hochgestellten Damen führte. Einmal war er vor Erschöpfung regelrecht zusammen geknickt, fand im Salon der Königin hinter einem Sofa Platz für ein Nickerchen. Er wurde vom Schoßhündchen aufgeweckt, welches ihm mit der Zunge ausgiebig durch das Gesicht schlabberte. Da merkte er erst, dass Königin Luise sich mit einigen Damen im Raum befand und Konversation pflegte. Der Hund schnüffelte so intensiv und laut, dass er einen königlichen Anschnauzer erhielt. Doch zum großen Glück für den verängstigten Pagen schaute niemand hinter das Sofa, wo Fritz das Herz in die Hose gerutscht war. Sehr wahrscheinlich hat sich Ihre Majestät wieder über Politik unterhalten. Die Bedrohung Preußens durch Napoléons Truppen war präsent und das Thema schlechthin, was den französischen Kaiser später zu der spöttischen, aber auch anerkennenden Bemerkung vom „Pyrmonter Frauenkongress" veranlasste. Friedrich Spree bemühte sich noch intensiver, seinen Pflichten gerecht zu werden, und um Himmelswillen nicht mehr am falschen Ort einzuschlafen. Es gab kaum Lob oder eine andere Form der Anerkennung. Die körperlich deutlich spürbare und teilweise überfordernde Tätigkeit, samt mangelndem Schlaf, waren eine echte Strapaze für den gerade Elfjährigen. Der zwar seltene, doch dafür umso freundlichere Blick der schönen Königin hin zu ihren Leibpagen hat dann aber doch die Herzen der noch sehr jungen, hart arbeitenden Bürschlein höher schlagen und sie die schwere Belastung für einen Moment vergessen lassen. Unvergesslich blieb ihm der Anblick der Königin, wenn sie mit ihrer von einem Hütchen bedeckten Lockenfrisur, die beide durch ein Schleiertuch umwunden, standhaft dem böigen Wind trotzte, der durch die Alleen pfiff.

Und nach diesem gedanklichen Ausflug in die Pagenzeit stand er nun als ausgewachsener Mann vor dem zweigeschossigen Fachwerkgebäude, dem Wohnhaus des kleinen Gutes, dessen neuer Eigentümer sein väterlicher Freund und früherer Regimentskommandeur geworden ist. Dieser begrüßte ihn herzlich und wollte ihm in fast kindlicher Freude und Stolz sofort alle Einzelheiten des Gutshofes zeigen. Friedrich konnte sich in einem freundlich-lichten Raum mit Blick auf den zur Weser hin fließenden Bach und den Pyrmonter Berg einrichten. Er räumte eigenhändig, diesmal ganz ohne Hilfe eines gräflichen Stubenmädchens, den Inhalt seiner Koffer in einen Bauernschrank aus Fichte, in dessen Türe die Jahreszahl 1712 geschnitzt war. Das Geburtsjahr von Friedrich II., dem verehrten preußischen König[9], der als noch junger Monarch wegen seiner angeschlagenen Gesundheit, besonders der Gichtanfälle und Stoffwechselstörungen wegen, zur Bade- und Trinkkur in Pyrmont gewesen sein soll. Aber so komfortabel wie er heute auf dem Tanneschen Gut ist der große König damals wohl kaum untergebracht gewesen. Friedrich II. war mit seiner Begleitung, sprich seinem kleinen Hofstaat, ein paar Beamten, Offizieren und dem ihn begleitenden Freundeskreis in den Unterkünften seines Pyrmonter Brunnenarztes, des renommierten Doktor Seip[10], untergebracht. Seine Majestät ließ sich anstatt im Schloss oder Prunkhotel in einem Gartenhäuschen einquartieren. Es war auch hier als Kurgast offenbar schon so bescheiden und genügsam, wie er später, trotz gesundheitlicher Einschränkungen als der Oberste Befehlshaber auch das ausgesprochen unbequeme Feldlager mit seinen einfachen Soldaten teilte. Dieses Verhalten soll den „Ersten Diener" Preußens wohl so beliebt und volkstümlich gemacht haben. Die Wochen in Pyrmont, also außerhalb seines Königreiches, soll Friedrich - Berichten zufolge - während seiner Badekur jedoch recht zurück gezogen verbracht haben. Schließlich war er nicht nur zur Gesundung hier sondern regierte auch noch ein Reich.

Doch zurück zum Reiterhof von der Tanne. Zum unmittelbaren Personal gehörten noch der Verwalter Rolf Klüger mit seiner Frau Edeltraut, die den eigentlichen Haushalt führte und kochte, aber selbst auch mit großer Geschicklichkeit und Sachverstand den Männern bei den Pferden mit aushalf. Zwei ledige Reitknechte, ehemalige Husaren von einem Braunschweiger Regiment, wohnten über dem Pferdestall. Die Gutsarbeiter und Tagelöhner lebten mit ihren Familien indessen überwiegend weiter unten im Tal, an der Grenze zum Kurfürstentum Hannover, für das es nach dem Wiener Kongress auch die Königskrone[11] gab.

Nach einem reichhaltigen Abendessen setzten sich beide Männer auf die hintere Terrasse und ließen sich von der Abendsonne bescheinen. Der Oberst hatte als welterfahrener Edelmann rasch Kontakt in Pyrmont und auch zu einigen der benachbarten Gutshöfe gefunden und ist auf die Idee gekommen, neben dem Gutsbetrieb einen Reiterhof einzurichten. Nach den Kriegen, unter denen auch der Badebetrieb gelitten hatte, war jetzt wieder Hochsaison im Fürstenbad Pyrmont. Aber nicht nur Fürsten und der Adel sondern auch Bankiers sowie Kaufleute, also der neue Geldadel, kamen in Scharen angereist. Pyrmont galt als erste Adresse und wurde gerade auf diesen neuen Massenansturm durch zahlreiche Neubauten, größere Badeeinrichtungen und einen erweiterten Kurgarten umgestaltet. Nicht zu vergessen wohlbetuchte Bauern, Bürgersleute und der Klerus aus der näheren Umgebung, die fast ausschließlich der Gesundheit wegen anreisten und sich mit einfacheren Quartieren begnügten. Die verschiedenen Heilquellen mit Eisen-und Kochsalzsäuerlingen und Eisenmoor, waren zur Linderung von Herz-und Kreislauferkrankungen und Rheumatismus von vortrefflicher Qualität. Für Unterhaltung sorgten Theater und Konzerte. Weitläufige Alleen luden zum Spaziergang ein, zu dem man so wie damals, als Spree das erste Mal hier weilte, stets auch sein Glas mit heilkräftigem Quellwasser mitnahm, das damit allgegenwärtig im Stadtbild wurde. Die Kaffeehäuser hatten unter dem Schatten der Linden ihre Tische aufgestellt und frisch gedeckt und brauchten nicht lang auf Gäste zu warten. In den Räumlichkeiten des Brunnenhauses war der gesellschaftliche Mittelpunkt für den ganz normalen Badegast. In den Hallen der großen Luxushotels fanden sich die Wohlhabenden zum Abend ein und es gab noch das Schloss des Fürsten Waldeck und Pyrmont, der fast jede Woche Gesellschaften für den Adel und Persönlichkeiten aus Kunst, Kultur und Wissenschaft gab. Hierüber berichtete gern der Hofberichterstatter der "Pyrmonter Badepostille", einem beliebten Wochenblatt für Gäste und Stadtbewohner. Die nähere Bekanntschaft mit dem Herausgeber und Redakteur Thomas Nepomuk Kraxler war es auch, die Oberst v.d. Tanne auf das zum Verkauf stehende Gut im Tal der Emmer aufmerksam machte. Der weit verzweigten Familie von Münchhausen gehörte der Besitz, der nun zu Geld gemacht werden musste, um die Mitgift für eine Tochter aufzubringen. Kraxler berichtete ebenfalls, dass zwar die älteren Damen und Herren unter den Badegästen gut unterhalten würden, jedoch die jüngeren so richtig unter Langeweile litten. Kutschfahrten und Ausritte in die Umgebung wären da gerade das Richtige, was man dieser Altersgruppe anbieten sollte. Nun kam von der Tannes jüngster Schwadronchef gerade zur rechten Zeit, um eine Reit-und Fahrschule aufzubauen. Es dauerte nur ein paar Glas von dem süffigen Schwarzbier, bis der Rittmeister a.D. mit seinem alten und nun wieder neuen Arbeitgeber einig wurde.

Friedrich spürte tief in sich ein richtig gutes, einfach angenehm über den ganzen Körper - so von oben nach unten und wieder zurück - strahlendes Wohlgefühl. Er hatte nach einer Phase des Müßiggangs wieder eine Aufgabe, damit sozusagen auch

Arbeit und Brot. Nein, es war sogar noch viel mehr. Gutes Gehalt, Kost und Logis, die Arbeit mit Pferden und Menschen und die Gesellschaft seines geschätzten älteren so vertrauten Freundes und Gefährten. In der "Pyrmonter Badepostille" hatte v.d. Tanne bereits mehrere Wochen lang Inserate aufgegeben. Die beiden Reitknechte waren jetzt schon den halben Tag beschäftigt mit der Unterweisung von Jünglingen und Backfischen im Kutschelenken und auch Reiten. Friedrich v.d. Sprees Kompetenz und freundschaftlich-kameradschaftliche Art im Umgang mit den beiden Ex-Husaren schaffte von Beginn bereits eine vertrauensvolle Stimmung und damit eine solide Grundlage für den Schulbetrieb. Ein Artikel von Thomas Kraxler in seiner Postille über den "berühmten Rittmeister, der einst bei Leipzig den späteren schwedischen König inmitten der tobenden Schlacht gerettet hatte", zusammen mit einer etwas schmeichelnden Porträtskizze, war eine kleine Sensation in dem sonst sehr beschaulichen und diesbezüglich ereignisarmen Badeort. Plötzlich entdeckten auch junge Damen von Stand ihr Interesse an den Pferden. Mütter begleiteten ihre Söhne und Töchter zur Reitschule, anstatt beim Spazierengehen nur das vom Badedoktor verschriebene Heilwasser zu schlürfen oder die Garderobe der Vorbeigehenden zu betrachten und zumeist auf lästerliche Art und Weise zu kommentieren. Der fesche Rittmeister erfüllte die Erwartungen der Damenwelt, zumindest rein äußerlich. Und das war zu allererst das Wichtigste. Zu mehr als ein paar galanten Komplimenten ließ er sich auch nicht hinreißen. Die Schneider von Damenreithosen in Pyrmont hatten auf einmal Hochkonjunktur. Bestellungen kamen von jungen Herren; aber auch den adeligen Damen sowie den bürgerlichen Demoiselles, die mit einmal das Reiten erlernen wollten. Auch musste der Gutsherr noch zusätzliche Damensättel und passendes Zaumzeug anschaffen. Es waren nämlich überwiegend weibliche Reitschüler, die sich selbst, ihre neue Ausstattung und Pferde samt Reitlehrer auf den Pyrmonter Alleen und Reitwegen präsentierten. Es musste öfters sogar der pensionierte Husarenoberst einspringen, um dem unerwarteten Andrang gerecht zu werden.

Dieser war insgesamt vom Erfolg seines Reitbetriebes so begeistert, dass er seinem jungen Freund anbot, ihn doch einfach "Onkel Eitel" zu nennen, doch das war Friedrich einfach zu affig. "Herr Oberst oder Eitel". Man einigte sich auf Eitel und das "du". Das war ähnlich wie es der junge Rittmeister v.d.Spree bei seinem Aufenthalt in Wien im österreichischen Offizierkorps erlebt und wegen seiner Unkompliziertheit durchaus geschätzt hatte. Der erzielte Profit für den Reitstall war auch so hoch, dass erfreulicherweise ebenfalls auch die Reitknechte und Friedrich eine Prämie erhielten. Der "Alte" war ein Pfundskerl und kam auch bei seinen Gutsarbeitern an, was im Endeffekt die Motivation steigerte und man trotz der kurzen Phase, in der v.d. Tanne Gutseigner war, die landwirtschaftliche Produktion bereits steigern konnte. Glücklicherweise gab es auch keine Unwetter oder Tierseuchen auf dem Hof und man konnte eigentlich vollauf zufrieden mit sich und der Welt sein. "Wir schöpfen alle Wasser aus dem selben Brunnen", das war Eitel v.d. Tannes geflügeltes Wort und Friedrich verstand, was er damit sagen wollte.

Im gesellschaftlichen Leben Pyrmonts war Friedrich v.d. Spree bald ein geschätzter Gast. Der holden Weiblichkeit konnte und wollte er sich auch nicht entziehen. Er war aber sehr bedacht, keiner Dame das Gefühl zu geben, sie wäre die Favoritin, obwohl dies so einige gern gesehen hätten. Potenzielle Schwiegermütter waren bei jeder Gesellschaft anzutreffen, auch verheiratete Damen machten sich gern und unverhohlen an ihn heran oder sonnten sich im Glanz des jugendlichen Helden. Die napoléonischen Kriege hatten beklagenswerterweise ihren Tribut verlangt und die Reihen der Männer ganz beträchtlich gelichtet. Friedrich von der Spree machte, oftmals in Begleitung des pensionierten Obersten, die Bekanntschaft von hohen Beamten und Diplomaten, die an den unterschiedlichsten Regierungssitzen dienten und sich in Pyrmont kurieren wollten, oder zum Gefolge regierender Fürsten gehörten. Bei einem der wöchentlichen Empfänge und Tanzvergnügen im Pyrmonter Schloss wurde Friedrich einem Diplomaten des preußischen Königs, dem Grafen Wilhelm von Donner, vorgestellt. Dieser war außerdem verheiratet mit einer gebürtigen Prinzessin aus einer Nebenlinie des Fürstenhauses zu Waldeck und Pyrmont. Die Familie Donner wohnte mit ihren drei Kindern vorübergehend in einem zum Schloss gehörenden Kavaliershaus, einer eigentlich winzig kleinen Villa. Wilhelm Donner sollte im Oktober die Leitung der preußischen Gesandtschaft[12] am dänischen Königshof in Kopenhagen übernehmen. Für die Übersiedlung wurden gerade noch durch Gräfin Wilhelmine Möbel und Porzellan beschafft, die baldmöglichst in die Residenz[13] nach Kopenhagen geschafft werden sollten. Er berichtete, dass der preußische Staatskanzler, Karl August Fürst Hardenberg, und sein Außenminister im Begriff waren, die Anzahl der diplomatischen Botschaften und Gesandtschaften zu erhöhen und die bestehenden Vertretungen mit mehr Personal auszustatten. Über seine Diplomaten wollten Hardenberg und seine Kabinettssekretäre mehr Einfluss bei den ausländischen Höfen und den Regierungen ausüben, um die politische Stellung Preußens nach den erfolgreichen Befreiungskriegen zu konsolidieren. Das lag genau in der Absicht des preußischen Königs, der nach einer Periode der Kriege in der Politik nun der Diplomatie den Vorrang vor der militärischen Stärke geben wollte. Wilhelm Donner berichtete weiterhin, dass das Außenministerium noch tüchtige junge Männer aus dem Adel suchte, um die verschiedenen neu geschaffenen Dienstposten zu besetzen. Er befragte Friedrich auch scheinbar nur ganz beiläufig, doch von seiner Seite wohl ernsthaft gemeint, ob das nicht eine neue Herausforderung auch für ihn, den verabschiedeten Husarenoffizier, sein könnte. Doch dieser ging zunächst nicht näher darauf ein. Das wäre wieder einmal zu rasch, fast überstürzt.

Wilhelm Graf Donner war bis zur Vollendung seines 60sten Lebensjahres im Frühjahr dieses Jahres Major der Reserve in einem brandenburgischen Infanterieregiment gewesen, und das mit großer Passion. Er liebte lange Kamingespräche mit seinen Offizierkameraden, besonders wenn es sich wie im Falle der beiden Husarenoffiziere auch um Kriegserprobte Männer, in seinen Augen um wahrhaftige Helden handelte. So machte er auch bald den beiden auf dem Gutshof im Emmertal seine Aufwartung. Ihm gingen derzeit die Geschäftigkeit seiner Frau und der beiden fast erwachsenen Töchter Margarethe und Ingrid auf die Nerven. Er schätzte auch rasch die deftige Gutsküche von Frau Edeltraut Klüger, die ebenso wie die Mutter des Grafen aus dem Harzer Vorland stammte. So hatte man gemeinsame Erinnerungen an diese Landschaft, die etwas rauer als das Weserbergland ist, aber viele Gemeinsamkeiten aufweisen konnte wie die endlosen Laubwälder, kleine fischreiche Flüsse und verträumte Ortschaften. Den 15jährigen Sohn Wittekind brachte er mit, um ihm noch letzten fachmännischen Reitunterricht verpassen zu lassen. Doch der Junge war in den vergangenen Jahren unter den drei Frauen im Hause fast wie ein Mädchen erzogen worden. Er zeigte sich sehr ungeschickt im Sattel, obwohl er sich mit vollem Eifer und Freude an der Kreatur sehr, ja fast verkrampft, bemühte, gute Figur als Reiter zu machen. „Ich habe immer Angst, dass er sich einmal den Hals bricht", beklagte Graf von Donner, der selbst ein ausgesprochen sicherer Reiter war und auch seinen Einspänner mit leichter, doch fester Hand führte.

Jagden sind Höhepunkte im gesellschaftlichen Leben, so auch in Pyrmont. Gutsherr v.d. Tanne und zwei Nachbarn, die gemeinsam das Jagdrecht in den Wäldern oberhalb des Emmertales ausübten, luden Ende August zur Jagd ein. Freigegeben waren Wildschweine, über deren angerichtete Schäden in den Feldern und auf den Äckern sich die Bauern und Pächter in diesem Jahr besonders energisch bei den Gutsherren beklagt haben. Dazu wurde von dem Jagdleiter bei der Jagdparole noch alle Art von Raubwild und Rehböcke mit minderem Gehörn als jagdbar erklärt. Die Gefährlichkeit der Sauen oder dem Schwarzwild, wie Wildschweine in der Jägersprache bezeichnet werden, wurde noch einmal besonders angesprochen, da bei dieser Jagdgesellschaft auch eine Reihe Jäger waren, die mit der Jagd auf dieses besonders wehrhafte Wild nicht oder nur wenig vertraut waren. So manche Jäger oder Jagdgehilfen sind durch angeschossenes Schwarzwild schwer zu Schaden oder gar zu Tode gekommen. Geschichten um diese Ereignisse führten gewiss zu Ausschmückungen und Übertreibungen beim „Schüsseltreiben", dem gemeinsamen Essen und Trinken nach einer Jagd, doch spiegelten diese Gerede und Wichtiggetue sicherlich die durch gestandene Anspannung und vielleicht auch Angst der Treiber und Jäger wider. Zur Jagdgesellschaft gehörten diesmal 20 Gewehrschützen und zehn Treiber, die mit Holzprügeln und Saufedern ausgerüstet waren. Das sind etwa zwei Meter lange Spieße aus Lederbespanntem zähem Eschenholz mit einer fußlangen Stahlgeschmiedeten und scharf geschliffenen Spitze. Dazu hatten fast alle Schützen und Treiber ein Jagdmesser am Gürtel. Zuerst sollte an der linken Emmerseite vom Pyrmonter Berg abwärts durch den Mischwald das Schwarzwild aus den Dickungen heraus ins Tal gedrückt werden. Friedrich von der Spree gesellte sich auf eigenen Wunsch zu der Gruppe der Treiber, die sich sonst ausnahmslos aus Jagdgehilfen und Gutsknechten zusammensetzten. Ihm lag nichts oder wenig daran, selbst mit eigener Hand Wild zur Strecke zu bringen. Außerdem besaß er auch kein eigenes Jagdgewehr. Sein Freund Eitel, die beiden Nachbargutsbesitzer, der Eigentümer von Schloss Schwöbber sowie Graf Donner nebst Söhnchen befanden sich unter den Schützen. Diese wurden vom Jagdleiter auf ihre Positionen in der Nähe von bekannten Wildwechseln angestellt. Gräfin Wilhelmine war wohlweislich nicht unterrichtet worden, dass ihre beiden Männer sich auf Wildschweinjagd begeben wollten. Ansonsten wäre sie nicht in aller Ruhe auf Einkaufstour gefahren sein. In Fürstenberg, der renommierten Herzoglich Braunschweigschen Porzellanmanufaktur auf der anderen Weserseite, wollte sie ihr zukünftiges Ess- und Kaffeegeschirr aussuchen. Dies benötigte sie noch für große Gesellschaften in der Kopenhagener Residenz.

Zurück zur Jagd: Diese besondere Art der Jagd wird fast in Lautlosigkeit durchgeführt. Keine Hunde sind dabei, nicht einmal ein Jagdsignal zum Beginn. Die Treiber bewegen sich normal langsam vor, knicken hier und da einen Zweig, hüsteln und beunruhigen das Wild und bringen es so zum Verlassen ihrer Ruhe-und Schlafplätze, ohne dass es hochflüchtig aufspringt und dadurch den Schützen nur ganz kurz ins Visier kommt. Friedrich und zwei weitere Treiber am linken Flügel haben gerade eine Dickung umschlagen, in der sie auf Grund der zahlreichen Trittsiegel eine ganze Rotte Sauen erwarteten, als plötzlich - durch die Geräusche von der sich rechts von ihnen bewegenden Treibergruppe - einige Sauen aufgeschreckt wurden. Das Schnaufen und Grunzen mehrerer hoch geschreckter Tiere war zu vernehmen. Die Bewegungen des Unterholzes verrieten, dass sie sich auf die Treiber zu bewegten. Es handelt sich um drei Bachen mit ihren noch leicht gestreiften Frischlingen. Dazwischen ein paar Junge des Vorjahres, die so genannten Überläufer. Als eine der Bachen durch Heben des spitzen Wurfes[14] die Witterung des Menschen aufnahm und ein warnendes Grunzen von sich gab, verharrten die anderen Sauen. Danach brachen sie fluchtartig durch das Unterholz und stürmten talwärts, genau der Reihe der angestellten Schützen entgegen. Mehrere Büchsenschüsse hallten durch den Wald. Vorbei war es mit der eigentlich bisher ruhig verlaufenden Drückjagd. „Dieser Schweinsgalopp sollte eigentlich nicht stattfinden", rief Friedrich seinen Mittreibern zu und gab Zeichen mit seiner erhobenen Saufeder, ihm zügig zu folgen. Jetzt ging es durch das Dickicht, in dem sich die Rotte vorher niedergelassen hatte. Sie konnten noch einen gewaltigen Keiler sehen, der - mächtig wie eine Eichentruhe auf vier Beinen - durch das Dickicht brach und talwärts lief. Seinen Pürzel hatte der Keiler wie eine Standarte steil in die Höhe gereckt. Erneut zwei Schüsse, das Klagen eines getroffenen Wildschweins. Hundert Schritt weiter versuchte der junge Wittekind - trotz seines heldenhaften Namens - verzweifelt Reißaus vor dem Keiler zu nehmen, der offensichtlich einen Waidwundschuss erhalten hatte. Der Bauch war faustgroß aufgerissen, Eingeweide hingen heraus. Der gewaltige Kopf des Keilers witterte den Hang hinauf, den Wittekind gerade auf allen Vieren empor zu klimmen versuchte. Die Büchse hatte er offensichtlich nach dem Abfeuern nicht mehr nachladen können und einfach fallen gelassen. Er strauchelte und der Keiler war mit seinen blitzenden Eckzähnen fast an seinem Hinterteil, als das Tier verhoffte und ein markerschütterndes Quitscheklagen ausstieß. Der Schuss des Nachbarschützen, nämlich Wittekinds Vater, hatte das waidwunde Tier in die Keule getroffen und damit im Nachsetzen gebremst. Friedrich Spree kam gerade in dem Moment zur Stelle, als der Keiler sich mit seiner noch verbliebenen Kraft und Wut auf seinen ersten Peiniger stürzte, der beim Erklimmen des Steilhangs abgerutscht war. Der Jungschütze lag strampelnd auf dem Rücken und traf das rasende Wildschwein mit dem rechten Stiefel am Gebrech[15]. Damit hatte er zwar des Keilers erste Attacke abgewehrt, das zweite blitzschnelle Nachschlagen schlitzte dem Jungen jedoch mit den scharfen Eckzähnen die linke Wade bis auf die Knochen auf. Friedrich, der als ausgebildeter Lanzenreiter eigentlich mit jeder Art von Speer hantieren konnte, rammte mit aller Kraft die Spitze der Saufeder voll ins Blatt dieser Vier-Zentner-Sau, die tödlich getroffen - mit dem Spieß im Körper steckend- sich noch einmal aufbäumte, ein paar letzte Grunzer von sich gab und schließlich über dem Jungen zusammenbrach. Dabei drohte sie, ihn mit ihrem kolossalen Gewicht fast zu erdrücken. Mit vereinten Kräften gelang es den herbeigeeilten Treibern und Jägern das verendete Wildschwein vorsichtig von dem armen Jungen zu ziehen. Der stand, oder besser lag - sichtlich unter Schock – auf dem Rücken und starrte mit entsetzten Augen auf die heftig blutende Wade. Es stank erbärmlich nach Kot, Schweiß[16] und Innereien. Ein Pyrmonter Wundarzt, der sich auch unter den Jägern befand, versorgte unter den besorgten Blicken des Vaters aufs erste den unglücklichen Jungjäger, der dann auf einem Jagdkarren von Rolf Klüger und dessen herbeigeholter Frau ins Krankenlager nach Pyrmont transportiert wurde. Wilhelm von Donner begleitete seinen Sohn auf dem Weg zum Chirurgen und machte sich dabei die größten Vorwürfe, dass er von seinem noch so kindlichen Sohn zu viel erwartete und damit dessen Leben gefährdet hat. Mindestens genau so groß war aber seine Sorge vor dem drohenden Donnerwetter, das seine Frau ohne Zweifel veranstalten würde.

Die Jagd fand so ein vorzeitiges Ende, doch blieben die Jagdtraditionen nicht gänzlich auf der Strecke. Friedrich v.d.Spree wurde die Trophäe des mächtigen Keilers zuerkannt, zum Mittag wurde am Gutshof die Wildparade durchgeführt. Die Strecke wurde von den Hornbläsern verblasen, wobei die bisher nicht eingesetzten Jagdhunde jaulend ihre eigene Musik machten, was die anwesenden Jäger trotz aller Ernsthaftigkeit zu einem befreienden Lachen verleitete. Dies lieferte für das anschließende Schüsseltreiben reichlich Gesprächsstoff. Ein passionierter Waidmann und Pyrmonter Apotheker spendierte mehrere Runden von seinem selbst gebrannten Schnaps, mit dem er vorher noch ganz pragmatisch die offene Wunde des Verletzten desinfiziert hat. Damit konnte er gleich ein bisschen Werbung mit seinen Allzweckprodukten machen: „Dies bringt auch Tote wieder hoch! Habt ihr Problem mit Herzen oder Magen, einfach Apotheker Elten fragen." „Nun schmeiß' noch mal 'ne Runde, Holgers!", war die Aufforderung der Jäger, der der gesellige Apotheker gern Folge leistete.

Die „Pyrmonter Postille" hatte wieder einmal eine richtig spannende, ja an Dramatik kaum zu überbietende Geschichte und verglich Friedrich v.d. Sprees Mut mit dem des tapferen Schneiders aus dem allseits bekannten Kindermärchen. Der Stoß mit der Saufeder direkt in das Blatt des Keilers wurde in den nächsten Zeilen mit dem tödlichen Speerwurf des finsteren Hagen von Tronje gegen König Siegfried gleich gesetzt, was dem eigentlich ungewollten Helden dann aber doch zu weit ging. Einen

Rittmeister und einen Schneider oder gar einen heimtückischen Königsmörder aus der Nibelungensage auf eine Stufe zu stellen. Nein, das war dann doch nicht der Stoff für Friedrichs Träume, denn auf ihn wartete schließlich auch keine liebreizende Prinzessin mit dem halben väterlichen Königreich als Belohnung! Und außerdem hatte er bei der Durchführung des Stoßes sich am Schaft der Saufeder äußerst schmerzhaft die rechte Schulter geprellt. Das passierte ansonsten eigentlich nur den angehenden und daher noch unerfahrenen Kürassieren während der Grundausbildung. Recht verschämt ließ er sich von Frau Klüger eine Heilsalbe auftragen und nahm ihr das Versprechen ab, ja kein Sterbenswörtchen über dieses Missgeschick zu verlieren, was die biedere und mit der Soldatenehre nicht so vertraute Frau überhaupt nicht verstand. Doch zumindest die feine Pyrmonter Gesellschaft samt Kurgästen lag ihrem Helden regelrecht zu Füßen. Wie angeregt hatte er doch ihre Langeweile unterbrochen und noch mehr Spannendes und Unterhaltsames in prickelnde Aussicht gestellt. Er war der Mittelpunkt ihrer Gespräche schlechthin, an den langen Tafeln im Kaffeehaus und fürstlichem Wirtshaus, ebenso in den einfacheren Restaurants und Herbergen Pyrmonts und den umliegenden Dörfern, in denen die Kurgäste aus der Landbevölkerung ihre Mahlzeiten einnahmen. Die feine Gesellschaft, Ansässige wie Kurgäste, wetteiferten damit, den Lebensretter und gut aussehenden Edelmann einzuladen und sich mit seiner Gesellschaft zu schmücken. Selbst der Souverän des kleinen Landes, der Fürst zu Waldeck und Pyrmont ließ ihm durch einen Lakaien eine Einladung überbringen. Diesmal sogar zum Souper aufs Wasserschloss, was er selbstverständlich nicht ablehnen konnte und auch nicht wollte, wie viele andere Einladungen auch nicht. Dieser junge Preuße hatte das Leben eines Verwandten des regierenden Fürsten gerettet. Gräfin Wilhelmine von Donner war als Mutter wirklich von echter Dankbarkeit ergriffen, was sie dem jungen Rittmeister unbedingt beweisen wollte. So gab es Geschenke wie eine echtgoldene und mit Saphiren besetzte Taschenuhr oder eine sehr wertvolle Schreibgarnitur. Nach all' dem Rummel um seine Person war dies Friedrich allerdings sichtlich peinlich. Schließlich erhielt er vom gräflichen Paar noch ein Perkussionsgewehr mit ornamentalen Verzierungen des französischen Empire und einem Kolben in Form einer Drachenschlange. Das Jagdgewehr wäre wahrlich eines Fürsten würdig gewesen und nichts für ihn, doch konnte er solch ein Präsent denn ablehnen? Aber sollte dies das Ziel seiner Träume sein, der Held und ein Ausstellungsstück zu sein für eine gelangweilte und verwöhnte Gesellschaft in einem mondänen Badeort, der allzeit charmante Reitlehrer für junge Damen aus wohlhabendem Hause? Nun, zu einer Erkenntnis war er bereits gelangt: Nach nunmehr achtmonatiger Abwesenheit vom Militärdienst vermisste er diesen überhaupt nicht mehr. Der Dienst in einer vom Rotstift des Finanzministers und seiner Bürokraten begrenzten und an die Kette gelegten Armee hatte für ihn, wie für viele andere Kameraden auch, an Attraktivität und ganz allgemein an Interesse verloren. Gab es für einen jungen, wagemutigen und intelligenten Edelmann wie ihn nicht noch andere Möglichkeiten, seinem König, seinem Land oder der Gesellschaft zu dienen? Und vor allem musste er schließlich auch Geld für seinen Lebensunterhalt verdienen. Sollte er vielleicht an eine engere Verbindung mit der Familie

Falckenhain denken, sich gar vermählen, wie es Komtesse Elisabeth in ihren Briefen zwischen den Zeilen anklingen ließ? Aber hat er das auch richtig interpretiert, dass die schöne Komtesse aus steinreichem preußischem Hochadel ausgerechnet ihn, den unbemittelten und einflusslosen Junker aus dem niederen Adel zum Manne möchte? Warum eigentlich nicht? Aber dann käme er vielleicht in den Ruf eines Mitgiftjägers. Und wer schon ziemlich mittellos wie er war, dem zählte der Ruf eines Offiziers und Ehrenmannes doppelt. Sei er nun aktiv oder verabschiedet. Die Gedanken sprangen hin und her, vielleicht konnte da sein väterlicher Freund von der Tanne die richtigen Ratschläge geben. Das gute an der Sache war, dass ihn eigentlich nichts in der Welt zu einer überstürzten und unüberlegten Entscheidung trieb. Pyrmont, der Reiterhof und angenehme Gesellschaft waren eigentlich sehr reizvoll. Eines Tages wird er sich bestimmt entscheiden.

Als königlich preußischer Diplomat am dänischen Hof

-1-

Der aus Südost in Böen blasende Wind nähert sich Sturmstärke, als Friedrich v.d. Spree, angehender Legationssekretär und politischer Attaché im diplomatischen Dienst Seiner Majestät, des Königs von Preußen, sich auf dem Weg von Rostock nach Kopenhagen befindet. Das dänische Handelsschiff „Trekroner"[17], ein moderner Dreimaster von über 1.000 Tonnen, verkehrt fast wöchentlich zwischen beiden Hafenstädten und nimmt stets Passagiere mit an Bord. Die richten sich für die zweitägige Überfahrt in je vier Innenkabinen auf jeder Seite des Mannschaftsdecks ein. Friedrich teilt sich seine Kabine mit zwei dänischen Schiffsagenten, die nach mehrwöchiger Tätigkeit in Rostock nun ihre Heimreise nach Kopenhagen antreten. Beide sind heftig damit beschäftigt gewesen, in kürzester Zeit zwei Flaschen Branntwein zu leeren, um so rasch wie möglich auf ihren Kojen in Tiefschlaf zu fallen und wilde Schnarch- und Grunzgeräusche von sich zu geben. Den Dänen scheinen der Seegang und das Stampfen des Großseglers überhaupt nichts auszumachen. Anders ergeht es dem preußischen Ex-Husaren, dem die Schiffsbewegungen, die Enge der Kajüte und der undefinierbare, aber auf die Dauer penetrant werdende Gestank unter Deck zu schaffen machen. Links und rechts abstützend hangelt er sich breitbeinig die Treppe zum Deck empor, wo ihm der kalte Novemberwind vermischt mit leichtem Graupelschauer, druckvoll und stecknadelspitz ins Gesicht bläst. Rasch ist das flaue Gefühl im Magen verdrängt, die Suche nach einem festen Halt und Stand verlangt volle Konzentration, denn die Deckplanken sind extrem rutschig. Die Trillerpfeife eines Bootsmanns ruft die Freiwache an Deck, um die Segelmanöver durchzuführen. Das Schiff liegt jetzt näher am Wind und macht noch mehr Fahrt als vorher. „Zehn Knoten[18] und mehr", ruft ihm einer der Matrosen mit voller Lautstärke zu. Ihn amüsiert bestimmt das linkische Verhalten des Passagiers. Es ist ein Däne aus Schleswig, mit dem guten deutschen Namen Werner, der gut zu verstehen ist, obwohl sein Mund zur Hälfte mit diesem widerlichen Kautabak gefüllt ist, den er von der linken in die rechte Wange schiebt und dazwischen jedes Mal einen braunen Spritzer zwischen seinen braungelben Zahnstummeln in Richtung Reling spuckt, selbst, wenn es gegen den Wind ist. Das Segelmanöver ist beendet und die Männer verschwinden wieder unter Deck. Beeindruckend, mit welcher Geschwindigkeit die Matrosen aus atemberaubender Masthöhe da herabgekommen sind. Friedrich bekommt ein seltsames Gefühl im Bauch beim Nachobenschauen und versucht angestrengt seiner Schwindelgefühle Herr zu werden. Die Seereise geht zwischen der Mecklenburger Küste und den dänischen Inseln Falster und Mön in Richtung Nordost. An steuerbord verschwindet hinter dem Horizont das Leuchtfeuer vom Kap Arkona. Hier mitten auf der Ostsee sind die Bewegungen des bestimmt 70 Meter langen Schiffes gleichmäßiger geworden und damit auch die Brecher, die sich über das Vorschiff hinweg gießen. Der Rudergänger in seiner festen Ölkleidung bekommt jedes Mal eine volle Gischtladung des kalten Salzwassers ab. Der Graupelregen hat aufgehört, der

Himmel klart auf und im Windschatten der Decksaufbauten kann man es aushalten, ohne vor Kälte zu bibbern. Im Laderaum unter ihm lagert seine Eichenkiste, zu der noch eine zweite mit gräflichem Falckenhainschem Wappen auf dem Deckel dazugekommen ist. Sein Hausstand hat sich etwas vergrößert und er wird für die nächsten Jahre in Kopenhagen auch alles benötigen, so seine Kleidung, die Reitausstattung, Waffen und ein paar Bücher und Schreibutensilien. Er befindet sich erst einmal auf Dienstreise, um sich in der Gesandtschaft, in der er ab Neujahr seine Tätigkeit als entsandter Diplomat aufnehmen wird, vorzustellen und nach einer Wohnung zu suchen. Für den Übergang erwarten ihn in der Residenz des Gesandten ein möbliertes Gästezimmer und hoffentlich auch volle Verpflegung. Gleichzeitig hat man ihm noch im Berliner Außenministerium versiegelte Depeschen für den Gesandten, seine Exzellenz, den Grafen Wilhelm von Donner, mitgegeben. Beim Anbordkommen hat er die Depeschenmappe dem Zahlmeister zur Verwahrung übergeben. Noch macht Friedrich sich keine sehr detaillierten Gedanken über seine zukünftige Arbeit in Kopenhagen. Der Eintritt in den diplomatischen Dienst kam sehr plötzlich. Graf von Donner hatte ihn in Pyrmont gefragt, ob er Interesse an der Tätigkeit als Beamter im auswärtigen Dienst habe und hat ihn auch grob über die zu erwartende Aufgabenpalette und Anforderungen ins Bild gesetzt. Seit seiner Abkommandierung im Jahr 1814 als militärischer Begleiter des preußischen Sondergesandten beim Wiener Kongress hatte er bereits erste Einblicke in den diplomatischen Dienst bekommen und dabei auch ein gewisses Interesse an solch einer Tätigkeit verspürt. Graf Donner nutzte die Möglichkeit, ihn dem Außenminister zur Einstellung vorzuschlagen. Selbst sein Freund Eitel v.d. Tanne hatte ihm ganz uneigennützig zugeraten, denn er wusste, dass er damit seinen engagierten Reitlehrer und besten Freund ziehen lassen musste. Im frühen Oktober, als der Herbst in Pyrmont die Alleebäume in den buntesten Farben erstrahlen ließ und der Badeort noch einmal seinen ganzen Charme ausspielte, hieß es „adieu" zu sagen. Der Abschied fiel schwer. Die Badegäste waren überwiegend abgereist, nur noch vereinzelte Reitschüler aus den Reihen der heimischen Bürger machten seinen Einsatz erforderlich. Ausritte, allein oder mit seinem Chef Eitel, führten durch die Emmerwiesen, vorbei an den niederen Stadtmauern des früher einmal der Grafschaft Pyrmont zugehörigen Städtchens Lügde. Dort, unterhalb des ehemaligen Franziskanerklosters, verweilten die Reitpferde gern, um sich für den Anstieg hoch zu den Hagener Bergen zu stärken. Auch Friedrich füllte seine Wasserflasche mit dem klaren Wasser der Emmer. Und weiter ging es durch den bunt gefärbten Laubwald zu einem ein Stück weiter nördlich gelegenen stillen Plätzchen, wo er die schönste Aussicht über das ganze Pyrmonter Tal genoss. So wie Friedrich II. dies während seiner Badeaufenthalte von der östlichen Talseite aus erlebt und genossen haben muss. Weiter ritt Spree auf einem Höhenkamm, der seit Jahrhunderten die Grenze zwischen den verschiedenen Grafschaften und Fürstentümern bildete. Der Weg war gesäumt mit alten, verwitterten und mit Moos überzogenen Grenzsteinen. Frei fühlte sich Friedrich auf diesen Ritten, doch dann wieder unterbeschäftigt, unausgelastet. Er musste etwas über das ganze Jahr hinweg zu tun haben, Saisonarbeit lag ihm nicht, sei es auch in einer noch so reizvollen Umgebung. Dem

Ruf, Preußen zu dienen, wollte er mit Freude folgen. Pyrmont und besonders das Gut seines Freundes sollten ihm ein Ort bleiben, nach dem er jederzeit zurückkehren oder sich erholen konnte. Mit diesem Eindruck im Herzen begab er sich dann auf den Weg. Die Falckenhains in Bernau hatten seine Nachricht erhalten, dass er dort sein deponiertes Gepäck abholen wollte. Die Weiterfahrt war über Rostock nach Kopenhagen eingeplant. Das Wiedersehen war besonders herzlich, so als gehörte er bereits richtig zur Familie. Zwei Wochen blieb er noch im Herrenhaus und studierte viele Stunden pro Tag schriftliche Anweisungen, die ihm einer der Sekretäre im Außenministerium zur allgemeinen Unterrichtung sowie Pflichtlektüre übergeben hatte. Alles Weitere sollte er vor Ort vom Gesandten und seinen zukünftigen Kollegen erfahren. Eine erstaunlich kurze Einweisung in einen neuen Beruf. Mit Hinweis auf Sprees bisherige Dienststellungen bemerkte der Kabinettssekretär, der ihn nach Kopenhagen auf Posten verabschiedete: „Ein preußischer Offizier und Edelmann ist doch überall einsetzbar." Na, hoffentlich hat er auch wirklich recht damit!

Jetzt steht er am Fuß vom Großmast der „Trekroner", klammert sich unbeholfen an den Wanten fest und kämpft erneut gegen die wieder aufkommende Übelkeit. Der Matrose aus Schleswig spricht ihn an und erklärt ihm die technischen Besonderheiten des Vollschiffs. Spree hört konzentriert zu, doch die gänzlich unbekannten seemännischen Begriffe vermag er vorerst nicht zu behalten. Die Sonne verschwindet an backbord, heißt an der linken Seite des Schiffes, wo am Horizont in abgestuften Grautönen aus dem Wasser herausragend die dänischen Inseln erkennbar sind. Regelmäßig blinkende oder flackernde Lichter zeigen die Positionen der Leuchttürme und Leuchtfeuer an der entfernten Küstenlinie. Die Wellen sind mehrere Meter hoch. Positionslichter in weiß, rot und grün zeigen die Standorte anderer Segler. Auch an steuerbord, also rechts, sind durch die Positionslichter andere Schiffe und Boote zu erahnen. „Viel Verkehr in diesem Bereich", sagt Spree zu dem nickenden Matrosen, der gerade wieder in hohem Bogen, diesmal mit dem Wind, seinen Tabaksaft verspritzt. Die Dunkelheit bricht nach nur kurzer Dämmerung herein und zwingt ihn unter Deck, wo eine Suppe in der Passagiermesse, gleich neben der Kombüse, wartet. Die klammen Finger tauen spürbar an der erwärmten Suppenschüssel auf. Der Becher mit bräunlichem Alkohol wird rasch, wohl eher etwas zu rasch geleert, denn anstatt der erwarteten behaglichen inneren Wärme kommt der Würgreiz mit urplötzlicher Heftigkeit. Nur seine Behändigkeit bringt ihn noch hoch auf Deck und zur Reling, wo er das Innerste nach außen zu kehren scheint, bis der Magen sich mehrmals unter Krämpfen entleert hat und der bittere Gallegeschmack und das Gefühl der totalen Schwäche ihn schier übermannen wollen. Der besorgte Bootsmann lässt seinen seekranken Passagier in die Kajüte schaffen, wo Spree in einen erlösenden Tiefschlaf fällt, aus dem er erst am kommenden Morgen erwacht. Er blickt auf seine beiden Mitreisenden, die putzmunter zum Hartkeks die nächste Branntweinflasche kreisen lassen und ihm auch gleich noch einen Schluck anbieten wollen. Angewidert von den Trunkenbolden und doch auch voller Neid auf deren Konstitution wälzt er sich aus seiner Koje,

schlägt mit dem Kopf gegen den niedrigen Deckenbalken, was seinen hämmernden Kopfschmerzen noch eins drauf setzt. Nein, das Elend hier während einer Seereise ist bestimmt nicht seine Welt! Am späten Nachmittag umrundet die „Trekroner" die Insel Amager. Der Ostwind beflügelt die Fahrt des Großseglers, der sich an kleinen Festungsinseln vorbei Kopenhagen nähert. „Ich hoffe, dem gnädigen Herrn hat es gut gefallen", nähert sich mit einem breiten Grinsen der dänische Kapitän Hansen und ruft dem Rudergänger ein neues, für Spree nicht verständliches Kommando zu. Am Oberdeck herrscht wieder geschäftiges Treiben; der Bootsmann gibt Segelkommandos und die Matrosen entern in die Wanten. „Dort an backbord steht der Kranenmast, das Symbol des Kopenhagener Hafens. Daneben in der kleinen Wache sitzen diese Wichtigtuer von der königlichen Marine. Und gleich neben den Kanonen, dort hängt der Dannebrog, unsere Nationalflagge." Hansens Deutsch ist im Gegensatz zu anderen Dänen sehr klar, doch auch er schlägt mit seiner Zunge etwas am Gaumen an. Vielleicht hat es etwas mit dem Kautabak zu tun, den fast alle Besatzungsmitglieder mit großer Hingabe kauen. Spree erkennt die sehr markante Silhouette der dänischen Hauptstadt, die einer plumpen Riesenfestung ähnelt. Die Spuren des englischen Bombardements vor 13 Jahren sind noch deutlich an erstaunlich großen und in der Stadtsilhouette sehr auffällig klaffenden Ruinen zu erkennen. Sie geben der Stadt - so lange nach dem Krieg - immer noch einen leicht gespenstischen Eindruck. Sie passieren mit nur einem Minimum an Segelfläche die Wache der Marine, wobei die dänische Flagge am Heck kurz herunter und wieder herauf gezogen wird. Von der Wache her steigt eine kleine weiße Rauchwolke auf, kurz danach der Donner. „Das ist kein Salut für uns, nur ein Kanonenschuss zum Sonnenuntergang", erklärt der Bootsmann wichtig. Hinter dem Schloss zur rechten Seite ist noch ein Rest von Abendrot zu erkennen. Der Segler gleitet noch ein paar Schiffslängen dahin, bis Friedrich von der Spree auch als Landratte den stoppenden Ruck verspürt, der durch das ganze Schiff geht und das Gebälk erst leise knirschend, dann durchdringend zum Knarren bringt. Der Anker ist gefallen und das Schiff wird abgebremst, damit es nicht mit Wucht an die Kaimauer kracht. Eine richtige Punktlandung. Der Hafen ist derzeit voller Schiffe. Gerade läuft einer von diesen neumodischen Schaufelraddampfern aus und grüßt mit lautem Getute, wobei Dampfwolken irgendwo aus dem eisernen Schornstein entweichen und Funken sprühen. „Die Fähre nach Kiel, das dort drüben ist die Zukunft auf See. Aber noch brauchen sie uns Segler", brummt der Kapitän, von dem Spree sich freundlich verabschiedet, als er etwas unbeholfen mit einem Koffer in der einen und der mit königlich preußischem Siegel verschlossenen Kuriertasche in der anderen Hand über die Stelling an Land stakst.
Aus einer Droschke kommt zielgerichtet ein kleines Männchen, dessen große Brille und überdimensionierter Zylinder sehr auffallen, auf ihn zu. „Oberschreiber Heinrich Gleiser von der preußischen Gesandtschaft. Habe ich die Ehre mit Legationssekretär, ich meine Herrn Rittmeister von der Spree?" Ja, das bin ich." „So hat Sie Frau Gräfin wirklich sehr treffend beschrieben", ergänzt Gleiser. „Ihre Exzellenzen erwarten Herrn Legationssekretär bereits mit großer Freude in der Residenz. Ja, auf die Pünktlichkeit der dänischen Schiffe kann man sich wirklich verlassen." Schon hat der

Kutscher den Koffer verladen und Gleiser schiebt ihn in die Kutsche, dabei noch einmal mit Besitzerstolz über das Glas seiner Taschenuhr polierend. „Ihre Kisten werden noch heute ausgeladen und zur Residenz gebracht", erklärt der geschäftige Oberschreiber, der vorher dem dänischen Kutscher Anweisungen in dieser noch unvertrauten und wenig melodisch klingenden Sprache erteilte. Die Fahrt dauert nur ein paar Minuten. Dabei passieren sie das Königsschloss Amalienborg[19] mit seinen wuchtigen Seitenflügeln. Danach öffnet sich eine breite Straße mit vier- bis fünfgeschossigen Häusern und Stadtpalais dem neugierigen Blicke des Ankömmlings. Schon ist die Fahrt auf dem sehr holprigen Kopfsteinpflaster vorbei. Gleiser geleitet ihn über eine Hintertür in das zweite Geschoss der Residenz und murmelt etwas von „vorher noch etwas frisch machen." Ja, das ist wirklich sehr aufmerksam, ihn hier vorbei zu schleusen. So braucht Friedrich v.d. Spree, den man als den kühnen Rittmeister und Helden in Erinnerung hat, nicht gar so zerknittert und noch blass um die Nase seinem neuen Chef und dessen ihm aus der Pyrmonter Zeit schon bestens vertrauten Familie unter die Augen zu treten. Hier befindet er sich also in seinem ersten dänischen Gästequartier. Der Hausdiener und ein Stubenmädchen schlüpfen unauffällig in das Zimmer und helfen beim Auspacken des Koffers, in dem zum Glück auch frische Wäsche und Kleidung zum Wechseln sind. „Welch' eine Wohltat, wieder festen Boden unter den Füßen zu haben", meint Herr Gleiser so, als könne er Gedanken lesen. Ein sehr feinfühliger und sympathischer Mensch, denkt Spree. Als er sich allein im Zimmer für ein paar Augenblicke auf einem Sofa ausstreckt, fühlt er immer noch das Schwanken, das Rollen und Stampfen des Schiffes unter sich. Abendessen um sieben Uhr, so hat er noch eine Stunde Zeit, sich etwas zu erholen und Kraft für einen sicherlich noch langen Abend zu schöpfen, denn Wilhelmine und Wilhelm Donner gehörten zu den Nachtmenschen, die bei den gemeinsamen Abenden in Pyrmont sich nie vor Mitternacht zur Ruhe begaben. Durch heftiges Klopfen an der Tür wird er aus seinem Schlummer geweckt. „Die Herrschaften erwarten den jungen Herren", versteht er aus einem Gemisch von Dänisch und Deutsch, das ihm das knicksende Stubenmädchen verkündet. Den nur dürftig mit zwei Kerzenleuchtern beleuchteten Flur hinunter führt sie ihn in einen hell illuminierten Salon, in dem das gräfliche Paar zusammen mit den Töchtern und einem anderen Paar im mittleren Alter bereits auf ihn warten. „Rittmeister von der Spree", verkündet der Haushofmeister, der auch die Funktion eines Verwalters ausübt. Wilhelmine von Donner schreitet mit all ihrer damenhaften Eleganz auf ihn zu. Mit einem natürlich-herzlichen Lächeln umarmt sie ihn und küsst ihm die Wangen, und mit einem „unser lieber, lieber Freund" demonstriert sie den Anwesenden, welche Wertschätzung der junge Mann im Hause Donner genießt. Sie hat trotz ihrer fast vierzig Jahre immer noch die Grazie einer jungen Frau und auch deren Figur, vielleicht etwas fülliger, was ihrer Weiblichkeit aber nur schmeichelt. Ein herzlicher Händedruck unter Männern mit einem kameradschaftlichen Schulterklopfen setzt die Begrüßung mit dem Hausherrn fort. Die blonde Komtesse Margarethe und ihre brünette jüngere Schwester Ingrid können die Freude über das Wiedersehen mit ihrem Helden, dem Lebensretter ihres kleinen Bruders Wittekind, nicht verbergen und hätten ihn am liebsten wie ihre Mutter auch umarmt und geküsst, doch ein kurzer Blick der Mutter hält sie dann zurück. Beide erröten bis zum Haaransatz, als Friedrich ihnen mit seinem charmanten Lächeln die Hand reicht. Das etwas säuerlich dreinblickende Paar entpuppt sich als Legationsrat Karl Anton von Alteman mit Frau Carola. Herr von Alteman ist bisher der einzige höhere Beamte der Gesandtschaft, die mit von der Spree nunmehr einen weiteren Diplomaten erhält, um dem erweiterten Aufgabenbereich der diplomatischen Vertretung personell gewachsen zu sein. Es wird in der Tat Mitternacht, bis der von der Seereise und den Begleitumständen körperlich immer noch gebeutelte Friedrich in sein Zimmer gelangt. Er erfährt, dass der junge Wittekind noch immer seine schwere Jagdverletzung auskuriert. Man hat ihn in der Obhut eines Leibarztes der fürstlichen Verwandtschaft im Heilbad Pyrmont zurückgelassen und hofft, dass er zu Weihnachten dann endgültig auch nach Kopenhagen übersiedeln kann. Bei einer Zigarre, die sich die Herren nebenan gemütlich im kleinen Salon gönnen, hört Friedrich vom Gesandten und dessen Vertreter eine erste Bewertung über die Verhältnisse vor Ort. Sorge macht dem für Neuerungen offenen Gesandten vor allem, dass das Königreich Dänemark mit seiner regierenden Oberschicht noch stärker als die Konservativen in Berlin, St.Petersburg und Wien dem Absolutismus anhängt und der König zeitgemäße Reformen verabscheut so wie der Teufel das Weihwasser. Auch ist es in Kopenhagen kaum möglich, ein Geheimnis für sich zu behalten. Es wird zu viel getratscht und gezielt Indiskretionen ausgestreut, was die Atmosphäre im diplomatischen Korps sowie die Beziehungen zur dänischen Regierung und dem Hof belasten. Ebenso sind die Handelsbeziehungen, die für Preußen und Dänemark von gleich großer Bedeutung sind, nicht so optimal wie erwünscht. Dies ist wichtig für Friedrichs zukünftiges Tätigkeitsfeld, das unter anderem die Bereiche Handel und Seeschifffahrt umfassen soll. Nachdem die beiden Komtessen sich zu ihrem großen Bedauern haben verabschieden müssen, berichtet Gräfin Wilhelmine über ihre ersten Eindrücke aus der dänischen Hauptstadt: „Es gibt so schöne Architektur. Besonders aus der Epoche des stattlichen Christian IV., doch das beengte Kopenhagen ist eine einzige Kloake, es stinkt zum Gotterbarmen, die Straßen sind voller Unrat. Wo man hinsieht, nur Hausmüll und Kot. Und selbst Tierkadaver liegen tagelang auf der Straße herum, bevor man sich um deren Entsorgung kümmert. Betrunkene schlafen in der Gosse ihren Rausch aus, und an jeder Ecke stehen zu Dutzenden die leichten Mädchen herum und bieten sich ganz ohne Scham den Männern an. Es ist wirklich eine Schande! Selbst vor unserer Residenz habe ich sie schon bemerkt, wie sie herum lungerten und unsere Besucher provozierten. Wie viel Tausend von diesen armen Geschöpfen treiben sich hier überhaupt herum, Wilhelm?" „Über dreitausend schätzt die Stadtverwaltung in ihrem neuesten Jahresbericht, mein Herz. Aber dieses leidige Thema brauchen wir heute nicht schon wieder vertiefen. Die ganze Stadt mit über 100.000 Einwohnern platzt aus allen Nähten, denn sie ist immer noch wie im Mittelalter in diese Mauern, verrottete Festungswerke und alte Wallanlagen gepfercht", ergänzt Graf von Donner zu Friedrich Spree gewandt. „Diese Mauern gehörten alle geschleift. Da hat dieser Napoléon wenigstens etwas Gutes in unseren Landen getan. Wie soll man das bloß im Sommer mit all' dem Dreck und Gestank aushalten? Das ist noch schlimmer als in vergleichbar großen deutschen

Hafenstädten wie Hamburg oder Bremen. Mein Vorgänger hat in den Sommermonaten stets seine Familie nach Hause geschickt. Angeblich schon der Podewils[20]."

Die preußische Gesandtschaft, zugleich die Residenz des Gesandten, befindet sich in einem angemieteten früheren gräflichen Stadtpalais in der Nähe vom Schloss Amalienborg, auf der Bredgade, was tatsächlich breite Straße heißt und auch der Wirklichkeit entspricht. Der Bau ist viergeschossig und steht in einer Reihe von gleich hohen Palais. Unten sind die Diensträume, im ersten Stock die repräsentativen Räume, im zweiten Stockwerk Gästezimmer und eine sehr umfangreiche Bibliothek. Im dritten Stockwerk befinden sich die Privatgemächer der Gesandtenfamilie und im Dachgeschoss schließlich wohnen das Hauspersonal sowie die zwei ledigen Schreiber der Kanzlei. Der schon betagte Hausverwalter Hansen wohnt mit seiner Frau im Souterrain und der Kutscher, ebenfalls mit dem weit verbreiteten Namen Hansen, hat mit seiner Frau und zwei Söhnen sowie sechs Töchtern ein für Kopenhagener Verhältnisse sehr geräumiges Quartier im Hinterhaus. Dort angebaut ist auch ein kleiner Stall für die Kutschpferde und die beiden Hannoveraner, die Reitpferde des Grafen. Zur Dienerschaft gehören außer dem Haushofmeister und dem Kutscher noch ein Hausdiener und vier Stubenmädchen. In der Küche herrscht als Köchin des Kutschers Frau mit zweien ihrer Töchter und einem Küchenjungen. Bei größeren Veranstaltungen werden dann noch ein paar Lohndiener angemietet. Während Gräfin Wilhelmine für ihre persönliche Bedienung und Unterhaltung ihre langjährige Zofe und Gesellschafterin Marie mitgebracht hat, sind für die Kinder eine Gouvernante und ein Hauslehrer mit aus Berlin engagiert worden.
Nach einem gesunden Schlaf und einem sehr schmackhaften Frühstück von Frau Hansen findet Friedrich v.d. Spree sich im Untergeschoss ein und meldet sich offiziell beim Gesandten zum Dienst. Außer Legationsrat von Alteman gibt es noch zwei entsandte diplomatische Hilfsarbeiter, die auch für Übersetzungen zuständig sind. Oberschreiber Gleiser, der ihn gestern abholte, führt die Kanzlei mit vier Schreibern und einem Botenjungen. „Für Sie, lieber Spree, richten wir noch ein Kontor gleich neben Herrn von Alteman ein. Er wird Sie noch in die laufenden Arbeiten einweisen und bei Hofe und im Außenministerium vorstellen. Dann können Sie sich bis zu Ihrer Rückreise Zeit für die Quartiersuche nehmen. Oberschreiber Gleiser wird Sie dabei unterstützen. Ich habe gleich eine Besprechung bei meinem englischen Kollegen, Lord Doublebridge. Gräfin Wilhelmine und ich nehmen Sie übrigens heute Abend mit zum Dinner bei den Doublebridges, recht interessante Leute", und damit verlässt Graf Donner geschwinden Schrittes die Kanzleiräume.

Knapp eine Woche ist vergangen und Spree befindet sich wieder auf der „Trekroner" zur Rückreise nach Rostock, denn er hat noch Urlaub, den er auf Einladung der Falckenhains in Bernau verbringen darf. Sein Dienstposten wird zum 1. Januar erstmalig besetzt und das preußische Außenministerium bezahlt ihm auch erst ab dem Datum seine diplomatischen Auslandsbezüge, mit denen er in Kopenhagen Wohnung und erhöhten Aufwand bestreiten muss. Er hat in der Innenstadt von Kopenhagen im Hause einer Hauptmannswitwe, gleich in einer Seitengasse neben dem Runden Turm[21], eine möblierte Zweizimmerwohnung gemietet und ist vorerst ganz zufrieden damit. Kopenhagen und der Aufgabenbereich in der diplomatischen Vertretung erscheinen abwechslungsreich und fordernd zu werden. Die herzliche Aufnahme durch den Gesandten und seine Familie hat ihn angenehm berührt. Mit dem etwas sauertöpfischen Legationsrat von Alteman wird er auch zu Recht kommen und die sonstigen Mitarbeiter sind freundlich. Die Sprache der Einheimischen empfindet er nicht nur als fremdartig, sondern als so richtig garstig, doch es gibt in jeder Suppe ein Haar, und es liegt an ihm selbst, sich später mit dem Dänisch vertraut zu machen. Dazu will er die Dienste der Übersetzer in Anspruch nehmen. Auch der Graf und seine Frau sind dabei, sich einen dänischen Grundwortschatz anzueigen. "Damit ich auch bei Bedarf selbst auf dem Markt einkaufen kann, ohne dass man mich übervorteilt", argumentiert Gräfin Wilhelmine, die trotz aller Freude am Kaufen sparsame Haushaltsführung im Auge hat.

-2-

Es ist fast Windstille und die „Trekroner" wird von zwei Ruderbooten langsam aus dem Hafenbereich geschleppt. Als das Schiff die Kopenhagener Zitadelle an der Backbordseite und den Kranenmast an steuerbord passiert, wird wieder der Dannebrog zum Gruße gedippt und der Kapitän schickt die Mannschaft in die Masten zum Segelsetzen. „Das wird eine ruhige Überfahrt, mein Herr, zumindest was das Wetter angeht", wendet sich der Kapitän an seinen Passagier. Spree steht schlaksig breitbeinig auf dem Oberdeck und schaut dem geschäftigen Treiben der Besatzung zu. Am Nachmittag des ersten Tages kommen ein Bootsmannsgehilfe und drei weitere mit Musketen bewaffnete Matrosen an Oberdeck und führen Waffendrill und Zielübungen durch. „Sollen die Männer den Braten zum Abendessen schießen?", fragt Friedrich voller Interesse den Kapitän. „Nein, wir Handelssegler haben seit Monaten Probleme mit ganz mysteriösen Überfällen auf See. Dagegen müssen wir uns erst einmal allein wehren. Unser Reeder will noch vor Weihnachten einen Zweipfünder als Buggeschütz einbauen lassen und gibt uns dazu eine Kanonenbedienung mit." Richtig, die Reederei Schönerrock hatte auch unter ungeklärten Umständen zwei Schiffe verloren, erstmals wieder seit der Freibeuterplage, die während des Krieges die Zivilschifffahrt terrorisiert hat. Die Seestreitkräfte der Ostseeländer hatten kräftig abgerüstet und es besteht momentan kaum maritime Präsenz in der Ostsee. Sollte dieser Umstand erneut zu Piraterie geführt haben? „Wer steckt dahinter?", fragt Spree, doch der Kapitän zuckt nur die Schultern, murmelt etwas von „ steckt da der Gauner Möller etwa wieder hinter?", und dann zieht er seine zerfurchte Stirn noch mehr in Falten. Auf der Überfahrt nach Rostock beggenen ihnen zahlreiche Segler, auch zwei Rauchfahnen von Dampfschiffen sind am Horizont zu erkennen. In der Rostocker Bucht muss die „Trekroner" gegen den auffrischenden Südwest-Wind kreuzen und legt erst am Morgen des dritten Reisetages an ihrem vertrauten Liegeplatz am Überseespeicher an. Zum Glück hat die Expresspost nach Berlin eine zusätzliche Stunde gewartet, da dem Postschaffner vier Passagiere der „Trekroner" für die Weiterfahrt nach Berlin gemeldet waren. Diese Seereise hat Friedrich Spree gut überstanden. Ja, es hat ihm diesmal sogar irgendwie Spaß gemacht, dem munteren Treiben an Bord zuzuschauen und das leichte Geschlinger und Stampfen des Schiffes körperlich zu spüren und mit den Beinen abzufedern.

Seine Gedanken gehen hin nach Falckenhain, fast so, als wenn er dort zuhause wäre. Die vertrauten lieben Menschen und das Gefühl, selbst besonders willkommen zu sein, beflügeln seine Gedanken. Die Falckenhains hatten ihn schon während seines Pyrmonter Aufenthaltes zur Adventszeit und zum Weihnachtsfest eingeladen. Die hübsche Komtesse Elisabeth ist es nicht allein, auf die sich der junge Mann sehr herzlich freut, auch die geistreich prickelnden Gespräche mit Dorothea und die offenkundige Schwärmerei der entzückenden Andrea gehen ihm durch den Kopf. Hoffentlich kann Henning sich auch einige Wochen Urlaub vom Hofdienst nehmen und mit ihm ein paar Ausritte unternehmen. Im rasanten Tempo treibt der Kutscher seine Extrapost gen Berlin, cirka alle vier Stunden ist Pferdewechsel an den Relaisstationen, wo man sich auch die Beine vertreten kann und manchmal auch ein kleiner Imbiss wartet. Am Abend des zweiten Tages biegen sie „Unter den Linden" zur Hauptstation an der Neuen Wache ein. Es ist bereits zu spät, um noch die Depeschen des Gesandten beim Außenministerium abzugeben. Er steigt um und nimmt eine Droschke nach Bernau, das er zwei Stunden später gerade richtig zur Abendbrotzeit erreicht.

Der alte Graf fragt, wie ihm denn die Seereise gefallen habe. Friedrich verschweigt die elendige Hinreise nach Kopenhagen, doch der Hausherr hört sehr aufmerksam zu, als von der geplanten Bewaffnung der „Trekroner" und Kapitän Hansens Verdacht berichtet wird. Über das Verbleiben der beiden verschwundenen Schiffe der Reederei Schönerrock ist immer noch nichts bekannt. Graf Falckenhain als Haupteigner der Reederei hat sich auch schon Gedanken darüber gemacht, wie man die eigenen Handelsschiffe gegen eventuelle Übergriffe, ja gar organisierte Piraterie schützen könne. Er fachsimpelt zusammen mit Friedrich Spree, wobei sich Onkel Willy bisweilen mit sehr pragmatischen Vorschlägen einschaltet. Elisabeth Falckenhain, deren Augen immer wieder zu Friedrich finden, hatte sich schon seit Monaten immer intensivere Gedanken gemacht und konkretere Pläne geschmiedet, wie sie ihren Friedrich ins Netz bekommt. Dass sie ihn unsterblich liebt und heiraten wird, ist erklärte Sache, doch gehört er wohl zu der Sorte der konservativen Männer, die selbst erobern wollen und nicht umgekehrt. Auch scheint ihn Reichtum bei Frauen eher zu schrecken als anzuziehen, aber es ist doch nicht ihre Schuld, und das sollte einer Heirat nicht im Wege stehen. Sie hat sich mehrere Strategien ausgedacht, wie sie ihren geliebten Friedrich zu erobern gedenkt. Und dazu braucht sie die Unterstützung des Bruders und die anheimelnde Advents- und Weihnachtsstimmung als passende Kulisse. Ja nichts überstürzen, aber auch nichts verpassen, heißt ihre Devise. Doch leichter gedacht als getan.

Legationssekretär Friedrich von der Spree wird gerade vom Uniformschneider in Berlin vermessen, vom Scheitel bis zur Fußsohle. Die diplomatische Funktion erfordert es, zu bestimmten hochoffiziellen Anlässen eine schwarze Uniform mit viel Goldgespinst zu tragen. Sogar ein kleiner Kavaliersdegen und ein Zweispitz gehören dazu. Glücklicherweise zahlt das Außenministerium einen großzügigen Zuschuss und eine angemessene monatliche Abnutzungsentschädigung. Der Schneidermeister sichert ihm zu, vor Weihnachten mit den beiden Uniformen fertig zu sein, so dass Spree sich im Januar bei Hofe in Kopenhagen offiziell melden kann. Dorothea und Elisabeth, die ihn begleiten, können ein glucksendes Gekicher nicht unterdrücken, als Spree von dem spindeldürren Männchen wie ein tapsiger Tanzbär herumdirigiert wird und dabei auch noch ein unsagbar unglückliches Gesicht macht. Er kommt sich wirklich wie ein Hanswurst in dieser „Verkleidung" vor, aber warum eigentlich diese linkische Unsicherheit? Er ärgert sich mal wieder über sich selbst. Und außerdem, was fällt diesen dummen Puten überhaupt ein, sich über ihn, einen Veteranen und Helden der Befreiungskriege, lustig zu machen? Er rächt sich kleinherzig mit sehr einsilbigen Antworten auf ihre Fragen, was sie aber einfach nicht zur Kenntnis nehmen wollen und ihn damit noch mehr in seiner männlichen Eitelkeit kränken.

Die Tage auf Falckenhain gehen sehr harmonisch dahin. Zum zweiten Advent kommt endlich auch Henning auf Urlaub. Er hatte gerade seinen jungen Prinzen auf einer längeren Auslandsreise nach Österreich und Italien begleitet. Sein Gesicht ist von der südlichen Sonne tief gebräunt, was in gutem Kontrast zu seinem strohblonden Haar steht. Wie Dorothea doch ihrem älteren Bruder ähnelt, nur ist das Blau ihrer Augen noch leuchtender und ihr Haar hat einen platinfarbenen Glanz, was Friedrich heute bei Kerzenlicht besonders auffällt, als er ihr beim Abendessen direkt gegenüber sitzt. Graf Henning hat von seiner Reise viel zu erzählen, und er muss den jungen Damen immer wieder über die aktuelle Mode aus Wien und den italienischen Provinz-Metropolen berichten. Beim gemütlichen Zigarrenrauchen in vertrauter Männerrunde kommt man wieder auf das Thema der möglichen Überfälle auf Handelsschiffe in der Ostsee zu sprechen. Graf Christian hat gerade von Reeder Schönerrock einen Brief erhalten, in dem der Verdacht einer Verbindung zwischen verbrecherischen Kaufleuten aus St.Petersburg, Memel und Kopenhagen geäußert wird. Den mutmaßlichen Drahtziehern, die vor gut zehn Jahren noch ganz legitim vom dänischen König Frederik VI. mit Kaperbriefen ausgestattet worden sind, kann man heute jedoch offiziell nichts nachweisen oder aber will es nicht. Vielleicht kann er in Kopenhagen der Sache nachspüren, denn Schifffahrt gehört mit zu seinem Aufgabenbereich.

Schnee zur Adventszeit, und dann so nah vor dem Weihnachtsfest, ist besonders stimmungsvoll. Die Kinder der Gutsarbeiter ergötzen sich bei einer Schneeballschlacht, einem Vergnügen, dem sich die Großen gern anschlössen. Spree lässt anspannen, um eine Schlittenpartie durch Wald und Flur zu unternehmen. Direkt vor der Abfahrt kommt Elisabeth im dicken Fuchspelz und einer Decke über dem Arm „nimm mich mit, Friedrich". Eigentlich möchte er ganz allein im Galopp durch den Schnee jagen und seinen Gedanken freien Lauf lassen, doch kann er der reizenden Elisabeth die Mitfahrt einfach nicht abschlagen. Gemeinsam in die warme Decke eingehüllt rasen sie den mit Stummelweiden flankierten Feldweg in Richtung Süden. Die Umrisse von Bernau zeichnen sich am Horizont ab. Es liegt eine besondere Stille über der Schneelandschaft, nur das freudige Wiehern und Schnauben des Wallachs und das Knirschen der Kufen im Schnee sind zu vernehmen. Die tief stehende, doch gleißende Wintersonne blendet ihn, obwohl er seine Augen zusammenschlitzt. Es fordert höchste Konzentration beim Lenken, sonst schlägt es einen um und das Pferd geht womöglich durch. Elisabeth schmiegt sich an ihn und drückt seinen Arm, während sie unter dem Fuchskäppi einen forschenden Blick zu ihm hochwirft. Bemerkt er überhaupt ihre Anwesenheit? An der Wegegabel biegt er rechts ab, zwischen den Weiden hindurch. Dort, wo sonst das Rindvieh grast, steht jetzt gerade ein Sprung Rehe friedlich äsend, sich von der Schlittengesellschaft nicht stören lassend. Seit die Wilderer aus dem Revier vertrieben und die herbstlichen Feldarbeiten eingestellt sind, ist beim ansonsten scheuen Wild auch wieder mehr Ruhe eingekehrt. Ein friedlicher Anblick, den Friedrich Spree noch in sich aufnehmen und genießen möchte und deshalb den Schlitten zum Halten bringt. Jetzt erst merkt er die körperliche Nähe von Elisabeth unter der Schlittendecke. Ein wohliges Rieseln geht über seinen Rücken, als er sie in den Armen hält und ihre rosig frischen Wangen streichelt. Sie schnurrt beinahe wie ein Kätzchen unter seinen zärtlichen Berührungen, die sie sehr sanft und mit Hingabe erwidert. Elisabeth klemmt ihren Kopf unter seine Armbeuge, als er mit einem einzelnen Schnalzen das Pferd in Trab bringt. Auf der weiteren Schlittenpartie begegnet ihnen keine Menschenseele, die ihre Zweisamkeit hätten stören können, erst kurz vor dem Einfahren in den Gutshof überholen sie einen langsam fahrenden Schlitten mit Waldarbeitern, die aus dem Forst mit frisch geschlagenen Weihnachtsbäumen zurückkommen. Graf Christian hat persönlich mit der jüngsten Tochter Andrea eine fünf Meter hohe Tanne ausgesucht, die nun vor dem Herrenhaus abgeladen wird. „Weihnachtsbaumschmücken, das hat Tradition in unserem Haus. Vater hat von unserer Mutter eine sehr exquisite Sammlung von Weihnachtsschmuck übernommen, die er jedes Jahr noch ergänzt. Der Baum muss riesig groß sein, damit die Hunderte von Figuren auch Platz daran finden. Du wirst es ja bald sehen, mein Liebster." Im Herrenhaus erwartet sie die Familie mit Glühwein und frischgebackenem Stollen. Niemand scheint die Verliebtheit von Elisabeth und Friedrich besonders zu bemerken, denn inzwischen besteht zu allen drei Töchtern des Hauses das vertraute „du", so wie sonst unter Cousin und Cousine üblich. Nur Dorothea schaut mit etwas fragendem Blick zu ihrer Schwester hin. Vielleicht macht sie sich insgeheim auch Hoffnungen, einmal die Auserwählte des feschen Husaren zu werden oder bekrittelt das womöglich leichtfertige Verhalten der Schwester.

Heilig Abend Nachmittag treffen sich die Familie Falckenhain, ihre Hausbediensteten und Gutsarbeiter zum gemeinsamen Gottesdienst, den einer der Jungpfarrer aus Bernau in der festlichen geschmückten Gutskapelle abhält. Anschließend hat Graf Christian zum Umtrunk in die Halle des Herrenhauses eingeladen. Onkel Willy und die drei Komtessen haben für jeden Einzelnen ein individuelles Geschenk beschafft, die sie nun mit herzlichen Worten verteilen. Je nach Rang und Zugehörigkeitsdauer gibt es auch einen Extralohn zu Weihnachten, auf den besonders die kinderreichen Familien schon warten. „Das ist die Gewinnbeteiligung für unsere Leute. Vater ist nicht verschwenderisch, aber er teilt doch gern und gerecht an jene, die sich für ihn das ganze Jahr abgerackert haben", erläutert Dorothea. Ja, es ist auch diese soziale Ader des Grafen, die Friedrich imponiert. Er selbst trennt sich schwer von jedem einzelnen Taler, doch das liegt auch an seinem bisher bescheidenen Einkommen. Nach dem inspirierenden Beispiel des Grafen springt er über seinen Schatten und schenkt dem Hausmädchen, dem Diener sowie der Köchin und dem Stallburschen, die sich während seines Aufenthalts auf Falckenhain besonders um sein persönliches Wohl gekümmert haben, je einen halben Silbertaler zum Weihnachtsfest. Für ihn insgesamt über ein Wochenverdienst, für die Falckenhains ein geringfügiger Betrag, aber für die Bediensteten, die üblicherweise wirklich sehr wenig Bargeld erhalten, ein sehr bedeutender Zuschuss. Für Friedrich ein bisher unbekanntes, aber wohl tuendes Gefühl, selbst einmal großzügig, ja so richtig spendabel sein zu können.

Weniger gekostet haben da die Weihnachtsbaumfiguren, die er den drei Komtessen aus der königlich Kopenhagener Porzellanmanufaktur mitgebracht hat. Er hatte ansonsten in der Kürze der Zeit keine bessere Idee gehabt, was man mit seinem Geldbeutel drei jungen Damen schenken kann, die ja bereits alles besitzen. Die drei Nissen[22] hatte er persönlich verpackt und mit je einem Kärtchen versehen. Für die drei Herren hatte ihm Herr Gleiser empfohlen, je ein Kistchen mit ganz kurzen Zigarren, die „Wilden Kopenhagener" aus Westindien mitzunehmen. Die sind gerade in Mode gekommen und werden von den Herren gern beim Spaziergang geraucht. Der Austausch der Weihnachtsgeschenke im Falckenhainschen Schloss geschieht immer dann, wenn die Familie allein ist und sich unter dem Weihnachtsbaum versammelt hat. Der Baum ist voll von bunten und glitzernden Anhängern. Bis über Kopfhöhe werden die Kerzen angezündet, deren Schein bis zur aufgesetzten Spitze, einem goldenen siebenzackigen Stern mit regenbogenfarbigem Kometenschweif, hoch reicht. Die drei Damen stimmen ein Weihnachtslied an, in das die Männer brummend einfallen. Sie sind dann trotz der ergreifenden Stimmung immer froh, wenn ein Tablett mit Champagner gebracht wird und man sich bei diesem kühl prickelnden Getränk zuprosten kann. Wann hat Spree das letzte Mal so ganz in Familie gefeiert? Das ist weit über zehn Jahre her. Damals am Hof in Charlottenburg, als Königin Luise noch lebte und ihre nahen Hofleute, zu denen seine Eltern und auch er als Page gehörten, zu einem halben Stündchen in ihren königlichen Salon eingeladen hat. Dort stand ein nur kleiner Baum, geschmückt mit Kringeln aus Schokolade und Zuckerwerk, die sich die Hofpagen zusammen mit'den Prinzen und Prinzessinnen abnehmen durften. Es war damals die traurige und bescheidene Zeit unter der französischen Besatzung, unter der es nur selten Leckereien für Erwachsene und Kinder gab, nicht einmal am Königshof. Anschließend haben Friedrichs Eltern mit ihm zusammen in der kleinen Dienstwohnung noch gemütlich zusammen gesessen, Mutters köstlichen Kartoffelsalat mit Bockwurst gegessen, Punsch getrunken, das von ihm so geliebte Würfelspiel „Mensch ärgre dich nicht" gespielt und kurz vor Mitternacht in die Schlosskirche zum späten Weihnachtsgottesdienst gegangen. Friedrich erinnert sich noch an die kleinsten Einzelheiten. Es war das letzte Mal, dass er mit seinen geliebten Eltern gemeinsam das Weihnachtsfest feiern konnte, bevor er als Kadett an der Königlich Preußischen Landjunker-Akademie zu Berlin seinen Dienst antrat, aber trotz der Nähe zum Hofe nur ganz selten seine Eltern besuchen durfte. Danach gab es nur noch die Erinnerung an gemeinsame Weihnachtsabende mit den Kameraden im Kasino, die trotz allem die Familie nicht ersetzen konnten. Die herzliche Aufnahme auf Falckenhain rührt den ansonsten so nüchternen Friedrich Spree so stark, dass er hier unter dem Weihnachtsbaum beinahe feuchte Augen bekommt und am liebsten alle umarmen möchte. Von den Damen erhält er dunkelbraune Reitstiefel aus geschmeidigem Kalbsleder geschenkt, dazu einen hohen Filzhut, den man neuerdings zu Pferde trägt. Unter dem Baum liegt noch Zaumzeug mit silbernem Beschlag. Alle schauen ihn mit der Freude des Schenkenden an, so als warten sie auf die Frage des Beschenkten „wofür das alles?". „Lieber Freund, mein lieber Junge", beginnt Graf Christian Falckenhain, „wir können gar nicht so richtig ausdrücken, welche Freude Sie uns mit Ihrer Anwesenheit und tiefen Freundschaft zu meinen Kindern und auch uns beiden Alten bereiten. Wir haben uns gedacht, dass es gut ist, wenn Sie jeden Tag im fernen Kopenhagen an uns denken können. Was kann für einen Husaren fast so wichtig wie die menschliche Gesellschaft und Freundschaft sein? Nun, ein Pferd natürlich!" Dabei schaut er schmunzelnd in die Runde, dann auf Spree, pausiert noch ein wenig, bevor er weiter spricht. „Wir werden gleich nach Weihnachten einen Hengst Ihrer Wahl aus meiner Trakehnerzucht nach Kopenhagen schaffen. Für die richtige Unterbringung vor Ort kümmert sich unser Reedereiagent Jensen." Friedrich Spree ist sprachlos vor Glück. Wie gut das Schicksal es doch mit ihm meint! Niemand nimmt es übel, dass sein Dank mit Verzögerung und etwas stotternd von seinen Lippen kommt. Er selbst bemerkt nicht einmal, dass er über seinen bereits seit Monaten nicht mehr vorhandenen Schnauzbart streicht. Die Freude der Familie, genau das Richtige für ihn zu Weihnachten gefunden zu haben, beherrscht die Stimmung an diesem Heiligen Abend. Jeder scheint von überlaufenden Gefühlen und Rührung erfüllt zu sein, ganz besonders Graf Christian und Onkel Willy, die sich im Kreise der jungen Menschen noch einmal so richtig verjüngt fühlen. Der süffige Pfälzer Wein und das besonders schmackhafte Abendmenü versetzen auch den jungen Spree in absolute Hochstimmung und wohl auch alle anderen Anwesenden, so dass man erst weit nach Mitternacht zu Bett kommt. Friedrich schafft es allein auf sein Zimmer und ist rasch in wohligen Schlummer gefallen, als das leise Schließen seiner Tür ihn wieder weckt. Jemand pustet eine Kerze aus, deren Docht noch etwas nachglüht. Sein Bett wird aufgeschlagen und ein weicher bebender Frauenkörper presst sich an ihn. Nein, das ist kein Traum, das ist pure Wirklichkeit, was sein Gesicht da mit feuchtwarmen Küssen bedeckt. Wirklichkeit sind aber auch die kalten Füße, die sich an seinem Körper zu wärmen suchen.

Die Wintersonne blinzelt zwischen den Vorhängen, als er am 1. Weihnachtstag auf Falckenhain erwacht. Bereits zehn Uhr und höchste Zeit zum Aufstehen. Unten trifft er Henning beim Frühstück, der letzte Nacht ein wenig zu viel vom Weinbrand getrunken hat und jetzt dafür büßen muss. Er sieht käsig-blass aus und klagt über Schädelbrummen. Armer Kerl! Eine halbe Stunde später treffen Graf Christian und von Stackel mit den drei Komtessen aus Bernau ein, wo sie am Weihnachtsgottesdienst in der Marienkirche teilgenommen haben. „Frohe Weihnachten, Ihr Langschläfer", begrüßt Andrea die beiden Männer. „Frohe Weihnachten", wünscht der Hausherr, dem sich alle anderen mit Herzlichkeit anschließen. Elisabeth schenkt Friedrich ihr strahlendes Lächeln, Andrea kneift ihn burschikos herzhaft ins Ohrläppchen und Dorothea küsst zuerst ihren Bruder auf die Wange, danach genauso geschwisterlich, oder eher etwas kühler, so ein wenig von oben herab, auch Friedrich.

-3-

Kopenhagen im Januar, also so richtig im tiefsten Winter, versinkt im Halbdunkel. Über der Stadt liegt eine Glocke von graubraunem Dunst, der zusammengeklebten Mischung aus Qualm, Ausdünstungen und Feuchtigkeit. Kutscher Hansen holt den königlich preußischen Legationssekretär Friedrich Ferdinand v.d. Spree von seinem neuen Zuhause in der Kopenhagener Innenstadt mit der Kutsche ab. Die neue Diplomatenuniform sitzt wie angegossen. Der goldbestickte Kragen glitzert im Spiegel. Der Zweispitz rutscht leicht in die Stirn, ist etwas zu groß, bei der Anprobe in Berlin hatte er fülligeres Haar gehabt, jetzt hat er sich erst vor zwei Tagen nichts ahnend unter die Schere eines dänischen Friseurs begeben. Der hat ihn dann, bevor er überhaupt eingreifen konnte, am Haupthaar und den modischen Koteletten, auf die manche Männer so stolz sind, fast wie ein Schaf geschoren. Der schwarze Umhang wärmt ihn angenehm während der Fahrt zum Schloss Frederiksberg, eine Viertel Meile außerhalb der Stadtmauern. Dorthin hat das Hofmarschallamt ihn einbestellt, um seine Notifizierung als preußischer Diplomat zu überreichen. Eigentlich wollte Legationsrat von Alteman ihn begleiten, doch eine Influenza hat den kleinen Mann ans Bett gefesselt. Die Kutsche rattert über den Innenhof des Schlosses, in dem im vergangenen Jahrhundert der deutsche Arzt und Minister Struensee[23] mit der Mutter des heutigen Königs gänzlich ungeniert seine Schäferstündchen abhielt und dafür letztendlich mit dem Tode büßen musste. Ein leichter Schauer läuft Spree über den Rücken. Ist es der Gedanke an das äußerst grausame Ende dieses genialen und diktatorischen Politikers, aber unmoralischen Mannes oder einfach nur die feuchte Kälte, die ihm beim Aussteigen entgegenschlägt und sich wie eine zweite Haut über ihn zu breiten scheint. Ein livrierter Lakai kommt auf ihn zu und geleitet ihn die Stufen hoch. Durch die Halle hindurch, in der es fast eben so kalt ist wie auf dem Schlosshof, dann links herum und zwei Etagen nach oben, kurzes Warten vor einer Flügeltür, hinter der der Lakai nach kurzem Klopfen verschwindet. Dahinter wird gesprochen. Die Tür öffnet sich wieder und ein Uniformierter mit voller Ordensbrust kommt auf ihn zu, streckt die weißbehandschuhte Rechte entgegen „willkommen in Dänemark, Herr Rittmeister, bitte kommen Sie herein", und er weist ihn in den Raum, dessen Größe und Inventar nicht sofort erkennbar sind. An der Wand brennen nämlich nur zwei Kerzen, die ein ganz spärliches Licht abgeben. Da kommt ja mehr Helligkeit aus dem flackernden Kaminfeuer, findet Spree. Auf dem überdimensionierten Schreibtisch steht ein Kerzenständer, der gerade noch gebrannt haben muss, denn der Lakai entfernt sich soeben mit einer Schere, an der noch ein glühendes Dochtende hängt. Die Fensterläden sind geschlossen und kaum ein Lichtschimmer dringt durch die Ritzen hinein. An der Decke erkennt Spree drei Löwen, umgeben von neun Herzen. Sind das die Herzen der besiegten Feinde, denkt Friedrich. „Ich bin Kammerherr von Moltke, außenpolitischer Sekretär, dies ist Major von Wulff, Adjutant vom Dienst." Sprees Hände fühlen sich feucht an, gut, dass er seine weißen Handschuhe anbehalten kann und seine Nervosität so beim Händeschütteln nicht gleich offensichtlich wird. Eine etwas beklemmend düstere Ausstrahlung hat dieser Raum, wenigstens wärmt der Kamin ein wenig. Beide Herren sind Mitte vierzig und sprechen tadellos hochdeutsch, die Sprache des dänischen Offizierkorps und der höheren Beamtenschaft. Der Adjutant hat eine auffallend rote Uniformjacke an mit blauen Kragenspiegeln und Silberstickerei. Unter den schweren Epauletten trägt er an der rechten Seite eine goldene Fangschnur und hoch oben auf seiner prächtigen Kopfbedeckung wippt ein roter Federbusch. „Sehr erfreut, einen Offizierkameraden auf diplomatischem Posten zu haben", beginnt der Kammerherr die Konversation. „Da lässt sich manches einfacher besprechen. Die Sprache der Diplomaten ist oftmals noch verschlüsselter als bei uns Höflingen. Unsere beiden Monarchen sind an der Erweiterung der diplomatischen Beziehungen sehr interessiert. Bernsdorff[24] tut sein Bestes dazu. Im Frieden ziehen Wirtschaft und Handel und damit die Steuereinnahmen das Interesse auf sich. Ich sehe", und dabei schaut er mit seinem Lorgnon auf das Beglaubigungsschreiben aus Berlin, „Sie sind zuständig für Handel, Schifffahrt und Militär." Von der Fensterbank ist ein Räuspern zu vernehmen, also sitzt dort noch jemand hinter dem Paravent und lauscht ihrer Unterhaltung. Das weitere Gespräch dreht sich um das schlechte Wetter und die beengten Verhältnisse in der Hauptstadt. Von Moltke zeigt Interesse am preußischen Flottenprogramm und fragt, wie man gegebenenfalls die Sicherheit der Handelsschifffahrt gewährleisten kann. „Haben Sie da irgendwelche speziellen Befürchtungen für dänische Handelsschiffe, Herr Kammerherr?" „Wir haben in der Karibik Verluste zu beklagen. Und neuerdings auch..." Ein erneutes Räuspern scheint ihn bewusst in seinen Ausführungen stoppen zu wollen. Friedrich scheint hinter der Sichtblende die Silhouette eines etwas markant-kantigen Männerkopfes zu sehen, der ihm irgendwie bekannt vorkommt. „Darf ich Ihnen noch unsere prunkvolle Schlosskapelle mit der neuen Braunschweiger Orgel zeigen?", wechselt von Moltke abrupt das Thema und beide Herren verlassen den Raum, in dem der Adjutant mit dem geheimnisvollen Zuhörer zurückbleibt. „Seit Friedrich dem Großen gehört es ja zur Ausbildung der preußischen Offiziere, sich auch mit Musik, und nicht nur allein den Militärmärschen, zu beschäftigen." „In der Tat, Herr von Moltke, die Kapelle sucht ihresgleichen", bestätigt Spree, und das ist mehr als nur diplomatische

Höflichkeit. „Seine Majestät hat die Bestuhlung selbst ausgesucht. Das Eichenholz stammt aus seinem königlichen Hirschpark, dessen Eichenbäume ansonsten exklusiv dem Schiffsbau vorbehalten sind. Er zieht sich bei seinem Aufenthalt in Frederiksberg oftmals hierher in diese schmucke Einsamkeit zurück. Auch im Winter kommt der König gern hier her, es ist so zu seinem beliebtesten Aufenthaltsort geworden. Er ähnelt in so vielen Interessen Ihrem großen König. Die beiden hätten sich gewiss gut mit einander verstanden." Dann fragt Moltke, der erstaunlicherweise auch über Friedrich Sprees Aufenthalt in Pyrmont informiert zu sein scheint, was er denn dort getan hätte. „Für eine Badekur scheinen Sie mir doch zu jung und frisch zu sein, mit Verlaub." „Ich war zuerst einmal dort, um durch eine Beschäftigung meinen bescheidenen Halbsold aufzubessern und dann im weiteren Verlauf auch der Gesundheit wegen; denn das Weserbergland ist wie Balsam für die Seele. Und meine war recht angeschlagen." „Pyrmont ist schon seit zwei Jahrhunderten auch für die Königliche Familie stets eine gute Adresse gewesen. Vielleicht entschließt sich ein Mitglied des Königshauses zu einer Badekur. Ihr Badeort wäre bestimmt eine reizvolle und interessante Möglichkeit für jemandem vom Gefolge, wie mich." Damit ist die formelle Übergabe seiner Notifizierungsurkunde am dänischen Königshof erfolgt, und Friedrich von der Spree ist von nun an ganz offiziell Diplomat mit allen Vorrechten und Pflichten, so wie es vor fünf Jahren, nach dem Kongress in Wien, zwischen den dort verhandelnden Staaten vereinbart und niedergelegt worden ist. Er wechselt mit dem Kammerherrn noch ein paar Artigkeiten über die Architektur des beeindruckenden Barockschlosses, empfiehlt sich auch dem Adjutanten vom Dienst und besteigt nach mehreren Verbeugungen die Kutsche. „Zur Gesandtschaft, bitte." Das ist überstanden. Wer mag der Mann hinter dem Paravant wohl gewesen sein? Weshalb hat der die Andeutungen des Kammerherrn über dänische Handelsschiffe abgewürgt? Er muss mit Graf Donner und Herrn von Alteman darüber sprechen.

„Hat der Mann etwa so ausgesehen?", fragt der Gesandte und zeigt ihm das Porträt eines Offiziers. „Ja, da besteht große Ähnlichkeit, Exzellenz." „Habe ich doch gedacht, dass der König höchstpersönlich nach dem preußischen Diplomaten sehen will, den die Presse in Kopenhagen als den früheren Lebensretter des schwedischen Königs angekündigt hat. Da haben die Schreiberlinge gleich noch einmal ausführlich über die Völkerschlacht bei Leipzig berichten können. Da klang so viel Begeisterung mit, als wenn die Dänen mit zu den Siegern gehörten. Schon ein komisches Völkchen; aber der Erfolg hatte bekanntlich schon immer viele Väter."

In der Gesandtschaft hat man Sprees Kontor mittlerweile ausgestattet. Er findet einen eichenen Schreibtisch, mehrere Stühle, ein Sofa mit passendem Tischchen dazu und eine großer Bücherwand, in der bereits einige Bücher aus der Bibliothek für seinen Aufgabenbereich herausgesucht worden sind: Einige Bände über Handels-und Seerecht, die Geschichte des dänischen Königshauses, die Rangfolge und protokollarische Anweisungen und eine ganze Reihe zur preußischen Geschichte, die ihm aus der Akademiezeit noch sehr vertraut sind. Dazu ein paar Journale, die ihm der Oberschreiber wärmstens zum baldigen Studium empfohlen hat. Die persönliche

Note dieses Raumes will Spree selbst gestalten, doch es steht schon eine große chinesische Blumenvase mit knospenden Kirschzweigen im Raum. Porzellan und Steingut auf dem Fenstersims hat vermutlich die Hausfrau als Nippes platziert. Darunter befindet sich auch eine echte Fürstenberger Porzellanvase, die einen kaum sichtbaren Riss aufweist. Daher ist sie wahrscheinlich aus der Beletage ins Kontor gelangt. Macht nichts, so anspruchsvoll ist Friedrich gewiss nicht. Auf dem Schreibtisch liegen zwei Einladungsschreiben, eine von seinem österreichischen Kollegen und die andere vom Hofchef des Erbprinzen, der zu einem Maskenball einlädt. „Maskenbälle sind die beliebtesten Vergnügen, die am Hofe und vom Adel gefeiert werden. Die sind allesamt ganz wild damit", erklärt Graf Donner schmunzelnd. „Wir sind auch mit Töchtern eingeladen, und die Komtessen sind schon sehr aufgeregt, aber noch total unschlüssig, was sie überhaupt anziehen sollen. Im Waldecker Schloss zu Pyrmont durften sie nämlich noch nicht teilnehmen."

Erbprinz Christian und seine Gemahlin Charlotte Frederikke von Mecklenburg-Schwerin sind geübte königliche Gastgeber in Schloss Amalienborg und lieben Maskenbälle, ganz besonders die Erbprinzessin. Etwa 300 bis 350 Gäste verteilen sich bei solchen Anlässen auf die Säle im Stadtpalast des Königshauses. Seit dem Jahr 1794 residiert die Königsfamilie hier in dem Rokokopalast. Das Erbprinzenpaar bewohnt einen der vier Flügel mit eigener Hofhaltung, heißt einem Hofchef, Adjutanten, Hofdamen und zahlreichen Bediensteten. Spree als Begleiter der beiden Komtessen Margarethe und Ingrid sowie das Gesandtenehepaar gehen von der Kutsche aus durch ein Spalier der Leibgarde auf das Schloss zu. Vor dem Haupteingang des Palastes stehen Fackelträger. Die Damen trippeln auf Zehenspitzen mit ihren leichten Stoffschuhen durch den frisch gefallenen Schnee, damit ihre Füße so wenig wie möglich nass werden. Unter ihren Umhängen tragen sie alle drei spanische Trachten aus leichtem Atlas und Gold. Dazu parat venezianische Gesichtsmasken von auserlesener Qualität. Die Herren sind als türkische Krieger mit pludriger Bekleidung verkleidet, ausgerüstet mit einem fast echt aussehenden hölzernen Krummsäbel und Turban oder anderer orientalischer Kopfbedeckung. Gräfin Wilhelmine hat dies alles persönlich ausgesucht und beim Kostüm- und Frackverleiher zu sündhaft teurer Ausleihgebühr beschafft. Zum Glück für Spree wird dies aus der Gesandtschaftskasse beglichen, da eine Einladung beim Kronprinzen abrechnungsmäßig als Dienst und nicht als Privatsache läuft. Die meisten Gäste des Maskenballs sind in spanischer oder türkischer Tracht. Die Oberbekleidung wird von livrierten Dienern in der Vorhalle entgegengenommen und in einem der breiten Prachtrenaissanceschränke aufgehängt. Strenge dorische Säulen und kalte Wandfarben prägen die Vorhalle, doch diese Kühle beeinträchtigt nicht das Empfinden der Komtessen, die mit vor Aufregung geröteten Wangen und roten Flecken auf der ansonst weißen Haut ihrer Dekolletees hinter den Eltern die breite Marmortreppe zum Rittersaal hoch trippeln. Dabei sind sie bemüht, nicht in den Saum ihrer langen über die Stufen schleppenden Kleider zu treten. An den Wänden sind reichlich Kerzenhalter angebracht und ein gewaltiger Kronleuchter mit Dutzenden von flackernden Kerzen hängt auf halber Treppe herab, eine Beleuchtung wie im großen Festsaal. Der Rittersaal ist schon gedrängt voll mit Gästen und Hofpersonal, dazu die zwanzigköpfige Kapelle des Leibregiments. Erbprinz Christian, ein jüngerer Vetter und möglicher Nachfolger des Königs steht inmitten zahlreicher Gäste und Höflinge in der Nähe des überdimensionierten Kamins. Er saugt an einer Wasserpfeife, die ein Hoflakai üblicherweise hinter ihm hertragen muss. Die Gäste, überwiegend Dänen und einige Diplomaten, werden durch den schon greisen Hofchef bei den königlichen Hoheiten vorbei geschoben. Die Herren machen artig ihre Verbeugung und die Damen ihren Knicks und danach sucht man sich einen freien Stuhl an den Wänden oder in den Nebenräumen, oder aber man flaniert einfach durch die Räume und bleibt hier und dort stehen, um jemanden zu begrüßen. Das Ehepaar Donner scheint diese Art von königlichem Vergnügen zu kennen oder ist im Voraus wohl informiert worden. Sie steuern nach dem Defilee zielgenau in einen leicht abgedunkelten Nebenraum, in dem um einen ovalen Tisch noch einige Stühle frei sind. Dort wird mit Blick zum Hauptsaal Platz genommen und die Täschchen und Pompadours der Damen sowie die obligatorischen Fächer abgelegt. „Das ist unser Platz für heute Abend", verkündet Graf Wilhelm und winkt einen Lakaien heran, der gerade ein Tablett mit Champagner vorbei balanciert. Trotz des Winters sind fast alle Damen so leicht und mit so durchsichtigen Kleidern bekleidet, als wenn hier im Hochsommer Eingeborene aus der Südsee säßen. Spree kennt so etwas nur von frivolen Bildern aus dem leichtlebigen Paris zur Jahrhundertwende, und jetzt sieht er - gänzlich unerwartet- hier im nordischen Dänemark alles in natura. In den durch Kamine beheizten Räumen ist es auch recht warm. Es hängt der schwere Duft von verschiedenen Parfums und sonstigen Duftwässerchen in der Luft, daneben der Geruch von Kerzen und Öllampen, der herbe Geruch von Pferd und Schweiß. Diese Mischung wird abgerundet von dem Qualm der Kamine und Tabak. Insgesamt ein Gemisch, das so typisch ist für Großveranstaltungen dieser Art, und welches in die Kleidung und Polster kriecht und sich dort auf Ewigkeit einnisten möchte. Die ebenfalls im maurischen Stil kostümierte Hofkapelle beginnt alsbald aufzuspielen und das Erbprinzenpaar eröffnet den Tanz. Prinzessin Charlotte trägt einen Matrosenanzug, der ihre kleine dralle Figur mit dem breiten Hinterteil unvorteilhaft unterstreicht. Sie scheint das wenig Schmeichelhafte ihrer Erscheinung selbst zu bemerken, denn eine halbe Stunde später hat sie sich in eine Bauernmagd mit einem Korb am Arm verwandelt. Graf und Gräfin Donner sind bei der zweiten Tanzrunde ebenfalls mit auf der Tanzfläche und lassen Friedrich mit den beiden jungen und erwartungsvollen Töchtern allein am Tisch zurück. Dieser kann schlecht die eine auffordern und die andere ganz allein und unbewacht zurücklassen. Mit großer Dankbarkeit sieht er daher der Aufforderung eines Leutnants der Leibgarde an Komtesse Ingrid entgegen, was ihn zum Tanz mit der älteren Schwester Margarethe veranlasst. Zum Glück hat er während seiner Wiener Zeit diesen neuen Tanz gelernt, diesen Wiener Walzer, so dass er ohne Mühe, ja fast mit Leichtigkeit die junge Komtesse auf der Tanzfläche herumwirbeln kann. Der junge Leutnant mit dem deutschem Namen Max Schreiner hat sich selbst an den Tisch eingeladen und betanzt abwechselnd mit Spree die Komtessen und auch Gräfin Wilhelmine, die ganz offensichtlich bei so jungen und

feschen Tanzpartnern aufblüht und gemeinsam mit ihren Töchtern dem Champagner reichlich zuspricht. Die jungen Damen sind den Alkohol nicht gewöhnt und kommen rasch in ausgelassene Stimmung, wie übrigens die ganze übrige Gesellschaft, die außer dem Champagner auch noch französischen Rotwein und den selbst gebrannten Weinbrand konsumieren. Eine Stunde vor Mitternacht wird ein kaltes Büffet in der Mitte des Saales aufgebaut, an dem sich sofort ganze Scharen von hungrigen Ballgästen verlustieren. Und das im wahrsten Sinne des Wortes, denn im Nu liegt nach all' dem Schubsen und Gedrängel mehr Essen auf dem Parkett als sich noch auf den Platten befindet. Dass die ganzen Speisereste platt getreten und zwischen den verschiedenen Räumen hin und her transportiert werden und den Boden in einen rutschigen Untergrund verwandeln, das scheint niemanden von den Bediensteten zu interessieren. Auf Friedrich Sprees skeptischen Blick hin erzählt der Leutnant „das wird erst morgen früh aufgewischt, da kommt bestimmt noch so Einiges hinzu. Morgens gegen vier Uhr wird noch einmal ein warmes Buffet aufgebaut. Dann gibt es manchmal eine richtige Schlacht, da fliegen zum Schluss die Teller durch die Luft." „Andere Länder, andere Sitten", setzt Friedrich Spree die Konversation mit den Damen fort, die in ihrer Meinung dazu zwischen piquiert und amüsiert schwanken. Doch der Schwips und fröhliche Laune überwiegen und bald stürzt man sich erneut hinein in das Getümmel auf der Tanzfläche. Es ist der „Lancier" angesagt, ein höfischer Tanz zu jeweils vier Paaren in einer Gruppe. Ein Adjutant mit dem Stab eines Zeremonienmeisters in der rechten Hand erklärt auf Französisch die Figuren und klopft beim ersten Durchgang den Takt. Danach ist dies nicht mehr nötig, denn bei der ausgelassenen, gar wilden Stimmung tanzen und wirbeln die Gruppen in ihrem jeweils eigenen Takt und Geschwindigkeit und grölen irgend etwas von „Wenster" und „Heuer", was wohl eine Drehung nach links beziehungsweise nach rechts bedeuten soll. Bei der nächsten Runde ist Friedrich mit Wilhelmine Donner auch dabei und hat Mühe, sich selbst und auch seine Tänzerin auf den Beinen zu halten, denn der Boden ist mittlerweile tückisch glatt geworden. Dies wird so etlichen Tänzern, teilweise sogar ganzen Grüppchen zum Verhängnis. Die landen zumeist mit einem Plumps auf dem Hinterteil. Danach müssen sie sich so rasch wie möglich wieder vom Parkett aufrappeln und ihre Kostüme zurechtrücken, Kopfbedeckungen aufsetzen und Masken wieder an den richtigen Platz bringen. Wie wäre das doch peinlich für Spree; aber den Dänen macht das scheinbar überhaupt nichts aus. Es wirkt so, als wenn das ein vorgegebener Teil des Tanzes sei und damit und ein ganz besonderes Vergnügen.
„Wenn es am schönsten ist, heißt es nach Hause zu gehen, meine lieben Töchter", nähert sich Graf Donner der kleinen Gesellschaft, die gerade bei einer Tanzpause verschnauft. „Nein, Vater, nicht jetzt schon! Nur noch einen einzigen Lancier. Bitte, bitte." Denn so ein Lancier, das wissen die, der dauert schließlich recht lang. Doch der Graf ist unerbittlich und führt die Komtessen zusammen mit dem ebenfalls enttäuschten, aber trotzdem lächelnden Leutnant in die Vorhalle, wo bereits die Gouvernante und zwei Diener auf die jungen Damen warten, um sie sicher nach Hause zu geleiten. Komtesse Margarethe wirft Friedrich noch einen langen Blick unter den verschmierten Wimpern zu, während Ingrid ganz Feuer und Flamme für

den Leutnant zu sein scheint. Gräfin Wilhelmine setzt zum Glück für Friedrich einen langen Tanz aus, um ihre Toilette zu richten. Frisch gepudert und mit neu aufgelegtem Rouge kehrt sie von irgendwo her wieder zurück. Wahrscheinlich geht es links hinter dem Ballsaal ab zu den Boudoirs und Damentoiletten, denn Friedrich beobachtet dort ein Kommen und Gehen der Damen, allein oder in Grüppchen. In der Zwischenzeit sind Donner und der Garde-Leutnant wieder zurück, wo der Däne gleich die Mutter seiner Verehrerin wieder auf die Tanzfläche entführt und Graf Donner sich mit seinem jungen Diplomaten an eine Weinbrandbar begibt. Dort befinden sich bereits einige Herren mit überdimensionierten Cognacgläsern in den Händen, die das braune Zeug wie Wasser in sich hineinschütten. Auch der überaus gepflegte österreichische Handelsrat Leopold Eugen Edler von Kaiser steht dort angelehnt. Der zieht sie gleich in seinem charmanten Wienerisch in ein Gespräch über die Sittenlosigkeit am dänischen Hof. „Schuld ist nur der Protestantismus", erklärt von Kaiser sehr bestimmt. „Aber die ganze Freizügigkeit der Sitten kommt eher aus dem katholischen Frankreich herüber", wirft Spree ein. „Klar, aber in Frankreich, da sind doch diese ungläubigen Hugenotten zuhause, und die sind in Wirklichkeit die Ursache allen Übels. Das ist historisch belegt", erwidert von Kaiser und schaut gerade so wie ein Professor, dass man ihm nicht zu widersprechen wagt. Die Kenntnisse um Geschichte und Religion des ansonsten sehr freundlich zuvorkommenden, ein wenig selbst verliebten Österreichers scheinen zumindest an diesem Abend etwas durcheinander geraten zu sein. So wechselt Friedrich Spree diplomatisch das Thema, denn mit ein wenig Hugenottenblut von der väterlichen Seite in seinen Adern hätte er sich sonst nicht so ganz mit den Erklärungen zufrieden gegeben. Vor dem eigentlichen Themenwechsel genehmigen sich die Herren einen dreistöckigen Weinbrand aus Badischer Destille, und dabei holt Graf Donner sein Lederetui mit den schweren Havannazigarren heraus. Schlecht kann Spree seinem sehr geschätzten Vorgesetzten dessen Angebot abschlagen, obwohl er genau weiß, dass ausgerechnet dies die gefährliche Mischung für ihn ist, um später so richtiges Schädelbrummen zu bekommen. So ein Maskenball scheint für die Gastgeberin und einige ihrer Hofdamen tatsächlich die Gelegenheit für eine Modenschau ganz besonderer Art zu sein, denn Erbprinzessin Charlotte Frederikke erscheint jetzt unter dem Beifall der Gäste in einem Indianerkostüm. Es besteht aus bunten Hosen, einem fleischfarbigen Trikot und ziemlich durchsichtigem Flor um Hüften und Lenden. Einige ihrer Hofdamen und fürstlichen Kusinen haben ähnlich pikante Kostüme an. Sie wetteiferten damit, wessen Kleid das allerleichteste sei. Dafür, dass Handelsrat von Kaiser doch ganz bestimmt gegen diese losen Sitten beim dänischen Hofe eingestellt ist, gehen seine interessierten Blicke allzu oft zu den fast provozierend entblößten Damen, die sich hingebungsvoll, beinahe wie in Trance, auf dem Parkett dem Tanze widmen. Schau, schau, welch ein Voyeur, denkt Friedrich höchst amüsiert. Aber als Protestant darf ich mir ja das Ganze ungestraft anschauen. Wie diszipliniert, aber dafür langweilig, liefen doch Maskenbälle am preußischen Hof ab, erinnert sich der frühere Page, obwohl man aus den wilden Tagen des damaligen Kronprinzen Friedrich und seines Rheinsberger Freundeskreises sich auch sehr belustigende Anekdoten erzählt. Oder gab es das bunte Treiben erst bei seinem jüngeren Bruder Heinrich? Sei's drum. Der von Ihrer Königlichen Hoheit, der Erbprinzessin von Dänemark, favorisierte Tänzer ist ein französischer Konzertmeister, wie Friedrich von dem wohl unterrichteten österreichischen Diplomaten erfährt. „Der König möchte schon seit langem den Erbprinzen mit einer seiner eigenen beiden Töchter oder auch der Tochter seiner Schwester verheiraten, um die beiden Linien der Familie zu vereinigen. Er sucht einen guten Grund, um die derzeitige Ehe des Erbprinzenpaares zu beenden. Der Franzmann kommt da wohl ganz gelegen", tuschelt der gute Leopold von Kaiser vertraut dem preußischen Kollegen ins Ohr und lächelt dabei einer der jungen Damen zu, die ihn, den männlich schönen Typ mit dem klassischen Profil, wohl einen Augenschlag lang betrachtet hat.

-4-

Am Morgen nach dem Maskenball, oder besser nur wenige Stunden danach, meldet sich ein Herr Jens Jensen von der Rostocker Greifenreederei an, um den Herrn Rittmeister von der Spree in einer persönlichen Angelegenheit zu sprechen. Jens Jensen ist Däne, spricht vorzüglich die deutsche Sprache und stellt sich als Agent der Greifenreederei vor. Richtig, das ist der neue Name der Reederei des Kaufmanns Schönerrock und von Graf Falckenhain. Man hat mit der Ausweitung der Geschäftsbeziehungen einen neuen markanten Firmennamen ausgewählt und den roten Greif auf hellblauem Grund als Wappen und Flagge für die Schiffe eingeführt. Trotz des Schädelbrummens kommt Friedrich wieder die Erinnerung an den Bericht von Graf Christian über die Firma, wie dieser die Reederei zu nennen pflegt. „Herr Rittmeister, Ihr Hengst ist eingetroffen und ist in meinem Stall in Schwanenmühle untergebracht. Das Tier ist wohlauf, schon ganz unruhig und wartet bestimmt auf den ersten Ausritt." Jensen ist kaum älter als Spree, mittelgroß, flachsblond, wache Augen und hat ein sympathisches Lächeln um die eingekerbten Mundwinkel. Er erklärt ihm auf die Schnelle, wo sein Wohnhaus mit den Stallungen im Norden von Kopenhagen, unmittelbar am Sund, gelegen ist. Das Kopenhagener Kontor der Greifenreederei befindet sich direkt am Hafen, neben dem Kastell. Die beiden Männer verabreden einen Zeitpunkt am kommenden Sonntag, an dem Friedrich Spree erstmals sein Pferd, das er selbstverständlich schon auf Gut Falckenhain in Augenschein genommen hat, so richtig in Besitz nehmen will. Jensen bringt ihm noch einen großen Umschlag mit, in dem sich mehrere Briefe befinden. Bevor er sie öffnen und lesen kann, tritt der Gesandte ein. Mit leicht mahnendem Unterton erinnert er Spree: „Es ist Zeit für den Besuch bei den Franzosen." Sicher, der Besuch bei dem französischen Gesandten und dessen Handelsrat ist ja für heute Vormittag vorgesehen, geht es Spree durch den Kopf. An das diplomatische Leben mit der Doppelbelastung, sprich diplomatischer Betrieb am Tag und gesellschaftliches Leben am Abend und teilweise bis spät in die Nacht, muss er sich erst noch gewöhnen. Graf Donner sieht im Gesicht so glatt und entspannt aus, als hätte er schon vor Mitternacht den Maskenball beim Erbprinzen verlassen. So frisch und trotz seiner knapp 61 Jahre ausgesprochen drahtig, denkt Spree. „Hat Ihnen der Ball nicht gefallen, Friedrich?

Sie sind schon vor uns gegangen." Oha, da muss sich der wesentlich jüngere Spree wirklich am Riemen reißen, um mit seinem Chef mitzuhalten. Eine gewisse Beschämung überkommt ihn, danach richtiger Ärger, dass er sich letzte Nacht nicht gänzlich unter Kontrolle hatte. Als wenn er Gedanken lesen könnte, bemerkt der Graf beiläufig: „Auf meinem ersten Dienstposten habe ich Monate gebraucht, um meinen Lebensrhythmus einigermaßen in den Griff zu bekommen." Ein paar Augenblicke später geht es mit der Kutsche zur französischen Gesandtschaft, wo der Gesandte schon wartet, um über Handels- und Zollangelegenheiten mit seinen preußischen Kollegen zu sprechen.

Am folgenden Sonntag kommt schon am Vormittag Graf Donner mit zwei Reitpferden bei seinem jungen Beamten zuhause am Runden Turm vorbei. Donner ist als passionierter Reiter nämlich richtig gespannt auf „Ajax", den Trakehnerhengst aus der Züchtung des Grafen Falckenhain. Spree besteigt den Hannoveraner, den sein Chef ihm mitgeführt hat, und beide traben in Richtung Schwanenmühle. Als sie durch das Stadttor heraus aus der beengten Stadt sind, fällt Graf Donner in Galopp und lässt seinem Vollblüter freien Lauf, dem der Husar mit Freude und dem überschäumenden Glücksgefühl des geborenen Reiters folgt. Dort im Norden der Stadt, direkt am Wasser, erkennt man die Windmühle mit den gewaltigen Flügeln schon aus geraumer Entfernung. Beim Annähern erblicken sie ein sehr gepflegtes Gehöft mit einem Haupthaus in rotem Klinker und kontrastreichen weißen Tür- und Fensterrahmen. Daneben wird ein nach schwedischem Stil erbautes Holzhaus gerade renoviert, denn ein großes Gerüst steht fast bis Dachhöhe und reichlich Baumaterial liegt vor dem Haus. Eine Scheune, Stallungen und Nebengebäude geben dem Anwesen den Charakter eines kleinen Gutshofes, wie Friedrich ihn in ähnlicher Form und Größe bei seinem Freund Eitel v.d. Tanne in Pyrmont kennen gelernt hat. Auch hier sind die Außenwände in dem harten roten Farbton, den man neben der raps- oder ockergelben Farbe so häufig antrifft. Aus dem Haus tritt ihnen Jensen entgegen, ein kleines Kind auf dem Arm. Etwas schüchtern hinter dem Vater versteckt steht noch ein etwa fünfjähriger Junge, der ins Haus etwas hinein ruft. Friedrich versteht nur zweimal „Mooah!", was wohl Mutter heißen soll, denn eine junge Frau im Sonntagsstaat - mit ebenso flachsblondem Haar wie Jensen - tritt auf die Veranda heraus. Aus dem Stalltor eilt ein Knecht herbei und nimmt den abgestiegenen Reitern die Zügel ab und führt die vor Schweiß glänzenden und bei der trockenen Kälte dampfenden Hannoveraner zum Stall, der trockenes Stroh und Wärme verheißt. Nach der Begrüßung und gegenseitigen Vorstellung lädt Lone Jensen erst einmal die Herren zu einem kleinen Umtrunk ins Haus. Hier erfährt Spree von dem Schönerrockschen Agenten, dass das Anwesen auch der Reederei gehört und erst vor wenigen Tagen direkt aus Rostock der Auftrag eingegangen ist, das Schwedenhaus von Grund auf zu renovieren. „Sie wissen ja sicher vom Herrn Grafen, was mit dem Neubau geschehen soll?", fragt Jensen, doch Friedrich Spree hat überhaupt keine Idee. Halt, da fällt ihm ein, dass er die Briefe, die der Agent mitgebracht hat, noch gar nicht geöffnet hat. War da nicht auch ein Brief mit dem gräflichen Siegel dabei? Wie kann er auch so vergesslich sein, fast schon wie ein betagter Geheimrat, ärgert sich Spree wieder einmal über sich selbst. Von der Stube des Haupthauses hat man einen fast atemberaubenden Blick über den Sund, dessen Wasseroberfläche gerade von der im Südosten stehenden Sonne bestrahlt wird und das Licht tausendfach reflektiert. Am Horizont ist deutlich die schwedische Halbinsel Schonen zu erkennen und dort, wo geradeaus über die kleinen Festungsinseln hinweg im Osten ein graubrauner Schleier zu erkennen ist, muss sicherlich die Hafenstadt Malmö liegen. Dieser prächtige Ausblick auf den Öresund und die Segler, die am Horizont, aber auch um die Kopenhagener Hafeneinfahrt herum zu sehen sind, vertreiben rasch den kurz aufgekommenen Ärger über seine einfach nicht entschuldbare Schusseligkeit.

„Ajax" ist ein kastanienbrauner Hengst mit einer Blässe. Beide, das Eichenlaubwappen der Trakehner sowie der Falke, das gräfliche Wappen derer von Falckenhain, sind deutlich auf dem linken Hinterteil eingebrannt. Ein freundliches Schnauben scheint das Wiedersehen mit Spree anzuzeigen. Graf Donner ist begeistert von der rassigen Eleganz des ostpreußischen Hengstes, dessen Stammbaum ihm als Pferdekenner sogar bekannt ist. Auch „Ajax" soll hier entsprechend dem Wunsche des ehemaligen Eigentümers in Kopenhagen als Zuchthengst verwendet werden. Ein Auftrag für entsprechende Arrangements mit dänischen Pferdezüchtern ist bereits vor dem Eintreffen des Pferdes an den Agenten Jensen ergangen, gleichzeitig mit der Anweisung zur Renovierung des Schwedenhauses. Jensen und seine Frau stehen hinter den beiden Edelleuten, die in Fachsimpelei und Schwärmerei vertieft sind. Endlich bemerkt Spree das wartende Paar. „Darf ich Ihnen jetzt das Schwedenhaus zeigen und nach Ihren besonderen Ausstattungswünschen fragen, Herr Rittmeister?" Friedrich von der Spree weiß immer noch nicht, worum es eigentlich geht, folgt jedoch den beiden Dänen, die ihm vorausgehen. Graf Donner bleibt allein mit dem Reitknecht zurück bei dem Trakehner. Das Haus ist zweigeschossig. Es hat trotz des Bauschutts, der noch im Eingang liegt, bereits einen gewissen Charme. Der wird hervorgerufen durch die ganz frisch in einem freundlichen Gelbton gestrichenen Holzwände und die Kachel- und Gusseisenöfen, die in jedem Raum stehen. Im Untergeschoss gehen drei durch Schiebetüre versehene Wohnräume ineinander über und bilden eine große Flucht von dem Eingang bis zur Ostseite, von wo ein über die ganze Breite reichendes Fenster den Blick auf den Sund freigibt. Im Obergeschoss befinden sich mehrere Schlafräume, davon zwei mit einem Balkon ausgestattet. Frau Jensen erklärt mit kaum verständlichem Deutsch die Räumlichkeiten, lächelt ohne Unterbrechung dabei. Spree ist ratlos, vielleicht hat der Graf ihn gebeten, für ihn hier tätig zu werden, sprich als Bauaufsicht nach dem Rechten zu sehen. Das wird wohl in dem ungeöffneten Brief noch näher erläutert stehen. Es wird Zeit, sich wieder zu Graf Donner zu begeben. Mit Jensen wird verabredet, am kommenden Sonntagnachmittag wieder vorbeizuschauen und dann über die Unterbringung des Pferdes zu sprechen. Die beiden Diplomaten besteigen die Hannoveraner und ab geht es im Galopp längs des Strandes. Sie wollen noch bis zum „Bakken" reiten, wo der König in einer hügeligen Landschaft im Norden der Hauptstadt seinen Hirschpark in Mitten eines großen Eichenwaldes unterhält. Die Kopenhagener kommen an schönen Wochenenden zu Tausenden mit Kutschwagen, zu Pferd oder gar zu Fuß, um Wasser aus den Heilquellen zu schöpfen und sich zu einem Picknick mit Freunden und Verwandten für ein paar Stunden gemütlich niederzulassen. Mitten im Park, auf einer Anhöhe mit Blick auf den Sund, hat König Friedrich, oder Frederik, wie er auf dänisch heißt, erst vor einem Jahrzehnt begonnen, das Jagdschloss Eremitagen weiter ausbauen lassen. Wegen Geldknappheit ist man dann leider auf halber Strecke mit den Arbeiten vermüdet, und das Schloss wirkt ein wenig vernachlässigt. Im Forst selbst sind der königliche Skovrider[25] und die Förster und Waldarbeiter in gelben oder roten Forsthäusern untergebracht. Dort in Strandnähe stehen auch herrliche Villen reicher Kaufleute und betuchter Edelleute, die zum Wohnen mit ihren Familien der Enge der Hauptstadt entkommen sind, jedoch tagsüber mit ihren Kutschwagen in ihre Kontore fahren, um von dort ihren Geschäften nachzugehen. Die frische Winterluft hat richtig hungrig gemacht, so dass Spree gern die Einladung seines Gesandten zu einem Imbiss in der Residenz annimmt.

Der Briefumschlag aus Falckenhain enthält drei gesonderte Briefe, jeweils von den beiden Komtessen Elisabeth und erstaunlicherweise auch Dorothea sowie von Graf Christian. „Mein lieber Friedrich", schreibt dieser, „ ich hoffe sehr, dass „Ajax" bei den Jensens gut untergebracht ist. Die Renovierung des Schwedenhauses habe ich kurz entschlossen in Auftrag gegeben. Ich möchte im April persönlich in Kopenhagen einmal bei unserer Niederlassung vorbeischauen und benötige nur eine bescheidene Herberge für mich. Ihre so nachhaltigen Beschreibungen der beengten und schmutzigen Verhältnisse in Kopenhagen brachten mich auf die Idee, Ihnen anzubieten, das Schwedenhaus zu bewohnen. Somit entfliehen Sie der Enge der Stadt und können gleichzeitig für mich etwas nach dem Rechten sehen. Es wäre mir eine große Freude..." Also, das eröffnet ja ganz neue Perspektiven, was seine Wohnung angeht! Er könnte also nach der Renovierung des Schwedenhauses dort in Schwanenmühle Quartier nehmen, hätte sein Pferd für den Ritt in die Gesandtschaft und außerdem ideale Wohnmöglichkeiten. Eigentlich ein glücklicher Umstand, denkt Spree und hat auch keineswegs das Gefühl, sich damit zu abhängig von den Falckenhains zu machen. Diese sind erstens seine besten Freunde, und zweitens ist Graf Christian interessiert, noch jemanden zu haben, der vor Ort in Kopenhagen Augen und Ohren für ihn aufhält. Das kann er ganz ohne Probleme gleichzeitig mit seinen diplomatischen Aufgaben erledigen.

Elisabeth schreibt einen sehr herzlichen und gefühlvollen Brief und schildert illustrativ und in allen für sie stets so wichtigen Einzelheiten die Geschehnisse auf Falckenhain. Weit entfernt von Falckenhain sind Friedrichs Gefühle, gar die Empfindung von Liebe für Elisabeth stärker als in ihrer unmittelbaren Gegenwart. Vielleicht ist es Dorotheas starke Ausstrahlung, die ihn in der Gegenwart beider Damen ablenkt und so unentschlossen macht. Dorotheas Brief ist sehr freundschaftlich, doch konzentriert auf ihre persönlichen Eindrücke und Ansichten zur preußischen Tagespolitik, die sie regelmäßig mit ihrem Vater diskutiert. Auch interessiert sich Dorothea, hier fast schwärmerisch, für die Werke zeitgenössischer Maler, die sie bisher in verschiedenen Berliner Galerien oder Herrschaftshäusern betrachten konnte. Beides trifft auch Friedrichs Interessen sowie Neigungen und bringt ihn Dorothea geistig und gefühlsmäßig so nahe. Sein Freund Henning lässt grüßen, schreiben beide. Er ist total in seine Erziehungsaufgaben am königlichen Hof aufgegangen und derzeit in sehr umfangreiche Reiseplanungen eingebunden. Er avisiert jedoch einen längeren Urlaub im Sommer, in dem er sogar Kopenhagen besuchen will. „Zur Dienstaufsicht vorbeischauen" wie Dorothea ihren großen Bruder zitiert. Welch' interessante und schöne Aussichten: Graf Christian kommt im Frühjahr und sein alter Kamerad aus der Husarenzeit, Major Henning von Falckenhain, im Sommer. In seinem Brief schreibt Graf Christian: „Bereits zum wiederholten Male haben wir uns im Preußischen Herrenhaus befasst mit den Klagen der Reeder und Großkaufleute über die Gefahren, denen die Handelsschifffahrt neuerdings in der Ostsee ausgesetzt ist. Unser König verlangt eine Untersuchung und rasche Resultate. Seine Regierung wird sicherlich bald die Gesandtschaften im Ostseeraum mit gezielten Aufträgen versehen, um der Gefährdung und Unsicherheit für deutsche Handelsschiffe auf den Grund zu gehen."

Nachdem Gesandter Graf Donner über das bevorstehende Aufklärungsersuchen seines Monarchen unterrichtet ist, trifft er sich mit Spree in Legationsrat von Altemans Kontor, um über die Vorgehensweise zu beratschlagen. Der etwas kleinwüchsige zweite Mann der Gesandtschaft räumt rasch ein paar Akten und alte Exemplare der bekannten dänischen Zeitung „Berlingske Tidende" beiseite, die er um sich herum wie eine kleine Schutzwand aufgestapelt hat. Vorsichtig balanciert er zwei leere Tintenfässer, die auf den Packen wie Schießscharten drapiert waren. So gelingt es ihm, wenn auch mit Mühe, Platz auf zwei Sesseln zu schaffen. Er hatte im vergangenen Jahr bereits mit seinen Kollegen von den österreichischen und bayrischen Gesandtschaften über organisierte Kriminalität in Dänemark gesprochen, denn die ging hauptsächlich zu Lasten der Versicherungsgesellschaften und Kaufleute ihrer drei Länder. „Vermutlich steht eine straffe Organisation dahinter, die bestens über Lieferzeiten und Umfang der Schiffsladungen im Bilde ist und auch direkte Beziehungen zu Behörden hat. Auffällig war bisher, dass nicht nur auf hoher See Handelsschiffe ausgeraubt worden sind, sondern auch beim Be-und Entladen im Hafen- und Speicherbereich. Dazu gab es noch diverse Diebstähle aus den Lagerhallen, oftmals unmittelbar nachdem die Händler die Ware vom dänischen Reeder übernommen haben." „Das sind in der Tat interessante Schlussfolgerungen. Und was ist weiter geschehen, Herr von Alteman?" „Ja, wir haben uns abschließend vorgenommen, die Vorkommnisse weiter zu beobachten und uns gegenseitig zu unterrichten, Exzellenz", erklärt von Alteman und bekommt nicht nur einen roten Kopf, sondern es bilden sich auch winzige Schweißperlen auf der Stirn. Er wirkt deutlich überlastet. „Ich möchte, dass Sie dem Kollegen Spree vollständigen Einblick in den Fall geben und arrangieren Sie bitte noch in diesen Tagen ein Treffen bei mir mit den Bayern und Österreichern." Alteman ruft Oberschreiber Gleiser, der eine umfassende Aufstellung über alle gemeldeten Diebstähle bei deutschen Handelsagenturen in den letzten sechs Monaten herbeibringt. „Es sind durchschnittlich vier Fälle an Land und ein Vorfall zur See pro Monat, Herr Rittmeister. Der finanzielle Schaden liegt monatlich über einer Million dänischer

Reichstaler". „Was ist mit Personenschäden?" „Darüber haben wir keine Erkenntnisse", beantwortet in recht barschem Ton Legationsrat von Alteman die Frage seines jüngeren Kollegen. „Ja, lieber Alteman. Unser junger Kollege ist nicht nur an den materiellen Verlusten interessiert. Für ihn steht als gewesener Schwadronchef zuerst der Mensch im Mittelpunkt, danach die Sache. Daran werden wir uns gewöhnen müssen."

Am Tag darauf überschlagen sich die Ereignisse in Kopenhagen. Die „Berlingske Tidende" berichtet über einen dreisten Einbruch im Zeughaus, unten am Hafen. Hier werden seit Jahrzehnten die Kanonen der Armee untergestellt. Ebenso sind dort Dutzende von Schiffskanonen kleineren Kalibers gelagert, die ohne großen Aufwand bei Alarmierung auf den Kanonenbooten und kleinen Schaluppen zu montieren sind. Der Zeitung zufolge soll es sich bei dem Diebesgut um mehr als 20 kleinere Schiffskanonen und fast 100 Handwaffen handeln. Der Polizeichef, der Karrierebeamte Frederik Julius Kaas, lässt den Vorfall herunterspielen, doch hat einer seiner höheren Bediensteten unabsichtlich oder gezielt über Einbrüche beim Hafenmeister und dem Chef der Marinestation auf dem Holmen berichtet. Offensichtlich sind kistenweise Akten, Aufzeichnungen über Schiffsbewegungen und Listen über Schiffsladungen verschwunden. Dieser Vorfall und die unterschiedlichen Darstellungen aus Polizeikreisen geben Anlass zu wilden Spekulationen, die auch vor den Türen der Gesandtschaften nicht halt machen.

Währenddessen sitzt jenseits des Sundes in der schwedischen Garnisonsstadt Landskrona Oberstleutnant Lars Rutger von Müller im Wohnzimmer seiner herrschaftlichen Stadtvilla. Zusammen mit zwei dänischen Schiffsagenten aus Kopenhagen hat er es sich vor dem behaglichen Kaminfeuer bequem gemacht. Trotz der Wärme und offensichtlich reichlich genossenen Branntweins will keine rechte Stimmung aufkommen; denn in Kopenhagen laufen die Geschäfte nicht mehr so wie in der Vergangenheit. Von Müller ist ehemaliger stellvertretender Generaladjutant des dänischen Königs, ehemaliger Hofchef des Erbprinzen, ehemaliger dänischer Delegationsleiter am schwedischen Reichstag, Träger zahlreicher höchster Auszeichnungen, Millionär, etc., doch in Wirklichkeit ein todunglücklicher Trunkenbold und Ränkeschmied. Er ist wie König Frederik VI. im Jahre 1768 geboren, als Sohn eines dänischen Artillerieoffiziers und der einzigen Tochter eines vermögenden Oldenburger Bankiers. Er nahm später nach den Möglichkeiten des dänischen Rechts den Geburtsnamen seiner Mutter an und schmückte sich von dann an mit dem Adelsprädikat "von", wenn auch der Nachnahme Müller nicht sonderlich adelig klang. Schon früh war er im Dienst des damaligen Kronprinzen, in militärischer und höfischer Funktion, steckte hinter so manchen Intrigen. Zu Beginn des Jahrhunderts wurde Müller Adjutant und befand sich mitten im Zentrum des Einflusses und der Macht, die er als einer der so genannten „roten Federbüsche" heftig zu manipulieren wusste. Er war schlechthin das Finanzgenie in diesem Zirkel und profitierte an der Vermittlung zahlreicher Geschäfte mit dem Hof, der Marine oder der Armee. In seinem ausgeprägten Ehrgeiz strebte er die Stellung des Generaladjutanten an. Im August des für Dänemark fatalen Jahres 1807 meldete er sich während der britischen Belagerung von Kopenhagen als Führer eines Kommandos mit 20 Berittenen zu einer Attacke auf das vermeintliche Hauptquartier des Generalleutnants Wellesley, dem Kommandierenden der britischen Armeereserve unter Lord Cathcart. Von der eingeschlossenen Stadt aus wollte von Müller einen Ausfall auf die britischen Belagerer wagen. An der nördlichen Seite der Stadt gen Schwanenmühle beabsichtigte er, mit seinen 20 Soldaten den britischen Befehlshaber überraschend in Gefangenschaft zu nehmen und mit dieser Geisel die Angreifer zum Abzug bewegen. Attacke im scharfen Galopp und Kampfgeschrei, jedoch entpuppten sich die Zelte des vermeintlichen Hauptquartiers als Lager für Kranke, Verwundete und Arrestanten. Von Müller eroberte ein paar Zeltstangen und nahm ein halbes Dutzend fußkranke Briten in Gefangenschaft, wobei der unbewaffnete Rest vor den Dänen entfliehen konnte. Für diese "Heldentat" wurde aus dem Major von Müller der zweite stellvertretende Generaladjutant im Range eines Oberstleutnants.

Nach dem Bombardement von Kopenhagen und der Vernichtung beziehungsweise Inbesitznahme der dänischen Flotte durch die Briten stellte Frederik, der 1808 nach dem Tod seines geisteskranken Vaters und langer Regentenzeit endlich König wurde, Kaperbriefe aus, um als nunmehr offizieller Verbündeter des französischen Kaisers Kauffahrer in der Ostsee zu jagen. Seine nähere Umgebung profitierte mächtig an diesem Geschäft, ganz besonders der Enkel des Oldenburger Bankiers. Von Müller wurde bald einer der Neureichen und enger Freund des Kopenhagener Großreeders Möller, einem Erzhalunken mit weißer Weste. Die Beauftragung von Müllers als Chefdiplomat beim schwedischen Reichstag im Jahre 1810, in der die schwedische Zustimmung eingeholt werden sollte, damit Frederik VI. auch die vakante Thronfolge in Schweden und damit die Wiedergeburt des skandinavischen Großreiches ins Werk setzen konnte, ging gründlich schief. Müller wurde danach ganz einfach zum Sündenbock deklariert und damit kalt gestellt. Er avancierte trotz allem in der protokollarischen Rangfolge, doch war seine neue Stellung als Hofchef beim Erbprinzen Christian, einem Vetter des Königs, recht unbedeutend und weit weg vom Machtzentrum, nämlich der königlichen Adjutantur. Während dieser Zeit scheffelte von Müller weiterhin Reichtümer, trotz des Staatsbankrotts, der ihn persönlich nur wenig traf. Doch sein politischer Ehrgeiz, nämlich die Vorstellung einmal ganz oben in der Hierarchie des Königreiches zu stehen, wurde nicht erfüllt. An der Verwirklichung der Zusammenfassung der drei skandinavischen Kronen mitzuwirken, das sollte allerdings weiterhin sein Traum bleiben. Mit gewaltigen Summen erkaufte er sich die Gunst des bankrotten Königs zurück und wurde zur Belohnung für die 1814 in Kiel stattfindenden Friedensverhandlungen erneut als erster militärischer Berater eingesetzt. Das Ergebnis des Kieler Friedens, nämlich der Verlust Norwegens an die schwedische Krone, und hier an den ehemaligen französischen Marschall Bernadotte, der jetzt schwedischer Kronprinz war und gerade nach der siegreichen Schlacht von Leipzig seine Position als Emporkömmling gestärkt hatte, war erneut ein herber Schlag für Dänemark. Die Kompensation mit Gebieten im deutschen Reich war für Frederik VI. vollkommen unzureichend. Die

Lage Dänemarks und seines im Absolutismus verhafteten Herrschers erschien niederschmetternd und wurde eine noch größere Demütigung als die militärischen Niederlagen im Jahr 1807 - zu Wasser und zu Lande - gegen England. Es rollten Köpfe, nicht wörtlich; aber von Müller, erneut zu einem der Sündenböcke deklariert, musste diesmal außer Landes. Er kaufte sich in Schweden - für mehrere Tausend dort auch so dringend benötigte Goldstücke - ein Patent als königlich schwedischer Oberstleutnant. Er avancierte zum Vertreter des Kommandanten in Landskrona. Von hier konnte er über den Sund hinüber seine Geschäfte steuern und auf eine vielleicht letzte Chance hoffen, doch noch in Dänemark zu Ruhm und Ansehen zu kommen. Und hierfür würde er rein alles tun. Finanzmittel, ja Schätze im fast märchenhaften Umfang besitzt er wahrlich im Überfluss, und Schurken, männlich und weiblich, die für Geld alles zu tun bereit sind, die gibt es auch. Und dies weiß Müller für seine Zwecke einzusetzen.

-5-

Der Winter ist ausgesprochen mild verlaufen. Es gibt nur ein paar Tage Eis im dänischen Fahrwasser und Mitte Februar behindert zwei Tage lang Treibeis, das der Ostwind über den Sund hinüber treibt, den Schiffsverkehr im Kopenhagener Hafen. Die Renovierung des Schwedenhauses geht zügig voran, so dass es Zeit für Friedrich von der Spree ist, den eigenen Umzug von seiner Stadtwohnung nach Schwanenmühle durchzuführen. Endlich heraus aus der stinkigen Innenstadt! Zum Leidwesen der Hauptmannswitwe verlässt Spree mit seinem Hausstand die Mietwohnung beim Runden Turm, dessen Anblick ihm inzwischen richtig vertraut geworden ist. Der Altknecht des Schiffsagenten hat den kleinen Leiterwagen mit den Kisten und Koffern des Rittmeisters beladen und fährt mit dem neuen Bewohner des Schwedenhauses in Richtung Schwanenmühle. Die Jensens erwarten ihn schon am Hoftor und sind vor Freude ganz aufgeregt, ihm jeden Winkel des fast fertig möblierten Hauses zeigen zu können. Graf Christian will für seine persönlichen Räume noch ein paar Möbel aus dem Falckenhainschen Schloss mit einem der nächsten Schiffstransporte nach Kopenhagen schicken. „Wir haben Graf Falckenhain schon letzte Woche geschrieben, dass das Haus bezugsfertig ist. Ich hatte als sein Agent den Auftrag von ihm direkt erhalten, mich unverzüglich zu melden." Frau Jensen hat die Kamine und Bulleröfen anheizen lassen, was dem Haus einen sehr anheimelnden Charakter gibt. Endlich kann Friedrich sich richtig in seinem neuen Zuhause einrichten. Ein Hausmädchen mit dem Namen Trine, das zwar nur Dänisch spricht, wird sich um das Haus kümmern und ihm auch die Mahlzeiten bereiten. „Wie soll ich Trine nur erklären, was ich gern essen möchte? Meine dänischen Sprachkenntnisse sind noch sehr begrenzt." „Meine Frau oder ich machen gern den Übersetzer", versucht ihn Herr Jensen zu beruhigen. Friedrich Sprees eigenes Wohnzimmer hat er sich im ersten Stockwerk einrichten lassen, mit Balkon und Blick gen Osten, also über den Sund hinweg zur schwedischen Küste. Eine eichene Bücherwand wartet darauf, mit Büchern aufgefüllt zu werden. Sein

Lieblingsmöbelstück kann vielleicht der Schaukelstuhl mit Lederbezug werden, den man ihm direkt vor das Fenster gestellt hat. Friedrich unterbricht seine Tagträumerei. „Ich glaube, Graf Falckenhain wird sich bestimmt freuen, bei seinen Besuchen in Kopenhagen hier wohnen zu können." Da können die beiden Jensens nur zustimmen. „Wir werden uns bald noch nach Deutsch sprechender Dienerschaft umschauen, denn sicher wird der Graf bald nach dem Osterfest anreisen und er soll es so bequem und komfortabel wie möglich haben." Es ist bestimmt nicht nur die reine Menschenfreude, die die Jensens hier aktiviert, sondern sie wollen auch bei dem Miteigentümer der Greifenreederei, das heißt ihrem Arbeitgeber, einen guten Eindruck machen. Und Spree ist es durchaus recht, daran teilzuhaben. Wilhelmine Donner schickt zum Einzug drei versiegelte Flaschen Pyrmonter Brunnenwasser mit einem Kärtchen: „Bleiben Sie stets gesund und uns gewogen. Gez. W&W D."

Die Morgensonne scheint unwirklich grell über den Sund. Der Himmel ist milchig weiß bis hellblau, und der Wind weht stetig von Südwest. Ein Dreimaster der Greifenreederei schiebt sich majestätisch unter vollen Segeln in die äußere Hafeneinfahrt von Kopenhagen, im Fahrwasser zwischen den Festungsinseln hindurch. Präzise Segelkommandos werden geschwind ausgeführt und nach wenigen Augenblicken gleitet das Handelsschiff dem inneren Hafen entgegen. Die Holzbrücke auf Höhe „Unter der Krone", da wo die Marine ihre Wachstation hat, wird aufgezogen. Die wuchtigen Zahnräder greifen ineinander. Die menschliche Kraft zweier Arbeiter wird übersetzt und damit die Hebelwirkung genutzt, um die etwa 20 Meter breite Durchfahrt in den inneren Hafen freizugeben. Sicher bringt der Lotse das Schiff an den Ankerplatz vor der Börse, einem Prachtbau der späten skandinavischen Renaissance, um dessen Turm sich würgende und ineinander verschlungene Drachen winden. Dort ankern schon mehrere größere Handelsschiffe, deren Ladung mit Leichtern gelöscht wird. Gast auf dem Rostocker Schiff mit der markanten Greifenflagge am Topp ist Graf Christian von Falckenhain, Haupteigentümer der Greifenreederei. Ihn erwartet bereits der preußische Gesandte an der Pier, ebenso Agent Jensen und natürlich Friedrich v.d. Spree. Welch freudige Überraschung für Spree, als er neben seinem väterlichen Freund auch Komtesse Dorothea in dem Boot erkennt, das die Passagiere vom Schiff zum Kai übersetzt. Auch Vater und Tochter Falckenhain haben ihrerseits Spree erkannt und winken hinüber. Graf Donner kommt als Gesandtem die Ehre zu, das erbliche Mitglied des preußischen Herrenhauses, Seine Erlaucht, den Grafen von Falckenhain, am Kai willkommen zu heißen. Falckenhain kommt mit einem Untersuchungsauftrag, den sein König auf Ersuchen des Herrenhauses erteilt hat. Aufgeklärt werden sollen die Piraterievorfälle und die Behinderungen für den Seehandel in der Ostsee, und das in diplomatischer Zusammenarbeit mit den Regierungen der Könige von Dänemark und Schweden. Falckenhain soll diese Aufgabe in Kopenhagen und ebenso in Stockholm in der Funktion eines Sondergesandten übernehmen. Er ist laut Schreiben des preußischen Außenministers Bernsdorff mit dem akkreditierten Gesandten vor Ort auf Zusammenarbeit angewiesen. Auch von Kanzler Hardenberg hat er in mündlicher Form die Bandbreite seiner Kompetenzen genannt bekommen. Das heißt, er muss sich mit Donner über die verschiedenen „Ws" einigen, wer wie weshalb wozu warum mit dem Gastland und seinen Behörden in diplomatischen Dialog und bei Bedarf in Verhandlungen tritt. Eine Mission, die sehr kompliziert sein kann, wenn beide Gesandten nicht kooperationsbereit sind und wie häufig geschehen, von persönlichen Eitelkeiten oder gockelhaftem Renommiergehabe dominiert werden. Im Falle der beiden von Jahrzehnte langen politischen und diplomatischen Erlebnissen und Erfahrungen abgeklärten Grafen scheint das Thema Eitelkeit keines zu sein, was man der herzlichen Begrüßung gleich entnehmen kann. Ohne einander näher zu kennen, begegnen diese Männer sich so vertraut wie ehemalige Schulfreunde oder Kriegskameraden, die sich nach Jahren wieder sehen. Dabei vergisst der ansonsten so galante Diplomat Donner beinahe, dass da eine junge und sehr hübsche Dame etwas verlegen am Kai wartet, vorgestellt zu werden. „Bitte vielmals um Entschuldigung, gnädiges Fräulein. Donner, zu Ihren Diensten und sehr herzlich willkommen in Kopenhagen. Wenn wir von Ihrer Ankunft gewusst hätten, dann wäre meine Frau gewiss mit zum Hafen gekommen." Spree wird von Dorothea Falckenhain herzlich umarmt und Graf Christian gibt ihm ein kameradschaftliches Schulterklopfen und „alles klar, mein Junge?" „Schön, Sie zu sehen, Graf Christian." Und mit Blick auf Dorothea „besten Dank für das wunderhübsche Mitbringsel aus Falckenhain. Übrigens, darf ich Herrn Jensen, den Leiter der Niederlassung vorstellen." Und damit ist die Begrüßung und Vorstellerei abgeschlossen. Zuerst geht es hinaus nach Schwanenmühle, wo Frau Jensen ganz aufgelöst ist, da sie nur die Zimmer für Graf Falckenhain vorbereitet hat. Die Jensens sind jedoch fix im Improvisieren, und rasch ist ein behagliches Zimmer für die junge Komtesse eingerichtet. Auch soll am nächsten Tag eine Zofe engagiert werden, doch vorerst hat Trine die ehrenvolle Aufgabe, Dorothea beim Auspacken zu helfen. „Die Sprache der Dänen ist doch zu putzig, lieber Friedrich, verstehst du überhaupt ein Wort?" „Am besten lernt man die Sprache bei einer der Töchter des Landes, oder besser noch bei mehreren", frotzelt Friedrich und zwinkert Dorothea schelmisch zu, was diese jedoch nur mit dem Hochziehen einer Augenbraue quittiert. Beide Falckenhains sind vom Zustand des Schwedenhauses, seiner Einrichtung und der unmittelbaren Lage am Öresund begeistert und sparen auch nicht an Lob gegenüber dem freundlichen Ehepaar Jensen.

Der Gesandte Donner und Gräfin Wilhelmine laden zum Dinner in die Residenz auf der Bredgade ein, wo Komtesse Dorothea in ihrem tief dekolletierten giftgrünen Abendkleid kritisch, jedoch nicht unfreundlich, von den drei weiblichen Familienmitgliedern beäugt wird. Ist das nun die Freundin, gar Verlobte des von ihnen geschätzten, teilweise angehimmelten Friedrich? „Hübsch ist sie ja, und stinkend reich sollen die Falckenhains auch sein", rutscht es der jüngeren Donner-Tochter hörbar heraus. „Danke, meine Kleine, für das hübsch." Auch Dorothea betrachtet die drei Damen der Donner-Familie, doch ohne offenkundige Neugier, denn irgendeine Konkurrenz ist wohl ausgeschlossen; aber warum eigentlich nicht, wer kennt schon die Männer? Aber auch ein zweiter Blick gibt ihr keine Antwort.

Nach dem Essen ziehen sich die vier Herren, denn auch Spree und Alteman sind dabei, in den Rauchsalon zurück. Graf Christians Fragen zur allgemeinen politischen Situation und ganz speziell zur Problematik in der Schifffahrt sind doch sehr umfangreich. Sie zeugen von intensiver Vorbereitung, und dass der König von Preußen den Richtigen zum Sondergesandten ernannt hat. Für den kommenden Tag sind mehrere Fachgespräche und ein Mittagessen bei König Frederik auf dem Programm, zu dem Graf Donner, Wirtschaftsattaché Spree und auch Komtesse Dorothea noch mit nachgeladen worden sind. Die Anmeldung des preußischen Sondergesandten Graf Falckenhain im dänischen Außenministerium war fast formlos, denn für umfangreiches protokollarisches Procedere steht bei Sondermissionen kaum Zeit zur Verfügung. Der Anlass der Mission ist beiden Ländern wohl bekannt. Und so geht es beim Arbeitsessen bei Frederik VI. im Schloss Amalienborg nach ein wenig höflicher Konversation am wärmenden Kamin rasch zu Tisch. Graf Falckenhain erhält den Ehrenplatz gegenüber seiner Majestät und ist flankiert von Graf Ernst Heinrich Schimmelmann, Politiker, Finanzmann und enger Berater des Königs sowie Generaladjutant Frantz von Bülow. Letzterer ist wohl der einflussreichste Mann am Hofe und ist schon seit Jahren bei allen wichtigen Regierungsgeschäften dabei. Das lässt Graf Donner die Situation gleich richtig einschätzen. Ein Arbeitsessen beim König, Schimmelmann und Bülow dabei, heißt besondere Wichtigkeit, gar Brisanz. Frederik VI. ist flankiert vom Gesandten Donner und dem amtierenden schwedischen Geschäftsträger, Baron Lasse von Südling, der den preußischen Sondergesandten auf seiner weiteren Mission mit nach Stockholm begleiten soll. Von dänischer Seite mit dabei sind noch der Polizeichef Kaas, Abteilungsleiter Niels Olsen vom Außenministerium und Kammerherr Karl von Moltke. Am Katzentisch direkt am Fenster sitzen ein Sekretär und der Adjutant vom Dienst, die Feder, Tinte und Papier für das Gesprächsprotokoll parat liegen haben. Der blasse König, der sowohl Dänisch als auch Deutsch fließend spricht, kommt rasch auf den Punkt: „Exzellenzen, es ist in der Tat nicht mehr Krieg, die leidigen Umstände nach der Wegnahme meiner Flotte im Herbst 1807, die mich seinerzeit zur Ausstellung der Kaperbriefe zwangen, sind vorüber. Was sich nun nach unseren und auch Ihren Erkenntnissen in der Ostsee, aber teilweise mit besonderer Dreistigkeit auch in den Häfen abspielt, ist keine verbriefte Kaperei mehr, sondern gemeine Piraterie und Schurkerei. Ich werde diesen, diesen Krieg im Frieden nicht dulden und alles daran setzen, die Schuldigen, sollte es sich denn um meine Untertanen handeln, mit aller Strenge zu bestrafen." In Befehlston verfallen setzt er fort: „Richten Sie das meinem Cousin in Berlin und auch Bernadotte in Stockholm aus." „Ich bin Eurer Majestät sehr verbunden. Dies liegt genau auf der Linie von König Friedrich Wilhelm und seinem Kabinett. Doch es erfordert für uns Ostseeanrainer auch praktische Umsetzungen, gegebenenfalls die rasche Aufstellung gemeinsamer Marineeinheiten, die in der Ostsee und besonders an den Zugängen patrouillieren können. Diese müssen notwendigerweise unzweideutige Befugnisse erhalten. Weiterhin schlägt die preußische Seite eine gemeinsame Kommission vor, die diese mehr militärischen und polizeilichen Aufgaben im Namen der Herrscher und ihrer Regierungen steuern und überwachen." Frederik VI. und sein Generaladjutant schauen beide etwas ratlos drein, während der schon hoch betagte Schimmelmann sein weises Haupt Zustimmung signalisierend erhebt. „Wenn Eurer Majestät eventuell den Vorschlag meines Königs, nämlich Dänemark die Führung der gemischten Flotte zu übertragen, wohlmeinend zur geschätzten Kenntnis und Überlegung nehmen könnten". „Die maritime Erfahrung liegt eindeutig bei uns", ergänzt Schimmelmann. Er scheint den preußischen Vorschlag stützen zu wollen. Bei dem Wort „Führung" leuchten König Frederiks Augen kurz auf. Eine leitende Rolle für sein geschundenes Land und sein nach Kiel und Wien angeschlagenes königliches Image käme doch gerade zurecht. „Wer übernimmt die Führung an Land?", wirft Generaladjutant von Bülow ein. „Die Organisation an Land wird wohl mehr bei den nationalen Polizei-und Zolldienststellen, heißt mit anderen Worten dezentral verbleiben, Herr General", erwidert Graf Donner. „Übrigens hatte Wellington erst vor ein paar Jahren vergeblich eine europäische Armee und Polizeitruppe gefordert. Seine damalige Vision sollten wir heute durchaus aufgreifen und am kleinen Beispiel, hier im Ostseebereich, einmal ausprobieren. Der große Feldmarschall hat aber bald einsehen müssen, dass einen Krieg zu führen und schließlich noch zu gewinnen leichter ist, als anschließend Frieden zu halten und die Finanzminister zu bewegen, diesen Frieden auch noch zu finanzieren. Er war bald froh, dass die Nationen ihre Truppen abzogen und er schließlich auch Frankreich verlassen musste, denn die Franzosen waren wahrlich schlechte, gar gefährliche Gastgeber für seine Besatzungsarmeen. Wir sollten von diesen Erfahrungen lernen, zumindest uns noch einmal mit den gezogenen Lehren bezüglich der internationalen Zusammenarbeit auseinandersetzen." „Ist das auch die dezidierte Ansicht meines königlichen Cousins in Berlin, lieber Graf Falckenhain?" „Nun, Majestät. Es ist auf jeden Fall die Meinung der Regierung Seiner Preußischen Majestät. Und auch des Preußischen Herrenhauses, welches ich die hohe Ehre habe, hier ebenfalls repräsentieren zu dürfen."

Komtesse Dorothea stößt beim Verlassen des Schlosses wieder zu ihnen und berichtet, dass sie gerade mit der Geliebten des Königs zu Mittag gegessen hätte. „Stellt euch vor, die heißt Bente Rafsted, ist offizielle Mätresse mit dem Titel Oberstin Frederikke Dannemand und hat gemeinsam mit dem König mehrere Kinder. Und sie wohnt gleich neben dem Palast, wie praktisch. Was meint wohl die Königin dazu?" „Ja," erklärt der langjährige Diplomat Donner „über die Gewohnheit dieses äußerlich doch recht unscheinbaren Dänenkönigs, sich mit offiziellen Geliebten zu umgeben, hatte man spätestens beim Wiener Kongress Kenntnis genommen. Damals hatte Frederik VI. sich ja selbst in die Hauptstadt des österreichischen Siegers über Napoléon eingeladen. Dort stürzte er sich als versierter Schürzenjäger auf die blutjunge Caroline Seuffert, die als seine „Begleitung" bekannt wurde. Aber sich eine offizielle Geliebte zu nehmen, war ganz offensichtlich nicht nur Sache der Könige. Auch Frederik VI. Mutter, die gebürtige englische Prinzessin und als Gemahlin von Christian VII. dann Königin Caroline Mathilde, hatte den königlichen Leibarzt Struensee aus Halle zum Geliebten. Letztendlich eine gemeinsame Tochter mit ihm, Prinzessin Louise Auguste. Wie wir wissen, ist dieser Seitensprung für das betroffene

Elternpaar schlecht ausgegangen. Nicht jedoch für das Kind aus der seinerzeit so spektakulären und verurteilten Verbindung. Des damaligen Kronprinzen Frederiks Halbschwester heiratete einen nahen Verwandten, Frederik Christian von Augustenburg, den einflussreichen Herzog von Schleswig-Holstein." „Ob die Dannemand eben so viel Einfluss besitzt wie seinerzeit die Pompadour? Vater, dann solltest du lieber auch bald bei ihr vorsprechen", wirft Dorothea ein. „Denn Frauen zu unterschätzen, dass ist deinem verehrten Alten Fritz vor über 60 Jahren fast zum Verhängnis geworden." „Lasst mal, sein lebensfroher Neffe hat mit seiner Frau Enke, der „schönen Wilhelmine", die er zur Gräfin Lichtenau erhob, sich ganz in diesem Sinne aufgeführt. Er war doch noch kurz vor seinem Tode mit ihr in Pyrmont, zu seiner letzten Badekur. Da hat er persönlich darauf bestanden, dass sie bei den Waldecks auf dem Wasserschloss fürstlich untergebracht wurde. Ich sage nur, meine Wilhelmine weilte damals als junges Mädchen ebenfalls im Schloss und durfte mit der Maitresse Seiner Majestät ein Bad gemeinsam benutzen. Die Geschichtchen mit der Enke gibt sie hier und da noch mal zum Besten."

Graf Christian ist richtig in Arbeitswut, das Alter ist ihm überhaupt nicht anzumerken. Er konferiert mehrmals mit dem Außenministerium, dem Marineministerium, mit Graf Schimmelmann, dem Polizeichef. Er besucht die Gesandtschaften von Schweden, Österreich, England und Russland; die Holsteinsche Lauenburgische Kanzlei[26] und den dänischen Handelsclub, eine Vereinigung von Reedern und Großkaufleuten. Seine abwechselnden Begleiter sind der Gesandte von Donner sowie die Diplomaten von Alteman und Spree und teilweise auch Herr Jensen, der hiesige Repräsentant der Greifenreederei. „Man merkt, dass Graf Falckenhain kein Berufsdiplomat ist", stöhnt Legationsrat von Alteman. „Dieses Tempo ist auf Dauer nicht durchzuhalten." „Wenn in so einer Geschwindigkeit der Wiener Kongress abgehalten worden wäre, hätte Napoléon die europäischen Fürsten nicht beim Tanzen und Poussieren überrascht, sondern wäre von wohl gerüsteten Truppen zurück auf seine Insel getrieben worden", wirft von der Spree ein. „Wohl gesprochen, junger Mann!", kommentiert Graf Donner. „Und eine Auffrischung von außerhalb tut unserem diplomatischen Dienst ganz wohl, nicht wahr, lieber Herr von Alteman?" „Ganz wie Exzellenz belieben", kommt es etwas gequält von Altemans Lippen. Seine Welt scheint das eher nicht zu sein. Für ihn ist die Ausübung diplomatischer Tätigkeit etwas, was stets mehrfaches Überlegen erfordert und bei Unsicherheit oder jeglicher Art von Zweifel Entscheidungen lieber auf die lange Bank oder den Aktenschrank geschoben werden. Er kennt beruflich nur die diplomatische Welt und dünkt sich wer weiß was, doch wirkt er ganz offensichtlich nervös und fühlt sich unsicher im Umgang mit Seiteneinsteigern im diplomatischen Dienst. Er ist fürwahr ein Meister der Geheimnistuerei und des Schweigens, aber auf seine Weise damit auch erfolgreich im Vergleich zu den anderen Gesandtschaften.

Am letzten Sonnabend vor Graf Falckenhains Weiterreise per Schiff nach Stockholm befindet sich Graf Donner in richtigem Konflikt. Gleichzeitig hat er zwei Einladungen, erstens die des Forstmeisters aus dem königlichen Hirschpark zur Fuchsjagd und zweitens die Einladung des einflussreichen Finanziers Schimmelmann zu einem abschließenden Gespräch zusammen mit Falckenhain in seiner Strandvilla im Norden von Kopenhagen. Als er so am Vorabend beim gemeinsamen Essen bei Falckenhain in der Schwedenvilla sitzt, druckst Graf Donner herum, was ganz ungewohnt für ihn ist. „Lieber Freund, lassen Sie sich durch mich nicht von so einer verheißungsvollen Jagdeinladung abhalten. Geben Sie mir einfach den Fritz mit zum alten Schimmelmann. Der ist mein Berater und Gedächtnis zugleich". Und so läuft es ab. Donner hat seine erste Jagdeinladung zum königlichen Jagdschloss Eremitagen. Jagdherr ist Forstmeister Graf Ingolf Dannesvord-Klampenburg, ein illegitimer Spross aus der Verbindung eines früheren dänischen Monarchen mit einer „Frau zur linken Seite", oder auch Mätresse genannt. Der Besuch bei Schimmelmann bringt keine neuen Erkenntnisse, er ist mehr privater Natur und zeigt die Wertschätzung gegenüber dem preußischen Sondergesandten ebenso wie das Interesse an der Aufklärung der störenden Vorfälle in der Ostsee. Gegenüber Graf Donner äußert sich der Sondergesandte später: „Es ist zusammenfassend klar, dass dänische Hintermänner mit im Spiel sind. Kaufleute und Schiffseigner mit verschworenen Besatzungen. Die haben während des Krieges den schnellen Taler gemacht und versuchen, diese Geschäfte jetzt auch ohne königliche Lizenz fortzusetzen. Es sind wahrscheinlich Partner in Schweden und Preußen mit von der Partie, eventuell müssen wir auch noch weiter östlich schauen. Die Schurken müssen auf der Arbeitsebene gute Beziehungen haben und damit Kenntnisse über Schiffsbewegungen aus erster Hand besitzen. Wahrscheinlich schauen Leute auf noch höherer Ebene ganz offen oder diskret zu, sei es aus Geldgier, falschem Patriotismus oder welchen Gründen auch immer. Frederik VI. scheint diese ganz verzwickte Piratengeschichte, die er ja selbst vor einem dutzend Jahren lizenziert hat, heute indessen immer peinlicher zu werden. Denn es führen zu viele Spuren nach Kopenhagen und verdächtigen damit seines Reiches Metropole. Doch ohne Druck aus dem Ausland scheint er nicht nachhaltig genug an die Aufklärung gehen zu wollen. Vielleicht schnappt er nach dem ausgeworfenen Köder bezüglich einer dänischen Führung bei der gemeinsamen Überwachungsflotte." „Sofern Schweden als alter Rivale im Ostseeraum und Sieger über Napoléon und damit gewissermaßen auch über Dänemark nicht für sich so eine herausgehobene Rolle beansprucht; denn die schwedisch-norwegische Flotte ist eindeutig größer. Doch ich habe noch keine derartige Indikationen von schwedischer Seite erhalten; aber nach der schweren Erkrankung meines schwedischen Kollegen hier in Kopenhagen wird der von irgendwem ersetzt werden", ergänzt Graf von Donner die Ausführungen des Sondergesandten. „In ein paar Wochen, wenn ich von Stockholm zur Berichterstattung zurück in Berlin bin, werden wir etwas klüger sein. Doch wie lange wird es wohl dauern bis zur Schaffung einer Kommission und der praktischen Umsetzung? Aus leidiger Erfahrung befürchte ich ein wenig, dass da die Bedenkenträger der beteiligten Nationen wieder Überhand über die pragmatisch-raschen Entscheidungsträger bekommen", und damit blinzelt er seinem Gesandtenkollegen, dem Grafen Donner zu.

Christian von Falckenhain schifft sich zusammen mit Baron Südling auf einem regelmäßig jede Woche nach Stockholm verkehrenden Schnellsegler ein. Seine Tochter Dorothea indessen bleibt noch zurück und beabsichtigt, nach ein paar Wochen allein nach Rostock zurück zu segeln. Gräfin Wilhelmine Donner bietet ihr ein Gästezimmer in der Residenz an. Dorothea lehnt jedoch dankend mit dem Wunsch nach frischer Luft außerhalb des Großstadtgestanks ab. Und etwas provozierend hin zu den Damen der Donner-Familie gewandt: „Und außerdem habe ich dann meinen lieben Friedrich ungeteilt, ja ganz allein für mich." Friedrich Spree lässt diese weibliche Stichelei kalt. Vor ein paar Monaten wäre er bestimmt noch rot im Gesicht angelaufen, was Dorothea wohl mehr gefallen hätte als seine jetzt bewusst nach Außen demonstrierte Gelassenheit, die ihr beinahe verletzend kühl vorkommt, und damit ihren Worten ein wenig an Gewicht raubt.

Bornholmer Heringskrieg

-1-

Nachdem die Engländer 1807 sich die dänisch-norwegische Flotte aneigneten, mit dem größten Anteil der Linienschiffe und Fregatten sowie all den kleineren Schiffseinheiten, hatte es der schwierigen Lage gehorchend wieder eine große Belebung des Schiffsbaues in Kopenhagen und anderen Werften Dänemarks gegeben. In der Not haben die dänischen Patrioten wieder einmal zusammengehalten und die Mittel für den Neubau kleinerer Boote aufgebracht. So stifteten Landedelleute, Großkaufleute, gar die königlichen Regimenter und ihre hohen Offiziere das, was am dringendsten benötigt wurde, nämlich Silber zur Bezahlung von Mensch und Material sowie das so überaus wichtige Eichenholz zum Bau. Mit den fortgenommenen Schiffen verloren die Dänen das verbaute Holz von etwa 100.000 Eichen, die in königlichen Wäldern und Forstbetrieben, wie beispielsweise dem Hirschpark im Norden der Hauptstadt, über 150 Jahre wachsen und reifen mussten. Der erhöhte Bedarf nach 1807 hat das gesamte über Jahrhunderte gewachsene System der Holzwirtschaft durcheinander gebracht, teilweise gar zunichte gemacht. Schiffsmasten aus schnell wachsendem Fichtenholz wurden aus Norwegen herangebracht. So gingen für die Kriegsmarine Kanonenboote und kleine Schaluppen in Massenproduktion. Der damalige Kronprinz und spätere König von Dänemark hatte gleich nach dem verheerenden Bombardement Kaperbriefe für dänische Schiffseigner und deren Kapitäne ausgestellt, heißt der Piraterie den legitimen Mantel umgelegt. An den Küsten lagen die wendigen Boote auf der Lauer, um englische und schwedische Kauffahrer, mit denen sie seit 1808 teils offiziell oder indirekt im Krieg waren, abzufangen. In den Häfen Kopenhagen, Aarhus und in Rönne - auf der Insel Bornholm - wurden Prisengerichte eingerichtet, die den Anteil aus dem Erlös der Kaperware zu einem Teil für die Kaperer und zum anderen Teil für den König festlegten. Die gesamte Kaperflotte bestand aus 600 Schiffen und Booten mit mehreren tausend Männern Besatzung. Der Preis, der bei den Schiffsauktionen für die Kaperer festgemacht wurde, ging je zur Hälfte an den Reeder und nach einem festgelegten Verteilerschlüssel an die Besatzung. Einer der großen Schiffsbauer war Morten Möller, der mit Tränen in den Augen die Wegnahme der dänischen Flotte mit ansehen musste. Etliche von diesen waren ohne Vorauszahlung auf seinen Docks gebaut worden, und zwar bevor der königliche Kämmerer die Rechnungen bezahlt hatte, bereits zerstört oder geraubt worden. Für den reichen Möller Totalverlust, für den er teilweise durch Bevorzugung bei der Ausstellung der königlichen Kaperbriefe wieder entschädigt wurde. Sein ältester Sohn Henrik wurde an Land der Baumeister der neuen Kaperschiffe, während Sohn Anders als Kommodore die etwa 30 Kaperschiffe auf See befehligte und damit zahlreiche Prisen mit wertvoller Ladung aufbrachte. So hatte der Möller-Clan auch während des Krieges, gar noch während des Staatsbankrotts, etliche Millionen verdient und ein richtiges, beinahe militärisch organisiertes Imperium aufgebaut. Der nächste Rückfall kam jedoch 1814 mit dem Kieler Vertrag, nach dessen Statuten die

Reederei Möller fast die Hälfte ihrer Schiffe ohne finanzielle Erstattung der neuen Doppelmonarchie Schweden-Norwegen überantworten musste. Kommodore Möller übernahm die Geschäfte der Firma in der Karibik und Schiffsbaumeister Möller den Wiederaufbau der Handelsbeziehungen in der Ostsee. Ganz besonders konzentrierte man sich auf den Fischfang, auf dessen Verarbeitung und Weitertransport, denn eine wachsende Bevölkerung und die beginnende Industrialisierung in Europa verlangten nach immer mehr Versorgung mit Lebensmitteln, die die landwirtschaftlichen Betriebe nicht in der erforderlichen Menge erbringen konnten. Der Fischfang gewann so an Bedeutung. Der Hering der Ostsee, als wichtigster und am häufigsten vorkommender Fisch, wurde schnell zum fließenden Gold und Silber für die Großkaufleute und gänzlich unerwartet zum neuen Problembereich für die Regierungen und deren örtliche Behörden, die für ihre Reeder und Kaufleute und damit Steuerzahler, die Sicherheit und das Recht zum unbehinderten Fang bereitstellen mussten.

Nach der ersten erfolgreichen Phase bei der Wiederbelebung der Wirtschaft und beim Handel für die dänischen Reeder und Kaufleute erwachte mit Verzögerung die Konkurrenz in den anderen Ostseeanrainerstaaten. Die Geschäfte gingen schleppender für Dänemark, so auch für die Reederei Morten Möller und Söhne. Bald machten Gerüchte um enorme Aktienverluste im karibischen Geschäft die Runde. Offensichtlich hatte sich der Seeoffizier Anders Möller nicht so erfolgreich als Kaufmann bewährt und die Firma fast in den Ruin geführt. Auch andere Kaufleute verspekulierten sich in Überseegeschäften, was zu einer ungeheuren, ja dramatischen Firmenpleite in der Hauptstadt zu Ende des zweiten Jahrzehnts führte. Kommodore Anders Möller war wieder zurück in Kopenhagen und rekrutierte Seeleute für kleine Kanonenschaluppen, das heißt schnelle Segler mit je einer Vier-Pfund-Kanone im Bug und am Heck, die für Fahrten bei Windstille mit je einem halben Dutzend Ruderplätzen auf jeder Seite ausgestattet waren. An Bord befanden sich schwer bewaffnete Männer. Sie sollten zufolge der Reederei Möller dem Schutz der eigenen Handelsflotte gegen Übergriffe dienen, doch munkelte man hinter vorgehaltener Hand, dass die Reederei Möller wieder zum ertragreichen Kapergeschäft zurückgekehrt sei. Diesmal allerdings ohne königlichen Kaperbrief, doch angeblich mit Billigung „höchster Kreise", die sich für Informationen und gezieltes Wegschauen gut bezahlen ließen. Nach der britischen Bombardierung von 1807 gab es sehr schwere Zeiten für dänische Seeleute der Handelsschifffahrt und ebenso die Matrosen der königlichen Kriegsmarine. Viele endeten in britischer Gefangenschaft oder wurden gezwungen, dort Dienst auf englischen Schiffen zu verrichten. Ein Teil heuerte auf Kaperschiffen an und verdiente sich so das notwendige Geld, um die Familien an Land zu versorgen. Die dänisch-norwegische Doppelmonarchie endete 1814 und damit auch die gemeinsame Flotte, die vor dem Krieg eine Stärke von über 3.000 Handels-und Kriegsschiffen hatte. Knapp die Hälfte fiel in britische Hände, auch Schweden eignete sich etliche Schiffe an und übernahm unter der neu etablierten schwedisch-norwegischen Doppelmonarchie die norwegischen Anteile. Kurz gesagt, die Mehrheit der dänischen Matrosen und Seeleute war arbeitslos und lebte unter kümmerlichen Verhältnissen. Man nahm unter diesen Umständen ohne lange Überlegung jede Tätigkeit an, um Geld zu verdienen. So hatten skrupellose Hintermänner ein großes Potenzial an Seeleuten, die für Piraterie und andere Gaunereien einsetzbar waren.

Was dran ist an diesen Gerüchten fragen sich erneut auch der preußische Gesandte in Dänemark, Graf Wilhelm von Donner und seine beiden Diplomaten, der Legationsrat von Alteman und Legationssekretär v.d. Spree, die noch einmal die Depesche des preußischen Außenministers Graf Bernsdorff lesen. Hierin werden „die verehrten Herren Diplomaten der königlich preußischen Gesandtschaft in Kopenhagen ersucht, in aller Diskretion und ohne Störung der einvernehmlichen Beziehungen zwischen seiner Majestät, Friedrich Wilhelm III., König von Preußen und seiner Majestät Frederik VI., König von Dänemark...". Also, die preußische Regierung verlangt – getrieben durch den massiven Druck der Steuer zahlenden Kaufmannschaft - dass die Gesandtschaft in Kopenhagen der möglicherweise heimlich von der Regierung gebilligten Piraterie in der Ostsee mit diplomatischen Mitteln ein Ende bereitet. Ansonsten fordern die preußischen Kauffahrer und ebenso die den Schutz Preußens anrufenden Hansestädte und das Großherzogtum Mecklenburg-Schwerin eine bewaffnete Eskortierung ihrer Schiffe durch die Kriegsmarine, die vorerst jedoch nur in ganz geringer Stärke existiert. Es folgen die Ausführungsbestimmungen zur Schaffung einer gemeinsamen Kommission, wie sie vor einigen Wochen der Sondergesandte, Graf Falckenhain am Kopenhagener und Stockholmer Hof vorgeschlagen hat. Man hat sich überraschend schnell auf einen Konferenzort geeinigt, und zwar auf die schwedische Hafenstadt Malmö, auf der Kopenhagen direkt gegenüberliegenden Seite des Sundes. Als Zeitraum wird an Mitte August gedacht. Neben den Hauptakteuren Dänemark, Schweden und Preußen sollen auch Russland und Österreich eingeladen werden. Die Teilnahme Österreichs bringt auch die Engländer und Franzosen auf den Plan, die mit ihrer Präsenz ihren Einfluss in der Ostseeregion geltend machen wollen. England wird als Siegermacht über das napoléonische Frankreich mit eingeladen, während Frankreich vorerst jedoch trotz seines wieder eingesetzten bourbonischen Königs außen vor bleiben muss. In Kopenhagen ist man zum Leidwesen von Graf Donner und Friedrich Spree bei den Recherchen noch nicht weiter gekommen. Legationsrat von Alteman sieht das weniger ungeduldig. „Solche komplizierten Angelegenheiten müssen mit Bedacht angegangen werden." Und er zitiert wieder einmal umständlich aus seiner stets präsenten „Ersatzbibel", dem diplomatischen Handbuch: „Die sechs Tugenden eines preußischen Diplomaten sind von guter Abstammung zu sein, abwägend und geschickt zu sein, beredt und freundlich im Ausdruck, gutes Gedächtnis, genau berichten, nicht in Skandale verwickeln lassen." „Als siebente Tugend möchte ich gern die rasche und zügige Bearbeitung einbringen, Herr Kollege von Alteman", fügt Spree hinzu und blinzelt schelmisch dem Gesandten zu. Aber diese Botschaft kommt offensichtlich nicht an, denn Donner ist etwas in Eile. „Die dänischen Behörden halten sich sehr bedeckt. Meine Herren, es wird Zeit, dass wir in die Offensive gehen. Spree, Ihre Wirtin, die Frau Jensen ist doch die Nichte vom alten Krieger, von dem legendären Krieger, der Chef auf Holmen[27] ist. Den sollten Sie einmal besuchen.

Und Sie, Alteman, melden sich beim Polizeichef Kaas und ich werde mich bei Minister Mösting[28] ankündigen. Mit dieser konzertierten preußischen Aktion wollen wir wieder ein wenig Bewegung in die Sache bringen. Ich will auch meine Kollegen noch einmal konsultieren. Doublebridge scheint auch schon aktiv zu werden. Vielleicht können wir uns endlich einmal wieder zu gemeinsamen Aktionen zusammentun."

Lord Peter Doublebridge empfängt den preußischen Gesandten in seiner unmittelbar am Öresund gelegenen Residenz. Als ehemaliger britischer Seeoffizier benötigt er auf jeden Fall seinen Ausblick auf das Wasser. Ohne den hätte er den Dienstposten niemals übernommen. Er war im April 1801 als Erster Offizier eines britischen Linienschiffes mit dabei, als die dänische Flotte von Lord Nelson auf der Reede vor Kopenhagen geschlagen wurde. Er ist als gelernter Navigator noch wohl vertraut mit den Gewässern zwischen Schweden und Dänemark und hat sich gerade ein Segelboot zugelegt, um diese Wasserstraße nunmehr als Zivilist und Freizeitkapitän zu besegeln. Er tauscht mit Graf Donner nach den üblichen diplomatischen Höflichkeiten nun mehr präzise Informationen über die Renaissance der Piraterie in der Ostsee und deren Folgen aus. Seit 1815 Wellington und Blücher gemeinsam die letzte und alles entscheidende Schlacht gegen Napoléon gewonnen haben, gibt es so etwas wie eine vertraute Waffenbrüderschaft zwischen beiden Königreichen Großbritannien und Preußen, die sich auch bis zur höheren diplomatischen Arbeitsebene durchsetzte. Hier beim diplomatischen Korps in Kopenhagen trägt auch dazu bei, dass der Preuße früher einmal als Reserveoffizier - ebenso wie der Brite auch - den Soldatenrock getragen hat. Beide Männer unterhalten sich in der klassischen Sprache der Diplomaten, paradoxerweise der Sprache des ehemals gemeinsamen Todfeindes Frankreich. „Lieber Graf, wir Engländer haben hier im Ostseeraum nicht nur große Erfolge gehabt. Nein, fast unbekannt ist, dass wir 1810, als Schweden mit seinem französischen Marschall Bernadotte an der Spitze noch dem französischen Lager zugeneigt war, unsere in Göteborg liegende Baltikflotte mit über 130 Schiffen beschlagnahmt wurde. Über 100 weitere Schiffe gingen verloren. Damit war der Ostseehandel für England fast zusammengebrochen. Mehr als nur lästige Nadelstiche haben uns seinerzeit diese dänischen Kaperschiffe verpasst. Das haben wir viel zu spät wahr-und ernst genommen. Das heutige Interesse meiner Regierung ist, im Ostseeraum mit der Marine sehr deutlich Flagge zu zeigen und damit unseren Handelsschiffen und Fischereibooten den notwendigen Schutz zu geben. Problematisch mag es werden, wenn zu viele Fischer im selben Seeraum fischen. Aber dafür müssen wir Diplomaten eine einvernehmliche Lösung suchen, wenn auch mit unseren Kriegsschiffen am Horizont als letztem Druckmittel." „Da kann ich Ihnen nur beipflichten, dass wir mittelfristig bei den beiden genannten Problemfeldern zu diplomatischen Lösungen kommen müssen. Das heißt, bei dieser neu aufgeflammten Piraterie ist ein rasches und beherztes Eingreifen mit allen zur Verfügung stehenden Mitteln vonnöten. Bei der Regelung von Fischfangzonen müssen unsere Juristen und Wirtschaftsfachleute mit an den Konferenztisch. Sollen die sich ihre gescheiten Köpfe zermartern...." „Wird Preußen auch mit militärischen

Mitteln gegen die Seeräuberei vorgehen?", unterbricht ihn der Brite. „Ohne der Entscheidung Berlins vorgreifen zu wollen, meine ich, dass bei dem Druck des Handels und der einflussreichen Wirtschaft kein Weg daran vorbeiführen kann. Ich hoffe, dass beherzte Mittel und konsequente Sanktionen aller Ostseestaaten gegen diese Schurken zur See rasche Abhilfe schaffen werden. Auf Dänemarks Schultern liegt da gewiss die größte Verantwortung. Doch wir müssen gemeinsam der Regierung als auch dem Hof, sprich Generaladjutant Bülow oder dem König höchstpersönlich deren Verantwortung klar und unmissverständlich vor Augen halten."

Zur Besprechung auf dem Holmen, zu der es erst auf besonderes Einwirken von Lone Jensen auf ihren etwas störrischen Onkel kommt, wird Spree von dem Schiffsagenten Jens Jensen begleitet. Der Chef der Werft und Marinestation ist der bereits erwähnte Jens Christian Krieger, mit dem Titel eines Equipagemeisters, der sowohl 1801 und 1807 hier vor Kopenhagen gegen die Engländer kämpfte und beidesmal auch verwundet worden ist. Danach hat der talentierte Seeoffizier und begnadete Artillerist seinen aktiven Dienst an Bord aufgeben müssen. Er spezialisierte sich als Schiffskonstrukteur auf den Bau kleiner und wendiger Boote für die Marine, mit denen den Engländern und teilweise den Schweden sowie neutralen Kauffahrern schwere Verluste zugefügt worden sind. Er trägt immer noch den Groll gegen die Engländer und alle anderen Ausländer in sich und weigert sich standhaftig, eine andere Sprache als die dänische zu sprechen. So springt Jens Jensen gern als Übersetzer ein, auch weiß er seinen angeheirateten Onkel richtig zu nehmen. Nach einer fast dreistündigen Unterhaltung und einem kurzen Rundgang durch einen Teil der Marinewerft und nach einigen Bechern Branntwein wird Friedrich Spree mit folgenden Worten verabschiedet: „Auf Wiedersehen, Herr Rittmeister. Vielleicht legen Sie Ihr Augenmerk einmal auf einzelne Reeder und deren Schiffsneubauten? Dann sollte Ihnen die Erleuchtung kommen!" „Aha, der alte Herr kann also doch Deutsch sprechen." „Ich glaube, dass Sie ihm gefallen haben", nickt Herr Jensen anerkennend seinem Mitbewohner zu.

Einige Tage später bittet Graf Donner seine Diplomaten zur Beratung. Der Gesandte ist guter, ja richtig aufgeräumter Stimmung. „Meine Herren, unsere Aktion zeigt erste Früchte. König Frederik VI. hat gerade einen Erlass zur staatlichen Verfolgung der Piraterie unterzeichnet. Noch heute soll dieser als Warnung im ganzen Land aufgehängt werden. Die Krone setzt auf die Ergreifung der Übeltäter hohe Belohnungen aus, die durch die Kopenhagener Seeversicherungsgesellschaft noch einmal erhöht werden soll. Auch hat Frederik das Kopenhagener Landgericht angewiesen, mit aller Strenge gegen die Mannschaft des Schmugglerschiffes vorzugehen, das gerade in der Kögebucht aufgebracht worden ist. Er will ein Exempel statuieren. Der Marineminister hat den sofortigen Auftrag zum Umbau und Bewaffnung von zehn leichten und schnellen Booten zu Patrouillefahrzeugen erteilt." „Und wie geht es weiter, Herr Gesandter?" fragt von Alteman. „Wir werden eine Statistik der Vorkommnisse der letzten zwölf Monate anfertigen und einen ausführlichen Bericht für unsere Regierung erstellen. Ich möchte, dass der diese

Woche fertig wird und Herr von Spree damit mit dem nächsten Schiff direkt nach Berlin reist, dort auch mündlich Bericht erstattet und weitere Weisungen einholt. In der Zwischenzeit halten wir die Ohren auf und tauschen uns mit den Gesandtschaften unserer Verbündeten aus."

Die harte Linie des Königs und der Regierung gegen diese neue Art der Piraterie ist das Gespräch in allen Kreisen der dänischen Hauptstadt. Die meisten Bürger hatten die bisherigen Gerüchte für wenig glaubwürdig gehalten. Aber jetzt ist es ja amtlich. Die „Berlingske Tidende"[29] schreibt darüber, dass diese dringend notwendige Aktion des Königs auf Initiative und Druck Preußens angelaufen sei. Kritische Töne wegen dieser auswärtigen Einmischung in dänische Belange klingen ebenso an. Auch wird die Frage nach dem möglichen Verlust von Arbeitsplätzen auf dänischen Schiffen, die „...sich eventuell etwas außerhalb der Legalität bewegen..." ganz unverholen angeschnitten. „Das ist einfach empörend!" schimpft Wilhelm Donner, „eine Logik, die ich ganz und gar nicht verstehe. Ich dachte, dass es in Dänemark eine angemessene Kontrolle der Presse, wenn nicht gar eine Pressezensur gibt. Dass die gegen uns Preußen schreiben, halte ich nicht für unnormal; aber hier wird indirekt der Erlass des eigenen Königs aufs ärgste kritisiert und unsere gemeinsame Initiative gefährdet." In der nächsten Ausgabe der Zeitung wird zwar ein Dementi abgedruckt, mit einer Art Rüge des Polizeichefs an die verantwortliche Zeitungsredaktion, doch klingt das Ganze Graf Donner zufolge recht halbherzig und man mag erahnen, dass immer noch offizielle Stellen aus welchen Beweggründen auch immer die illegale Fortsetzung der einstmals legalisierten und allzeit lukrativen Kaperei decken.

-2-

Die königlich bayrische Gesandtschaft besteht nur aus zwei Diplomaten, dem schon über 70jährigen Gesandten Baron v. Katzbach und seinem Legationssekretär Florian von Busch, einem niederbayrischen Reserveoffizier in Sprees Alter. Der erledigt die eigentliche diplomatische Arbeit, während sein Chef sich fast jeden Tag bei entfernt verwandten dänischen Edelleuten auf einem Landsitz in der Nähe der Hauptstadt auf der Jagd befindet. Er pflegt dort seine besondere Art der „höheren Diplomatie". Busch und Spree lernten sich bei einem Empfang der Holsteinschen Lauenburgischen Kanzlei kennen. Als Junggesellen haben beide gemeinsame Interessen entdeckt, nämlich den Pferde- und Fechtsport sowie die Freude an der See. Beide denken daran, den Umgang mit Segelbooten zu erlernen wie andere Söhne der betuchten Dänen, die am Öresund zwischen Kopenhagen und dem Fischerhafen Klampenborg – also in der Nähe ihrer prächtigen Villen - bereits einen kleinen Yachtclub eröffnet haben.

Besagter Florian von Busch wurde auch durch Friedrich von der Spree bei den Donners eingeführt und lernte ebenso Dorothea von Falckenhain und den dänischen Gardeleutnant Max Schreiner, der dort nunmehr regelmäßig aus und ein geht, kennen. Die drei jungen Damen und dazu die drei Kavaliere verbringen etliche

Abende zusammen bei den verschiedensten Veranstaltungen bei Hofe, im Theater, oder bei einfachen Spielen und Tanzveranstaltungen in der Residenz oder auch im Schwedenhaus. Friedrich hat morgens zuweilen mit der Müdigkeit zu kämpfen, ebenso wie Florian Busch, da beide schon mit der täglichen diplomatischen Arbeit gut ausgelastet sind. Trotzdem sind die drei Wochen, die Komtesse Dorothea noch allein ohne ihren Vater in Kopenhagen zubringt, eine glückliche und unbeschwerte Zeit. Kurz vor der Abreise organisiert Gräfin Wilhelmine zusammen mit einer jungen Bekannten, der Tochter des Klampenborger Forstmeisters, einen Ausflug zum berühmten Schloss Kronborg nach Helsingör. Die etwa fünfstündige Hinreise entlang des Öresundes soll per Kutschwagen erfolgen. Busch und Spree haben sich erboten, zu Pferde die Kutsche zu begleiten. Für den Trakehnerhengst „Ajax" wäre das wieder einmal so eine richtige Strecke zum Ausreiten. Friedrich muss jedoch wegen dringender Arbeit in der Gesandtschaft absagen, doch springt der Verehrer von Komtesse Ingrid, der jüngeren Donner-Tochter, Garde-Leutnant Max Schreiner ein. Bis zur Stadtgrenze von Helsingör geht die Fahrt glatt, doch macht plötzlich ein Straßenköter die Kutschpferde wild. Der betagte Kutscher Hansen verliert die Kontrolle über das Gespann und schon ist es geschehen: Die Kutsche kracht gegen eine Mauer von Feldsteinen. Ein Rad knickt ein und die Insassen werden unsanft durcheinander geworfen, wobei sich Dorothea an der Stirne eine ziemliche Beule zuzieht, was ihrer Schönheit zum Glück keinen Abbruch tut. Während Florian Busch in die Stadt galoppiert, um eine Ersatzdroschke für die Weiterfahrt zum Hamletschloss zu organisieren, kümmert sich der Leutnant tröstend um Dorothea, obwohl eigentlich genügend Damen zur Hilfe anwesend sind. Mit den Worten „Herr Leutnant, helfen Sie lieber dem Kutscher. Wir kümmern uns schon um die Komtesse!", scheucht Wilhelmine Donner, ganz Gebieterin, den Dänen an die Arbeit. Sie mag ihn nicht so recht. Mit der - wenn auch noch nicht so festen - Liaison mit ihrer jüngsten Tochter Ingrid ist sie nicht gerade glücklich. Doch dass der „Luftikus", wie sie ihn zuweilen bezeichnet, sich jetzt über das normale Maß einer anderen jungen Dame zuwendet, das scheint ihr dann auch wieder nicht zu gefallen. Und noch viel weniger der Tochter Ingrid, die sich bisher sehr besitzergreifend im Umgang mit dem Gardeoffizier gezeigt hat. Mit etwas Verzögerung findet der Besuch im Königsschloss Kronborg statt, das der englische Dichter und Dramatiker William Shakespeare[30] in seinem „Hamlet"[31] so spannend und bewegend beschrieben und damit alle jungen und auch nicht mehr so jungen Damen gerührt und gefesselt hatte. Die Rückreise findet auf dem neuen Schaufeldampfer „Caledonia" statt, der erstmals auf Versuchsbasis zweimal pro Woche zu Lustreisen zwischen Helsingör und Kopenhagen eingesetzt wird. Mit einer Reisegeschwindigkeit von fast zehn Knoten ist das Schiff nach zwei Stunden von Helsingör aus schon wieder im Hafen von Kopenhagen. Es ist tatsächlich ein Erlebnis, sich von diesem schnaufenden Dampfer, aus dessen Schlot die Funken sprühen und Holzkohlepartikel entweichen. Die Damen sind mit abnehmendem Elan damit beschäftigt, sich die rußgeschwärzten Gesichter zu wischen. Während der Rückreise kommt es zu einem scharfen Wortwechsel zwischen Ingrid und Max, der immer wieder an der Seite von Dorothea zu sehen ist, obwohl diese mit der Ausnahme einer Beule an der Stirn den kleinen

Unglücksfall glimpflich überstanden hat.

Am nächsten Abend trifft man sich zu einer Art Abschiedsveranstaltung in der preußischen Residenz. Gräfin Wilhelmine hatte nur ein leichtes Abendessen anrichten lassen. Dazu steht demonstrativ Pyrmonter Brunnenwasser auf dem Tisch. „Damit wir nicht fortwährend den Schneider zum Auslassen unserer Kleidung bestellen müssen." An jenem Abend flirtet Komtesse Mathilde, die einzige Tochter des Forstmeisters Dannesvord-Klampenborg, ganz unverhohlen mit Friedrich Spree, dem dieses Spielchen anfänglich etwas seltsam vorkommt, dann aber selbst Spaß daran findet. Dorothea widmet sich ihrerseits mit strahlendem Lächeln dem dänischen Leutnant, möglicherweise nicht oder vielleicht doch ahnend, dass sie damit der armen Ingrid großen Kummer bereitet. Die Nichtbeachtung durch „ihren" Max treibt den sensiblen Pyrmonter Backfisch in einen Weinkrampf und die ansonsten so lustige Gesellschaft in ein betretenes Schweigen. So wird die Abreise von Dorothea Falckenhain teilweise bedauernd, teilweise aber auch mit sichtbarer Erleichterung aufgenommen.

Die vom Gesandten angeordnete Dienstreise nach Berlin führt Friedrich Spree routinemäßig über Rostock, wo er zur Übernachtung im Hause des Reeders Schönerrock eingeladen wird. Der alte Kaufmann gibt ihm beim Abendessen zu zweit umfassende Information über den momentanen Handelsumfang im Ostseebereich und auch Hintergrundinformationen zur bisherigen Praxis des Fischfangs. Hier haben sich bisher die großen Reedereien der Küstenländer in einer informellen Runde zusammengefunden und sich zeitlich und räumlich auf den Seefischfang geeinigt. Es gab bisher Fisch im Überfluss, und sowohl die großen Fänger als auch die nicht organisierten Fischer sind sich nicht in die Quere gekommen. Während des Krieges ist diese friedliche Kooperation abrupt unterbrochen worden und es hat zu etlichen Totalverlusten bei den Schiffen und Booten geführt. Ab 1815 kamen dann auch vermehrt englische Fischfänger in die Ostsee, die Russen weiteten den Fischfang von ihren Küstengewässern bis unter die Küste von Schweden und Dänemark aus. Auch das siegreiche Kaiserreich Österreich entsandte eine Fischfangflotte in die Ostsee; denn verfeinerte Konservierungsmethoden haben es ermöglicht, dass Fisch, besonders der Ostsee-Hering, auch über längere Distanz transportiert werden konnte und der wachsenden Bevölkerung zur Nahrung diente. Der Wiener Kongress hat zwar die Länder Europas neu verteilt, doch die See ist für jedermann zugänglich und der Einfluss der Staaten reicht drei Seemeilen von der Küstenlinie hinaus, und das gilt nur solange man mit seiner Marine diese inoffizielle Grenze auch wirkungsvoll beschützen kann. „Der König von Preußen muss in eine Kriegsmarine investieren, um auch auf See seine Ansprüche durchzusetzen. Und wir Kaufleute, auch hier aus Mecklenburg, müssen durch Steuern ihm das notwendige Geld verschaffen. Doch noch vermag Friedrich Wilhelm Preußen nicht als Seemacht zu erkennen und es fehlen am Hofe auch einflussreiche Ratgeber mit maritimer Vision. Ich hoffe, dass unser lieber Freund und Kompagnon Falckenhain Gehör finden wird", erläutert der alte Kaufmann dem interessiert zuhörenden Diplomaten. Dabei schaut er mit seinen klugen Augen über den Rand des Brillengestells. „Was ist übrigens mit Ihren verschwundenen Schiffen passiert, verehrter Herr Schönerrock? Gibt es irgendeine Spur?" „Nun ja, es gibt Vermutungen verschiedenster Art. Ziemlich fest steht wohl, dass die beiden Schiffe nicht mehr in der Ostsee segeln und mit größter Wahrscheinlichkeit auch nicht hier versunken sind; denn sonst hätte es irgendwelche Anzeichen, angeschwemmte Trümmer oder Leichen geben müssen. Die Möglichkeit, dass die Schiffe mitsamt den Mannschaften entweder um Amerika herum oder gar in den asiatischen Gewässern schwimmen, ist für mich wahrscheinlicher. Ob das Verschwinden mit dem Einverständnis der Besatzungen ins Werk gesetzt worden ist, oder ob es sich um einen Handstreich handelte, vermag ich nicht einzuschätzen. Bei den Besatzungen handelte es sich um dänische Mannschaften und deutsche Schiffsoffiziere aus Mecklenburg und Pommern. Letztere waren hier seit Generationen verwurzelt und ließen ihre Familien zurück. Das ganze ist immer noch sehr mysteriös für mich. Ich erwarte jedoch noch in den nächsten Monaten Aufklärung, oder zumindest ein wenig Licht in dieses Dunkel. Vielleicht auch durch Ihre Hilfe, lieber Rittmeister."

Im preußischen Außenministerium führt Spree etliche Gespräche mit den Referenten sowie einem Major des königlichen Adjutantenstabes. Der erklärt ihm: „Seit dem Tod seiner an Tuberkulose gestorbenen Königin Luise verfällt seine Majestät immer wieder in Depressionen. Er ist ansonsten sehr bescheiden und gleichmäßig sowie berechenbar in seinen Entscheidungen. Aber er tut sich ohne seine Königin und erste Beraterin schwer, das politische Spiel zu überblicken. Besonders die Ausdrucksweise dieses Metternich[32] und aller derer aus seiner eigenen Umgebung, die von diesem Diplomaten lernen, bleibt seiner Majestät so unverständlich. Er fragt immer wieder, warum schreibt der Kerl dieses, wenn er jenes meint? Er wünscht sich keine neuen Konflikte, gar militärische Auseinandersetzungen. Doch diese reichen Pfeffersäcke und ihre politischen Vertreter machen der Regierung Seiner Majestät und ihm selber schwer zu schaffen. Er benötigt deren Steuergelder, und dafür verlangen sie entsprechend den Schutz durch die Streitkräfte und Behörden. Er möchte jedoch nicht, dass Porzellan zerschlagen wird, hat andererseits keine Geduld für ein langsames und übervorsichtiges Vorgehen. Ihr Gesandter in Kopenhagen und der alte Falckenhain als Sondergesandter sind die richtigen Macher für so eine diffizile Mission. Welcher von beiden wird übrigens Ihr Schwiegervater, lieber Spree? Man hört so allerlei Gerüchte um eine Vermählung."

Während Legationssekretär Friedrich von der Spree sich noch zu Gesprächen in Berlin aufhält, kommt eine kurze Depesche vom Gesandten Donner mit dem Auftrag an ihn, in der Stadt Rönne, auf der dänischen Ostseeinsel Bornholm, an einer internationalen Konferenz teilzunehmen. Themen sind Piraterie und Fischfangquoten. In Rönne soll auf Arbeitsebene die später in Malmö geplante Konferenz der Minister vorbereitet werden.

Sein Freund Henning von Falckenhain hat sich vom höfischen Dienst freigenommen und will Friedrich auf die Ostseeinsel begleiten, denn er soll im Namen seines Vaters die Zweigstelle der Greifenreederei in Rönne besuchen. So bietet er Friedrich an, auf einem Boot der Reederei von Rostock nach Bornholm mitzusegeln. Bis zum Termin auf Bornholm sind es noch genau zwei Wochen hin. So verbleiben noch ein paar Tage, die Friedrich auf Schloss Falckenhain verbringen kann, denn die hohen Herren im Außenministerium benötigen ihn nur noch einmal, erst unmittelbar vor der Abreise, für ein abschließendes Gespräch. Auch soll er dann noch schriftliche Anweisungen für die Gesandtschaft in Kopenhagen mitnehmen. So spart die Verwaltung gleichzeitig die Kosten für den Kurierdienst ein.

Auf Falckenhain sind die Herren ganz unter sich; denn die drei Komtessen sind mit ihrem Personal und Onkel Wilhelm von Stackel wieder einmal zu einer Kunstreise aufgebrochen, diesmal nach Amsterdam. Friedrich ist etwas traurig, dass ihm die so angenehme Gesellschaft der Damen fehlt, denn er hat fest mit deren Anwesenheit gerechnet, doch ist es auch sehr schön, ganz allein mit Henning auszureiten und auf die gerade beginnende Bockjagd zu gehen. Henning will noch ein paar Monate am Hofe der jungen Prinzen verbringen und dann eventuell für immer den Dienst quittieren. Der Vater hat sich momentan noch einmal so richtig in die Politik gestürzt und seinen einzigen Sohn gebeten, ihn zu entlasten. So soll er sobald wie möglich die Verwaltung der Ländereien übernehmen und sich auch mit den Geschäften als Reeder vertraut machen.

Christian von Falckenhain hatte mehrere Wochen auf Reisen verbracht und während der Verhandlungen mit Außenminister Graf Bernsdorff und dessen Beamten in seiner Wohnung in Berlin gelebt. Zwei Tage vor der Abreise der jungen Männer nach Bornholm kommt er zurück ins Schloss. Er wirkt körperlich etwas erschöpft, doch gleichzeitig hat ihn die neue Aufgabe als Sondergesandter irgendwie beflügelt und seinen Geist verjüngt. Seine Augen strahlen, als er Henning und Friedrich erblickt, als die beiden ehemaligen Husarenoffiziere wie üblich zu Ende eines Ausritts, in gestrecktem Galopp gerade in den Schlosshof stürmen. „Heute Abend lasst uns mal wieder so richtig zusammen feiern, Jungens. Wir haben uns sicher viel zu erzählen." Erfreut zeigt sich der alte Herr, als er von der gemeinsam geplanten Tour der beiden Freunde nach Bornholm hört. Besonders die Andeutungen seines Sohnes, eventuell doch schon zu Jahresende den Dienst zu quittieren und „in die Firma einzutreten" beglücken ihn besonders. Friedrich hört aus dem Munde des Sondergesandten nunmehr in klarer, unverschnörkelter Sprache die Absichten Preußens in Bezug auf die Kaperei in der Ostsee, ebenso, wie man sich die Lösung des Fischfangproblems vorstellt. Seine eigenen Anweisungen vom Außenministerium sind da sehr viel vager. „Unsere Bevölkerung steigt und die zunehmende Industrialisierung verlangt, dass wir alles tun müssen, um die Versorgung der Menschen sicherzustellen. Preußen hat noch lange nicht die Marine, die für Aufgaben dieser Art geeignet ist, wird es vielleicht niemals erhalten. Dänemark dagegen besitzt schon eine Reihe von Schiffen und leichten Booten und verfügt auch über die richtigen Werftkapazitäten für den raschen Aufbau einer modernen Flotte. Wir von der deutschen Seite liefern das Holz und Geld, das heißt letzteres wollen wir den Hansestädten als ihren Anteil aufdrücken. Dazu verpflichten wir uns, den Dänen Fleisch und Fisch abzukaufen, damit für deren Bevölkerung wieder mehr Arbeitsplätze in der Land- und Fischwirtschaft geschaffen werden und dadurch entsprechend Steuern in den

Staatshaushalt fließen. Frederik VI. müsste mit diesem Angebot eigentlich einverstanden sein. Er bekommt Geld und die Ehre, mit seiner so gedemütigten Marine wieder eine neue, eine wichtige Aufgabe in der Ostsee zu übernehmen. Das müsste seinem Ego gut tun. Dafür muss er jedoch ohne Verzögerung der Kaperei ein Ende setzen, denn die geht größtenteils von seinem Territorium aus, hat immer noch seinen unsichtbaren königlichen Stempel. Darüber hinaus muss in unserer geplanten Verhandlungsrunde in Malmö das Königreich Dänemark mit Russland und Schweden einen raschen Vorschlag für die praktische Umsetzung der erhofften Ergebnisse finden." „In der preußischen Gesandtschaft, ebenso wie bei den Österreichern und Bayern, sehen wir der ganzen Entwicklung eigentlich machtlos, ja fast ohnmächtig entgegen. Wir verfügen über ziemlich klare Erkenntnisse, wer hinter der Kaperei steht, doch mangels konkreter und vor Gericht verwertbarer Beweise können wir weder Ross noch Reiter benennen. Die Behörden vertuschen, verschleiern und verzögern bisher bis zum Anschlag. Vom Hof und der Regierung kamen überwiegend nur diplomatisch verklausulierte Absichtserklärungen. Erst der Erlass des dänischen Königs hat eine neue Qualität in den Kampf gegen diese Kriminalität zu See und in den Häfen gebracht. Die Auswirkungen habe ich vor meiner Abreise allerdings noch nicht spüren können", erläutert Friedrich und fährt fort: „Kurz nach den Verhandlungen, die wir Diplomaten mit den Polizei-und Zollbehörden sowie dem Hafenamt geführt haben, gab es zwei Vorfälle, die eventuell in Zusammenhang mit unseren Aktivitäten stehen. Mein bayrischer Kollege, Florian von Busch, wurde beim Nachhauseweg von der Gesandtschaft in einer dieser schmalen Gassen im Stadtzentrum von einem Fuhrwerk fast über den Haufen gefahren. Nur durch einen beherzten Sprung in eine Toreinfahrt entging er den eisenbeschlagenen Rädern und kam mit ein paar Abschürfungen davon. Der Kutscher schlug auf seine Gäule ein und war sofort außer Sichtweite. In der Nacht darauf ist in der Residenz des österreichischen Handelsrats eingebrochen worden. Etliche Ordner und Journale sind gestohlen worden. Beide Diplomaten nehmen als Vertreter ihrer Gesandtschaften zusammen mit mir bei all den Besprechungen bei den dänischen Behörden teil. Ich halte das für keinen Zufall mehr. Daher haben wir auch die Absicherungsmaßnahmen in unserer Gesandtschaft erhöht und die wichtigen Journale werden ausschließlich in Panzerschränken aufbewahrt. Ich hoffe nur, dass dem armen Legationsrat von Alteman nichts passiert. Er vertritt mich momentan als Wirtschaftsattaché. Er ist auf dem gleichen Kenntnisstand, aber gegen solche physischen Attacken ist er bestimmt nicht gewappnet. Er wirkt so richtig unbeholfen. Ein reiner Schreibtischmann und Stubenhocker eben." Dabei grinsen sich die drei Männer wie Verschwörer an. Auf diesen so typischen Bürokaten und Federfuchser sind sie alle nicht so gut zu sprechen.

-3-

Friedrich Spree und Henning Falckenhain kauern windgeschützt hinter der Reling im Bug des Zweimasters „Königin Luise". Der schnelle Schoner von der

Greifenreederei ist mit Stoffballen und Textilien aus Mecklenburg für die weitere Verarbeitung in Kopenhagen beladen. Er nimmt Kurs auf den Bornholmer Hauptort Rönne, um den Sohn des Reeders Falckenhain und seinen Freund Friedrich Spree nebst einigen weiteren Passagieren abzusetzen. Die „Königin Luise" ist wahrlich ein schnittiger Segler, der unter vollen Segeln maximal über 15 Knoten macht. Daher ist er auch unbewaffnet, weil die Reederei auf die Geschwindigkeit setzt und deshalb auf den kostspieligen Einbau von Kanonen und den Unterhalt der dazugehörigen Mannschaft verzichtet. Der Wind weht stetig bis frisch von Nordwest und das Schiff macht mit seitlichem Wind gute Fahrt. Für die 100 Seemeilen von Rostock bis Rönne rechnet der Kapitän nur gute zehn Stunden Fahrtzeit, also bis zum frühen Abend. „Die Maisonne wärmt schon richtig, Friedrich. Da können wir unser Mittagessen hier draußen einnehmen und uns den Wind durch die Haare wehen lassen. Ist das nicht ein tolles Leben so als Matrose?" „Ja, du hast recht, lieber Henning. Doch im Winterhalbjahr oder bei stürmischen Wetter, da sah das für mich ganz anders aus. Lieber habe ich doch festen Boden unter den Füßen und ein richtiges Dach über dem Kopf, selbst wenn es nur ein Stall ist. Daran sind wir Husaren ja gewöhnt." „Wo stecken denn diese berüchtigten Piraten eigentlich, du Bangbüxe?" Und dabei bufft er ihm seinen Ellenbogen in die Seite. „Am Horizont sind doch nur ein paar Fischerboote zu sehen. Bildet ihr Diplomaten euch zusammen mit den Reedern nur etwas ein, um den Schiffsbau anzukurbeln?" „Gesehen habe ich auch noch keine, aber die agieren auch nicht in symmetrischer Schlachtaufstellung, mit Kriegserklärung und so." Die Überfahrt nach Rönne verläuft weiter planmäßig ohne irgendwelche Ereignisse. Nur ein paar Heringsfänger, umschwärmt von Möwen, begegnen ihnen unterwegs. Im Haupthafen der Insel liegen zwei Kanonenboote der dänischen Kriegsmarine, zwei dreimastige Handelsschiffe unter schwedischer Flagge und etliche Fischer- und kleinere Handelsboote. Kaum an der Pier festgemacht, werden sie von den Vertretern des Hafenkapitäns und der Zollbehörde aufgesucht. Der Agent der Greifenreederei steht mit einem zweispännigen Fuhrwerk bereit. Es ist ein gebürtiger Bornholmer mittleren Alters mit dem schwedischen Namen Palle Lundquist und spricht ein sehr schwer zu verstehendes Deutsch. Er wohnt in einem der größeren bunten Häuser, oberhalb des Hafens mit Blick zum Meer, wo die Sonne gerade im Westen tiefrot leuchtend sich auf das Wasser setzt. Hier oben gibt es auch Gästezimmer für Henning und Friedrich, die von der ungewohnten Seefahrt mit noch etwas steifen Beinen und breitbeinig den Plattenweg von der Straße zum Gästehaus gehen. Frau Lundquist erwartet sie mit einer Platte verschiedener Brote, belegt mit Hering, Lachs und anderen Spezialitäten des Meeres. Dazu gibt es gekühlten selbst gebrannten Schnaps und eine Kanne mit Bier, ebenfalls wohl temperiert. Trotz des Müßiggangs hat allein schon die frische Seeluft für guten Appetit gesorgt und die Männer lassen es sich schmecken, während Palle Lundquist einen Bericht gibt. „Lieber Herr Lundquist, verschonen Sie mich lieber mit den Bilanzen. Die schicken Sie bitte nach Rostock. Uns beide interessiert jetzt ausschließlich die besondere Situation um Bornholm. Was ist zum einen los mit der Kaperei, wie macht sich zum anderen das Problem mit den Fischern bemerkbar?" Trotz seiner etwas träge wirkenden Ausdrucksweise verfügt Lundquist über einen scharfen Verstand. Er kommt ohne Umschweife auf den Punkt: „Bisher hatten wir ein Gleichgewicht bei den Fischerflotten in der westlichen Ostsee und es gab Fisch für jedermann. Nach dem Krieg lässt sich hier mit zunehmender Intensität die englische Fischfangflotte sehen, zuletzt in Begleitung von großen Versorgungsschiffen, die auch noch mit einer Anzahl von Kanonen bestückt sind. An Bord sollen sich angeblich auch Seesoldaten der englischen Marine befinden. Diese großen Schiffe führen gleich die Konservierung der Fische durch, so dass die Fischerboote fast ununterbrochen ihre Netze auslegen können. Früher haben die Engländer ihre Fische gefangen und bereits auf den Fangbooten verarbeitet. Wenn dann die Laderäume und Heringsfässer gefüllt waren, sind sie zurück nach England gesegelt. Damit haben sie unseren Fischern nicht viel vom Fang genommen. Jetzt kommen sie allerdings in großen Rudeln mit ihrer schwimmenden Fischfabrik und ihren drohenden Kanonen. Sie schieben sich durch unsere Boote hindurch in die fangreichsten Gebiete. Und wenn ich unsere sage, dann meine ich die Dänen, Schweden und die deutschen Fischerboote, letztere aus Pommern und Mecklenburg." „Was ist mit den Russen?" „Die kommen nur selten bis hier in die westliche Ostsee, allerdings sind sie häufiger als früher um die schwedische Insel Schonen zu sehen, die sie auch anlaufen, um ihre Frischwasserfässer zu füllen. Es gibt noch ein paar österreichische Schiffe hier, doch die haben mit den Schweden Verträge, kaufen den Fang und lassen ihn dann in Trelleborg oder Ystad verarbeiten. Danach segeln sie mit den voll beladenen Schiffen bis in die Adria zurück, was immer noch Vorteile bietet gegenüber dem noch bedeutend beschwerlicheren Landweg. Auf Bornholm sind sie selten zu sehen, nur bei schlechtem Wetter oder falls der Schiffsraum noch nicht gefüllt ist." „Was macht die Gegend um Bornholm herum so attraktiv für so viele Fischfänger?", interessiert sich Henning, der diese Frage eigentlich schon in Rostock dem alten Kaufmann Schönerrock stellen wollte. „Es ist das Zusammenkommen mehrerer Faktoren, die den Bornholmer Hering so begehrenswert machen: Wassertemperatur, Salzgehalt, Strömung, Turbulenz und Licht sind hier wohl optimal. Dazu kommt natürlich noch die günstige Lage der Insel mit diversen Häfen und Ankerplätzen, und letztendlich die Möglichkeit, bei Gefahr im Verzuge sich bei überwiegend westlichen Winden in die östliche Ostsee absetzen zu können."

Die Unterbringung im Hause des Reedereiagenten ist tatsächlich sehr behaglich, nur dass Friedrich bei den niedrigen Türen sich laufend den Kopf anstößt und dann heftig über seine eigene Dusseligkeit ärgert. Herr Lundquist macht sie die drei Tage vor der Konferenz noch mit den Örtlichkeiten der Hafenstadt Rönne vertraut. In dem einem weiträumigen Gutshof ähnlich sehenden Amtsgebäude des Stiftamtmanns, des Repräsentanten der Krone, soll die Konferenz stattfinden. Es werden Angehörige der verschiedenen diplomatischen Vertretungen, Beamte des dänischen Außenministeriums, Offiziere des Militärs und der Inspekteur des Zollwesens erwartet. Der Leitende ist Kontorchef Niels Olsen aus der Handels- und Schifffahrtsabteilung des dänischen Außenministeriums, dem Friedrich v.d. Spree schon mehrfach in Kopenhagen begegnet ist. Mit dem Stiftsamtmann Ove Kofoed, dem Inselkommandanten Oberst Hans Knudsen, der auch gleichzeitig die

Polizeigewalt ausübt, und Zollinspekteur Jens Jensen führt Palle Lundquist die beiden Besucher schon am nächsten Tag bei einem Mittagessen im Kontor der Reederei zusammen. Die Greifenreederei hat eine große Reputation und ist einer der verlässlichsten und größten Steuerzahler auf der Insel. So bereitet es Lundquist absolut kein Problem, so kurzfristig diese drei Honoratioren, die an vorderster Stelle die Macht des Königs repräsentieren, zu einem Mittagessen zu laden, oder zur „Frokost", wie man auf Dänisch dazu sagt. Friedrich verwechselt das immer noch mit dem deutschen Wort „Frühstück". Nach mehreren Aquaviten lösen sich auch die Zungen der anfangs etwas verschlossen wirkenden Bornholmer Beamten. Sie haben recht konkrete Vermutungen, was die erneut aufkommende Kaperei anbelangt. „Ganz klar, Kopenhagener Reeder und deren Mittelsmänner in der Verwaltung", erläutert der Zollinspekteur. „Ich habe selbst in Kopenhagen - von 1810 bis 1815 - im Hafenzollamt gedient und kann mich gut an die Reeder erinnern, die vom König die Kaperbriefe erhalten haben. Die Möllers waren damals am erfolgreichsten, mit den besten Verbindungen zum einflussreichen Generalstab und den Behörden. Ihre Vorgehensweise mit kleinen schnittigen, aber schwer bewaffneten Ruderbooten bei Nebel und schlechter Sicht sich auf die vorbeikommenden Handelsschiffe zu stürzen und mit größter Brutalität zu entern, das war unverkennbar. Sie verfügten über ein Riesenschar von Spitzeln, Informanten und hatten ein Kommunikationsnetz, von dem so mancher Geheimdienst nur so schwärmen würde." „Eine Spur führt auch über den Sund", ergänzt Oberst Knudsen. „Immer wenn unsere Geheimpolizei meint, dass sie den Kopf der Organisation ausgemacht hat, verläuft die Spur über den Sund nach Helsingborg, Landskrona und Malmö. Aber unsere schwedischen Kollegen, mit denen wir vor dem Krieg eine nützliche Zusammenarbeit pflegten, verweigern heute mehr oder weniger die Zusammenarbeit. Sie hüllen sich einfach in Schweigen."

Lars Rutger von Müller sitzt in Ystad, der Bornholm gegenüberliegenden schwedischen Hafenstadt auf dem Festland, zusammen mit vier Herren und einer Dame aus Schweden und Dänemark im Hinterzimmer einer Hafenschänke. Es ist die Runde der leitenden Mitarbeiter seines verbrecherischen Imperiums, das hinter der Piraterie steckt und auch im beginnenden Bornholmer Heringskrieg die Finger mit im Spiel hat. Von hier aus soll die internationale Konferenz auf Bornholm beobachtet, gegebenenfalls auch ein Schlag dagegen geplant werden. Schon Tage bevor die diplomatischen Vertretungen der wichtigsten Ostseeanrainer und weitere am Ostseefischfang interessierte Nationen vom dänischen Außenministerium eingeladen wurden, hatte von Müller die Abschrift der offiziellen Einladung und die Tagesordnungspunkte auf seinem Schreibtisch in Landskrona liegen. Der frühere Höfling und Adjutant des dänischen Generalstabs verfügt immer noch über beste Beziehungen und mit Geld sind für ihn fast alle Leute in den Behörden und Kontoren der Handelsgesellschaften käuflich. Auch hat er Kontakt mit früheren dänischen Offizieren aus den Streitkräften und besonders dem Generalstab aufgenommen, für die nach 1815 keine Dienstposten mehr verfügbar waren. Die wurden entweder in anderen Behörden als ganz ordinäre Staatsbedienstete weiter beschäftigt, oder sie schieden mit einer nur sehr geringen Pension aus. Besonders die Offiziere des

Generalstabs traf es schwer, nun aller ihrer Privilegien verlustig zu sein. Aus diesem Kreis sitzen zwei in elegantes Zivil gekleidete Männer in der Runde, die für den ehemaligen Generaladjutant-Leutnant von Müller den Spitzel- und Informantendienst leiten. Kommodore Anders Möller als Kopf und Befehlshaber der Kaperflotte, ein schwedischer Major mit dem Namen Bille, der offizielles Mitglied der schwedischen Delegation ist, aber in erster Linie verdeckt als von Müllers Chefagent in Südschweden wirkt, sowie eine brünette Mittzwanzigerin von außergewöhnlicher Schönheit, die von allen nur mit „Komtesse" angesprochen wird, bilden die zweite Gruppe der Runde. Noch scheint ihnen nicht klar zu sein, von wem die größte Gefahr ausgeht, ist es die Regierung oder der Einfluss der diplomatischen Gesandtschaften in Kopenhagen. „Das müssen diese Wichtigtuer aus Wien sein", spekuliert Rufus Bille. „Bestimmt wieder diese perfiden Engländer", schimpft Anders Möller, „man sollte sie sofort und für immer versenken". „Die Preußen sollte man aber auch nicht unterschätzen", wirft einer der Ex-Generalstabsoffiziere ein, wozu auch die Komtesse zustimmend nickt. „Ach, diese Landratten können noch nicht einmal das Wort „Ostsee" schreiben, geschweige denn verstehen sie was auf See so vor sich geht", unterbricht Anders Möller. Von Müller hört sich die verschiedenen Meinungen an: „Wir sind so schlau wie zuvor. Rufus, du sitzt in Rönne mit am Konferenztisch und informierst uns unverzüglich. Dein Kontaktmann gehört zum Kontorpersonal des Stiftamtmanns und wird wahrscheinlich mit bei den Protokollanten eingesetzt sein. Er wird sich dir zu erkennen geben. Versuche die Schwachstellen der anderen Konferenzteilnehmer in Erfahrung zu bringen. Die Komtesse hat ein paar Dossiers über die Diplomaten angefertigt und für dich mitgebracht. Vom Außenministerium kommt wahrscheinlich Moltke oder dieser niederträchtige Olsen. Er ist zwar unbestechlich, aber jedermann hat bekanntlich seine Achillesferse. Finde sie heraus Rufus, schlag' unerbittlich zu. Du hast freie Hand. Die Zeiten des Wartens und der vorsichtigen Warnungen sind endgültig vorbei." „Hört, hört, Rutger, so gefällst du mir", und damit haut der Kommodore dem Oberschurken Lars Rutger von Müller kumpelhaft auf die Schulter, was dieser zuerst ein wenig indigniert, dann aber mit breitem Lachen quittiert und über sein überdimensioniertes Cognacglas den anderen zuprostet.

An Bord eines britischen Handels- und Passagierschiffes, das regelmäßig die Route London – Christianshavn in Norwegen – Helsingör – Rönne – St.Petersburg befährt, befinden sich der englische Konsul aus dem dänischen Helsingör und zwei weitere Engländer aus den Londoner Ministerien. Sie bilden zusammen die britische Delegation bei den Vorverhandlungen in Rönne. Einer der Engländer ist Wirtschaftsfachmann, der den Delegationsleiter, nämlich den Konsul, beraten soll. Der andere Delegationsteilnehmer ist Mitarbeiter bei der einflussreichen „Baltischen Kompanie", einer nach 1814 gegründeten privilegierten Handelskompanie. Die „Baltische Kompanie" ist eine Tochter der unermesslich reichen „Ostindischen Kompanie" Großbritanniens, die in der Vergangenheit eng mit der gleichnamigen dänischen Handelskompanie zusammenarbeitete. Erst der napoléonische Krieg, in dem beide Königreiche als Gegner und erbitterte Kontrahenten gegenüberstanden, hat die Zusammenarbeit unterbrochen. Englands Handelsflotte hat durch die Beschlagnahme zahlreicher Schiffe durch Schweden sowie durch die Kaperungen durch königlich-dänische Piraten starke Einbußen in der Ostsee und den Ostseezugängen hinnehmen müssen. Diese Verluste versucht man jetzt durch sehr rüde Handelsmanieren auf die Schnelle zu kompensieren. Mit diesem rücksichtslosen Verhalten, hinter dem die „Baltische Kompanie" steckt, steht sie im krassen Widerspruch zur offiziellen Handelspolitik der Londoner Regierung. Ähnlich ist die Situation zwischen Kopenhagener Politik und dem Verhalten einzelner Reeder. Der englische Kapitän muss gegen einen steifen Südostwind ankreuzen, um den Hafen Rönne zu erreichen. Zwischen der Nordspitze Bornholms mit seiner charakteristischen Burg Hammershus und dem Hauptort der Insel lauern Granitklippen, die bei stürmischen Winden schon manchem Schiff zum Verhängnis geworden sind. Die Sicht ist jedoch gut, um diese Gefahren zeitig zu erkennen. „Die kleinen Häfen im Nordteil der Insel bieten den Piraten zeitweise Unterschlupf. Sicherlich werden sie auch von Land aus von Einheimischen unterstützt", erläutert der Kapitän den englischen Diplomaten, die sich gerade am Oberdeck aufhalten und mit Interesse zur Küste hinüberschauen. „Ich hoffe, dass Ihre Zehnpfünder ausreichenden Schutz bieten, Kapitän." „Solange wir Manövrierfreiheit haben und nicht irgendwo im Nebel herumstochern, können wir uns solche Halunken vom Leibe halten, Konsul Howard-Smith." Die herumstehenden Matrosen, die dem Gespräch folgen, nicken beifällig. Einer spuckt den Rest seines durchnuckelten Kautabaks in Richtung Küste, so als ließe er seinen Zehnpfünder losdonnern. Howard-Smith ist bereits seit zwei Jahrzehnten - fast ohne Unterbrechung - als englischer Diplomat in Dänemark. Er war frischgebackener Vizekonsul in Helsingör, als 1801 die britische Flotte ein paar Schüsse auf die Stadt abgab und dabei ausgerechnet das englische Konsulat mit getroffen und fast zerstört hatte. „Ja, ich bin von den Schießkünsten der englischen Kanoniere ganz angetan, lieber Kapitän. Wir hoffen nur, dass der Wind uns heute vor Dunkelwerden noch nach Rönne bringt, denn ich möchte noch eine Verabredung einhalten." Tatsächlich erreicht das englische Schiff zum frühen Abend Rönne, wo die Diplomaten direkt am Hafen im Hotel „Zum Greifen" logieren.

Von den österreichischen und schwedischen Gesandtschaften sind bereits Leopold von Kaiser beziehungsweise Baron Lasse Südling in Rönne eingetroffen. Beide wohnen ebenso wie die Briten im „Zum Greifen". Der Schwede wird noch von einem Major unterstützt. Es ist der legendäre Rufus Bille, der mit seinen tollkühnen Ballonfahrten über den Öresund und die Halbinsel Schonen in der jüngsten Vergangenheit von sich reden gemacht hat. Bille ist eine Art Verbindungsoffizier zwischen dem schwedischen Oberkommando und dem Königshof. Ansonsten ist er dem schwedischen Generalstab verantwortlich zugeordnet für die Inspizierung der südschwedischen Küstenbefestigungen. Das bringt ihn oftmals in die Region um Malmö, Karlskrona und Helsingborg. Auch gehört die Öresundinsel Ven in seinen Aufgabenbereich. Seine dort ansässige reiche Verwandtschaft - mütterlicherseits - soll ihm, so hört man, oftmals Geld für seine sehr teuren Eskapaden vorstrecken. Die ebenfalls zur Konferenz eingeladene russische Delegation ist bisher noch nicht eingetroffen.

-4-

Niels Olsen, der glatzköpfige Beamte aus dem Kopenhagener Außenministerium, eröffnet in der Funktion des dänischen Gastgebers die Konferenz im Amtsgebäude des Bornholmer Stiftamtmannes. In dieser Runde, obwohl protokollarisch wesentlich höher gestellt, befindet er sich in nach geordneter Funktion. Er sitzt Olsen zur rechten Seite, zur linken wird er flankiert von Major von Wulff, einem Adjutanten des Königs und Mitglied des dänischen Generalstabes. Er ist der Mann des Generaladjutanten von Bülow, der diese wichtige und auf Druck der Preußen und Österreicher einberufene Konferenz begleiten soll. Weitere dänische Konferenzteilnehmer sind der Inselkommandant und der Zollinspekteur. Des Weiteren stellt die dänische Seite die Protokollanten und einen Dolmetscher zur Verfügung. Letzterer ist primär für die Russen engagiert, die nicht mit der englischen Konferenzsprache vertraut sind. Die Engländer hatten sich mit ihrer Sprache durchgesetzt, ja, hatten es als Bedingung für ihre Teilnahme gestellt. Und da auch die Franzosen nicht geladen waren, trat Französisch als die primäre Sprache der Diplomaten in den Hintergrund. Die preußische Delegation mit Legationssekretär Friedrich von der Spree sowie das kaiserliche Österreich mit Handelsrat Leopold Eugen von Kaiser sind die einzigen, die nur mit einer Person vertreten sind. Großbritannien, Schweden und Russland haben zwei oder mehr Delegationsteilnehmer. Die Russen sind mit vier Personen avisiert, allerdings bis zum Sitzungstermin noch mit keiner einzigen Person eingetroffen.

Auf den ersten Blick sieht Niels Olsen wegen seiner Kahlköpfigkeit schon recht betagt aus, doch sowie er den Mund aufmacht, versprüht er noch jugendliche Frische und unbändigen Durchsetzungswillen. Er kommt nach kurzen Dankesfloskeln an den dänischen Stiftsamtmann als Hausherren sowie an die erschienenden Delegationsteilnehmer sehr schnell zur Tagesordnung. Vom ersten Augenblick an will er zeigen, dass er und damit das dänische Königreich, das er hier offiziell repräsentiert, die Zügel in der Hand hält. Die Mienen der Engländer und Schweden sehen bei so viel Forschheit recht skeptisch bis betreten aus. So werden sich die beiden Siegermächte bestimmt nicht von den Dänen dirigieren lassen. Handelsrat Leopold von Kaiser hat sein bekanntes Pokergesicht aufgesetzt, das Dauerlächeln eingestellt. Friedrich Spree lehnt sich erst einmal abwartend zurück. Er hat klare Vorstellungen zur Lage, und dazu umfassende Weisungen aus Berlin sowie von seinem Gesandten aus Kopenhagen zu beiden Themenkomplexen: Sowohl zur Piraterie als auch zur Regelung des Fischfangs. Das geballte Wissen der Greifenreederei sowie die Einschätzung der Eigentümer hat er sich ebenfalls zu Eigen gemacht. Der gelernte Offizier Friedrich Spree verfügt über einen wachen Verstand, besitzt ein sehr gutes Gedächtnis und hat seine Befähigung zur klaren

Analyse weiter ausbauen können, nicht zuletzt in langen Gesprächen mit dem Berufsdiplomaten Graf von Donner, also seinem gescheiten und erfahrenen Chef in Kopenhagen.

Während Herr Olsen anfänglich die Konferenz souverän leitet, zeigt er nach einigen Stunden jedoch Ermüdungserscheinungen. Ihm geht die Argumentation aus, zumindest in der Piratenfrage. Anfänglich wird das gesamte Problem als ein längst vergangenes Thema der Napoléonischen Zeit hingestellt; Dänemark wird als Leidtragender und nicht profitierender Akteur dargestellt. Später räumt der Däne eine noch vorhandene oder wieder leicht aufgeflammte Piraterie in der Ostsee ein, bestreitet jedoch mit erhobener Stimme, dass diese etwa von dänischem Territorium ausginge; beschuldigt schließlich die anderen Ostseeanrainer als die eigentlichen Hauptakteure, die nunmehr dem schon in den letzten Jahrzehnten von seinen Nachbarn schlecht behandelten König Frederik die Schuld zuweisen wollten. Major von Wulff schaltet sich nunmehr ein. Er fordert im Namen seines Königs die anderen, besonders die deutschen Nationen auf, ihre Küstenwache auszubauen und ihre Handelsschiffe selbst zu eskortieren. Hierbei deutet er besonders auf Friedrich von der Spree als den Vertreter der deutschen Küstenländer. „Sicherlich haben Sie einen sehr wichtigen Punkt angeschnitten", äußert sich v.d.Spree dadurch animiert. „Doch sollten wir, auch wenn wir hier nicht bei den Husaren sind, auf keinen Fall das Pferd von hinten aufzäumen. Wenn Dänemark alles in seiner Macht stehende unternimmt, um die Piraterie, die offensichtlich von seinem Territorium ausgeht und mit dänischen Schiffen verübt wird, zu unterbinden, dann wird es für keinen Ostseestaat mehr notwendig werden, in die Abwehr von Kaperschiffen zu investieren. Wir haben doch hier nicht gesetzlose Zustände wie in der Karibik! Dort toben sich ja auch die honorigen dänischen Schiffseigner aus, oder? Sollen sie sich doch auf jenen exotischen Schauplatz beschränken." Und damit verbeugt er hin zur dänischen Gruppe. Den dänischen Herren scheint es erst einmal die Sprache verschlagen zu haben. Ist das nicht zu direkt von ihm gewesen, denkt Spree sofort. Natürlich weiß er beispielsweise um den Möller-Clan und dessen Machenschaften auf allen Meeren, natürlich weiß er, dass die, oder zumindest einige Behörden auch die Übeltäter hinter der Piraterie kennen oder wenigstens erahnen. Und sie unternehmen nichts dagegen. Bevor sich aus den rot angelaufenen dänischen Köpfen Protest entladen kann, stimmt der britische Konsul zu, was „sein lieber junger preußischer Kollege so direkt ausgesprochen hat". Auch wenn Spree für seine „Direktheit" von dem Briten eine kleine Ohrfeige erhält, ist es wichtig, dass er inhaltlich Zustimmung erhält und nicht mit einmal allein in der Ecke steht. „Ich darf den geschätzten Herrn Verhandlungsvorsitzenden doch darauf aufmerksam machen, dass der König von Dänemark als Herzog von Holstein auch Mitglied des Deutschen Bundes ist. Dem mein Herrscher, Kaiser Franz I.[33] die Ehre hat, vorzustehen. Der Appell an die deutschen Länder gehört sicher nach Frankfurt[34]." Damit meldet sich auch erstmalig der österreichische Handelsrat zu Wort. Auch der schwedische Major Bille beeilt sich, seinen beiden „Alliierten" zuzustimmen: „Das dänische Piratengesindel muss mit Stumpf und Stiel ausgerottet werden! Wenn man in

Kopenhagen nicht weiß, wo und wie da zuzuschlagen ist, können wir dies wohl gut und gern von Stockholm aus übernehmen." Und damit genehmigt sich Rufus Bille in nur zwei Zügen ein weiteres Wasserglas voll Aquavit, was dem etwas gequält lächelnden schwedischen Berufsdiplomaten Baron Südling wohl nicht so ganz zu gefallen scheint. Die schwedische und dänische Delegation tauschen in ihrer Landessprache ein paar vermutlich unfeine und lautstarke Bemerkungen und Sticheleien aus. Die Anwesenheit anderer nationaler Vertreter scheint total vergessen zu sein. „Holla, welch Temperamentsausbruch bei den sonst so kühlen Skandinaviern!", murmelt der Österreicher. „Der Rest der hier anwesenden Konferenzteilnehmer geht davon aus, dass dies nicht ins Protokoll gehört, und dass es nunmehr an der Zeit ist, wieder zur Tagesordnung zurück zu kehren." Mit diesen Worten, die er wegen des Lärmpegels mehrmals wiederholen muss, versucht der britische Konsul den Disput zwischen Dänemark und seinem Erzrivalen Schweden zu unterbrechen. Das allein reicht jedoch nicht aus, um die beiden streitenden Delegationen wieder zur Ordnung zu rufen. Erst das verspätete Eintreffen der vierköpfigen russischen Delegation, von denen Spree einen aus dem in Kopenhagen akkreditierten diplomatischen Corps wieder erkennt, erinnert die Dänen wieder an ihre Gastgeberrolle. Der russische Delegationschef fordert über den Dolmetscher die Anwesenden auf, die Konferenz nunmehr zu beginnen, wofür er sich von allen Teilnehmern ein heftiges Lachen einhandelt. Major von Wulff herrscht Olsen von der Seite an, worauf dieser mit den Russen sich in eine Nische des Tagungsraums zurückzieht und ohne den Dolmetscher auf diese einredet, immer wieder vom Chefrussen unterbrochen. „Der Olsen ist ein tüchtiger Beamter und spricht fließend sechs Sprachen, aber als Sitzungsleiter vollkommen überfordert", raunt von Kaiser seinem preußischen Kollegen ins Ohr. „Wir sollten für heute mit der Konferenz aufhören und den Hitzköpfen Gelegenheit zum Abkühlen geben." Dem kann Friedrich nur zustimmen, denn auch er benötigt eine Ablenkung, und das heißt für ihn ein Gespräch mit Henning Falckenhain und Palle Lundquist. Der Agent der Greifenreederei berichtet, dass sich heute sowohl um die Speicher der Reederei als auch um den Wohnbereich herum ein paar fremde Gestalten herumgetrieben haben, die vermutlich vom schwedischen Festland herübergekommen sind. Er hat seine Leute zu erhöhter Wachsamkeit angehalten und seinen verlässlichsten Gehilfen beauftragt, auszukundschaften, wo diese Männer überall noch herumschnüffeln und mit wem sie zusammentreffen. „Sehr gut, lieber Lundquist! Gescheite Aufklärung des Feindes ist schon der halbe Sieg", lobt Graf Henning. Er spielt schon ganz den Juniorchef, was Palle Lundquist jedoch nichts ausmacht, denn er verbeugt sich geschmeichelt, fast ein wenig servil.

Die beiden Freunde Spree und Falckenhain haben in einem kleinen Gasthaus in Hafennähe ein gediegenes Abendessen eingenommen und mit gutem Durst dem einheimischen Bier und Schnaps zugesprochen, sind jedoch auf keinen Fall das, was man angetrunken nennen kann. Sie freuen sich über die immer noch wärmende Sonne, die trotz der fort geschrittenen Abendstunde noch etwa handbreit über dem westlichen Horizont steht. Von den mächtigen Klippen strahlt noch angenehm spürbar Wärme aus, während das nur leicht bewegte Wasser goldgelb glänzt und eine prächtige Abendstimmung erzeugt. Der Anblick lenkt von den Tagesproblemen vollkommen ab. Aus dem Rönner Hafen stößt eines der dänischen Kanonenboote hervor und nimmt mit acht Riemen an jeder Seite Kurs entlang der Küste in Richtung Norden. Der für die Bootsgröße überdimensionierte Dannebrog[35] hängt achtern fast bis zur Wasseroberfläche herab. „Die Dänen demonstrieren extra für uns ihre maritime Macht", lästert Henning. „Aber sie sind einige Male so stark wie die vereinigten Schiffe und Boote aller deutschen Küstenländer zusammen, während wir auf der anderen Seite dreimal so viele Handelsschiffe wie Dänemark haben. Das ist doch gewiss ein bedeutsames Ungleichgewicht zwischen Handels-und Kriegsflotte. Und wenn ihr schwerreichen Pfeffersäcke in Hamburg, Rostock, Kolberg oder anderswo in den deutschen Häfen weiterhin so gut mit dem Seehandel verdienen wollt, so müsst ihr auch etwas zur Sicherheit beitragen und dafür eure Geldbeutel erleichtern." „Du hast ja als Wirtschaftsattaché deine Lektionen schnell erlernt, à la Bonheur. Vater sollte überhaupt dich und nicht mich zum Juniorchef machen. Aber dazu musst du erst noch Mitglied der Familie werden. Apropos Familie, hast du dich mittlerweile für eine meiner Schwestern entschieden, bevor die alle drei vor lauter Kummer ins Kloster gehen wollen, so wie weiland eine von König Friedrichs Schwestern, war es die Amelie?" Da hat Henning wieder einmal ganz typisch Friedrich Sprees offene Flanke getroffen. Er nutzt die herzlich-familiäre Gastfreundschaft der Falckenhains und beinahe im gleichen Maße auch die der Familie Donner aus und drückt sich eigentlich um die Entscheidung, um eine der Töchter anzuhalten oder sich um eine besonders zu bemühen. Aber, wozu auch? Vielleicht sollte er sich ein Mädchen ganz woanders her nehmen, um klare Verhältnisse zu schaffen? Ja, warum eigentlich nicht? So wäre das Verhältnis zu beiden Familien viel unkomplizierter. „Komm, Henning lass uns noch eine Kanne Bier nehmen."

Der zweite Konferenztag startet pünktlich. Alle Teilnehmer, selbst die Russen sind komplett anwesend und setzen sich brav auf die zugewiesenen Plätze. Der Konferenzleiter Niels Olsen fasst die Ergebnisse des vergangenen Tages als bereits „sehr konstruktiv" zusammen und verliert kein Wort über die lautstark ausgetragene Auseinandersetzung. Friedrich fühlt sich zurückversetzt an seine Erlebnisse als Beobachter im Hintergrund bei den verschiedenen Sitzungen des Wiener Kongresses. Schon damals hat ihn die aalglatte Sprache der Diplomaten fasziniert und zugleich abgestoßen. Niels Olsen ist tatsächlich ein typischer Diplomat, solange er nicht Spirituosen zu sich nimmt. Er räumt auf einmal Piraterie in der Ostsee ein, fordert im Namen seiner Regierung alle Länder zu mehr Schutz ihrer Küsten und Schiffe auf. Man sollte sich während dieser Konferenz, welche die Tagung auf Ministerebene in Malmö vorbereiten soll, schon einmal auf konkrete Optionen zur aktiven Bekämpfung dieser Plage verständigen. Man wolle den ganzen Tag hierfür nutzen, um am kommenden dritten und vermutlich letzten Tag die Thematik der Fischfangrechte zu beschreiben. Während einer Teepause sieht Spree einen der Schreiber vor der Tür mit einem der Fremden, die er um die Greifenreederei herumschleichend gesehen hat. Kurz darauf kommt der Schreiberling herein, geht auf Rufus Bille zu, flüstert ihm etwas ins Ohr und schiebt ihm einen Zettel zu. Dieser überfliegt ihn kurz und kritzelt ein paar kurze Zeilen darauf und reicht ihn dem Schreiber zurück, der daraufhin wieder nach draußen eilt. Was haben die denn miteinander zu schaffen? Friedrich nimmt sich vor, Bille etwas genauer zu beobachten. Während des Mittagessens sitzt wie zufällig Bille neben Spree und versucht ihn geschickt nach seinem Kenntnisstand zur Beteiligung dänischer Schiffsreeder an den Ostseekapereien auszuhorchen. Rufus Bille besitzt eindeutig die Gabe, Leute ins Gespräch zu ziehen und deren Vertrauen zu gewinnen, doch Friedrich Spree ist nach seiner Beobachtung vom Vormittag her auf der Hut und gibt nur das bekannt, was jedermann bereits durch die Veröffentlichung in der Presse wissen konnte. Die beiden Männer sprechen über Segelboote, von denen Rufus eines in Malmö besitzt, das er für kleine Handelstouren einem Skipper überlässt, es jedoch zuweilen auch für eigene sportliche Touren benutzt. Doch hat er sich seit ein paar Monaten auf das Fliegen mit einem Heißluftballon konzentriert, den die französischen Gebrüder Montgolfier bereits vor 40 Jahren[36] erfunden haben. „Es ist sündhaft teuer und hat mich finanziell fast ruiniert, doch ist der Ballon auch eine Investition in die Zukunft und das schnellste Verkehrsmittel der Welt. Vielleicht darf ich Sie einmal zum Mitfliegen einladen, vorausgesetzt, Sie sind nicht bange, Herr von der Spree?" „Für einen preußischen Diplomaten ist nichts zu schwer, wie sie sicher schon wissen. Ich werde vielleicht einmal auf Ihr Angebot zurückkommen, Herr Major."

Währenddessen sitzt Oberstleutnant von Müller immer noch in Ystad, umgeben von seinen engen Mitarbeitern. Nur Kommodore Möller und die Komtesse sind wieder zurück nach Kopenhagen gesegelt. Müller rast vor Wut. Einer seiner Schergen hat ihm aus der Stadt ein Plakat mitgebracht, auf dem die Rostocker Greifenreederei in Anschlägen im ganzen Ostseeraum die Belohnung für die Aufklärung des Verschwindens der beiden Schiffe „Greif" und „Greifenberg" auf 2.000 Taler verdoppelt hat. Die Reederei ist dann noch so direkt gewesen, das Verschwinden einer verbrecherischen Organisation zuzuschreiben. Informanten, auch aus der Umgebung der Piraten, wird völlige Anonymität zugesagt. „Potz blitz, diese feigen und perfiden Hunde! Wenn Sie sich nicht mehr zu wehren wissen, dann greifen sie zu diesen heimtückischen Mitteln. Aber wartet, meine Leute sind nicht käuflich. Der Greifenreederei stecken wir das ganze Haus über dem Kopf an. Die schreien ja wahrhaftig nach Prügel. So verbinden wir Rache mit Geschäft, denn im lukrativen Heringsgeschäft ist das eh' unser größter Konkurrent." Lars Rutger von Müller ist nichts Höfisches mehr anzumerken, auch scheint der Kopf des ehemaligen Generalstaboffiziers alles andere als kühl zu sein. Mit etwas lallender Stimme diktiert er einem seiner beiden Agentenführer einen Brief für Major Bille mit dem Auftrag, den Leiter der Greifenreederei auf Bornholm zu entführen und in eines der Verstecke der Piraten unterhalb der alten Festung Hammershus zu verbringen. In der Zwischenzeit müsste Bille auch seinen Auftrag ausgeführt und Feuer in einem der Lagerschuppen der verhassten Reederei gelegt haben. „Sofort persönlich mit dem

Auftrag zu Bille!" Der Agent verschwindet, ein kleines schnelles Boot wartet bereits im Hafen von Ystad, und in sieben bis acht Stunden kann er bei einigermaßen gutem Wind die Strecke bis Rönne geschafft haben. Er beeilt sich lieber, denn Lars Rutger von Müller ist ein äußerst unbeherrschter Chef und duldet nicht die kleinste Verzögerung oder eventuelles Versagen.

Die Sitzung im Hause des königlich-dänischen Stiftamtmanns wird fortgesetzt. Für die bevorstehende offizielle Ministerkonferenz im schwedischen Malmö werden ein paar Vorschläge für die internationale Bekämpfung des Piratenunwesens in der Ostsee erarbeitet. Auch die Russen äußern ihr generelles Einverständnis, doch muss man ihnen alle Details mindestens zweimal übersetzen, worauf sie untereinander palavern und dann der Chefrusse so etwas wie „einverstanden" brummt. Am Nachmittag überbringt ein aufgeregter Polizist dem Inselkommandanten, der zugleich auch der Polizeichef ist, eine Nachricht. Oberst Knudsen erklärt kurz, dass es in einer Lagerhalle am Hafen brennt, aber alles unter Kontrolle sei. Durch die zum Meer zeigenden Fenster kann man inzwischen Rauchwolken aufsteigen sehen, deren Ausmaße noch ansteigen. Glockengebimmel und mehrfach Fußgetrappel im Flur lassen erahnen, dass einiges im Gange ist. Erneut stürzt der Polizist, diesmal ohne Anklopfen, in den Konferenzraum und flüstert seinem Kommandanten etwas ins Ohr. Knudsen erhebt sich polternd, greift zu seinem hinter ihm an der Wand abgestellten Säbel, so als wenn er jetzt formell den Oberbefehl übernimmt, salutiert und eilt davon. Niels Olsen unterbricht die Konferenz für eine Pause. Friedrich Spree steht mit den anderen Herren an den Fenstern und blickt in Richtung Hafen, von wo aus lautes knatterndes Prasseln zu vernehmen ist. Einer der Protokollanten kommt gerade von der Straße zurück und drückt Rufus Bille diskret einen Zettel in die Hand. Der schwedische Major überfliegt die Nachricht und wirft sie ins Kaminfeuer. Ein Lächeln huscht über sein Gesicht. Im Laufe des Nachmittags wird die Nachricht überbracht, dass drei nebeneinander liegende Lagerhallen bis auf die Grundmauern abgebrannt sind. Dort sollen die Heringsfässer einer größeren Reederei untergebracht worden sein. Während des Nachmittags kommt es zu keinen Vorkommnissen mehr in der Runde der Konferenzteilnehmer, nur einmal bemerkt der sehr aufmerksam beobachtende Diplomat Friedrich Spree, dass die Engländer sich untereinander nicht gerade gut verstehen. Der Vertreter der „Ostindischen Kompanie" schüttelt mehrfach den Kopf, wenn der englische Konsul von verstärkter staatlicher Kontrolle bei den Reedern spricht.

Friedrich Spree geht die paar Hundert Schritt vom Amtsgebäude zum Wohnhaus der Familie Lundquist zu Fuß. Der Wind streicht von See die Gassen herauf und führt einen leichten Brandgeruch mit sich. Vor lauter Konzentration auf die Diskussion, zumal in einer ungewohnten Sprache, hat er ganz vergessen, dass es am Hafen gebrannt hat. Vor dem Wohnhaus kommt ihm ganz atemlos einer der Bediensteten der Familie Lundquist entgegen. „Herr Baron, Herr Baron, Sie möchten bitte gleich zum Hafen kommen. Die Speicher sind abgebrannt, und der Herr Graf ist auch schon da..." Also handelt es sich um die Greifenreederei. Wer so viel Besitz hat wie die Familie Falckenhain, der hat auch immer irgendwelche Probleme damit, geht es

Friedrich durch den Kopf. Er bringt nur rasch seine Aktenmappe auf sein Zimmer und eilt mit dem Bediensteten durch die mit großer Sorgfalt gepflasterten Gassen mit ihren auffallend bunten Fachwerkhäusern. Neugierig wird der Fremde mit seinem vornehm-eleganten Anzug und dem Zylinder angestarrt. Am nördlichen Hafenbecken qualmen noch ein paar Balken der abgebrannten Lagerhallen vor sich hin. Noch stehen die freiwilligen Feuerleute und ein paar Polizisten herum, sind teilweise mit Aufräumen beschäftigt. Die Gaffer sind auf Abstand gehalten worden, mitten drin Oberst Knudsen, Henning Falckenhain und Palle Lundquist. Letzterer ist ganz rußig im Gesicht und an den Händen und macht einen sehr bedrückten Eindruck. Ausgerechnet jetzt, wo der zukünftige Eigentümer sich ein paar Tage auf Bornholm befindet, muss dieses Unglück passieren. Der verarbeitete Heringsfang der letzten drei Wochen befand sich in den Speichern und ist ein Opfer der Flammen geworden. Damit sind auch riesige Verluste entstanden, denn der Salzhering sollte in den nächsten Tagen nach Rostock transportiert werden. Wegen der beschränkten Fangmöglichkeiten um Bornholm herum konnte Lundquist bereits dreimal die bestellten Kontingente nicht voll erfüllen, und nun fällt eine ganze Ladung aus. Da hat der Agent der Greifenreederei bei seinen Arbeitgebern im Moment wahrlich keine guten Karten. „Stell dir vor, Friedrich, es ist wahrscheinlich Brandstiftung. An den Eingangspforten der drei Hallen sind Reste von Brandsätzen entdeckt worden. Da hat man am helllichten Tag Feuer gelegt, als die Lagerarbeiter gerade alle in den Speichern am südlichen Hafenbecken eingesetzt waren. Nur ein alter Kriegsinvalider, gehbehindert und manchmal etwas verwirrt im Kopf, ist zurückgeblieben. Der Polizeiinspektor verhört ihn gerade, doch das einzige, was der arme Kerl hervorbringen kann, ist „die Schweden kommen, die Schweden kommen... " Er hat auch noch eine ganz frische Platzwunde an der Stirn. Vielleicht ist er gestürzt, oder aber er hat einen Schlag über den Schädel erhalten." „Am Morgen hat man auch die fremden Schweden am Hafen gesehen, die sich hier schon seit einigen Tagen herumtreiben. Seit dem Brand sind sie jedoch wie vom Erdboden verschwunden", wirft Palle Lundquist in die Unterredung mit ein. Friedrich erzählt, als ihnen beiden keiner mehr zuhören kann, von seinen gestrigen Beobachtungen über den seltsamen Fremden, den Protokollschreiber und Major Bille. „Friedrich, das sollten wir auf jeden Fall erst einmal für uns behalten. Ich kann mir zwar keine Verwicklung vorstellen, doch wenn etwas daran ist, sollten wir niemandem auch nur andeuten, was wir wissen."

Das Abendessen, das Frau Agneta Lundquist mit so viel Hingabe bereitet hat, verläuft fast schweigend. Palle Lundquist verabschiedet sich, er wolle noch nach den Wachen sehen, die er über Nacht in den diversen Speichern aufgestellt hat. Auch wolle er mit dem Kapitän eines gerade aus Lübeck eingelaufenen Handelsschiffs sprechen. Friedrich Spree will auch noch einen Gang zum Hafenmeister machen, um sich nach einem preußischen Schiff zu erkundigen, das in diesen Tagen zwischen Südschweden – Bornholm – Rügen – Pommersche Küste patrouillieren soll, primär um die königlich-preußische Flagge zu zeigen. Er geht noch einmal an den verkohlten Überresten der drei Speicherhallen vorbei, von denen pestilenzartiger

Gestank ausgeht, den er am Nachmittag noch nicht so penetrant empfunden hat. Es stehen immer noch Gaffer herum und halten Maulaffen feil. Auch einige Uniformierte sind zu sehen. War es reiner Zufall, dass die Greifenreederei allein betroffen ist? Gibt es Rivalität unter den großen Reedern in der Ostsee, die auch vor Brandstiftung und Schiffsentführungen nicht zurückschreckt? Oder ist da noch eine offene Rechnung zu begleichen, von der Friedrich nichts ahnt? Geht es um die Handelsware, den Hering, oder ganz allgemein um alle möglichen Exportgüter? Hat man sich etwa Preußen und Mecklenburg als Opfer ausgesucht, weil die zwar eine beachtliche Handelsflotte- aber so gut wie keine Kriegsflotte besitzen und dementsprechend hilflos auf der Ostsee sind? Alle diese Fragen gehen dem jungen Diplomaten durch den Kopf, als er an der Kaimauer entlang schlendert. Wie gut wäre es doch, wenn ihm da ein Marineexperte mit hellem Kopf zur Seite stünde. Er ärgert sich über seine Unwissenheit und Unerfahrenheit auf diesem Gebiet, für das er jedoch als Diplomat mit verantwortlich gemacht wird und doch selbst so wenig zutun kann. Auf der anderen Seite scheinen seine diplomatischen Kollegen aus England und Österreich trotz viel längerer Berufserfahrung auch nicht klüger zu sein als er, oder wissen die mehr als sie offen zu erkennen geben? Zweifel über Zweifel überkommen ihn. Auch der frische Seewind vermag seine Gedanken nicht zu sortieren oder seine Niedergeschlagenheit zu vertreiben. Im Kontor des Hafenmeisters kann ihm der Wachhabende überhaupt keine Auskunft zu einem preußischen Kriegsschiff geben. Man schaut ihn auch etwas seltsam an, als er gezielt nach einem preußischen Kriegsschiff fragt, so als glaubt man nicht, dass so etwas überhaupt existiert. Vielleicht ist es aber auch sein noch unzureichendes Dänisch. Seine holprig gestammelte Frage wird gleich mit einem Schwall von Dialekt beantwortet, der für die Insel Bornholm typisch ist und auch den Kopenhagenern Schwierigkeiten bereitet. Friedrich ärgert sich über sein schlechtes Dänisch, obwohl er schon fast ein halbes Jahr in Dänemark wohnt, bei Dänen wohnt, ein dänisches Dienstmädchen hat, etc.etc. Aber erwartet er da nicht Wunder? Kopf hoch, es wird schon! Aus diesen Gedanken wird er hoch geschreckt, als auf dem Weg zu den Lundquist plötzlich um die Kirchmauer ein Kastenwagen, von zwei Rössern gezogen, im hohen Tempo in Richtung Hafen zurast. Auf dem Kutschbock sitzen drei vierschrötige Männer, die ihm irgendwie bekannt vorkommen. Gerade ist der Wagen verschwunden, das Donnern der eisenbeschlagenen Räder auf dem Kopfsteinpflaster fast verhallt, da durchzuckt es ihn. Richtig, die seltsamen Schweden. Sind das die Brandstifter? Er eilt dem Lundquistschen Anwesen zu, vor dem aufgeregt gestikulierend ein paar Knechte und Mägde herumlaufen. „Herr Baron, Herr Baron, helfen Sie uns. Man hat die Herrin entführt." Friedrich läuft ins Haus. Im Flur liegt stöhnend ein Bediensteter, der eine klaffende Wunde an der linken Schulter aufweist, die hinauf bis zum Hals führt. „Wo ist Graf Henning?" Er eilt in die Stube, dann in ihre Schlafräume, dabei den Namen des Freundes rufend. Er spricht den Bediensteten an, der ihn am Nachmittag zum Brand am Hafen geführt hat: „Schicken Sie schnell jemanden zur Polizei und zum Hafen, um Herrn Lundquist zu suchen. „Was ist hier vorgefallen", fragt er auf Dänisch den Verwundeten im Flur, der von einer der Mägde gestützt wird, während eine andere die Wunde mit Leinen verbindet. Aus den Wortbrocken entnimmt Spree, dass drei fremde Männer an der Haustür geklopft hätten und nach der Herrin des Hauses fragten. Beim Erscheinen von Agneta Lundquist hätte man diese sofort ergriffen, einen Schlag über den Kopf gegeben und auf den im Hof stehenden Kastenwagen geworfen. Dem Hausdiener, der eingreifen wollte, hat einer der Kerle mit der Klinge eines Hirschfängers zwei Hiebe auf den Oberkörper gegeben und ihn dabei wie einen Baum gefällt. Zwei der Fremden sind mit Pistolen in den Fäusten in den Hausflur gestürzt und kamen kurz darauf den leblos wirkenden Körper des Herrn Grafen hinter sich herschleifend zurück. Sie warfen den ebenfalls auf die Ladefläche des Kastenwagens, der sich sofort in Bewegung setzte und aus dem Hof heraus raste. „Ein Reitpferd zu mir!" Der aufgeweckte Hausbedienstete versteht sofort, was Spree verlangt und kommt nach ganz kurzer Zeit mit einem gesattelten Pferd aus dem Stall. Friedrich schwingt sich in den Sattel und galoppiert in Richtung Hafen.

-5-

Das Flaggschiff der jungen preußischen Marine ist nur 24 Meter lang, nicht viel größer als ein Bornholmer Fischkutter. Die „Stralsund", die zusammen mit einigen Matrosen und einem finnischen Kapitän bei der Inkorporierung von Schedisch-Vorpommern von dem Alliierten Schweden im Jahre 1815 übernommen wurde, war so gebaut, dass sie auch gerudert werden konnte. Ihre Bewaffnung besteht aus sieben Kanonen, von zwölf bis 24-Pfündern. Sie ist auf den Nahkampf in flachen Gewässern zugeschnitten. Der schwarze Adler auf weißem Grund mit dem eisernen Kreuz in der Oberecke ist die Kriegsflagge, die international in Anerkennung gebracht wird. Der kleine Kriegsschoner wird von dem ehemaligen finnischen, nun königlich preußischen Oberleutnant Dietrich Johann Longe kommandiert, wenn der nicht gerade wieder einmal in seinem Dienstzimmer im preußischen Kriegsministerium an der Aufstellung einer „Seewehr" arbeitet. Die sollte in erster Linie den Ansprüchen der Reeder auf Schutz ihres schwimmenden Eigentums gerecht werden. Der leitende Gedanke ist weniger militärisch als volkswirtschaftlich. Wenn Oberleutnant Longe an der vom Kronprinzen Friedrich Wilhelm in Auftrag gegebenen Marinefrage arbeiten muss und die „Stralsund" in den Einsatz segelt, dann übergibt er das Kommando an Leutnant Georg Schele, einen alt gedienten Offizier der Handelsmarine. Die „Stralsund" hat gerade vor drei Tagen den Mecklenburger Hafen Rostock verlassen und östlich an den dänischen Inseln vorbeigesegelt bis auf die Höhe vom schwedischen Hafen Trelleborg, dann weiter östlich via Trelleborg und Ystad. Jetzt liegt Kurs Südost an mit Ziel Rönne, wo man bei Bedarf den Proviant ergänzen will, aber ganz besonders um die Flagge zu zeigen, damit sowohl die Nachbarländer als auch die mecklenburgischen und preußischen Schiffe Präsenz der kleinen preußischen Marine ausmachen, deren Unkosten beide Länder vorerst gemeinsam finanzieren.

Am Morgen nach den ereignisreichen Vorfällen treffen sich in der Residenz des Stiftamtmanns der Inselkommandant, sein Polizeiinspektor, Agent Lundquist und Friedrich Spree. Der preußische Diplomat hat seinen von ihm fachlich sehr geschätzten österreichischen Kollegen, Handelsrat von Kaiser, gebeten, ihn nach bestem Wissen bei der laufenden Konferenz des dänischen Außenministeriums zu vertreten. Ihm geht jetzt die angelaufene Suche nach seinem Freund, dem Major Henning Graf Falckenhain, und der Ehefrau des Reedereiagenten Lundquist vor. Er hat in der Zwischenzeit Depeschen an das preußische Außenministerium, die Gesandtschaft in Kopenhagen sowie an die Reederei in Rostock abgeschickt, die durch kleine Schnellsegler der Greitenreederei bereits in diesem Augenblick expediert werden. Zu den vier Herren gesellt sich in das etwas verräucherte Kontor ein hoch gewachsener dänischer Offizier, den der Inselkommandant als Major Knud Erdholm vorstellt, der gerade erst gestern mit Familie aus Lübeck angereist kam, um in den nächsten Tagen mit gleichzeitiger Beförderung zum Oberstleutnant das Kommando über die Christiansinseln zu übernehmen. Erdholm kommt aus der dänischen Garnison Altona, ist jedoch schon vor zwei Jahrzehnten für mehrere Jahre lang in Rönne stationiert gewesen. Er verfügt immer noch über sehr detaillierte Ortskenntnisse. Erdholm ist ein drahtiger Anfangfünfziger, der als Vertreter des Inselkommandanten, oder Nächstkommandierender, wie das hier heißt, die Untersuchung der mysteriösen Vorfälle leiten soll. Gegebenenfalls soll er eine Expedition gegen die Verbrecher anführen, wozu ihm die notwendige Anzahl an Soldaten, Polizeikräften sowie die zurzeit zugeteilten Kanonenboote und Kutter der Kriegsmarine unterstellt werden. Eine sehr pragmatische Lösung von der dänischen Seite, diese Art von Unterstellung, findet Spree. Die Spur der Entführten und ihrer Entführer weist zu einem unter schwedischer Flagge segelnden Kutter, der bereits vor vier Tagen in Rönne eingelaufen war, um Frischvorräte zu übernehmen. Das Schiff mit dem Namen „Palle" verblieb länger als geplant im Hafen, angeblich um einen Defekt an der Ruderanlage zu beheben. Dem Hafenmeister fiel auf, dass von den etwa zwei Dutzend Männern der Besatzung immer nur drei bis maximal fünf gleichzeitig das Schiff verlassen durften und diese sich niemals, wie sonst üblich, an Land betrunken haben, sondern nach ein paar Stunden in nüchternem Zustand an Bord zurück kehrten. Kurz vor Sonnenuntergang wurde beobachtet, wie ein Pferdegespann in aller Eile am Kai vorfuhr, etwas auf das Schiff entlud und wieder davon ratterte. Unmittelbar darauf ist der Schwede in auffälliger Hast mit Ruderkraft aus dem Hafen heraus und dann unter allen Segeln gen Norden in Richtung Hasle davon. Das Schiff ist schon bald außer Sichtweite gewesen. Dieser Vorfall ist jedoch von dem Personal des Hafenmeisters erst am Morgen der Polizei gemeldet worden, als man einen Zusammenhang mit dem Entführungsfall vermutete. Erdholm hat mit Hilfe der Signalstation, die über eine Verbindung nach Gudhjem auf der Ostseite Bornholms verfügt, die dortige Polizei beauftragt nach der „Palle" Ausschau zu halten und die Inselkommandantur auf den vorgelagerten Christiansinseln ebenso zu benachrichtigen. In Richtung Norden nach Hasle, und dann weiter nach Sandvig sowie zum Leuchtturm an der Südspitze in Dueodde sind berittene Boten unterwegs, so dass eigentlich alle Plätze rundum bis zum Nachmittag informiert sein müssten und nach dem verdächtigen Schweden Ausschau halten. Major Erdholm beauftragt den lokalen Polizeiinspektor, so viel wie möglich über die Männer der Besatzung herauszufinden, um so Hinweise über deren Herkunft zu erhalten. Die beiden dänischen Kanonenboote „Seehund" und „Seelöwe" sind zwischenzeitlich ausgelaufen, um Bornholm jeweils in nördlicher beziehungsweise südlicher Richtung zu umrunden. Nachdem Major Engholm die Lage und erteilten Aufträge zusammengefasst hat, beschließt er mit den Worten: „Meine Herren, die Entführer haben zwölf Stunden Vorsprung und können theoretisch über 100 Seemeilen entfernt sein. Wie weit das ist, ist der vor Ihnen ausgebreiteten Karte unschwer zu entnehmen. Da es sich vermutlich aber um Schweden handelt und die „Palle", oder wie immer der richtige Name des Schiffes sein mag, gen Norden abgesegelt ist, ist die schwedische Südküste ein durchaus wahrscheinliches Ziel, von wo sich die Entführer mit ihren Forderungen bemerkbar machen können." Friedrich Spree ergreift das Wort, bedankt sich besonders bei Major Erdholm für die raschen und umfassenden Maßnahmen, fragt auch noch, ob die Verbrecher, die offensichtlich über örtliche Mittelsmänner verfügen, ihre Gefangenen nicht auch einfach auf der Insel in einem Versteck halten könnten. Dies wird von Erdholm und dem Polizeiinspektor als zweite Option mit betrachtet. Man verspricht, alle Gemeindepolizisten und Bürgermeister zu informieren, zu allererst in dem etwas mehr unwirtlichen Nordteil der Insel, auf dem es unzählige Verstecke und Schlupfwinkel gibt.

Henning von Falckenhain wacht aus tiefer Benommenheit auf, der Schädel schmerzt, auf den Lippen schmeckt er getrocknetes Blut, und er kann weder die Hände noch Füße frei bewegen. Er befindet sich in einem fast dunklen Raum. Rasch merkt er, dass er sich an Bord eines Schiffes befinden muss, denn die Geräusche eines das Wasser teilenden Schiffsrumpfes und Gerüche von abgestandenem Bilgewasser, Pech und Holz sind ihm von seinen Fahrten mit den Handelsschiffen der väterlichen Reederei wohl vertraut. Er muss irgendwo im Laderaum eines Schiffes stecken. Während ihm die Erinnerung an den Überfall im Lundquistschen Haus wieder kommt, spürt er unmittelbar neben sich ein menschliches Wesen, das sich ächzend rührt. Der Stimme nach eine Frau, ja, es muss Agneta Lundquist sein. Sie spricht leidlich deutsch. „Frau Lundquist, wie geht es Ihnen?" „Ach, Graf Henning, was ist passiert? Wo sind wir hier? Au weh, mein Kopf!" Henning teilt ihr flüsternd seine Vermutungen mit, die Frau Lundquist nach ihrer Einschätzung bestätigt. Beide haben keine Ahnung, wer sie gekidnappt hat und zu welchem Zweck. Auch Agneta Lundquist ist an Händen und Füßen gefesselt und vermag sich kaum zu rühren. Über sich hören sie Stimmen und Fußgetrappel. Eine Luke wird geöffnet und lässt den Blick frei auf einen mit unzähligen Sternen behangenen wolkenlosen Himmel. Jemand grunzt etwas hinunter. „Was geht da vor sich", fragt Henning. „Wir sollen hoch kommen." „Wie denn, Ihr Idioten", brüllt Henning nach oben, was man wohl irgendwie zur Kenntnis genommen hat, denn ein Kerl stolpert die enge Stiege herunter und versetzt Henning einen Fußtritt. Zuerst öffnet er die Knoten an Agnetas Fesseln, stellt sie auf die Beine und schiebt sie zur Luke empor. Henning kassiert noch einen Fußtritt, bevor auch ihm die Fußfesseln gelöst werden. Mühsam kommt er auf die Beine, die ihm fast abgestorben sind. Ohne richtige Kontrolle über seine Gliedmaßen klimmt er die Stiege empor und lässt seinen Blick über das Deck gleiten. Der eineinhalbmastige Kutter führt nur noch geringe Segel, an beiden Seiten haben sich Matrosen an den Rudern bereit gemacht. Am Steuer stehen zwei Mann, der Rudergänger und wohl der Schiffsführer, der gerade irgendwelche Kommandos an drei Mann gibt, die am Bug neben einer Kanone stehen. Die fällt mit extrem langem Lauf war und war vorher wohl noch mit Planen bedeckt. Voraus erkennt er eine Steilküste, von wo aus Lichtsignale gegeben werden, die von Bord aus mit einer Signallaterne erwidert werden. „Her mit euch, und keine faulen Tricks", herrscht sie der Schiffsführer in deutlichem, aber sehr hartem Deutsch an. Falckenhain und Frau Lundquist werden nach vorn geschubst. Einer der Kerle legt Frau Agneta eine Art Decke um, denn der Abend ist kühl geworden und vielleicht besitzen sie doch ein wenig Anstand. „Dein Mann kann jetzt gar nichts für dich tun. Schau, wie der Jammerlappen da herum steht", höhnt der Schiffsführer. Er scheint die beiden für das Ehepaar Lundquist zu halten. „Lass Dich nicht ärgern, Schatz", ruft Falckenhain der Frau zu, die sofort richtig schaltet und auf das Spiel mit dem Ehepaar eingeht. Vielleicht ergeht es ihnen noch schlechter, wenn die erfahren, dass Henning gar nicht der örtliche Leiter der Reederei ist. Vielleicht schmeißen sie ihn gleich über Bord? Das Schiff hat fast gänzlich an Fahrt verloren, die Segel sind geborgen. Nur mit leichtem Ruderschlag gleitet der Kutter dem felsigen Ufer zu. Dort stehen drei, nein vier Mann mit großen Bootsstangen und warten. Ein knirschendes Geräusch und danach Stopp. Falckenhain und Frau Lundquist werden über die Bordkante gezerrt und ins Wasser herunter zu fest zupackenden Armen gelassen. Die kurzen Worte, die zwischen denen fallen, erinnern Henning an das schwer verständliche und eigentümliche Dänisch, das auf Bornholm gesprochen wird. Zwei Mann der Besatzung springen mit an Land und helfen, die beiden Gefangenen die steile Küste nach oben zu schieben. Die gefesselten Hände behindern Henning ganz mächtig. Wut steigt in ihm hoch, doch er zwingt sich zur Beherrschung, denn auf jeden Fluch werden Hiebe und Fußtritte folgen. Und das schlimmste wäre, wenn Agneta Lundquist mit darunter leiden müsste. Am oberen Rand der Steilküste angelangt, werden sie wieder auf die Ladefläche eins Kastenwagens gehieft, vor den vier unruhig scharrende Rösser gespannt sind. Zwei Männer stehen mit stinkig rußenden Fackeln neben dem Gespann. Der gelernte Husar von Falckenhain mit ausgesprochen scharfem Blick für Gelände jedweder Art kennt sich auch am Himmelsbild aus. Anhand des Sterns mit dem Namen „Großer Wagen" und der Verlängerung der Hinterachse bestimmt er den Nordstern und folgert daher, dass sie sich noch nördlich von Rönne, irgendwo an der Westseite der Insel befinden. Der Halbmond gibt ihm noch ausreichend Licht, um etwa eine halbe Meile[37] zur linken Hand, also im Norden Bornholms, die Umrisse einer monströsen Burgruine zu erkennen. Das müssen bestimmt die Überreste der gewaltigen Festung Hammershus sein! Zur linken Hand vernimmt er das vereinzelte Geblöke von Schafen, dahinter nimmt er die Umrisse mehrerer Gehöfte wahr, also ein kleines Dorf mitten in der Nacht, ohne Licht, ruhig und friedlich verschlafen. Ausgedehnte Waldungen mit hohen Bäumen, vermutlich Buchen und Eichen liegen zur linken Hand. Die Fahrt auf unbefestigtem Feldweg mit tiefen Schlaglöchern geht nach Osten. Rechts sieht Henning zwei Windmühlen mit stehenden Flügeln, und geradeaus erkennt er kurz - zwischen den flankierenden Büschen - gegen den Himmel die Umrisse einer kleineren Festung. Die Landschaft prägt sich ihm ein wie die Konturen eines Kupferstichs. Ein paar Minuten später erblickt er erneut die näher gekommenen Umrisse der vermeintlichen Festung, die aber jetzt von der Silhouette wie eine der berühmten Rundkirchen Bornholms aussieht, so mit typischem, schon auf weite Entfernung erkennbarem Kegeldach. Dort haben sich früher die Bauern wie in eine Ritterburg zurückgezogen und verharrt, bis die Gefahr durch Überfälle vorüber war. Henning weiß nicht, wie spät es ist. Seine goldene Taschenuhr hat man ihm ebenso wie seinen Siegelring abgenommen. Gut, dass der Ring nicht zu fest war, ansonsten hätte er bei der Brutalität der Strolche bestimmt einen Finger weniger an der Hand. Nach schätzungsweise einer weiteren Viertel Stunde haben sie den Vorplatz der Rundkirche erreicht, von wo er bereits weit voraus die bald beginnende Morgendämmerung erahnen kann. Der Wagen hält, und sie beide werden an den Armen ergriffen und unsanft auf den Boden gestellt. Man bringt sie in ein kleines Nebengebäude mit Spitzdach, das wie eine kleine Scheune oder ein Stall aussieht. Erst als man sie durch das niedrige Tor schubst, verbindet man ihnen noch rasch mit einem stinkigen Lappen die Augen. Besonders schlau sind die auch nicht, geht es Henning durch den Kopf. Oder ist es bereits beschlossene Sache, sie beide zu töten?

Friedrich von der Spree ist total unruhig. Was soll er nun unternehmen? Der dänische Major Erdholm hat vorerst alles getan, was die Situation erfordert. Nebenan geht die Sitzung um Fischfangrechte weiter, an der er eigentlich als Vertreter Preußens teilnehmen sollte. Nachdem er noch einmal mit dem unglücklichen Herrn Lundquist gesprochen hat, geht er zurück in den Konferenzraum, um irgendetwas zu tun. Der Kopf steht ihm absolut nicht nach Fischfangquoten und Vorrechten einzelner Länder oder Handelsgesellschaften. Doch schließlich wird er vom König dafür bezahlt, und nicht etwa, um sich dem Kummer und seinen Zweifeln hinzugeben. Auch darf er den eigentlich Verantwortlichen hier auf Bornholm durch sein unnötiges Nachfragen nicht die Zeit stehlen. Nach dem eher pragmatisch-emotional verlaufenen ersten Teil der Konferenz, nämlich der Frage zur Lösung der Piratenproblematik, war die Thematik der Verteilung von Fischfangrechten eher etwas für juristische Experten. Wichtig auf ihrer Ebene als Diplomaten war und ist die einvernehmliche Feststellung der anwesenden Ostseeanrainer, dass erstens der Fang von Fischen um die Küstenbereiche herum in festgelegten und akzeptierten Grenzen definiert werden muss. Und zweitens müssten alle Anrainer, aber ebenso auch Länder wie Großbritannien und Österreich, auf dem freien Meer unbegrenzten Zugang haben. Zur Frage stehen also zum einen die konkrete Ausdehnungen der territorialen Gewässer und zum anderen der Zugang dazu, beispielsweise durch den Öresund, an dem seit Jahrhunderten Zoll für die Passage kassiert worden ist. Ganz gewiss ein Thema, das mit zunehmendem Seehandel überall in der Welt an Bedeutung gewinnen wird. So mögen Verhandlungen im Ostseebereich vielleicht einmal wegweisend für andere Regionen sein. Am frühen Nachmittag beschließt Niels Olsen mit Einverständnis der Delegationsleiter die Bornholmer Konferenzrunde. Er und der königlich-dänische Adjutant von Wulff sind darauf bedacht, noch vor dem Abend nach Kopenhagen abzusegeln, um jeder seinem jeweiligen Vorgesetzten Bericht zu erstatten. Dass während der Konferenz auf dänischem Territorium von verbrecherischen Elementen zwei Menschen entführt worden sind, ist allein schon schlimm. Dass die Entführung offensichtlich mit dem Thema „Bekämpfung von Piraterie" im unmittelbaren Zusammenhang steht, ist noch schlimmer. Dass es sich bei dem entführten Mann um einen preußischen Offizier, den Erzieher der königlichen Prinzen und den Erben eines der größten Vermögen handelt, ist das allerschlimmste, was besonders Niels Olsen als der Leitende der Konferenz für eine persönliche Niederlage ansieht. Das kann durchaus das Ende seiner verheißungsvollen Karriere im Außenministerium sein. Zum Haare ausraufen, wenn da noch welche wären! Während sich die Engländer ebenfalls unverzüglich nach Kopenhagen einschiffen, bleiben die anderen Delegationsteilnehmer noch auf der Insel und verabreden sich zu einem gemeinsamen Abendessen im Hotel „Zum Greifen". Nur der schwedische Major Bille hat noch eine andere Verabredung und verabschiedet sich rasch. Vor der Tür des Amtshauses sieht Friedrich ihn noch mit einem der offiziellen Konferenzprotokollanten stehen und er beobachtet, wie der Schwede dem Mann einen Umschlag übergibt.

In der preußischen Gesandtschaft zu Kopenhagen erhält man noch am späten Abend des Folgetages die kurze Depesche von Legationssekretär v.d. Spree. Gräfin Donner ist aufgelöst und fragt immer wieder: „Und was ist mit unserem lieben Friedrich?" „Beruhige dich, Wilhelmine. Der Entführte ist sein Freund, Henning von Falckenhain. Und das ist schlimm genug. Den alten Herrn auf Falckenhain, du kennst ihn ja, wird der Schlag treffen. Ich werde Friedrich Spree gleich eine Nachricht senden, dass er über seine Zeit auf Bornholm bis zur Aufklärung des Falls frei disponieren kann, obwohl ich ihn hier so dringend benötigte." Der momentane Ärger seiner Tochter Ingrid mit diesem Filou Max Schreiner macht dem Gesandtenehepaar nämlich schwer zu beschaffen. Der dänische Gardeleutnant scheint ganz offensichtlich dem total verliebten Backfisch die Ehe versprochen und Ingrid verführt zu haben. „Glücklicherweise noch ohne Folgen! Zwar würde ich gerne bald Großmutter, aber nicht mit so einem Don Juan als Schwiegersohn. Du musst einfach etwas unternehmen, Wilhelm! Vorgestern diese mannstolle Falckenhain, gestern die verführerische Mathilde Klampenborg. Und heute kommt er wieder in Reue zurück zu unserem Kind. Diese Förstertochter ist wohl überraschend auf Reisen und dem Herrn momentan für galante Abenteuer nicht zur Verfügung stehend. Zustände sind das hier in Kopenhagen! Und unsere Ingrid ist so ein Schaf, dass sie immer wieder auf diesen Hallodri hereinfällt. Könnte es denn nicht so einer wie der Friedrich Spree sein?" Wilhelm Graf Donner hört nicht zu. Er ist in Gedanken bei den Vorfällen auf Bornholm und fragt sich, was er als preußischer Gesandter überhaupt tun kann, tun soll, tun muss. Auf jeden Fall geht er am nächsten Morgen zum Außenminister, vielleicht sollte er auch um Audienz bei Frederik VI. ersuchen, um allerhöchsten Druck auf das Piratenpack auszuüben und außerdem die dänische Bürokratie einmal so richtig in Schwung zu bringen.

Seine Erlaucht, Graf Christian von Falckenhain, hat jedoch zum Glück nicht der Schlag getroffen, als Reeder Schönerrock ihm per Eilboten die Nachricht über die

Entführung seines einzigen Sohnes überbringt. Gerade hatte ihn vor ein paar Tagen die jüngste Tochter, Komtesse Andrea, mit der freudigen Nachricht überrascht, dass ein junger fescher Husarenoffizier um ihre Hand anhalten will. Wenn sein Sohn Henning wüsste, dass es sich um Leutnant Edelbert von Behlow handelt, der aus seinem alten Regiment in Potsdam stammt, was würde der sich freuen. Endlich kann er eine seiner Töchter verheiraten, auch wenn es vom Alter her die falsche Reihenfolge unter seinen Mädels ist. Aber vielleicht wird es die beiden älteren ermuntern, es der jüngeren Schwester gleich zu tun und nicht einmal als alte Jungfern in einem Adelsstift zu enden. Diese Freude des in den letzten Monaten durch die Strapazen in Verbindung mit sehr intensiver politischer Arbeit und Reisediplomatie äußerlich nunmehr sichtlich gealterten Grafen tritt ganz in den Hintergrund in der Sorge um seinen Henning. Seine drei Töchter und Onkel Willy trösten ihn in seinem Kummer, der doch auch ihr gemeinsamer ist. „Gleich morgen will ich nach Bornholm, um das Lumpenpack auszuräuchern!" „Lass nur, Vater! Friedrich ist auch dabei auf Bornholm, und der ist doch wie ein Bruder und Beschützer, wie du weißt", antwortet unerwartet energisch Elisabeth. „Wenn jemand von der Familie dort hin fährt, dann sind das Onkel Willy und ich. Du musst, wenn notwendig, die Fäden von Berlin aus ziehen, während wir dein verlängerter Arm auf dieser dänischen Pirateninsel sind. Dorothea und Andrea bleiben hier bei dir. Na, bei Andrea bin ich mir nicht so sicher." „Lieber einen Husarenleutnant für mich allein, als einen Rittmeister mit anderen teilen", kontert die jüngste Schwester. Dorothea und Elisabeth erröten beide und schweigen betreten. Andrea erkennt, dass sie zu weit gegangen ist und macht auf ihre reizende jungmädchenhafte Art den Fehler wieder gut, indem sie beide Schwestern in den Arm nimmt und dabei sehr reuevoll und zerknirscht dreinschaut. Onkel Willy streicht ihr sanft - so wie eine Anerkennung - über den Kopf, während der Vater - gedanklich gänzlich abwesend - von dieser tief unter die Haut gehenden Stichelei der Töchter überhaupt nichts mitbekommen hat. Der Rest des Abends auf Schloss Falckenhain vergeht mit Kofferpacken, so als wollte die in Hyperaktivität verfallene Elisabeth mit dem Onkel eine Reise rund um die Erde antreten. Onkel Willy und der Oberinspektor von Hochmeier kümmern sich währenddessen um die Reisevorbereitungen, denn es soll bereits am nächsten Morgen ganz früh mit der schnellsten gräflichen Kutsche losgehen. Christian Falckenhain gibt seinem Finanzberater und Verwandten Wilhelm von Stackel noch einen größeren Geldbetrag mit auf den Weg, um eventuelle Lösegeldforderungen der Entführer bereits an Ort und Stelle erfüllen zu können.

-6-

In seinem Gasthaus erhält Lars Rutger von Müller die Nachricht seines Komplizen, nämlich des schwedischen Majors Bille, übermittelt, dass die Zerstörung der Lagerhallen und eines Teils des Heringsverarbeitungsbetriebs der Greifenreederei erfolgreich durchgeführt worden ist. Ein Missgeschick ist jedoch passiert, indem die Entführer anstatt des Leiters der Handelsniederlassung einen Fremden, der sich gerade im Hause befand, niedergeschlagen und zusammen mit der Frau Lundquist verschleppt haben. Später hat Bille in Erfahrung gebracht, dass es sich bei dem Fremden um keinen geringeren als Graf Henning von Falckenhain handelt, königlich-preußischer Major und Höfling, der zudem Juniorchef und Erbe der Reederei ist. „Na bravo!", ruft von Müller aus. „Das eröffnet uns ganz neue Möglichkeiten." Eigentlich wollte er mit der Entführung nur die Greifenreederei und ihre Beschäftigten erschrecken, und mit der Zerstörung der Heringsverarbeitung sollten die Preise für den Hering in die Höhe getrieben werden. Gleichzeitig wollte er den verhassten Briten, diesen „perfiden Inselaffen", die es gewagt hatten, seine von ihm so tapfer verteidigte Hauptstadt Kopenhagen in Brand zu schießen, eindringlich demonstrieren, was sie hier in der Ostsee alles zu erwarten haben. „Jetzt bietet es sich an, einen strategischen Schlag gegen die deutsche Konkurrenz zu führen!" Soweit Müller orientiert ist, besitzt der alte Graf Falckenhain großen politischen Einfluss in Preußen und ist mindestens zehnmal so reich wie er selbst. Der wird für das Leben seines einzigen Sohnes bestimmt alles tun, was er, der große Lars Rutger von Müller, verlangen wird. Aber was könnte das sein? Er muss mit dem verschlagenen Rufus Bille darüber reden. Gewiss hat dieser ausgekochte Schwede wie immer eine gute Idee. Nur, wo bleibt der Kerl überhaupt? Kann er sich auch wirklich auf ihn verlassen, auf einen Mann, der für seine kostspieligen Vergnügungen, Hobbies und Experimente Unsummen an Geld verbraucht und dem zu dessen Beschaffung jedes Mittel recht ist, bestimmt auch der Verrat!

Henning Falckenhain und Agneta Lundquist befinden sich immer noch eingesperrt in dem Schuppen neben der Rundkirche. Es ist helllichter Tag, die Glocken haben gerade acht Uhr geschlagen. Beide müssen trotz ihrer unbequemen Lage kurz eingeschlafen sein. Draußen sind zwei männliche Stimmen zu vernehmen, die sich nähern. Die Tür zu ihrem Gefängnis wird halb geöffnet. Das hereinfallende Licht scheint auf ein paar Ackergeräte und Strohballen, ansonsten ist der Raum leer. Henning verspürt Durst, der Gaumen ist gänzlich trocken und der Geschmack von geronnenem Blut ist einfach ekelhaft. Bei einem der Männer handelt es sich um den Anführer der Entführer, der andere hat seinen Hut tief ins Gesicht gezogen, so dass man ihn nicht erkennen kann. Er hat einen Krug Wasser mit zwei tönernen Bechern sowie zwei großen Stücken Brot gebracht und legt es neben die beiden Gefangenen. „Könnt Ihr uns wenigstens die Handfesseln lösen", fragt Agneta Lundquist mit etwas kratziger Stimme. Von dem Unbekannten werden ihr die Handfesseln so weit gelockert, dass sie ihre Hände freier bewegen kann. Der Mann brummt noch etwas dazu, was Henning nicht verstehen kann. Das Tor wird geschlossen und bald sind die Stimmen der beiden Männer, die sich etwas erregter unterhalten, nicht mehr zu vernehmen. „Was wollten die?", fragt Henning seine Mitgefangene. „Der eine hat mich nur gewarnt, auf keine dummen Gedanken zu kommen. Draußen hat ihm auch der Schwede Vorwürfe gemacht, dass er die Fesseln etwas zu weit gelockert hat. Zuerst lockern wir auch ihre Fesseln ein wenig, so dass es nicht gleich auffällt, aber doch so, dass es mehr Bewegungsfreiheit gibt und das Blut nicht so gestaut wird."
„Vielen Dank, liebe Agneta", sagt Henning sehr vertraulich zu ihr. „Sie sind eine

sehr couragierte und patente Frau. Wir werden beide schon gemeinsam aus diesem Schlamassel heraus kommen." Frau Lundquist ist als Enddreißigerin noch sehr gut durchtrainiert, so gar keine Matrone, wie so viele andere Frauen und Mütter ihrer Altersklasse. Sie ist eigentlich mit ihrem hochgesteckten blonden Haar und den blitzenden blauen Augen eine richtig hübsche Person, realisiert der Junggeselle Henning. Ja, so eine gefällt ihm auch, selbst in so einer Notsituation, oder vielleicht gerade deshalb. „So schlimm kann unsere Lage eigentlich nicht sein. Unsere Entführer sind zwar brutale Kerle, aber man will für uns bestimmt ein gutes Lösegeld herausschlagen, was auch kein wirkliches Problem für unsere Firma sein sollte. Danach lässt man uns ganz sicher wieder frei." „Sie wollen mich bestimmt nur trösten, Herr Graf. Wir Bornholmerinnen sind stark im Nehmen, aber herzlichen Dank für Ihre Freundlichkeit", und dabei strahlt sie ihn mit einem beinahe noch mädchenhaft anmutendem Lächeln an, so als hätte auf einem Ball ihr heimlicher Lieblingstänzer sie erneut zum Tanze aufgefordert. „Aber wir sollten uns erst einmal mit dem, wenn auch kargen, Frühstück stärken; denn der Tag wird uns bestimmt noch viel abverlangen." Dem kann Henning nur zustimmen.

Gerade hat Friedrich Spree sich nach diesem aufregenden Tag ein wenig frisch gemacht, als Herr Lundquist bei ihm anklopft. „Vom Hafen kommt ein Bote. Die „Stralsund" liegt draußen vor der Hafeneinfahrt vor Anker. Bei dem stark ablandigen Wind wagt ihr Kapitän sich offensichtlich nicht durch die Einfahrt. Sollen wir uns hinüber rudern lassen?" „Ja, auf jeden Fall. Vielleicht gibt es neue Nachrichten." Spree greift zu einer kleinen Aktentasche, in der er die vom preußischen Außenministerium ausgestellten Vollmachten aufbewahrt hat. Es sind Aufforderungen, dem Überbringer dieser Vollmacht jedwede Unterstützung angedeihen zu lassen. Da es jedoch nur Papiere sind, die von einem leitenden Beamten des Außenministeriums unterschrieben sind und nicht etwa Weisungen des Regierungschefs oder gar des Königs, ist es jeder nicht dem Außenminister nachgeordneten Behörde freigestellt, in welchem Umfang sie tatsächlich Hilfe leisten will. Doch sollte die gewünschte Unterstützung nicht erfolgen, dann müssten auf der anderen Seite schon sehr triftige Gründe vorliegen. Denn trotz aller Eifersüchteleien zwischen den einzelnen Regierungsressorts war die gegenseitige Hilfestellung eine ungeschriebene Verpflichtung, ja eine Korsettstange des preußischen Regierungs- und Beamtenapparats. In dieser Gewissheit ließ der Legationssekretär sich zum einzigen im Dienst befindlichem preußischem Kriegsschiff hinüberrudern, von dessen Existenz er als ehemaliger Heeressoldat bisher überhaupt noch keine Kenntnis genommen hat. Das von zwei Ruderern bemannte Boot der Greifenreederei stößt, etwas unsanft vom steifen Wind gedrückt, an den Rumpf der „Stralsund". Spree hangelt sich an einem Fallreep hoch zur Reling und will sich elegant herüber schwingen, was ihm jedoch nicht gelingen soll. Auch fliegt sein zwei Taler teurer Zylinder vom Kopf, zum Glück nur auf die Planken und nicht in die schäumende See. Doch er bewahrt trotz des Schlingerns und trotz des amüsierten Grinsens der Matrosen Haltung, hebt den Zylinder auf, stülpt ihn etwas zu heftig über die Schläfen und stellt sich und den bei weitem geübter an der Bordwand hoch gehangelten

Schiffsagenten vor: „Spree, preußische Gesandtschaft Kopenhagen, Herr Lundquist von der Greifenreederei." Der Marinesoldat, den er angesprochen hat, hat es nicht nötig, sich selbst vorzustellen, doch gibt er einem Maat, offenbar ein Unteroffizier bei der Marine, den Auftrag, die beiden Herren zum Kommandanten zu führen. Erst nach dreimaligem Klopfen ertönt ein gedehntes „herein". In der etwa zwei x drei Meter großen, oder besser gesagt kleinen Kabine, sitzt hinter einem sehr schlicht aussehenden Schreibtisch ein etwas untersetzter Mann im mittleren Alter. Auch nachdem Friedrich Spree Herrn Lundquist und sich noch einmal vorgestellt hat, erhebt der sich weder noch stellt er sich selbst vor, sondern schaut die beiden Besucher von oben bis unten an und stiert danach auf die vor ihm ausgebreiteten Karten. Dem unhöflichen Kommandanten hängt sein strähniges Haar in die Stirn. Sein Blick wirkt irgendwie glasig, soweit man das im Halbdunkel erkennen kann. „Und mit wem haben wir bitte schön das Vergnügen?" „An Bord meines Schiffes stelle ich die Fragen. Und Sie sprechen, wenn ich Sie dazu auffordere. Also, womit kann ich dienen?" In der niedrigen, nur knapp sechs Fuß hohen Kajüte, schwebt eine unsichtbare Wolke von schon lange abgestandener Tabakasche, Branntwein, Essensdunst und ansonsten schlichtweg verbrauchter Luft. Kurz gesagt, es stinkt recht erbärmlich. Herrn Lundquist scheint es vor so viel Unverschämtheit die Sprache verschlagen zu haben. Er schaut auf Friedrich, scheint von diesem irgendeine gereizte oder herrische Erwiderung zu erwarten. Doch der Diplomat Spree beherrscht sich, seine graugrünen Augen blitzen sogar etwas vergnügt. Er hat schon mehrfach, wenn er in Zivil war, und nicht etwa in der automatisch Respekt einflößenden Uniform des Husarenoffiziers steckte, mit Behörden zu tun gehabt. Dabei erlebte er das aufgeblasene Verhalten subalterner Beamter und hat diese je nach Lust und Laune abgekanzelt oder auch einfach gewähren lassen. „Herr Kapitän, wir suchen nach zwei Entführten, einer Dänin und einem Preußen, die vermutlich auf einem schwedisch ausgeflaggten Kutter mit dem Namen „Palle" gestern Abend von Rönne aus verschleppt worden sind. Wir bitten höflichst um Auskunft, ob Sie mit Ihrem Schiff den Schweden gesehen haben oder sonst etwas bemerkt haben, was zum Auffinden der Gesuchten beitragen kann." Der unverschämte Kommandant knurrt so etwas wie „....kann ja jede Landratte... jeder Zivilist kommen, der noch grün hinter den Ohren ist... Was interessiert es mich, wohin dieses saubere Pärchen sich auf und davon gemacht hat..." „Herr Kapitän, ich danke Ihnen auch im Namen des preußischen Gesandten für die interessanten Einlassungen. Ich werde mich nunmehr an die dänische Kriegsmarine wenden und um Amtshilfe bitten. Interessiert Sie eventuell der Name des entführten Preußen?" „Nein, und wenn es der Kaiser von China wäre." „Nein, Herr Kapitän, der chinesische Kaiser ist nach meinem Wissen kein preußischer Staatsangehöriger. Der Name des preußischen Mannes, von dem ich Ihnen die ganze Zeit berichte, ist übrigens Erbgraf Henning von Falckenhain, Major der Garde, Mitglied des Hofstaates seiner preußischen Majestät, König Friedrich Wilhelm III.. Aber wenn Sie sich nicht einmal um einen Kaiser kümmern, dann gewiss erst recht nicht um einen schlichten Major und Erbgrafen. Guten Tag, Herr Kapitän." Spree öffnet die Kajütentür und verlässt mit Lundquist die Kajüte, sieht aus dem Blickwinkel den ungehobelten Tölpel in sich zusammensinken. Der Auftritt war bühnenreif, nur muss Friedrich Spree jetzt an Bord dieses Schiffes mit seinen seltsamen Besatzungsangehörigen denjenigen finden, der nach dem ganz offensichtlich verwirrten Kommandanten auskunftsfähig ist und zu kommandieren in der Lage ist. Er hat bisher genug Zeit vertrödelt, nun heißt es, zu handeln. „Wer ist der wachhabende Offizier?" Ein Mann mit dem Kieker unter dem Arm, der vorhin noch nicht an der Reling stand, kommt auf Spree zu. Die zu kommandieren gewohnte Stimme des Rittmeisters lässt den Wachhabenden aufhorchen. Spree kommt gleich zur Sache. „Ich bin Legationssekretär Friedrich von der Spree, außerordentlicher Bevollmächtigter der Regierung seiner Majestät, des Königs von Preußen. Ihr Kapitän scheint offensichtlich nicht bei Sinnen zu sein. Mit den Vollmachten eines Rittmeisters mit königlich- preußischem Patent vom Oktober 1813 erkläre ich „Gefahr für den Staat im Verzuge" und übernehme das Kommando über alle gemeinsamen Land- und Seeoperationen im Gebiet um Bornholm gemäß der preußischen Kriegsartikel Nr. Fünf, Absatz Drei. Der Schoner „Stralsund" untersteht ab sofort meinem Kommando. Solange Ihr Kommandant den Dienst nicht versehen kann, übernehmen Sie die Befehlsgewalt. Übrigens, wie heißen Sie?" „Oberbootsmann Franz Detlev Braun, Herrn Rittmeister zu Diensten." Nun, dieser Coup war gelungen. Was man doch mit forschem Auftreten so alles erreichen kann. Der frisch gebackene „Oberkommandierende" Spree weist Oberbootsmann Braun und zwei weitere von diesem herbeigerufene Bootsleute in die Lage ein. Auf der Fahrt der „Stralsund" von der südschwedischen Küste ist ihnen nur auf weite Entfernung ein einziges Schiff begegnet, das im Entferntesten der „Palle" ähnlich sah. Es hat auf Höhe der Bornholmer Nordspitze Kurs Nordost genommen und war bald am Horizont verschwunden. Oberbootsmann Braun schlägt vor, in südlicher Richtung die Insel zu umsegeln und sich von der Signalstation im Hafen Gudhjem aus wieder zu melden. Er stellt von der Spree einen milchgesichtigen Jungen von der Besatzung als Gehilfen zur Verfügung. Es ist ein Seekadett, in schlottriger Uniform, etwas verhungert aussehend, doch mit aufgeweckten Augen, der Hannes Heise heißt. Bevor Friedrich Spree mit Herr Lundquist von Bord geht, begibt er sich zusammen mit dem Oberbootsmann noch einmal in die Kajüte des Kommandanten, der immer noch mit blödem Gesichtsausdruck und hochrot angelaufenem Kopf an seinem Schreibtisch sitzt. Braun ruft nach dem Sanitätsmaaten, der mit einem kleinen Köfferchen herbeistürzt. „Der Kommandant hat wieder einen Anfall, ich werde ihn zur Ader lassen." Da Leutnant Schele, der offensichtlich schwer erkrankte Kommandant der „Stralsund", nicht ansprechbar ist, verlassen Spree und Braun die Kajüte und eilen nach oben. „Das Schiff hat mit dem Ausfall des Kommandanten keinen Offizier, und damit keinen Disziplinarvorgesetzten an Bord, Herr Rittmeister." Der Rittmeister außer Diensten erinnert sich an seine Dienstzeit unter Kriegszeiten, als unter solchen Situationen rasch jemand mit vorübergehendem Dienstgrad das Kommando übernehmen musste. Das müsste hier bei der Marine doch ebenso sein. Spree ruft die beiden Bootsleute herbei und erklärt mit feierlicher Stimme: „Im Namen seiner Majestät des Königs ernenne ich Oberbootsmann Franz Detlev Braun mit vorläufiger Wirkung zum Dienstgrad eines Leutnants in der königlich-preußischen Marine. Herr Leutnant, übernehmen Sie das Kommando über die „Stralsund"." Spree schüttelt dem stramm stehenden Schiffsführer die Hand. Er macht sich keine großen Gedanken, ob das alles so amtlich und richtig ist. Jetzt musste einfach gehandelt werden und nicht etwa nach irgendwelchen administrativen Ausflüchten gesucht werden, um sich dahinter zu verstecken und um eine Entscheidung zu drücken. So hat er das schon in der Kadettenausbildung gelernt, und sein Freund und ehemaliger Regimentskommandeur, der Oberst v.d. Tanne, würde das bestimmt gutheißen. Und das sollte schließlich der Maßstab für sein Tun und Handeln sein.

Spree kommt durch seinen Abstecher zur „Stralsund" zwangsläufig zu spät in das Hotel „Zum Greifen", wo man ihn schon erwartet. Major Erdholm macht ihn kurz mit seiner jungen Frau Karin bekannt, die mit den drei kleinen Kindern im Hotel wartet, bis ihr Mann seine Arbeit mit der Entführung erledigt hat, um gemeinsam mit ihm zu ihrer Kommandantenresidenz auf der Christiansinsel weiter zu reisen. Der dänische Major klärt Spree kurz auf, dass er Nachricht hat über ein schwedisches Schiff mit dem Namen „ Oskar Grönlund", das jedoch die gesuchte „Palle" sein könnte, nur mit verändertem Namen. Die „Oskar Grönlund" wurde zuerst ankernd um die Christiansinseln gesichtet und ist dann weiter zur Bornholmer Südspitze gesegelt. Die Nachrichten kamen über die neu eingerichtete Gudhjemer Signalstation, die bei guter Sicht über nur drei Relaisstellen in Minutenschnelle an die Inselkommandantur solche Meldungen übermitteln kann. Des weiterten hat Major Erdholm die Rückmeldungen einiger Dorfpolizisten, die in den Ortschaften und einzelnen Höfen verschärft Ausschau nach Fremden halten sollten. Hier jedoch Fehlanzeige! Die Durchsuchung der Höhlen und Verstecke an der Nordhälfte erweist sich als langwierig. Ein Fischer will nördlich von Hasle ein fremdes Schiff gesehen haben, das Lichtsignale mit jemandem an Land ausgetauscht hat. Erdholm hat bereits den Polizeiinspektor persönlich mit der Suche in dem Bereich beauftragt, doch das braucht alles Zeit, zumal nur wenige Reitpferde zur Verfügung stehen. Spree berichtet über die „Stralsund" ohne jedoch das seltsame Gebaren des Schiffskommandanten zu erwähnen. Auch hat er vorher Lundquist zur Verschwiegenheit verpflichtet. Es handelt sich hier beinahe um ein Staatsgeheimnis, dass das einzige preußische Schiff, das hier operiert, von einem verwirrten Kommandanten geführt wurde. Außerdem, welch' Blamage! Mit was für Dingen er sich hier auch herumschlagen muss. Er denkt wieder an Eitel von der Tanne, der ihm zwar zu dem Wechsel in den diplomatischen Dienst geraten hatte, allerdings noch bemerkte, dass „die Zeit der Abenteuer damit vorbei ist". Wenn der auf seinem Gut in Pyrmont wüsste, dass Spree den Rat seines verehrten Kommandeurs gern eingeholt hätte. Erdholm lässt über die Signalstation den Hafen in Gudhjem über den Einsatz des preußischen Schiffes informieren und bittet darum, den Seekadetten zur Verstärkung seiner kleinen Truppe in der Signalstation einzusetzen, dem Spree sofort zustimmt. Eine Herausforderung für den jungen Kadetten, auch sprachlicher Art. Der kaum 17jährige Hannes Heise freut sich sichtlich, dass er einen wichtigen Auftrag erhält, und ganz besonders, dass ihm ein so hoher Herr wie der Rittmeister persönlich die Einzelheiten der Mission schildert und ihn, den ungleich niedriger gestellten und unerfahrenen Offizieranwärter, wie seinesgleichen behandelt. „Ich werde mein bestes tun, Herr Rittmeister." „Davon bin ich überzeugt, Kadett Heise. Aber nun mal los, hier haben Sie noch ein paar dänische Kronen für alle Fälle." Eigentlich hatte Friedrich v.d. Spree seinen Offizierrock abgelegt und damit auch die Verantwortung für militärische Untergebene abgegeben. Und nun ist er mit einem Mal der Verantwortliche für eine militärisch-diplomatische Aktion von ungeahnter Tragweite. Major Erdholm reißt ihn aus seinen Gedanken. „Eigentlich wollte ich ein selbständiges militärisches Kommando übernehmen und freute mich schon auf meine langersehnte Beförderung zum Oberstleutnant, und jetzt bin ich mit einem Male hier der Dorfpolizist und jage Verbrecher. Gleichzeitig hört aber die kleine Bornholmer Flotte auf mein Kommando. Ein ganz neues Gefühl." Diesen zwei aufregenden Tagen folgten drei Tage des Wartens. Immer wieder „Fehlanzeige", sowohl bei der Suche auf der Insel als auch nach dem schwedischen Schiff, das spurlos verschwunden ist. Der schwedische Diplomat Baron von Südling hat Wort gehalten. Er ist über Malmö nach Kopenhagen zurückgekehrt. In der schwedischen Hafenstadt auf der anderen Seite des Öresunds, wo bald die Ministerkonferenz stattfinden soll, liegt gerade die neue dreimastige Fregatte „Desideria". Ein Schiff mit 50 Kanonen. Sie ist nach der Gemahlin des Schwedenkönigs benannt und soll wie das Schwesterschiff „Prinz Oskar" auch für die Seereisen der königlichen Familie genutzt werden. Besagte Fregatte „Desideria" macht sich bei günstigen Winden aus Nordwest ohne Verzug auf die gut halbtägige Segeltour von Malmö nach Rönne. Der schwedische Kommandant meldet sich an Land und seitdem gibt es eine fest organisierte Patrouillierung um Bornholm herum. Diese wird durchgeführt mit der „Desideria", der „Stralsund" und den beiden dänischen Kanonenbooten „Seehund" und „Seelöwe", die nun allesamt dem Kommandanten der schwedischen Fregatte als dem Dienstgradhöchsten unterstellt worden sind. „Damit ist das, was eigentlich erst durch unsere Minister in Malmö verhandelt und beschlossen werden soll, nämlich die maritime Ostseekooperation, bereits mit dieser kleinen Flottille in die Praxis umgesetzt worden. Jetzt brauchen wir nur noch den Erfolg, sprich die Befreiung der Geiseln und die Vernichtung der Verbrecher", fasst Spree zusammen, wozu ihm Oberst Knudsen als Inselkommandant nur beipflichten kann. Knudsen ist zugleich der Gesamtverantwortliche für diese internationale Operation. „Das, worüber ihr Diplomaten fast endlos schwadroniert, das setzen wir Militärs nach kurzer Absprache unverzüglich in die Tat um. Oh, Entschuldigung lieber Kamerad, Sie sind ja gewissermaßen auch Soldat, Spree. Aber stärken Sie sich erst einmal, Sie sehen ganz ausgehungert und durstig aus." Er erhebt sein Glas und prostet dem Preußen und danach auch den anderen Anwesenden zu.

Henning und seine sich tapfer in das Schicksal fügende Mitgefangene sind nunmehr drei Tage in ihrem Versteck untergebracht. Bewacht werden sie von dem Schweden und einem Einheimischen. Vielleicht oder eher schon wahrscheinlich ist dieser ein Beschäftigter der Pfarrei von der Rundkirche, in dessen Schuppen sie untergebracht sind. Sonderlich christlich ist das Verhalten jedoch nicht, denn beide Gefangenen sind auf ein hartes Lager auf Holzbohlen mit ein paar Handvoll Stroh gebettet. Nur

Frau Lundquist hat noch eine Decke erhalten. Die Verpflegung besteht aus Wasser, ganz schrumpeligen und schon muffig schmeckenden Äpfeln und ein paar harten Brotrinden. „Sagen Sie denen bitte, dass es bei so einer schlechten Verpflegung nur wenig oder gar kein Lösegeld gibt, Frau Lundquist." Doch als die Bornholmerin dies an den Schweden weitergibt, erschallt nur dessen hässliche Lache und er zieht sein Messer aus dem Gürtel und fuchtelt damit herum. Henning Falckenhain war bereits während der Napoleonischen Kriege schon einmal für einige Tage in harte französische Kriegsgefangenschaft geraten, hatte sich schließlich während des Weitermarsches mit Kameraden daraus befreien können und kehrte heil zur eigenen Truppe zurück. Er ist also Strapazen und Entbehrungen gewöhnt, doch die einschneidenden Fesseln und der harte Boden haben seine Gliedmaßen gänzlich unbeweglich gemacht, so dass in seiner jetzigen Lage an einen Fluchtversuch absolut nicht zu denken ist. Und dann fühlt er sich für das Leben der Frau mit verantwortlich. Sollten sie zufällig Vorbeikommenden durch Rufe Zeichen geben, so wollte der Anführer seinen Drohungen entsprechend sie beide ohne Vertun umbringen. Falckenhain nimmt ihm das ab und konzentriert seine Fluchtgedanken auf den weiteren Transport, der ihnen sicherlich bald bevorsteht. Dann müsste sich eventuell eine bessere Gelegenheit zur Flucht ergeben. Agneta Lundquist hat mehrfach ein paar Gesprächsfetzen mitbekommen, in denen von einem Weitertransport, aber erst bei schlechtem Wetter, gesprochen worden ist. „Das wird dann vermutlich weiter über See nach Schweden oder aber in östlicher Richtung, an die pommersche, ostpreußische oder baltische Küste, vielleicht gar bis St.Petersburg sein. Verstecke gibt es da tausendfach und überall Halunken, die für ein paar Silberlinge Verbrechen jeder Art begehen. Ein längerer Landtransport auf der Insel Bornholm selber ist für die Entführer nur ein Risiko. Allerdings ist bisher wohl keiner der nachforschenden Polizeikräfte auf die Idee gekommen, hier direkt neben einer Kirche zu suchen." Die trotz ihrer Gefangenschaft noch attraktiv aussehende Bornholmerin wirft Henning Falckenhain einen Blick zu, der schier endloses Vertrauen in seine ritterlichen Fähigkeiten verrät. Sie sind sich in diesen gemeinsamen Tagen durch lange Gespräche sehr nahe gekommen und fühlen sich so eng verbunden, wie es häufig erst während eines ganzen Menschenlebens geschieht. Obwohl sie die ganze Zeit ohne ein Minimum an Körperpflege auskommen müssen, geht von Agneta ein angenehmer Geruch, so wie von in der Sonne warm gewordenen Getreidesäcken, aus. Henning erinnert sich an seine Kindheit, wenn er bei der Ernte oftmals auf diesen Säcken saß und zusammen mit den Knechten auf den Abtransport zur Mühle oder Kornspeicher wartete und das reife Korn durch seine Finger gleiten ließ. Die gleichaltrige Agneta ist Lundquist's zweite Frau. Diese Ehe blieb kinderlos, doch aus erster Ehe existieren zwei Töchter, die sie jedoch nie als Stiefmutter akzeptiert haben. Auch heute noch nicht, wo diese selbst Familien haben, zählt allein nur der Vater; aber nicht dessen zweite Ehefrau. Hoffentlich enttäusche ich sie nicht, geht es Henning dabei durch den Kopf. „Hinter der Aktion muss bestimmt ein raffinierter Kopf stecken. Aber wir beide sind auch nicht so dumm, nicht wahr, liebe Agneta?"

Dieser raffinierte Kopf, in persona Lars Rutger von Müllers, sitzt immer noch in seinem vorübergehenden Hauptquartier in Ystad. Major Bille ist auch dazu gestoßen. Beide freuen sich über die große Aufregung, die sie auf der Insel Bornholm erzeugt haben und über den großen Fisch, der ihnen mit Graf Henning von Falckenhain an die Angel gegangen ist. „Der ist tausend Fässer Hering wert, und noch mehr. Und die Greifenreederei wird sich hoffentlich hier für immer verabschieden. Alle Dänen und Schweden müssen mir eigentlich dankbar sein, dass ich so eine starke Konkurrenz einfach von der Wasseroberfläche puste." „Ganz recht, Lars Rutger", pflichtet ihm Bille ganz devot bei. „Wir sollten die Lösegeldzahlung verdoppeln. Soll ich noch einen Boten hinterher schicken, Chef?" „Lass nur, an den gestellten Forderungen werden die ganz schön zu knabbern haben. Aber wie geht es jetzt weiter? Lass mal deine Vorschläge hören, Rufus." „In der Pfarrei sind unsere Geiseln eine Zeit lang sicher, aber nicht auf alle Ewigkeit. Wir sollten bei der nächsten Schlechtwetterfront die beiden Täubchen nach Allinge verbringen. Danach an Bord der „Oskar Grönlund" die Übergabe bewerkstelligen. Ich denke, dort an der Ostseite Bornholms, so auf der Höhe von Dueodde. Die Geiseln sollen doch lebend übergeben werden, oder?" „Ja, selbstverständlich. Man soll Goldesel niemals schlachten!" Ein dreckiges Lachen erschallt durch die Wirtsstube, beide Männer grinsen sich an. „Ja, Rufus, was ist aus uns prächtigen, hoffnungsvollen Offizieren geworden? Da tust alles für das liebe Geld, und ich, um meine Eitelkeiten und meinen tiefen Hass zu befriedigen."

Beim Inselkommandanten ist ein Brief ohne Absender übergeben worden. Der Inhalt ist kurz und bündig: „10.000 Taler und Schließung des Kontors der Greifenreederei auf Bornholm. Falls einverstanden, am Sonntagabend pünktlich acht Uhr drei Kanonenschüsse von der Rönner Hafenkanonade. Anderenfalls stirbt die erste Geisel. Gez. Ostseepatrioten." Oberst Knudsen sowie Major Erdholm kommen gerade aus der Nikolaikirche vom sonntäglichen Vormittagsgottesdienst zurück, als der Wachthabende Offizier ihnen den Brief der Entführer übergibt. Der mitdenkende dänische Grenadieroffizier hat bereits den Polizeiinspektor Schmidt sowie die Herren Spree und Lundquist benachrichtigt, die fast gleichzeitig in der Kommandantur eintreffen. Lundquist, der selbst nicht über so viel Geld verfügt, hat Probleme, hier für die Reederei eine Zusage zu machen. Friedrich Spree erklärt den anwesenden Herren, „dass die Regierung seiner Majestät des Königs Friedrich Wilhelm III. von Preußen für die finanziellen Bedingungen der Geiselnehmer eintritt. Und ich werde als enger Freund des Hauses Falckenhain auch für den zweiten Teil gutsagen." „Schließlich, meine Herren, müssen wir den Verbrechern erst einmal innerhalb der Frist die Zusage für ein Verhandeln und auf das Eingehen ihrer Bedingungen machen", erklärt Oberst Knudsen. Anschließend werden die entsprechenden Befehle erteilt und Inspektor Schmidt berichtet noch über die immer noch erfolglose Nachforschung an der Küste von Hasle. „Wahrscheinlich sind die Geiseln irgendwo Hunderte von Seemeilen entfernt versteckt. Hier auf der Insel haben wir jedes Haus und Gehöft durchsucht. Meine Polizisten waren Tag und Nacht auf den Beinen, sie brauchen jetzt etwas Ruhe." Knudsen schaltet sich ein: „Das ist nicht ganz zutreffend. In meinem Haus waren Ihre Polizisten beispielsweise nicht, Inspektor

Schmidt. Haben wir wirklich jedes Haus, Hof und Scheune überprüft? Oder gibt es da noch Bereiche, die wir einfach ausgeklammert haben, weil wir die von vornherein ausgenommen haben? Wir sollten diese Aspekte noch einmal von unten nach oben betrachten und uns in die Lage der Entführer versetzen, dabei keine Option, und sei sie noch so abwegig oder brutal, außer Acht lassen. Ich verfüge noch über ausgeruhte, teilweise sogar ortskundige Soldaten, die wir einsetzen könnten."

Am Montag in der Frühe ist ein weiterer Brief in der Kommandantur eingetroffen, dessen Absender und Überbringer man nicht habhaft werden konnte. Der Inhalt lautet: „Übergabe erfolgt in drei Tagen von heute an bei Hammershus, Einzelanweisungen folgen. Keine dänischen Kronen!" Gez. Ostseepatrioten. „Woher wussten die Verbrecher, dass wir dänisches Geld nehmen wollen, da es uns an preußischen Talern mangelt?", fragt Friedrich Spree den Inselkommandanten, der auch gleichzeitig die Polizeigewalt ausübt. Unter acht Augen und Ohren, heißt des Weiteren mit Major Erdholm und Polizeiinspektor Schmidt im Kontor, stellt Spree diese Frage und äußert den Verdacht, dass aus der Kommandantur und dem Dienstsitz des Stiftamtmanns diese Information nach außen gegangen sein muss, was auch erklärt, das niemand gesehen haben will, wie die Briefe ins Haus gekommen sind. „Haben Sie einen bestimmten Verdacht, Herr Rittmeister?" „Nein, den habe ich nicht. Vielleicht sollten wir einige Informationen unmittelbar und ohne Einschaltung von Sekretären und Boten weiterleiten." „Für meine Leute lege ich die Hand ins Feuer", beeilt sich der Polizeiinspektor zu bemerken. „Verbrennen Sie die sich nicht, Inspektor Schmidt. Sprees Verdacht ist berechtigt geäußert, erhöhte Wachsamkeit und besondere Diskretion sind angebracht", bemerkt Oberst Knudsen abschließend. Man kommt überein, die Ortschaften um die alte Burgruine Hammershus mit zusätzlichen Polizeikräften aus anderen Dörfern der Insel zu verstärken. Inspektor Schmidt wird in die Nähe dieser ehemaligen Burganlage, nach Allinge, die kleine Hafenstadt im Nordosten, entsandt. Knudsen und der Einsatzleiter Major Erdholm verbleiben in Rönne, um von hier mit Kurieren die Informationsfäden in der Hand zu halten. Der Kommodore der Überwachungsflottille teilt seine Kräfte nach eigener Entscheidung ein: Die beiden dänischen Kanonenboote sollen jeweils eins in Rönne und Gudhjem in höchster Bereitschaft verbleiben und via Signalstationen bei Bedarf ihre Einsatzbefehle erhalten. Die schwedische Fregatte „Desideria" mit ihrer hohen Feuerkraft und Geschwindigkeit überwacht die Gewässer zwischen Südschweden und der Nordspitze von Bornholm, dabei auch die Christiansinseln abdeckend. Die preußische „Stralsund" patrouilliert um die Insel. Mehrere Bornholmer Heringslogger sind vom Inselkommandanten konfisziert worden und werden als Aufklärer eingesetzt. Da es für diese Art von Dienstleistungen von der dänischen Krone nur wenig Erstattung gibt, hat Schiffsagent Lundquist 100 dänische Kronen als weitere Belohnung für das Auffinden der Entführten ausgesetzt. Er selbst scheint um das Schicksal des Juniorchefs besorgter zu sein als um das seiner eigenen Frau. Oder täuscht sich Friedrich Spree da etwa?

Alle Verantwortungsträger sind beschäftigt, nur Friedrich v.d. Spree weiß nicht, was er Spezielles tun könnte. Soll er auch hier warten, gewissermaßen dem Inselkommandanten vor den Füßen herumlaufen? Um das Lösegeld braucht er sich auch nicht mehr zu kümmern, da ist eine entsprechende Nachricht nach Rostock zur Greifenreederei abgeschickt worden. In der Rönner Filiale der Dänischen Bank liegt dänisches Geld im Wert von 10.000 preußischen Talern bereit. Darum kann und muss Herr Lundquist sich kümmern. Aber bis heute, Mittwochmorgen, einen Tag vor der geplanten Übergabe der Geiseln, ist noch kein Schiff der Greifenreederei in Rönne eingetroffen.

Spree hat vor knapp acht Jahren mit seinem Rittmeisterpatent und den darin enthaltenen Rechten und außerordentlichen Befugnissen, die er auf Lebenszeit vom König übertragen bekommen hat, das Kommando über eine Land-und Seeoperation übernommen. Seine Truppen bestehen aus einem Seekadetten, der in der Signalstation Tag und Nacht Dienst leistet und dem Briggschoner „Stralsund". Der befindet sich zurzeit auf der anderen Seite der Insel und meldet: „Keine Vorkommnisse, Mannschaft wohlauf." Ob das, was über den Gesundheitszustand gemeldet wird, wohl auch den abgesetzten Kommandanten mit einschließt? Spree begibt sich in das kleine Häuschen, das neben den Signalmasten steht. Dort befindet sich auch seine komplette Landformation in Person des Kadetten Hannes Heise, der gerade auf einen Stuhl zusammengesunken - in wirklich unbequemer Position - seinen verdienten Schlaf hält. Spree weckt den Kadetten, indem er ihm die Hand auf die Schulter legt. Der kleine Kerl springt sofort auf und rasselt unverständlich irgendeine Meldung herunter. „Besten Dank, Herr Kadett. Bitte mal Signal an „Stralsund": ‚Warten in Gudhjem bis zu meinem Eintreffen, Spree.' Können Sie reiten?" „Jawohl, Herr Rittmeister." „Richten Sie sich für ein paar Tage ein, denn wir brechen nämlich in einer Stunde nach Gudhjem auf, dort schiffen wir uns auf die preußische Brigg ein." Spree hat sich vom Major Erdholm einen berittenen Polizisten oder Soldaten als ortskundige Begleitung ausbedungen, um nach Gudhjem zu gelangen und dort auf die „Stralsund" zu gehen. Herr Lundquist stellt ihm außerdem noch einen der Knechte zur Verfügung sowie die besten Reitpferde, mit denen die Greifenreederei ebenfalls bestens ausgestattet ist.

„Macht euch bereit, gleich werdet ihr fortgeschafft." Henning Falckenhain nimmt diese Nachricht seiner Bewacher mit Spannung auf. Ist nun die Zeit des Wartens vorbei und damit eine Möglichkeit zum Fliehen gekommen? Er schaut Agneta Lundquist mit einem langen Blick an, der Zuversicht ausstrahlen soll. Sie erwidert mit dem Versuch eines Lächelns und hält seinem Blick stand. Die Kirchenglocke hat neun Uhr geschlagen, es ist bereits fast dunkel. Ein frischer Wind ist aufgekommen und schiebt ein paar grauschwarze Wolken vor den Halbmond. Die beiden Gefangenen, denen man die Fußfesseln gelockert hat, werden nach draußen geschupst. Henning stürzt, weil ihm die abgeschnürten Beine nicht gehorchen wollen. Die Frau wird gestützt. Henning erhält einen sehr schmerzhaften Fußtritt in das Hinterteil. „Steh nur auf, verdammter Edelmann", flucht der Schwede, während er Henning unsanft in den bereitstehenden Kastenwagen bugsiert. Und los geht die Fahrt in Richtung zu der Küste, die Henning vor ein paar Tagen bei ihrer Ankunft schon kurz gesehen hatte. Er massiert seine Füße, um das Blut wieder richtig zirkulieren zu lassen und gibt Agneta Zeichen, es ebenso zu machen. Vielleicht benötigen sie ihre Beine bald für einen Fluchtversuch. Es vergeht ungefähr eine knappe halbe Stunde, bis sie unten an der Küste angelangt sind. Unterwegs begegnet ihnen ein Jäger mit seinen beiden Hunden, der den Bornholmer kurz grüßt: „Na, Küster, wohin so schnell in der Nacht?" Der Schwede stößt ein paar Flüche aus, vermutlich, weil sein Spießgeselle erkannt worden ist. „Soll ich ihn kalt machen?", fragt er den Bornholmer, der aber nur mit dem Kopf schüttelt. Aber die beiden Gefangenen werden jetzt unter eine Plane gesteckt, damit sie nicht noch einmal von außen zu sehen sind. Es fällt schwer, ausreichend Luft unter der Plane zu holen. Henning und Agneta sind fast betäubt und vor Sauerstoffmangel einer Ohnmacht nahe, als sie wieder sehr unsanft unter der Abdeckung hervorgeholt werden. Sie stehen am äußersten Ende eines kleinen Hafens. Unmittelbar vor ihnen erkennt Henning die Aufbauten und Konturen der „Palle", auf die sie nun über eine schmale Planke geschoben werden. Schon legt das Boot mit dem Antrieb der Ruderer ab und ist ein paar Minuten später um die Hafenmole herum auf offener See. Das alles geschieht bisher fast lautlos und ohne Licht. Die Besatzung ist sehr diszipliniert. Der Halbmond ist auch gerade in diesem Moment hinter Wolken verschwunden. Der Wind ist böig geworden und erste Regenschauer gehen über die „Palle" hinweg. Die beiden Gefangenen bleiben noch neben dem Ruder an Deck. Agneta berührt mit ihrem Hals Hennings Schulterblatt. Ein wohliges Rieseln rinnt ihren Rücken herunter. Ganz kurz ist die missliche Situation, in der sie beide stecken, verdrängt. „Ja, genießt noch einmal die frische Luft. Heute Abend ist die Übergabe, bis dahin bleibt ihr im Laderaum. Und, wenn eure Freunde nicht zeitig mit dem Geld da sind, werdet ihr als Fischfutter dienen." Der Anführer der Verbrecher scheint sich am Klang und vermeintlichem Witz seiner Worte selbst zu erfreuen. Er lacht sein dreckiges Lachen, in das die anderen Halunken mit einfallen. „Was passiert anschließend mit uns?", fragt Graf Henning. Als Antwort ein weiteres hässliches Gelächter, was bestimmt nichts Gutes verheißt.

Ein paar Stunden, nachdem Rittmeister v.d. Spree mit seiner Begleitung nach Gudhjem aufgebrochen ist, gleitet ein Zweimaster von der Greifenreederei, die „Königin Luise", in den Hafen von Rönne. Für die 100 Seemeilen von Rostock bis Rönne hat der Kapitän dieses Mal über einen Tag gebraucht, da der unbewaffnete Schoner mit Komtesse Elisabeth Falckenhain und Wilhelm von Stackel an Bord zweimal kleinen bewaffneten Kuttern mit verdächtigem Fahrverhalten ausweichen mussten. Die „Königin Luise" ist ein wirklich schnittiger Segler, der unter voller Besegelung auf seine Geschwindigkeit setzen kann und damit auf offener See allen Feinden zu entkommen versteht. Der Kapitän hat vom alten Reeder Schönerrock noch den strikten Hinweis erhalten, mit der wertvollen Fracht nicht das aller geringste Risiko einzugehen. Und damit meint Fritz Schönerrock nicht die 20.000

Goldtaler, die Stackel mitführt, sondern besonders die Tochter seines Teilhabers und Freundes Falckenhain. Die Gefahr, in der der Junior sich momentan befindet, berührt ihn so, als wenn es der eigene Sohn wäre.
An der Kaimauer von Rönne steht Agent Lundquist, um sofort nach Festmachen des Schoners an Bord zu gehen. Er begrüßt den ihm bereits bekannten Finanzberater v. Stackel und Komtesse Elisabeth und informiert sie über den Stand der Ergebnisse. Als Elisabeth von Friedrich Sprees Abwesenheit von Rönne erfährt, zeigt sie sichtbar ihre Enttäuschung.

Die gut zwei Meilen legen Spree und seine Begleiter in vier Stunden zurück, dabei sind kurze Stopps an den Signalstationen einberechnet. Der bei Trockenheit gut passierbare Feldweg nach Gudhjem führt durch ausgedehnte Waldungen und Heidelandschaften. Dann stehen sie auf einer kleinen Hochebene und schauen auf einen Hafenort herab. Der Polizist erklärt: „Dort unten, das ist Gudhjem. Geradeaus weiter am Horizont erkennt man die Christiansinseln. Da hat die englische Flotte sich mehrfach eine blutige Nase geholt." Und da unten ist auch die „Stralsund" lässt sich Kadett Hannes Heise vernehmen. Er hat sich recht gut auf dem Pferd gehalten, doch scheint ihm der Anblick seines Schiffes klar zu machen, wo er wirklich hingehört, nämlich aus dem Pferdesattel heraus auf die Schiffsplanken oder hoch hinauf in die Wanten. Von diesem erhöhten Punkt schweift Sprees Blick nach Norden bis zur äußersten Spitze der Insel, wo morgen die Übergabe stattfinden soll. Die Sonne des frühen Nachmittags scheint voll auf sie herunter. Glücklicherweise hat es überall an den Signalstationen für Mensch und Tier frisches Wasser gegeben. Das Meer scheint in einem silberblau, das durch einige Bereiche in grün oder graublau unterbrochen wird. Es sind keine Schaumkronen zu erkennen. „Die Federwolken da im Südwesten deuten für heute Nacht und morgen auf aufkommendes Regenwetter hin, Herr Rittmeister." Spree bedankt sich bei dem Kadetten, der wohl seine Gedanken ahnt, als er mit fragendem Blick zum Himmel schaut. „Auf geht es, die letzte Viertel Meile schaffen wir auch noch." Damit setzt sich Spree in Bewegung und der ortskundige Polizist trabt voraus, um sie zu führen. An Bord der „Stralsund" begrüßt sie Leutnant Braun mit Pfeifengetriller. Er erstattet Bericht über ihre Patrouillen. Der suspendierte Kommandant Schele ist weiterhin krank. Sein Geist hat sich nun total verwirrt, und er scheint auch niemanden zu erkennen, nimmt jedoch Nahrung zu sich. Gerade ist eine Nachricht von der Signalstation im Hafen für den Herrn Rittmeister eingetroffen: „Schiff der Greifenreederei in Rönne gelandet, Geld dabei." Also gibt es da auch keine Probleme mit der von den Entführern geforderten Währung des Lösegeldes, was Friedrich Spree zutiefst beruhigt. „Herr Leutnant, ich bleibe vorerst an Bord. Setzen Sie bitte Segel und nehmen sie Kurs auf die Nordspitze. Ich möchte mich mit dem Gelände von See her vertraut machen. Kadett Heise, würden Sie die Güte haben und die Inselkommandantur von unserem Vorhaben benachrichtigen."

Der Jäger, der am späten Abend noch den Küster der Olskirche mit einem Fremden auf dem Kutschbock auf dem Weg zum Hafen nach Tejn beobachtet hat, erzählt nach dem Nachhausekommen seiner Frau von diesem merkwürdigen Vorfall. „Und du sagst, auf der Ladefläche saßen noch ein dir unbekannter Mann und eine Frau? Das passt genau auf die Leute, nach denen der Polizist aus Allinge gefragt hat. Jesper, du musst das der Polizei melden. Was fährt der Küster auch so spät mit verdächtiger Fracht durch die Felder?" „Gut, Frau, das will ich morgen gleich nach der Feldarbeit erledigen." „Nichts da, Jesper! Morgen früh gehst du los. Ich rede mit dem Gutsherrn, dass du erst später zur Arbeit kommst. Und, erkundige dich auch gleich nach der Belohnung." Am Morgen hatte es ein paar Regenschauer gegeben, so dass der Weg nach Allinge wegen des rutschigen Untergrunds etwas länger dauert. Vorbei geht es an der Rundkirche von Olsker, in der nur jeweils am ersten Sonntag im Monat Gottesdienst gehalten wird, daher geht man häufiger nach Allinge zum Gottesdienst. Der Küster von Olsker hat so ein sehr ruhiges Leben in seiner kirchlichen Funktion, ansonsten betreibt er eine kleine Landwirtschaft und verdingt sich hie und da als Fuhrmann für kleine Transporte. Daher hat der Jäger sich auch nicht gewundert, dass der Küster mit einem Fuhrgespann unterwegs ist. Kann das gestern Abend auch so ein Transport gewesen sein? Ihm kommen Zweifel, ob er den Vorfall wirklich der Polizei anzeigen soll. Aber die Frau hat ihn so getrieben, und da springt vielleicht gar noch auch noch eine Belohnung heraus. Der Küster ist auch nicht sein naher Freund, also was soll's? Vor dem Wohnhaus des Küsters steht das ausgespannte Fuhrwerk. Also ist er wieder zurück. Der Jäger beschleunigt seine Schritte und nach knapp einer Stunde hat er die halbe Meile von Olsker zur Polizeistation in Allinge erreicht, wo er bei dem ihm bekannten Polizisten seine Meldung macht. Aus dem Nebenraum kommt ein unbekannter Polizist, dem er die Geschichte noch einmal ganz genau erzählen muss. Es ist Inspektor Schmidt, der sofort zwei seiner Männer zum Hafen nach Tejn zur Nachforschung schickt. Mit vier Berittenen galoppiert er selbst zur Olskirche, lässt das Anwesen umstellen und dringt zusammen mit einem Polizisten mit vorgehaltener Pistole in das Küsterhaus, wo sie den Küster mit Frau und Kindern beim zweiten Frühstück in der Küche antreffen. Der Inspektor sagt dem Küster seine Beteiligung auf den Kopf zu. Dieser zeigt sich erst verstockt, doch die Küsterfrau verrät ihn durch ihr Gejammer. Inspektor Schmidt verhaftet den Küster. „Wenn den beiden etwas passiert, wirst du des Mordes mit angeklagt. Und deine Frau als Mitwisserin ebenso. Eure Kinder landen im Waisenhaus oder werden nach Amerika verkauft, ha!" Der Küster zuckt zusammen. Die ganze Angelegenheit ist ihm vollkommen außer Kontrolle geraten. Er zeigt der Polizei das Versteck der beiden Entführten. „Wir haben die Gefangenen in Tejn auf ein schwedisches Schiff mit dem Namen „Oskar Grönlund" geladen. Die wollen irgendwo an der Südspitze das Lösegeld übernehmen." „Nicht bei Hammershus?" „Nein, ganz bestimmt an der Südspitze, da können sie einfacher entkommen." „Was soll mit den Geiseln passieren?" „Ich weiß nicht, Herr Inspektor. Aber ich habe kein gutes Gefühl bei dem Schweden." „Was meinst du damit, heraus mit der Sprache!" „Er sagte mehrfach, dass es das Beste sei, wenn die beiden niemals gegen ihn aussagen könnten. Aber ein hoher Herr in Schweden entscheidet letzten Endes darüber." Der Inspektor ist bestürzt, denn es ist viel Zeit verloren gegangen. Sofort muss er mit seinem Gefangenen zurück nach Allinge, um von dort die weiteren Maßnahmen zu veranlassen. Es ist fast Elf Uhr, als er eintrifft. Sofort schreibt er eine kurze Mitteilung an Major Erdholm in Rönne, mit zwei Vermutungen, erstens, dass die Entführer an der Südspitze warten und zweitens, dass damit zu rechnen ist, dass das Leben der Entführten auch nach erfolgter Lösegeldzahlung äußerst gefährdet ist. Sofort jagt ein Kurier los, der jedoch bei dem einsetzenden Regen gewiss seine vier bis fünf Stunden für den Ritt benötigen wird. In weiser Voraussicht schickt Inspektor Karsten Schmidt eine Abschrift dieser Meldung zu seinem Polizeikollegen in Rönne, mit der Bitte, dies über die neu eingerichtete Signalstation zum Inselkommandanten zu übermitteln. „Doppelt hält besser, meine Herren", erklärt er stolz den Dorfpolizisten, denen noch nie so viel Aufregung während ihrer langjährigen Dienstzeit widerfahren ist. Seine beiden Polizisten aus Tejn sind zurück. Ihre Meldung: „Der Hafenmeister war gestern nur bis zum Dunkelwerden im Hafenkontor und hat kein schwedisches Schiff gesichtet." „Macht nichts, Leute. Wir wissen, dass die Schweden auf jeden Fall dort waren."

Der selbst ernannte Befehlshaber Friedrich v.d. Spree steht neben dem amtierenden Kommandanten auf dem Achterdeck der „Stralsund". Die Bootsleute haben mit ihren Männern, auch gestern Abend und heute Morgen noch vor Sonnenaufgang Geschützexerzieren durchgeführt. Das Einschiessen auf einen Treibanker hat der letztere nicht heil überstanden, was der Artillerieunteroffizier mit Stolz vermerkt. Die Segelmanöver werden präzise ausgeführt und Spree hat einen ordentlichen Eindruck von Leutnant Braun und seiner Besatzung. Der erste schlimme Eindruck, den er beim Eintreffen in Rönne von der preußischen Kriegsmarine erhalten hat, ist fast beseitigt. Der kranke und verwirrte Leutnant Schele wird sicher nie wieder ein Kommando führen. Jetzt heißt es aber Obacht geben, denn jederzeit konnte sich ein gleich starker Gegner aus einer der Buchten an der nördlichen, also der felsigen Hälfte der Insel auf sie werfen. Und die geübten und äußerst brutalen Piraten werden kein Pardon kennen. Beim Exerzieren mit den Entermessern stellten sich mit Ausnahme des jungen Seekadetten Heise alle Männer der Besatzung sehr unbeholfen an. Im Nahkampf ist der gebräuchliche Belegnagel als kleine Keule geeigneter. „Mit den Entermessern verletzen die sich eher selbst als einen ihrer Gegner." Mit dieser sarkastischen Äußerung hat Leutnant Braun leider Recht. Die einzigen Pistolen an Bord gehören den drei Bootsleuten und dem Leutnant. Die beiden Pistolen des kranken Kommandanten übernimmt Spree für sich mitsamt Pulver und Blei sowie dessen Säbel, der ihm auch noch gut in der Hand liegt. Das Schiff hat in den vergangenen sechzehn Stunden die nördlichen Küstenstreifen Bornholms abgesegelt, hat sich dabei auch bis auf ein paar Seemeilen den Christiansinseln genähert. Kommandant und Spree haben sich die Konturen genau eingeprägt, wobei Leutnant Braun sich noch Bemerkungen in seine Seekarte eingetragen hat. Der einsetzende Regen hat die Navigation in der vergangenen Nacht, als sie die Nordspitze umrundeten, erschwert, doch gab es dabei die Möglichkeit, die Matrosen beim Ausloten der Tiefe zu schulen. Dort trafen sie auch die „Desideria", mit der sie einen Gruß austauschten. Auch die schwedische Fregatte hat den verdächtigen Piraten noch nicht in Sichtweite, geschweige denn in Schussweite bekommen. Beim Eintreffen der „Stralsund" vor dem Rönner Hafen liegt dort bereits die „Desideria" vor Anker. Das Signal „Kommandant zum Treffen an Land" wird gehisst. Spree und Braun rudern an

Land, wo ein Wagen von der Kommandantur bereits parat steht und sie sofort ins Hauptquartier bringt.

Dort ist inzwischen ein weiterer Brief der Verbrecher eingetroffen: „Übergabe zwei Stunden vor Mitternacht, bei Hammerhafen. Erkennungssignal ist dreimal rot. Überbringer ohne Begleitung und unbewaffnet, ansonsten Leben der Geiseln gefährdet. Gez. Ostseepatrioten." Schiffsagent Lundquist hat von Herrn v. Stackel 10.000 preußische Taler in Gold erhalten. Er steht bereit, um an den Übergabeort zu fahren und das Lösegeld zu übergeben. Der schwedische Kommodore will die beiden dänischen Kanonenboote in einer Zangenbewegung an die Nordspitze entsenden, um das dort vermutete Piratenschiff nach der Übergabe des Lösegeldes anzugreifen. Sein Plan ist wie folgt: Die schwedische Fregatte operiert zwischen Schonen und Bornholm, erst nach Dunkelwerden nähert sie sich wieder der Insel. Die preußische „Stralsund" solle weiter zwischen Rönne und Gudhjem Patrouille fahren und bei Bedarf über die Signalstationen herbeigerufen werden. Inspektor Schmidt in Allinge - an der Nordspitze Bornholms - erhält einen passenden Befehl für seine Leute.

Spree und Lundquist eilen zum Hotel, um Komtesse Elisabeth und Wilhelm von Stackel zu begrüßen. Braun lässt sich derweilen zur „Stralsund" hinübersetzen, um alles auslaufbereit zu machen. Trotz der ernsten Situation und der Angst um Henning und Frau Lundquist ist die Begrüßung mit dem guten Freund der Familie mehr als herzlich. Elisabeth küsst Friedrich ganz schamlos auf den Mund, wozu Onkel Willy wieder einmal sein typisch verständnisvolles Schmunzeln aufsetzt. Er berichtet kurz vom Gemütszustand des alten Grafen und bittet Friedrich, ihn auf dem Schoner mitzunehmen, was dieser mit der Begründung ablehnt, stattdessen bei Elisabeth zu bleiben. „Diese Pirateninsel ist zu gefährlich für hübsche junge Mädchen, Onkel Willy." „In den Piratengeschichten dürfen die Komtessen und Baronessen auch immer mit, damit sie anschließend von ihren Helden gerettet werden können. Bitte, liebster Friedrich, nimm uns doch beide mit." Das kann Spree ganz leicht mit einem Lachen vom Tisch wischen und widmet sich stattdessen Kaffee und Kuchen, einer ganz besonderen Spezialität des Hotelrestaurants. Es ist eine Art Apfelstrudel, wie er ihn bisher nur so schmackhaft in den Wiener Cafés kennen gelernt hat. Ist es etwa unkameradschaftlich, sich solchen kulinarischen Genüssen hinzugeben, während sein langjähriger Kamerad und bester Freund Henning in Lebensgefahr schwebt? Bei diesem plötzlich aufkommenden Gedanken will Friedrich der Bissen fast nicht richtig den Schlund hinunter, was Elisabeth sofort auffällt. „Ja, ihr Lieben, wie schön wäre es, wenn wir jetzt alle zusammen in Falckenhain oder auf meinem Balkon am Öresund zusammen säßen. Aber jetzt muss ich noch einmal zur Inselkommandantur, danach zurück aufs Schiff." Die schwedische Fregatte und das dänische Kanonenboot sind bereits ausgelaufen und außer Sichtweite, Herr Lundquist mit dem Geldtransport hat auch schon die Stadt verlassen, um vorher sich noch mit Inspektor Schmidt in Allinge zu verständigen. Kein falsches oder übereifriges Eingreifen der Polizisten darf nun das Leben der Geiseln gefährden.

Major Erdholm ist inzwischen in echte Probleme geraten, denn kaum sind die Schiffe in nördlicher Richtung ausgelaufen, da trifft ein weiterer Brief der Entführer ein: „Neue Lage, Übergabe zur selben Zeit, jetzt in Snogebäk. Gez. Ostseepiraten." „Man muss alle unsere Bewegungen genau beobachten. Jetzt, wo unsere Schiffe nach Norden unterwegs sind, will man die Übergabe mit einem Male im Süden durchführen. Ist Lundquist mit dem Geld eigentlich schon fort? Wir müssen ihn sofort stoppen und umdirigieren." Der Wachthabende Offizier kann nur berichten, dass Herr Lundquist und Begleitung vor einer halben Stunde die Stadt in Richtung Norden verlassen haben. Spree kommt gerade zu diesem Moment in den Besprechungsraum. „Herr von Stackel hat noch weitere 10.000 Taler dabei. Ich kann jetzt der Überbringer sein." Das wird jedoch nicht akzeptiert, sondern es wird der erste Buchhalter der Greifenreederei zusammen mit einem Beamten, der sich freiwillig aus dem Amt des Stiftamtmanns meldet, dafür eingeteilt. Friedrich Spree erkennt, dass es der eine Protokollant ist, den er zusammen mit Major Bille gesehen hat. Er selbst will mit der „Stralsund" um die Südspitze segeln und östlich von der Insel kreuzen. Gleich will er los, denn der Wind hat etwas zugenommen und weht unstetig aus Südwest, Schauerböen vor sich hertreibend. „Versuchen Sie vor Gudhjem noch mit der Signalstation Kontakt aufzunehmen, falls die Situation sich zwischenzeitlich noch geändert hat, Herr Legationssekretär. Und geben Sie Acht auf sich." Hiermit verabschiedet ihn Major Erdholm und drückt ihm noch kameradschaftlich die Hand. Nun scheint es wirklich ernst zu werden.

Trotz des böigen Windes kommt die „Stralsund" gut voran. Aus dem Hafen heraus geht es zuerst mit Ruderkraft, danach werden die Segel gesetzt. Der Schoner hat gute Segeleigenschaften und Braun offensichtlich seine Mannschaft vom seemännischen her vernünftig ausgebildet. Nach gut zwei Stunden runden sie bereits den Leuchtturm von Dueodde und mit weiter aufgefrischtem Wind, jetzt direkt aus Süden wehend, geht es unter vollen Segeln in Richtung Gudhjem, wo die Signalstation steht. An der linken Schiffsseite - oder an „Backbord" - zeigt man ihm den kleinen Fischerort Snogebäk, in dessen Nähe in ein paar Stunden die Übergabe erfolgen soll. An den Wellenbrechern vor der Einfahrt des kleinen Fischereihafens steigt die Gischt von den heranrollenden Wellen hoch. „Da kommen wir nicht hinein, Herr Rittmeister", lässt Leutnant Braun sich vernehmen. „Vor Gudhjem liegen noch die beiden etwas größeren Häfen Neksö und Svaneke, die ich vor vielen Jahren schon einmal mit einem Handelsschiff angelaufen bin. Aber dort werden sich die Halunken nicht versteckt halten. Wenn sie zur angegebenen Zeit in Snogebäk sein wollen, müssen sie ostwärts hinter der Kimm, hinter dem Horizont, warten." Die flache und sandige Küstenlandschaft wechselt, als sie sich dem Hafen von Gudhjem nähern. Deutlich sind die Granitfelsen zu erkennen. Die Insel ist tatsächlich geteilt in einen Granitteil, der der schwedischen Küste ähnelt, und den sandigen Teil, der der deutschen Küstenlandschaft gleicht. Doch Friedrich Spree hat nicht die Muße, sich im Moment mit dieser interessanten Bornholmer Geologie zu beschäftigen. Der Regen hat wieder an Stärke zugenommen und die Sicht drastisch reduziert. Unmittelbar vor Gudhjem lässt Kommandant Braun die Segel bergen, und es geht ausschließlich mit Ruderkraft in den Hafen. Dort schickt Spree wieder den jungen Kadetten Heise zur Signalstation, um eventuelle Nachrichten zu holen. Derweilen begibt er sich unter Deck, um trockene Kleidung zu empfangen und passendes Ölzeug. Während der letzten Stunden ist Spree bis auf die Haut nass geworden, und er muss anschließend körperlich noch voll fit sein, und nicht vor sich hin frösteln, wie das sonst alle Landratten so zu tun pflegen. Das meint zumindest ganz offenherzig Hannes Heise. „Und dem Rat eines so erfahrenen Seebären muss ich unbedingt Folge leisten, Herr Kadett", entgegnet Spree, der dem jungen Burschen offenbar zugetan ist. Vielleicht kann er sich später einmal für ihn und auch den Leutnant Braun verwenden, denn beide hätten es ganz gewiss verdient.

Im Hauptquartier des Inselkommandanten herrscht helle Aufregung. Erst nach sechsstündigem anstrengendem Ritt ist der total erschöpfte Kurier von Polizeiinspektor Schmidt aus Allinge eingetroffen. Schmidts Einschätzung, dass das Leben der Geiseln auch nach der Lösegeldübergabe, oder erst gerade danach, akut gefährdet ist, ruft Bestürzung hervor. Die Devise der laufenden Operation heißt nämlich Zurückhaltung, nur aus Distanz beobachten. Und der einzige, der auf der Südinsel eingreifen könnte, ist der preußische Briggschoner, der aber ebenso wie die Schiffe im Nordabschnitt nicht zu erreichen ist. Das schlechte Wetter mit den total eingeschränkten Sichtverbindungen hat den Gebrauch der Signalstation von Rönne nach Gudhjem ausgeschlossen. Damit ist das Lösegeld auf dem Weg nach Snogebäk, um den Entführern ausgehändigt zu werden; und was dann geschieht, ist so unklar wie nie zuvor. Oberst Knudsen hält nichts mehr im Hauptquartier, dort waltet schließlich Major Erdholm als Einsatzleiter seines Amtes. Knudsen muss etwas unternehmen, den Gang und Erfolg der Operation in eigene Hände nehmen. Mit einer halben Schwadron Kavallerie, sprich zwei Dutzend leicht bewaffneter Reiter, macht er sich auf den Weg nach Snogebäk. Der Küstenlinie entlang sind es knapp drei Meilen. Mannschaft und Pferde sind alle ausgeruht. So kann er es vielleicht trotz der schlechten Wegeverhältnisse noch bis zum Übergabetermin schaffen.

Der königlich-preußische Schoner „Stralsund" ist nur mit Ruderkraft unterwegs, dicht unter Land, keine Positionslaternen an und auch keine offenen Feuer. Man will überhaupt nicht auf sich aufmerksam machen, weder nach Osten über die offene See hin noch zum Land, wo eventuell irgendwelche Spießgesellen der Entführer jede Bewegung auf dem Meere beobachten können. Das Kriegsschiff ist sehr leicht zu bewegen, und mit einer Geschwindigkeit von etwa vier Knoten haben sie bei Dunkelwerden eine Position erreicht, die eine Seemeile entfernt von Snogebäk liegt. Noch ist es eine Stunde Zeit bis zum verabredeten Übergabezeitpunkt. Die Kanonen sind vorbereitet mit Nahkampfmunition, die Männer sind ausgerüstet mit Entermessern beziehungsweise Belegnägeln als noch effektivere Faustwaffe. Friedrich Spree wird im Falle eines Falles eine Entermannschaft, die auf das Schiff der Piraten übersetzen muss oder gar an Land benötigt wird, persönlich anführen. In seiner viel zu weiten Bordbekleidung - von der königlich-preußischen Marine ausgeliehen - fühlt er sich ausgesprochen bequem. In eine Art Schärpe um die Taille herum hat er zwei fertig geladene Pistolen gesteckt. Für den Säbel hat er eine lederne Schlaufe zum rechten Handgelenk gelegt, damit er beim Springen, Stürzen oder Klettern die Hände frei bewegen kann. Sein Plan steht fest, nachdem er zwar keine Information mehr an der Signalstation erhalten hat, aber der Polizeimeister in Gudhjem ihm die Nachricht und Warnung von Inspektor Schmidt aus Allinge hat zukommen lassen: Er muss handeln, bevor die Übergabe des Lösegelds stattgefunden hat, also solange die Gefangenen noch ihren Wert als Geiseln besitzen. Dazu müssen sie - so lange wie möglich unerkannt von den Piraten - an deren Schiff herankommen. Das weitere wird die Situation ergeben.

Die „Oskar Grönlund" oder „Palle", wie es vorher am Schiffsrumpf stand, lag den ganzen Tag auf einer Sandbank südwestlich von Bornholm vor Anker. Henning Falckenhain und Agneta Lundquist durften sich endlich einmal frei an Bord bewegen. Der Anführer war sogar recht freundlich, zu den anderen Männern der Besatzung durften sie jedoch nicht sprechen. Das freie Bewegen seiner Gliedmaßen tat Henning gut, auch stärkte ihn das Frischwasser, das es unrationiert zu trinken gab. Gegen Abend wird Anker gelichtet, um bei passendem frischem Wind unter vollen Segeln nach Bornholm zu segeln. Jetzt werden die Gefangenen wieder unter Deck in einen Verschlag gebracht und die Hände und Füße erneut gefesselt, diesmal jedoch ohne dass die Fesseln einschneiden und die Blutzirkulation behindern. „Was mag uns erwarten, Henning? Lassen die uns frei oder gehen wir dem bitteren Ende entgegen?" „Ich versuche gerade an diesem Türriegel meine Handfesseln durchzuscheuern. Ich glaube, es wird gelingen. Wir müssen versuchen, uns selbst zu befreien, so dass wir gegebenenfalls in Landnähe über Bord springen und an Land schwimmen können. Sie können doch als Insulanerin schwimmen, Agneta?" „Ja, zum Glück hat mein Vater mir das früh beigebracht, denn die allermeisten der Bornholmer, ob Männer oder Frauen, können überhaupt nicht schwimmen. Allerdings können wir uns bei den jetzigen Temperaturen kaum länger als zwanzig Minuten über Wasser halten, und das bedeutet, dass wir je nach Wind und Wellen auch nur eine kleine Strecke bis zum Ufer zurücklegen können."

Die „Oskar Grönlund" hat bisher keine Vorbereitungen für einen eventuellen Kampf getroffen, zu sicher fühlt man sich. Eine viertel Seemeile vor der Hafeneinfahrt von Snogebäk wird wieder Anker geworfen, in ihrer unmittelbaren Umgebung sowohl als auch an Land scheint alles ruhig zu sein. Jetzt heißt es, das verabredete Signal zu geben, um mit der Übergabe des Lösegelds zu beginnen. Ein Beiboot wird zu Wasser gebracht, um an Land zu rudern, von wo aus dreimal „rot" als Erkennung signalisiert wird.

Die „Stralsund" liegt abgedunkelt in der kleinen Bucht nördlich des Hafens. Der Bug zeigt in Richtung zum schwedischen Piratenschiff. Das Signal, das von dort gegeben wurde, hat für Friedrich sämtliche Zweifel an der wahren Identität beseitigt. Was er durch das Nachtfernglas - übrigens die neueste optische Errungenschaft aus Jena - leider nicht sehen kann, ob sich nämlich die Gefangenen irgendwie mit an Oberdeck befinden. Das Kommando „anrudern" wird per Handzeichen gegeben, worauf sich der Schoner erst ruckweise, dann aber stetig in Richtung zum vor Anker liegenden Schweden in Bewegung setzt. Etwa zwei Kabellängen[38] entfernt donnert die Bugkanone der „Stralsund" los. Der Schuss zielt hoch in die Takelage und soll primär die Piraten verschrecken, aber wenn möglich auch etwas Schaden anrichten. Von der „Oskar Grönlund" nur wütende Rufe. Schon schert die „Stralsund" mit der Steuerbordseite längsseits, stößt krachend Seite an Seite. Zwischen den beiden Schiffen wird das Beiboot zermalmt, das bereits abgelegt hat und fataler weise beim Donnern des Schusses wieder umkehrt und dabei mitten zwischen die beiden Schiffsrümpfe gerät. Spree erkennt blitzschnell, dass die Geiseln sich nicht an Oberdeck befinden und befiehlt lautstark „Feuer!". Das gilt den drei Kanonen an der rechten Schiffsseite, die ihre Ladungen nun in die schwedischen Piraten hinein feuern und - den Schreien nach zu urteilen - auch treffen. Die Besatzungen der Kanonen sollten nun unter Leitung von Spree entern, doch der Aufprall der beiden Schiffsleiber war so heftig und das Beiboot dazwischen tat ein Übriges, um den Abstand der beiden Bordwände zu groß für ein Übersetzen werden zu lassen. Selbst ein beherzter Sprung hätte nicht ausgereicht. Leutnant Braun behält kühlen Kopf, befiehlt „Wende" und gleichzeitig das Besetzen der Backbordkanonade. Dies alles wird rasch ausgeführt, doch die Piraten sind ebenfalls geübte Seeleute, die trotz ihrer Verluste das Ankertau kappen, anrudern, die unteren Segel bereits setzen und sogar noch die Bugkanone besetzen, die der „Stralsund" entgegendröhnt. Die drei Schuss von der preußischen Schonerbrigg sind wirkungslos, viel zu hoch. Erneut wendet Braun und setzt dem Piraten hinterher, der nunmehr fast volle Besegelung führt, inklusive der Vorsegel. Er hat fast eine viertel Seemeile gewonnen und verschwindet gerade in eine dichte Regenböe, die dem Verfolger komplett die Sicht versperrt. An Land gehen zahlreiche Lichter an. Die Kanonenschüsse haben die ganze Küstenregion geweckt. Jetzt läuten die Glocken Sturm, was sich nach Norden und Süden hin die Küste entlang fortsetzt. Dort wird jetzt jedermann gewarnt sein. „Das bedeutet, dass der Pirat die offene See gewinnen will, vielleicht dann nach Schweden rüber, Herr Rittmeister. Er wird sicherlich nicht mehr versuchen, ein Versteck auf Bornholm anzulaufen. Und auf offener See sind wir ihm mit der Segelfläche unserer zwei Masten überlegen. Jetzt fehlen nur noch die dänischen Kanonenboote und die „Desideria", um so eine richtig spannende Jagd zu veranstalten." Brauns Augen sprühen nur so vor Tatendrang. Das bildet sich Friedrich Spree wenigstens ein, denn bei der herrschenden Dunkelheit sind solche Details eigentlich nicht zu erkennen. Die „Stralsund" befindet sich nun auch mitten in der ergiebigen Regenwolke mit böigem Wind, der den beiden Rudergängern schwerste körperliche Kraft abverlangt, um Kurs zu halten. Aus der bis zur Wasseroberfläche reichenden Wolke wieder heraus kommend ist vor ihnen die „Oskar Grönlund" zu erkennen. Das Piratenschiff hat nun auch alle Lichter gelöscht, um eine schlechte Zielscheibe für den Verfolger zu geben. „Zielen Sie nur auf den Mast, Herr Leutnant." Die Bugkanone des Preußen donnert los, doch ein Treffer bei den starken Bewegungen der beiden Schiffe wäre wie ein Lotteriegewinn. Der Schwede erwidert mit seiner weitreichenden Heckkanone und sein erster Schuss schlägt so dicht neben der Backbordwand ein, dass man trotz der Dunkelheit den Einschlag klar sehen und das schmatzendklatschende Geräusch der Kanonenkugel hören kann. „Wir sollten vorläufig lieber nichts riskieren und uns parallel an seine Steuerbordbordseite setzen. Seine Geschütze reichen nicht so weit, dass er uns erreichen kann, und wir treiben den Piraten wieder in Richtung Bornholm herüber, wo wir bei etwas Glück Verstärkung erhalten." „Besten Dank für diesen ausgezeichneten Vorschlag. Bitte geben Sie nach eigenem Gutdünken alle notwendigen Befehle, Herr Leutnant." „Zu Befehl, Herr Rittmeister." Für Spree gibt es erst einmal nichts Weiteres zu veranlassen. Die Lösegeldübergabe ist vereitelt worden, der Gegner auf der Flucht, allerdings mitsamt den Geiseln. Seine Chancen zu entkommen sind trotz geringerer Segelfläche jedoch durchaus noch gegeben. Aber man befindet sich nun aus Spree seiner Sicht wieder in der offenen Feldschlacht. Vorbei ist die Phase des Wartens auf irgendwelche Briefe von Seiten der Entführer. „Versuchen Sie ihm mit unserem Buggeschütz weiterhin noch ein wenig Angst einzujagen, Leutnant Braun." Kurz darauf sind bei dem Schweden mehrere Lampen am Mast zu erkennen, wo man auch deutlich zwei Menschen sieht. Der Kadett Heise schaut durch das Nachtglas. „Sehe ganz klar, eindeutig ein Mann und eine Frau, beide bewegen sich auch." „Das wollte ich die ganze Zeit wissen. Also, die Geiseln sind wirklich an Bord. Und sie leben, Gott sei gedankt!" Mit einem Male weicht bei Friedrich Spree die ganze Anspannung. Die Zweifel sind verweht. Jetzt heißt es als Verfolger, nicht abreißen zu lassen und auf eine günstige Gelegenheit zur Befreiung zu warten. „Herr Leutnant, geben Sie regelmäßig einen Schuss ab, um ihn zu verunsichern. Die Kugeln können Sie sich sparen, aber durch das Gedonner geben wir eventueller Verstärkung obendrein unseren Standort zum leichteren Auffinden." „Die „Oskar Grönlund" hält genau Kurs Nord. Wir liegen querab Svaneke, etwa zehn Seemeilen, also eine gute Stunde bis zu den Christiansinseln", lässt sich der Steuermann vernehmen. Der Regen hat zwar aufgehört, doch der Wind aus Süd bis Südwest hat weiter aufgefrischt. Beide Schiffe scheinen nur so dahin zu fliegen. Friedrich hat inzwischen einen festen Halt an Deck gefunden. Ja, er genießt es nun richtig, die Schiffsbewegungen vorauszuahnen und seinen Körper mitschwingen zu lassen, fast so schön wie reiten; aber eben nur fast.

Einar Blom, königlich-schwedischer Fregattenkapitän, Kommandant „Desideria", der neuesten Fregatte seiner Kriegsmarine, und mit 50 modernen Kanonen einer der stärksten Waffenträger in der Ostsee, ärgert sich schwarz. Er läuft am hinteren Teil des Oberdecks seines Schiffes wie ein gereizter Löwe auf und ab. Seine Fregatte kreuzt nördlich Hammershus. „Nichts ist in dieser verdammten Nacht zu sehen. Wo stecken nur diese verdammten Dänen?" Gerade zieht die Mittelwache[39] auf, zwei Stunden sind bereits seit der geplanten Übergabe der Geiseln und des Lösegeldes vergangen. Er hatte seine Besatzung schon ganz heiß gemacht, dieses Piratenschiff nach der Übergabe der Geiseln auf den Grund der Ostsee zu schicken. Am meisten ärgert ihn, dass diese Verbrecher mit schwedischem Namen unter schwedischer Flagge laufen und damit sein geliebtes Königreich in Misskredit bringen. Mit dem neuen König Karl Johann, und der neuen unverbrauchten Dynastie Bernadotte hat Schweden wieder an Geltung gewonnen. Sein Land hatte gewichtige Mitsprache bei dem Kongress in Wien. Schweden ist wieder die Macht im Ostseeraum, die Dänen müssen sich hinten anstellen, Preußen ist und bleibt eine Landmacht und damit kein Konkurrent in der Ostsee. Und er, Einar Blom, aus alter Seefahrerfamilie stammend, kann nun an der Geschichte mitwirken, nämlich diesem neuen Piratenspuk in der Ostsee einen solchen Stoß geben, dass sein Name noch viele Generationen in aller Munde sein wird. Dazu hat das Schicksal ihn zum Kommandanten des prächtigsten Kriegsschiffs bestimmt, zum Kommodore einer kleinen Flottille aus Schiffen von drei verschiedenen Ländern. Er merkt selber nicht, dass Ruhmsucht, Stolz und Eitelkeit ein wenig mit ihm durchgehen. Was ist an Land bloß passiert? Vor knapp zwei Stunden läuteten aus allen Küstenorten die Glocken Sturm, so dass es weit über das Wasser schallte. Was hatte das zu bedeuten? Feuer war es offensichtlich nicht. Ist niemand da, der ihm Nachricht geben kann? Blom entschließt sich, mit seitlichem Wind in Richtung der Christiansinseln Kurs zu nehmen, um das Seedreieck zwischen der Bornholmer Nordspitze, den Christiansinseln und dem Hafen Gudhjem zu überwachen. In Gudhjem kann er über die Signalstation mit der Inselkommandantur Verbindung aufnehmen. Fregattenkapitän Blom bleibt auf dem Achterdeck, fest in sein Ölzeug gehüllt. Trotz des unwirtlichen Wetters will er um keinen Preis in den nächsten Stunden diesen Platz verlassen. Der Ausguck im Großmast ist mit zwei Mann besetzt, die jede Stunde abgelöst werden, um voll konzentriert zu sein. Um fünf Glasen[40] erschallt der Ruf vom Ausguck: „Schiff steuerbord zwei Strich[41] voraus, Entfernung zwei Meilen." Die Fregatte „Desideria" segelt genau Kurs Ost, also bewegt sich ein anderes Schiff in Ost-Südost. Es mag ein Handelsschiff sein. Die ergänzende Meldung ein paar Minuten später: „Zwei Schiffe steuerbord, ein Strich voraus, Entfernung abnehmend." Also, nun zwei Schiffe in nördlicher Richtung, deren Kurs man kreuzen wird. Blom schickt einen seiner jungen Fähnriche mit dem Glas nach oben. Der meldet gleich nach unten: „Kutter und Schoner, sieht aus wie der Preuße." Sollte das die „Stralsund" bei der Verfolgung des Piraten sein? Kapitän Blom lässt das Schiff klar zum Gefecht machen. Inzwischen haben sich mit unverändertem Kurs die drei Schiffe auf eine halbe Seemeile genähert. „Wachoffizier, geben Sie Erkennungssignal." Zuerst zweimal rotes Signal, dann zweimal grün. Dies ist das verabredete Signal für den Anrufenden. Der Angerufene hat umgekehrt zu antworten, um sich als Freund erkennen zu geben. Keines der beiden kleineren Schiffe antwortet. „Signal wiederholen!" Nun antwortet mit Verzögerung der Zweimaster, zweimal grün, zweimal rot. Es ist eindeutig die „Stralsund". Der Eineinhalbmaster hingegen segelt unter vollen Segeln stur weiter, setzt jetzt die schwedische Flagge. Die Entfernung beträgt nur noch eine viertel Meile zwischen der Fregatte „Desideria" und dem Schweden, hinter dem versetzt die „Stralsund" die preußische Kriegsflagge gesetzt hat und mit der Bugkanone hinter dem Schweden her feuert. Damit wird der flüchtende Schwede für die Fregatte klar als Feind ausgewiesen. Bloms Kommando an den Artillerieoffizier: „Steuerbord, Breitseite unter die Wasseroberfläche!" Er will das Schiff tödlich verletzen, doch einen Teil der Mannschaft am Leben lassen, damit diese später spektakulär als Piraten abgeurteilt werden können. Das wird den Ruhm des Piratenjägers Blom noch erhöhen. Man wird in den Hafenstädten Statuen von ihm errichten, Plätze und Straßen nach ihm benennen. In den Lesebüchern der Schulkinder werden seine Taten gerühmt werden. Welch' ein Jammer, dass er dann schon verstorben ist und sich nicht persönlich bewundern kann.

Fast zur selben Zeit, als der Ausguck der „Desideria" seine erste Meldung abgibt, erschallt es vom Ausguck der „Stralsund": „Dickschiff voraus, zwei Strich backbord, knapp zwei Meilen." „Was meint der mit Dickschiff?", fragt Spree den neben ihm stehenden Steuermann. „Das ist die Bezeichnung für ein großes Kriegsschiff, ein Linienschiff oder eine große Fregatte." Das könnte als sehr gut die schwedische Fregatte sein, auf die sie als Verstärkung hoffen. Die „Oskar Grönlund" läuft stur geradeaus. Ihr Ausguck sitzt nicht so hoch und hat die neue Bedrohung am Horizont bestimmt noch nicht erkannt. Leutnant Braun befiehlt das lautlose Herstellen der Gefechtsbereitschaft, um den Piraten nicht früher, als er das selbst erkennt, auf die Fregatte aufmerksam zu machen. Bald ist auch vom Deck der „Stralsund" aus die schwedische Fregatte deutlich zu erkennen. Dort drüben auf dem Flaggschiff ihrer kleinen Flottille wird das Erkennungssignal gegeben. Als Braun das Antwortsignal geben will, greift Rittmeister Spree ein. „Nicht so hastig, ansonsten geben die Piraten dasselbe Signal wie wir, täuschen damit die Fregatte und entschlüpfen womöglich noch." Erst als das zweite Mal von der Fregatte das Erkennungssignal abgefragt wird, befiehlt Spree „Signal, jetzt!". Kurz darauf kracht von der Fregatte die Breitseite gegen den Piraten, der zwar die schwedische Flagge führt, aber kein Erkennungssignal gegeben hat. Rascher, als von Spree erwartet, hat die Fregatte das Feuer auf das Verbrecherschiff eröffnet. Der Kommodore weiß sicher nicht, dass die Geiseln noch an Bord sind. Die nächste Breitseite kann der Todesstoß sein, und damit nicht nur für die Piraten, sondern auch für die Geiseln. „Ran an die „Grönlund", fertig zum Entern!", kommandiert Friedrich Spree, nun wieder ganz „Oberbefehlshaber" der preußischen Formation. Durch dieses Manöver kann die Fregatte nicht mehr feuern, ohne auch ihren preußischen Verbündeten zu gefährden.

„Heiliger Bimbausius, ja sind diese Preußen denn total verrückt geworden?" Fregattenkapitän Blom ist außer sich. Wenigstens haben seine Kanoniere getroffen. Der Pirat krängt gefährlich zur Backbordseite. „Backbrassen!" Mit diesem Kommando will Blom die Segel so drehen, dass die Fahrt der Fregatte gehemmt wird. In nur einer halben Kabellänge gleitet die „Desideria" an dem Piraten vorbei, an dessen Steuerbordseite in diesem Moment die „Stralsund" sich festbeißt, dabei die Entermannschaft mit Spree an der Spitze regelrecht über die Reling auf das Piratendeck spült. Die verdutzten Piraten sind von diesem Zangenangriff dermaßen überrascht, dass sie fast keinen Widerstand zeigen. Nur der kleine Seekadett Heise zerschmettert sofort nach dem Entern mit einer Art Säbel dem Anführer die Hand, in der dieser eine Pistole hält und gerade auf die Geiseln unten am Mast angelegt hat. Spree fuchtelt Furcht einflößend mit den beiden Pistolen herum, während ihm dabei der Säbel vom Handgelenk baumelt. „Eigentlich erstaunlich, dass die Piraten fast keinen Widerstand leisten. Sie müssen doch mit schwerer Bestrafung, gar mit einem Todesurteil rechnen", sagt Friedrich zu dem kühnen Kadetten, dem er noch für sein beherztes Eingreifen ein großes Lob spendet. In der Zwischenzeit hat Spree die beiden Geiseln vom Mast los geschnitten. Zwei preußische Matrosen stützen diese, damit sie auf den Beinen stehen können und bringen sie auf die „Stralsund", deren Männer ganz außer Rand und Band sind und die beiden Befreiten mit drei „Hipp hipp, Hurra!" begrüßen. Zwei Meilen an steuerbord ist beim ersten Morgengrauen die Gruppe der Christiansinseln zu erkennen. Dorthin will Fregattenkapitän Blom „seine Kriegsbeute" - die „Oskar Grönlund" - schleppen, bevor sie absäuft. Die Entercrew der „Desideria" ist auf dem Piratenschiff, hält dort am hinteren Besanmast die Piraten in Schach, überwacht die Pumpen und stellt die Schleppverbindung zur Fregatte her. Spree befiehlt noch dem Leutnant Braun, unter Führung des Kadetten Heise ein dreiköpfiges preußisches Kommando zu belassen, um die Rechte Preußens auf dieser Prise zu wahren, denn sie haben schließlich das Piratenschiff als erste entdeckt, bekämpft, geentert und zur Übergabe gezwungen. Folglich ist es zumindest eine geteilte Kriegsbeute, über die später ein internationales Prisengericht zu entscheiden habe. Vorausgesetzt natürlich, dass der Kutter über Wasser bleibt. Das bleibt er tatsächlich bis zur Einfahrt der Hauptinsel, wo das Eintreffen der Flottille Leben und ein gerütteltes Maß an Aufregung in den tristen Alltag der Festungsinsel mit seiner starken Mannschaft bringt. Hier soll also Major Erdholm mit Frau und Familie die nächsten drei bis vier Jahre verbringen, geht es Friedrich Spree durch den Kopf. Das ist wohl schwierig, sich auf diesem winzigen Fleckchen Erde, der nur aus Granit besteht, einzurichten. Im Sommer soll es schön sein, und warm bis in den Oktober hinein, so zumindest hat Knud Erdholm seiner jungen Frau den neuen Dienstort schmackhaft gemacht. Die Inseln mit den kleinen bunten Soldatenhäusern, die Friedrich an einen der Wohnbezirke in Kopenhagen erinnern, werden dominiert von gewaltigen Wehrtürmen. Die Festungsmauer strotzt vor Kanonen aller Kaliber. Wozu dieser Aufwand? Spree versteht nicht, wie man sich hier einen Granitfelsen mit nur sehr kleinem Hafen zur Festung ausbauen kann. Er versteht auch nicht, wie die Engländer zu Beginn dieses Jahrhunderts mehrere Male sich an dieser Festung eine blutige Nase geholt haben. Aber wahrscheinlich fehlt ihm als Bürger einer Kontinentalmacht das Verständnis für die Eigenarten und möglicherweise das besondere Imponiergehabe von Seemächten.

Noch am selben Tag gibt Spree Befehl zum Auslaufen nach Bornholm, um die Geiseln, die sich soweit erholt haben, zurückzubringen. Die traurige „Oskar Grönlund", oder „Palle", wie unter dem Farbanstrich noch zu lesen ist, ist dem verantwortlichen Offizier auf den Christiansinseln übergeben worden. Die überlebenden Piraten werden dort im Kerker eingelocht. Über den weiteren Verbleib werden sich später die Regierungsvertreter der beteiligten Staaten ins Benehmen setzen müssen. Er hat in seiner Funktion als Diplomat und Leiter des preußischen Kontingents der Operation gegenüber dem schwedischen Kapitän schriftlich die preußischen Ansprüche auf die Prise übergeben, damit später auch alles vom juristischen Standpunkt gesehen seine Ordnung hat. Als Friedrich von der Spree seine diplomatische Funktion hervorkehrt, knickt der ruhmsüchtige Schwede ein, denn er dachte bestimmt schon, dass er als dienstgradhöherer Offizier leichtes Spiel mit dem Preußen habe.

Zurück in Rönne steigt der Besatzung des preußischen Schoners der von den Fischereibetrieben herüberwehende Geruch von stinkendem Fisch in die Nase, übrigens von Fisch, der bestimmt schon sehr lange tot ist. Unbenommen von diesem Gestank werden sie an der Pier mit freudigem Hallo empfangen. Sowohl die Offiziellen mit Stiftsamtmann Ove Kofoed und Inselkommandant Hans Knudsen an der Spitze stehen angetreten und warten auf die Geiseln und deren Befreier. Ebenso sind auch die Angehörigen der Greifenreederei und zahllose Schaulustige vor Ort. Komtesse Elisabeth fällt ihren beiden Männern um den Hals. Sie weint vor Freude und Rührung. Auch Onkel Willy wischt sich in den Augenwinkeln. „Da haben wir euch Jungens heil aus den napoléonischen Kriegen wieder zurückbekommen Und nun riskiert Ihr Kopf und Kragen in diesem wahrlich kuriosen Heringskrieg." War es wirklich erst gestern Nachmittag, dass Spree mit seinen Männern Rönne verlassen hat? Ähnlich mag es Agneta Lundquist ergehen, die bei der Verabschiedung Henning von Falckenhain gerade so anschaut, als würde man sie just vor dem glücklichen Ausgang eines Märchens mit aller Gewalt von ihrem Prinzen trennen wollen.

Unverhofftes Wiedersehen mit dem König von Schweden

-1-

Friedrich und Henning sind schon einen Tag nach ihrer Befreiung zusammen mit Elisabeth auf einer englischen Brigg von Rönne aus nach Kopenhagen in See gestochen. Onkel Willy wollte, da er sich schon einmal in der Bornholmer Filiale befand, mit Herrn Lundquist durch die Bornholmer Geschäftsbücher gehen und dann via Rostock zurück nach Schloss Falckenhain, damit der alte Graf Christian und die Schwestern die Nachricht von der glücklichen Errettung Hennings von ihm aus erster Hand erfahren könnten. Außerdem wollte Wilhelm von Stackel den „jungen Leuten" nicht durch die Anwesenheit des langweiligen alten Onkels die Tour in die dänische Hauptstadt vermiesen. Graf Henning fällt der Abschied von Agneta Lundquist sehr schwer, und es war offensichtlich mehr als die gemeinsame Gefangenschaft, die diese beiden Menschen miteinander verbindet. Als Henning während der Passage nach Kopenhagen die Qualitäten und das äußere Erscheinungsbild von Frau Lundquist in den höchsten Tönen lobt und schließlich in Erwägung zieht, bei der Rückkehr erneut über Rönne zu reisen, fällt ihm seine Schwester Elisabeth forsch ins Wort: „Nun lass mal gut sein, Henning! Agneta Lundquist ist eine verheirate Frau. Und vergiss nicht, dass du als der einzige Mann in unserer Familie verblieben bist, der einmal unseren Namen weitergeben muss. Selbst wenn ich einmal als alte Jungfer im Stift enden sollte, bleibe ich zwar die Komtesse mit Namen Falckenhain, doch an wen sollte ich den dann vererben? Für mich wird wohl kaum eine neue „Pragmatische Sanktion"[42] aufgelegt werden, oder? Welchen Sinn hätte die auch. Hingegen musst du einmal Erben in die Welt setzen, die von dieser auch akzeptiert werden und den guten Namen Falckenhain fortführen." Und dabei lächelt sie mit ihren wunderschönen braunen Augen, die zu ihren von mittelblond ins Bräunliche gehenden Haaren so harmonisch zur Geltung kommen. „Ja, moralisch wie ein altes Fräulein aus dem Stift redest du ja schon daher. Kümmere dich lieber um dein eigenes Liebesleben, Schwesterherz." Elisabeth errötet, lenkt jedoch schnell wieder von sich ab. „Apropos Liebesleben. Ich habe vor lauter Aufregung mit euch Buben ganz unsere jüngste Schwester vergessen. Die will sich bald mit einem eurer Regimentskameraden verloben." Henning und Friedrich horchen auf. „Und darf man wissen, wer der Auserwählte ist?" „Kein Geringerer als Husarenleutnant Edelbert Kühnrat von Behlow." Dabei wird jedes Wort betont, besonders scharf der zweite Vorname. „Schon bald ist Verlobung auf Falckenhain. Vater ist schon ganz außer sich, wenigstens eine von uns unter die Haube zu bringen." Elisabeth entgeht nicht, dass beide Männer etwas gequält dreinschauen. „Henning, du hast die beiden selbst beim Hofball miteinander bekannt gemacht." „Ich erinnere mich, leider. Aber Hauptsache ist wohl, dass Andrea ihn liebt. Es ist ja in ihrem Alter bestimmt noch keine Torschlusspanik." Damit ist Themenwechsel angesagt. Friedrich muss seine Wohnung, das Schwedenhaus und dessen Umgebung am Öresund beschreiben, auf die die Falckenhaingeschwister schon gespannt sind, denn dort wollten sie mindestens zwei Wochen mit ihrem lieben Freund verbringen. Bevor Elisabeth sich kurz vor der Ankunft in Kopenhagen noch einmal in ihre Kabine begibt, schaut sie zu den beiden Männern zurück: „Liebster Friedrich, aber bitte diesmal ganz ohne Abenteuer!" „Versprochen, meine hochedle Komtesse Elisabeth! Ganz wie Euer Hochwohlgeboren befehlen." Und Henning kommt noch einmal auf die Vornamen seines angehenden Schwagers zurück. „Das müssen vor Jahrhunderten, als sie noch zwischen Weser und Oder gegen Heiden und Wenden gekämpft haben, tapfere und kühne Männer gewesen sein, diese Behlows. Aber dass ihre Söhne immer noch diesen „Kühnrat" unter die Vornamen gemischt bekommen, ist schon mehr als verwunderlich und hat doch nichts mit vermeintlicher Familientradition zu tun. Außerdem ist Andrea wohl eher die kühnere von den beiden. Soll sie dann doch „Kühnrätin" heißen, hahaha." Und Friedrich stimmt mit ein in das Männergelächter. „Übrigens, in welchem Krieg hat der Behlow mit uns gekämpft?", wirft Friedrich noch ein. „Ach, der meint doch bestimmt den Papierkrieg in der Regimentsadjutantur."

Beinahe hoch geht es her im Dienstzimmer des preußischen Gesandten am königlich-dänischen Hof in der Kopenhagener Bredgade. Wilhelm Donner hat zur Feier des Tages die Bediensteten zu einem Glas Champagner geladen. Frau Hansen hat dazu noch rasch ein paar Häppchen bereitet, und der tüchtige Oberschreiber Gleiser aus der Hofkonditorei neben der Oper ein paar Stückchen Erdbeertorte ergattert. Anlass ist die glückliche Heimkehr des Wirtschaftsattachés aus dem Bornholmer Abenteuer, das zufolge des Gesandten „nur durch Friedrich v.d. Sprees beherztes und überaus geschicktes Eingreifen ein glückliches und heroisches Ende" fand. Selbst Legationsrat Alteman findet lobende Worte für seinen jüngeren Kollegen. Doch er kann es sich nicht verkneifen, Spree vorzuhalten, dass er es dem Kommandanten der schwedischen Fregatte „Desideria" gestattet hat, ein Enterkommando an Bord des Piratenschiffs zu entsenden. Denn ansonsten fiele den Preußen der Bärenanteil zu. Nun ist es für den völkerrechtlich versierten Diplomaten von Alteman ohne Zweifel Schweden, das den größeren Anteil bekomme, weil obendrein der Chef der gesamten Operation zur See der Fregattenkapitän Blom gewesen ist. „Nun sei es drum, meine Herren, gönnen wir den Schweden diesen Erfolg. Umso leichter machen sie nachher in der Ostsee-Kooperation mit. Wichtig ist nur, dass unser Friedrich Spree seine Mission erfüllt hat und selbst heil zurück ist. Wir erwarten übrigens gleich hohen Besuch. Erbgraf Henning von Falckenhain und Komtesse Elisabeth, seine Schwester, werden uns die Ehre zum Mittagessen erweisen. Aber bei aller Feierei heute, Spree, morgen Mittag erhalte ich Ihren Bericht, sowohl über die Konferenz als auch zum Piratenüberfall. In zwei Tagen geht der Kurier nach Berlin, und auch ich benötige noch etwas Zeit für meine Stellungnahme."

Das Mittagessen für Henning und Elisabeth findet in der preußischen Residenz nur im allerkleinsten Kreise statt, denn Gräfin Donner möchte die beiden persönlich näher kennen lernen und sie partout mit niemandem sonst teilen. So hat sie nicht einmal ihre Töchter mit dazu genommen. Am übernächsten Tag werden der preußische Gesandte und Gemahlin zu Ehren der Falckenhains einige auserwählte Mitglieder der deutschen Kolonie zu einem nachmittäglichen Empfang laden. „Es ist gerade Junianfang, vielleicht kann man eine Gartenparty daraus machen? Was meinen Sie, lieber Friedrich?" „Eine vortreffliche Idee, verehrte Wilhelmine." Friedrich nennt jedes Mal, wenn Gräfin Donner ihn so vertraulich anredet, diese ebenso beim Vornamen, selbst dann, wenn der vorgesetzte Gesandte anwesend ist. Es liegt nun einige Arbeit an in der Gesandtschaft. Gräfin Donner sitzt mit ihren Töchtern und einem Schreiber der Kanzlei an der Gästeliste, die noch kurz vom Gesandten abgenickt wird, heißt, seine ungeteilte Zustimmung findet. Selten verändert er die Vorschläge seiner so erfahrenen Frau, was diese bestimmt auch als Einmischung in ihre Kompetenzen empfinden würde und ohne Zweifel Anlass zu ehelichen Zwistigkeiten gäbe. Rasch werden die Einladungskarten geschrieben und sofort ausgetragen. Es gibt für die deutsche Kolonie in Kopenhagen nicht sonderlich viele gesellschaftliche Ereignisse im Laufe eines Jahres. Daher wird es kaum Absagen geben, weil man vielleicht schon anderweitig zugesagt hat. Doch die Frau des Gesandten kennt ihre Geschlechtsgenossinnen und weiß, dass man, oder besser Frau, sich mit der Garderobe und dem Haar gebührend vorzubereiten hat. Und die Idee zu einer gesellschaftlichen Veranstaltung ist ja nun wirklich auch ganz spontan gekommen, daher kommt die Einladung auch so kurzfristig. Sie muss daher so schnell wie möglich den Empfänger erreichen. Aber trotz aller Hektik für die Gastgeber und deren Gäste, welch' interessante Abwechslung und Ehre zugleich.

Legationssekretär Spree hat seine beiden Berichte beendet. Die Kanzleischreiber bringen sie noch in die entsprechende Form und fügen ihnen die obligatorischen Höflichkeitsfloskeln an. Er hat einen zusammengefassten Bericht an das Außenministerium zur Fischfangthematik und zu dem Piratenthema gefertigt. Ein zweiter Rapport, in dem der Diplomat kurz die Ausübung der preußischen Kriegsartikel auf dem Schoner „Stralsund" darlegt und die anschließende Verfolgung und Inhaftierung der Piraten beschreibt, geht via Außenministerium ebenfalls an das Kriegsministerium. Das Verhalten der Herren Seeoffiziere Braun und Heise wird besonders lobend hervorgehoben und die beiden zur weiteren förderlichen Behandlung durch das Kriegsministerium anempfohlen. Der Gesandte zeichnet beide Berichte gegen und billigt generell das Verhalten seines unterstellten Diplomaten, ausdrücklich auch dessen Entscheidungen bei der Kommandoübernahme auf dem preußischen Kriegsschiff. Er schreibt in seiner Stellungnahme: „Dieses Verhalten entspricht nicht nur preußischen Tugenden sondern in besonderem Maße meinen vorgegebenen Weisungen..." Mit dieser Formulierung hat Sprees Vorgesetzter sich vor ihn gestellt und nimmt eventuelle Verstimmungen zwischen dem Kriegs-und Außenministerium auf seine eigenen Schultern. Denn schließlich hat der Legationssekretär v.d.Spree, und damit ein Zivilist, die Kriegsartikel in Kraft gesetzt und somit einen Präzedenzfall ausgelöst. Aber nach der Rückendeckung durch den Gesandten macht Friedrich Spree sich jetzt keine weiteren quälenden Gedanken mehr. Graf Donner hat sich so fürsorglich verhalten wie Rittmeister v.d. Spree während seiner Militärdienstzeit es nur von seinem damaligen Regimentskommandeur, dem Husarenoberst Eitel v.d. Tanne, kannte und dies besonders an ihm schätzte und ihn deshalb auch verehrte. Man merkt Wilhelm

Donner doch deutlich seine Ausbildung zum Reserveoffizier an. Klare Lagebeurteilung, pragmatische Auftragserteilung, konsequente Führung und Übernahme der Verantwortung. Friedrich Spree widmet sich nun zum einen der Aufarbeitung der liegen gebliebenen Arbeit in der Gesandtschaft, zum anderen schmiedet er Pläne für die kommenden Tage, deren Freizeit er gern mit Henning und Elisabeth verbringen möchte.

In der Nacht vor dem geplanten Gartenfest in der Gesandtschaft Preußens geht ein heftiges Gewitter mit sintflutartigem Regen über Kopenhagen hernieder, der erfreulicherweise aber auch die stickige Luft über der Stadt reinigt. Der Dreck von den Straßen und Gässchen ist ins Meer und Hafenbecken geschwemmt worden. Das Wetter am Nachmittag zeigt sich von seiner schönsten Seite und wird für die eingeplanten zwei Stunden Händeschütteln, Konversation, Essen und Trinken sicherlich ideal sein. Der Hauptpastor der altehrwürdigen deutschen St. Petri-Kirche hat sich noch spontan erboten, seinen Knabenchor auftreten zu lassen, was Gräfin Donner gern genehmigt, jedoch auf zwei Lieder begrenzt, denn ansonsten wird das bei dem eifrigen, sich persönlich aber auch sehr wichtig nehmenden Geistlichen zu einem reinen Liedernachmittag ausarten und kein Gartenempfang mehr für die Berliner Ehrengäste sein.

In dem kleinen, aber schmucken Garten tummeln sich bald über 150 Gäste und bewundern die Blütenpracht der Rhododendronbüsche und des Goldregens, trinken Bowle, Bier, Limonade oder Pyrmonter Mineralwasser, was stets auf dem Tisch steht, obwohl die Transportkosten exorbitant sind. „Da verdienen sich die Transporteure eine goldene Nase; aber es ist so, als stünde das Wappen meiner Familie auf dem Tisch. Und außerdem ist es sehr gesund und gut für unsere Figur, meine Damen", lässt sich die Hausherrin vernehmen. Man kostet die delikaten Häppchen von Frau Hansen und ihrem Küchenpersonal. Die Gastgeber zusammen mit den beiden Ehrengästen schütteln die Hände jedes einzelnen Besuchers. Da ist beispielsweise der weltgewandte Freiherr von Husum, seines Zeichens Staatsrat bei der Holsteinschen Lauenburgischen Kanzlei, der sehr freundlich und eifrig den Falckenhains die Sehenswürdigkeiten der Stadt zeigen will. Ebenso die Geistlichen, die sich jedoch im Gegensatz zu dem beamteten Freiherrn außerhalb ihres Amtsbereiches, sprich wenn sie nicht auf der Kirchenkanzel stehen, teilweise sehr linkisch bewegen. „Passen Sie gut auf ihr Geld auf, die Kirchenleute kommen ewig mit Spendenwünschen", warnt Wilhelmine Donner. Ein paar Künstler sind dabei, die ganz ohne zu fragen ihre dänischen Freunde und Kollegen einfach mitgebracht haben. Mit denen will die an der Malkunst interessierte Komtesse Elisabeth sich gleich noch unterhalten. Die Repräsentanten der deutschen Handelshäuser und ihre Damen treten sehr würdig auf, dem Reichtum ihrer Häuser entsprechend. Ihre Frauen und Töchter scheinen mit Schmuck und kostbaren Seidenschals nur so behängt zu sein. Man hat die besten Kleider heraus gesucht, teilweise eher für ein Gala-Diner als für einen nachmittäglichen Gartenempfang. Einige Damen haben, so wie sie aussehen, bestimmt einen ganzen Tuschkasten zum Schminken verbraucht, andere kommen sehr dezent und sind trotzdem oder gerade deshalb umso hübscher anzuschauen. Die frühsommerlichen Temperaturen laden auch zu sehr luftiger Bekleidung ein und erlauben ungeahnte Blicke auf weite Dekolletees und Kleider, mit im vollen Sonnenlicht fast durchscheinenden Stoffen. Eine Mode, die so langsam von Frankreich herüberschwappt und mit Passion imitiert wird. Eine der gewagtesten Garderoben trägt die bildschöne Mathilde, Freundin des Hauses und gebürtige Komtesse von Dannesvord-Klampenborg. Wilhelmine Donner ist in neidvoller Freundschaft zu der etwa 15 Jahre jüngeren dänischen Adligen verbunden. Sie bewundert deren Privileg, sich fast so frei und unbeschwert wie ein Mann benehmen zu können. „Matti" Klampenborg reitet, jagt, segelt und geht allein nicht nur auf gesellschaftliche Veranstaltungen, sondern auch auf ferne Reisen. Als illegitime, aber andererseits durch den Grafentitel anerkannte Nachkömmlinge eines dänischen Monarchen genießen die Angehörigen der Familie Dannesvord-Klampenborg ungeschriebene Vorrechte, die die einzige Tochter von Graf Ingolf, dem königlichen Oberforstmeister, ganz besonders auszunutzen scheint. Es verleiht ihr einen Nimbus von Extravaganz. „Hast du gerade dieses Kleid gesehen, Wilhelm? Es ist ein Hauch von nichts. Es muss sündhaft teuer sein. Ob die Matti wohl einen reichen Liebhaber hat?" Doch solche Art von Fragen kann Wilhelm Donner seiner neugierig-interessierten Frau nicht beantworten, obwohl auch seine Sinne den reizvollen Anblick empfangen haben. Matti schlängelt sich durch die Menge der überwiegend biederen deutschen Gäste zu dem Ehepaar von Alteman. Sie macht dem kleinen Karl Anton Komplimente über seinen angeblich perfekt sitzenden Anzug, so dass dieser ganz rote Ohren bekommt und Ehefrau Carola äußerst misstrauisch drein schaut, ihre niedliche Stupsnase dabei witternd in die Luft hebend. Nachdem sie Feuer an diese Lunte gelegt hat, entschwebt Mathilde zielgerichtet hinüber zu Friedrich Spree, der gerade erneut in ihr geöffnetes Visier geraten ist. Dabei folgen der auffallend schönen Frau bewundernde ebenso wie neidvolle Blicke. „Lieber Friedrich, wie schön dich wieder zu sehen. Was habe ich mir Sorgen um dich gemacht, als Wilhelmine mir von deinem Schicksal auf Bornholm erzählte." Sie hakt sich mit fester Hand bei Spree ein, dabei ihren wohlgeformten Busen gegen seinen Oberarm drückend. „Man könnte meinen, da bahnt sich etwas an zwischen den beiden, schauen Sie, wie vertraut die miteinander sind", flüstert Wilhelmine Donner zu ihrem weiblichen Ehrengast und dabei in Friedrich Sprees Richtung schauend. Ihr ist Elisabeths Blick in dieselbe Richtung durchaus nicht verborgen geblieben. Noch hat Gräfin Donner trotz geschickter Fragerei, und sie ist eine wahre Meisterin in diesem Metier, nicht herausfinden können, wie Komtesse Elisabeth denn eigentlich zu Friedrich Spree steht. Wenn sie vertrauter mit ihrem Gast wäre, wüsste sie den roten Fleck oberhalb der Nasenwurzel richtig zu deuten. Immer wenn Elisabeth verärgert, erregt ist oder beinahe aus der Fassung gebracht ist, ist dies für Eingeweihte ein Indiz für ihren Gemütszustand, den sie ansonsten unter Kontrolle hat. Ein Produkt jahrelanger Erziehung. In der Zwischenzeit ist der bayrische Freund und Kollege Sprees, der junge Florian von Busch, eingetroffen. Er steuert auf Spree und seine immer noch am Arm hängende Mathilde zu. Friedrich ist erleichtert, dass er Matti nun dem wohl vertrauten Freund überlassen kann und geht auf die Falckenhaingeschwister zu. „Ich glaube, nun sind alle Gäste erschienen." Und zu dem Gesandten und Gemahlin schauend: „Mit Verlaub, ich entführe meine Freunde einmal ganz kurz." „Besten Dank, Fritz. Du hast uns erlöst. Jetzt benötigen wir erst einmal etwas gegen den Durst." Während die zwei Männer sich an der kühlen fruchtigen Bowle erfrischen, folgt Elsabeth dem Rat der Hausfrau und widmet sich dem gesunden Schlankmacher aus Pyrmont. Da steht Mathilde Klampenborg mit ihrem ganzen aufgekratzten Charme ganz plötzlich vor ihnen. „Wie schön! Endlich kann ich auch die Geschwister der lieben Dorothea kennen lernen. Sie hat mir so viel von ihnen beiden erzählt, dass ich es vor Neugier fast nicht mehr ausgehalten habe." Matti überschlägt sich fast vor Freundlichkeit, dabei immer mit vollstem Lächeln die beiden Falckenhains anstrahlend. Henning kassiert sogar ein paar sehr tiefe, ein wenig länger als gewöhnlich verweilende Blicke unter langen Wimpern. Blicke, für die Männer im Allgemeinen sehr empfänglich sind, und Henning ganz besonders. Er ist schnell entflammbar, aber sein Interesse verlöscht fast ebenso rasch auch wieder, und das eigentlich bei fast jeder seiner zahlreichen weiblichen Bekanntschaften. Friedrich meint in Mattis Blick, da irgendwo im tiefen Hintergrund, etwas Kaltes, Berechnendes zu erkennen. Etwa Fremdes, was er zuvor noch nicht an ihr wahrgenommen hat und ihn daher etwas beunruhigt. Mathilde Klampenborg zieht Henning Falckenhain mit sich fort, ohne die anderen auch nur weiter zu beachten. Die hören nur noch: „Ach, Sie Ärmster, das müssen Sie mir aber genauer erzählen..."

-2-

Während Friedrich und Elisabeth beieinander stehen und sie ihm ihren Eindruck über den prachtvollen Blick über den Öresund hinweg schildert, den sie am frühen Morgen aufgesogen hat, kommt diskret Oberschreiber Gleiser auf Spree zu. Er reicht ihm einen kleinen Briefumschlag. „Ist gerade von der schwedischen Gesandtschaft gekommen. Der Überbringer wartet auf ihre Antwort, Herr Rittmeister." „Entschuldige bitte, liebe Elisabeth." Der Brief ist von Baron Südling: „Lieber Spree! Muss sie ganz dringend sprechen. Ich warte in der Gesandtschaft auf Sie. Südling." Spree begleitet die durch die Unterbrechung sichtlich enttäuschte Elisabeth zu der Gruppe der ausgelassenen Jungkünstler und entschuldigt sich dann mit unaufschiebbaren Geschäften. Draußen auf der Bredgade wartet ein Bote des schwedischen Geschäftsträgers[43] mit der Kutsche, und nach ein paar Minuten sind sie bei der schwedischen Gesandtschaft vorgefahren. Baron Lasse von Südling erwartet Friedrich Spree bereits ungeduldig, entschuldigt sich in aller diplomatischer Höflichkeit für die Störung und zeigt ihm mit etwas zittriger Hand sofort einen Brief, der auf Schwedisch geschrieben ist. Der Inhalt lautet: „Unser Krieg hat gerade erst begonnen. Der nächste Schlag wird in unmittelbarer Nähe stattfinden. Dann ist auch dieser preußische Stutzer fällig. Gez. M." „Spree, das sind diese verdammten Piraten wieder einmal. Sie haben den Verlust auf Bornholm weggesteckt und werden nun noch aggressiver als je zuvor." Dann druckst der schwedische Diplomat herum. „Das Schlimme dabei ist, dass mein König zu einem Besuch nach Kopenhagen eingeladen ist und wohl schon in nächster Zeit auch tatsächlich zusagen will. Das ganze ist aber

noch streng geheim, doch die Schurken sind wohl bereits bestens im Bilde. Frederik VI. will nun, nachdem er vor gut einem Jahrzehnt sich nicht selbst der schwedischen Krone bemächtigen konnte, seine Tochter aus dynastischen Gründen mit dem schwedischen Kronprinzen vermählen. Man überlegt bereits in des Königs Umgebung, wie durch Gesetzesänderung, die seine Tochter nach seinem Tode zur Königin von Dänemark machen soll, ein neues skandinavisches Großreich zu schaffen sei. Vielleicht ist das auch nur der Traum seiner Adjutanten und Berater, um wieder ihre alte Machtfülle zurück zu gewinnen. Eine Art Pragmatischer Sanktion wie bei Kaiser Karl VI., nur diesmal im 19. Jahrhundert. Jedenfalls, König Karl Johan fühlt sich geschmeichelt, dass nunmehr auch die älteste europäische Monarchie ihn als König und nicht mehr nur als General Jean-Baptiste Bernadotte akzeptiert. Gleichzeitig findet in der Familie Bernadotte aber ein Machtkampf statt. Königin Desideria ist nach wie vor in Paris und gedenkt daran, ihren einzigen Sohn mit einer Prinzessin aus dem Bonaparte-Clan zu verheiraten. Ihre Lieblingsschwester Julie hat Napoléons ältesten Bruder Joseph geheiratet und ist so auch zur Königin irgendeines besetzten Landes geworden. Königin Desideria ist als gebürtige Französin den Bonapartes und den Franzosen mehr zugetan als ihren eigenen schwedischen Untertanen. Sie hat, so berichtet mir mein Vetter, der bei Ihrer Majestät Dienst versieht, ihre Rückkehr nach Schweden an die Bedingung gekoppelt, dass sie Kronprinz Oskars Gemahlin ganz persönlich aussuchen darf. Sie hat mit der gerade 14jährigen Prinzessin Josefina Leuchtenburg, der Enkelin der verstorbenen französischen Kaiserin Josephine, bereits eine Favoritin ins Auge gefasst. Welch' Ironie des Schicksals, ihr Sohn und die Enkelin der Nebenbuhlerin. Damals ging es um Napoléone Buonaparte, den jungen Brigadegeneral der Revolutionstruppen."
„Wie groß ist die Opposition gegen eine Monarchie in Schweden, und wie groß gegen die neue Dynastie Bernadotte?" „Sie kennen ja gewiss die turbulenten Zeiten während der letzten hundert Jahre für mein Land. Es hatte nicht diesen gewalttätigen Ausbruch mit Tausenden von Toten wie in Frankreich gegeben, aber für die schwedischen Herrscher selbst war es weitaus gefährlicher als für die Bourbonen. So gibt es auch heute Gegner der Monarchie, ganz überzeugte und von ihren freiheitlichen Ideen beseelte Republikaner. Sicherlich existiert auch eine kleine, aber weitaus gefährlichere Gruppe, die die Dynastie Bernadotte, die sich ja nur auf einen einzigen Sohn stützt, wieder vom Thron stürzen will. Seine Majestät, der König, nimmt diese Gefahr selbst sehr ernst."

Auf der Rückfahrt zur preußischen Gesandtschaft geht Spree der Inhalt dieses Drohbriefes durch den Kopf. Mit großer Wahrscheinlichkeit steckt die Organisation dahinter, die die Entführung auf Bornholm initiiert hat. Damals zeichneten sie mit Ostseepatrioten oder Ostseepiraten; jetzt steht nur der Buchstabe „M". Ist dies die Initiale einer Person, vielleicht dem Kopf der Verbrecher, der sich jetzt aus seinem Bau heraus traut? Ist es die Abkürzung für eine Organisation? Was bezwecken sie mit der Warnung? Kein Wort über eine eventuelle Befreiung der inhaftierten Piraten, die immer noch im Verließ auf den Christiansinseln schmoren. Ist es eine Verschwörung gegen den schwedischen Monarchen, ein Attentat, das in Kopenhagen bei dem nordischen Rivalen ausgeführt werden soll? Wer ist mit dem „preußischen Stutzer" gemeint, Major von Falckenhain, vielleicht er selber oder gar der Gesandte als der offizielle Repräsentant Preußens? Vorbei ist es leider auf jeden Fall mit der Ruhe und den Plänen, gemeinsam mit Henning und Elisabeth ein paar unbeschwerte Tage zu verbringen.

Nur durch den Öresund getrennt sitzt der Initiator des Drohbriefes im Innenhof seines herrschaftlichen Anwesens, genießt den Sonnenschein und das kühle einheimische Landskroner Bier. „Wir müssen das Feuer schüren, mal auf kleiner, mal auf größerer Flamme. Die müssen Tag und Nacht beunruhigt sein. Wir müssen ihnen das Leben so ganz langsam aber sicher vergällen, und dann holen wir plötzlich, wenn sie es vielleicht gerade nicht mehr erwarten oder unachtsam, müde geworden sind, zum finalen Schlag aus. Ich baue fest auf dich, Rufus. Die Komtesse wird ihr übriges dabei zu tun haben." Ja, mit der schönen Komtesse hat er noch Großes vor. Sie ist auch klug und ebenso skrupellos wie er selbst, also aus demselben Holz geschnitzt. Seine vor allen noch geheim gehaltenen Gedanken sind weit, sehr weit in die Zukunft gerichtet. Er will beide, den schwedischen König und ebenso dessen Erben ausschalten. So hätte der dänische Monarch wieder die Möglichkeit, sich um die schwedische, heißt damit gleichzeitig auch um die norwegische Krone zu bewerben. Ein lang gehegter und immer wieder vereitelter Plan des skandinavischen Großreiches könnte nun endlich Wirklichkeit werden. Und er, Lars Rutger von Müller machte Geschichte. Damit müsste Frederik VI. ihm bestimmt die Grafenkrone anbieten, und er wäre ebenbürtig für eine Komtesse, in deren Adern königliches Blut fließt. Sie beide würden eine neue, eine bedeutsame Dynastie gründen, die beides, Titel sowohl als auch ungeheuren Reichtum vereinigte. Vielleicht könnte man sich damit gar die Statthalterschaft von Schweden oder Norwegen erkaufen, denn König Frederik brauchte schließlich ständig Geld. Von Müller ist ganz berauscht von diesen Plänen. Major Bille ahnt etwas von den hochfliegenden Gedanken seines Geldgebers. Er selbst ist kein Anhänger der neuen Dynastie in Schweden. Er ist, wenn überhaupt jemandem, eher den alten Wasa-Prinzen zugetan, die sich jetzt weit entfernt von Schweden im Exil befinden und wo möglich auf eine Rückkehr hoffen. Doch das alles Entscheidende ist und bleibt das Geld und damit die notwendigen Mittel für seine immer kostspieliger werdenden Eskapaden. Und bisher hat Lars Rutger von Müller ihn für seine Schurkereien gut, ja beinahe fürstlich, entlohnt.

Die Gesellschaft im Garten und Innenhof der preußischen Gesandtschaft hat sich bereits fast aufgelöst. Nur die Chorknaben von St.Petri stehen noch am Büffettisch und essen mit sichtbar gutem Appetit all das auf, was da übrig geblieben ist von den Speisen. Der ausgelassenen Stimmung kann Friedrich Spree entnehmen, dass man auch reichlich den Getränken zugesprochen hat. Kann er jetzt diese Fröhlichkeit mit seiner Mitteilung stören? Da schaut Graf Donner ihn fragend an. „Was haben die Querfalten auf ihrer Stirn zu bedeuten, Friedrich?" Spree nimmt seinen Chef zur Seite und informiert ihn über den Besuch bei der schwedischen Gesandtschaft, den Inhalt des Drohbriefes sowie seine Vermutungen und Überlegungen dazu. „Ja, über den eventuellen Besuch König Karl XIV. Johan habe ich gerüchteweise auch schon gehört. Aber auch über mögliche andere, so den Besuch unseres Monarchen oder einem seiner Söhne, dessen Realisierung zu dieser Zeit jedoch gänzlich außerhalb jeder Frage steht. Der preußische König als Sieger über Napoléon sieht keine Veranlassung, den Dänenkönig als einen der letzten Vasallen des französischen Kaisers mit einem persönlichen Besuch aufzuwerten. Momentan ist Graf Bülow als Generaladjutant sehr aktiv, Besuche hierher zu arrangieren oder Einladungen für Frederik VI. zu ergattern. Aber niemand will so recht diesen linkischen Dänen einladen. So ist für den Kopenhagener Hof und seine einflussreichen Männer eine skandinavische Annäherung bis hin zur familiären Verbindung wohl neuerdings auch denkbar, um so der derzeitigen Zurücksetzung in Europa, gar einer Isolation, zu entfliehen. Der Schwedenkönig orientierte sich zwar zuerst einmal nach England, doch hat man ihm trotz der engen Waffenbrüderschaft gegen Napoléon die kalte Schulter gezeigt. Die Dynastie Bernadotte ist einfach noch zu jung unter den europäischen Fürstenhäusern. Wer weiß, wie lange die überhaupt noch existiert? Aber danke für ihre Informationen, Friedrich. Ich will mich weiter umhören und auch mit ein paar ausgewählten Kollegen sprechen." Elisabeth steht mit einem Male neben Friedrich Spree. „Nun bist du hoffentlich mit dem Dienst fertig und hast Zeit für deine weit angereisten Gäste aus Falckenhain, Geliebter?" Das letzte Wort war nur für seine Ohren bestimmt, fast gehaucht. Nun hakt auch sie sich bei Fritz ein, mindestens so eng wie vorher die Klampenborg. Ja, auch Elisabeth beherrscht die weibliche Verführungskunst, die bei Friedrich trotz seiner Sorgen wirkt. Was soll er sich auch mehr Kopfzerbrechen als nötig machen. Hinter den Drohungen steckt kein Phantom, sondern ein menschliches Wesen mit seinen Kreaturen. Damit werden die Preußen hier in Kopenhagen mit Graf Donner an der Spitze, Major Falckenhain und ihm schon fertig werden.

Auf der Fahrt zum Schwedenhaus plappert Elisabeth unaufhörlich und in großer erwartungsvoller Begeisterung über die dänischen Maler, die sie kennen gelernt hat und deren Bilder sie unbedingt alle anschauen möchte. Und sie ist schon so gespannt, die Maler in ihren Ateliers anzutreffen. Man hat schon so viel von deren freien Lebensstil gehört. „Lass dich von diesen schlitzohrigen Malern beim Bilderkauf nicht über das Ohr hauen. Die waren nur so nett, weil die das Geld an dir gerochen haben. Und pass bei diesen Lustmolchen auf dich auf, liebe Schwester." Elisabeth schaut bei so viel Direktheit ein wenig betreten drein, blickt um Unterstützung suchend Friedrich an, der sie ganz herzlich anlächelt, aber keinen Kommentar abgibt und damit ja automatisch parteiisch würde. So viel hat Spree bereits im Diplomatengeschäft gelernt, dass ein Lächeln oftmals mehr bewirkt als viele erklärende Worte, und außerdem ist es so schön unverbindlich. Und eine bezaubernde Frau wie Elisabeth anzulächeln, das fällt ihm wahrlich nicht schwer, sondern kommt von ganzem Herzen. Aber nun wird Henning auf einmal mitteilsam über seine neue Bekanntschaft, nämlich Mathilde Dannesvord-Klampenborg. Mathilde kann dieses und jenes, sie geht auch zur Jagd und benutzt sogar ganz korrekt die Sprache der Waidmänner. Und sie sieht vor allem so anmutig und unbeschreiblich schön aus. „Na, Henning, die hat dich schön um den Finger gewickelt. Und deinen Kopf hat sie auch schon verdreht." „Ja, und damit ihr es wisst, morgen Nachmittag fahre ich hinaus nach Klampenborg zu ihr und wir gehen gemeinsam auf die Bockjagd." „Toll, da bist du auf dem besten Weg, wieder einmal einen deiner kapitalen Böcke zu schießen", bemerkt Elisabeth ein wenig spitz. „Mein großes Brüderchen ist so leicht entflammbar wie Zunder. Doch der verbrennt bekanntlich sehr rasch, daher mache ich mir auch hier keine unnötigen Gedanken." Und auch da hält Friedrich sich erneut fein heraus. Er weiß um die zahlreichen Liebschaften seines Regimentskameraden und besten Freundes. Sie waren bisher tatsächlich alle Strohfeuer. Henning Graf Falckenhain ist in der zweiten Hälfte der Dreißiger immer noch auf der Suche nach der großen Liebe. Und die Auserwählte muss außerdem auch noch standesgemäß sein, heißt von adeliger Herkunft. Als Kutscher Hansen sie vor dem Schwedenhaus absetzt, macht Friedrich für den weiteren Verlauf des Abends den Vorschlag, doch am Ufer des Sundes ein Picknick zu veranstalten und die noch immer warme Abendsonne und die Aussicht auf das Wasser zu genießen, und ganz einfach die vorbei segelnden Boote und Schiffe in aller Ruhe zu beobachten.

Während Elisabeth sich für das Picknick umkleidet, informiert Friedrich seinen Freund Henning über die neuerliche Bedrohung durch die rachsüchtigen Piraten und deren Hintermänner. Er erhält Zustimmung bei den Vorschlägen, sich zum Selbstschutz mit ein paar Handwaffen im Hause auszurüsten und diese dann auch außerhalb, je nach Beurteilung der möglichen Gefährdung, mitzuführen. Auch der Reedereiagent Jensen soll für sich und ein paar vertraute Knechte einige Waffen für alle Fälle parat halten. Der Überfall auf die Agentur der Greifenreederei von Rönne ist wahrlich noch frisch in Erinnerung. So braucht Spree nicht viel Überzeugungskraft für seine Vorsichtsmaßnahmen. Noch einmal möchte sich auch der Gardemajor von Falckenhain nicht von solchen Halunken übertölpeln lassen, denn das ließe allein sein Stolz als Edelmann und Offizier schon nicht mehr zu.
Der Abend am Ufer des Öresunds bleibt behaglich mild. Nur kurz tauchen von Westen her ein paar graue Wolkenbänder auf, die dann jedoch in Richtung Nordost über die Insel Ven zur schwedischen Küste abdrehen. An den grauen herunterhängenden Schleiern erkennt man, wo es gerade über dem Wasser abregnet. Im Sund herrscht noch ein reger Schiffsverkehr. Auch segeln ein paar kleinere Yachten von Norden her kommend an ihrem Küstenabschnitt vorüber. Ein paar so genannte Lustboote der reichen Leute, die das Segeln zum sportlichen Zeitvertreib entdeckt haben. „Fritz, du schaust so sehnsüchtig hinüber, möchtest du wieder auf einem Boot mitsegeln oder lieber auf dem Rücken von deinem wilden „Ajax" dahinjagen? Oder denkst du etwa schon wieder an die unerledigte Arbeit auf deinem Schreibtisch in der Gesandtschaft, die keiner außer dir zu bearbeiten vermag?" „Alles zu seiner Zeit, lieber Henning, altes Lästermaul. Jetzt freue ich mich ganz einfach darauf, dass wir drei hier zusammen sind und es uns gut gehen lassen. Nach all' den Turbulenzen der letzten Zeit haben wir das doch gewiss verdient. Übrigens kannst du dir morgen zur Jagd mein neues Gewehr mitnehmen, das mir damals das Ehepaar

Donner in Pyrmont verehrt hat. Ich hole es rasch, dann kann ich dir noch eine Einweisung in die Waffe verpassen. Du kannst hier am Strand ein paar Probeschüsse abgeben und dich mit diesem außergewöhnlich prächtigen Jagdgewehr vertraut machen. Dann kannst du bei der tollen Matti bestimmt Eindruck schinden."

Am nächsten Vormittag trifft sich der preußische Gesandte in seinem Arbeitszimmer zu einer rasch einberufenen Unterredung mit seinen Kollegen aus England, Österreich und Schweden. Der Bayer sollte eigentlich auch dabei sein, doch ist er wieder einmal unerreichbar, irgendwo auf der Jagd, heißt es schon routinemäßig. Graf Donner ruft anschließend seine Referenten Alteman und Spree zu sich und informiert sie über das gerade zwischen den vier Gesandten einvernehmlich verabredete weitere Vorgehen. „Zuerst soll der Schwede sich mit dem bei ihm eingegangenen Drohbrief beim Polizeichef, dem Grafen Frederik Kaas, einfinden und auch in unserem Namen verstärkten Polizeischutz für die Gesandtschaften fordern. Der österreichische Kollege wird beim Justizminister sowie Außenminister einen raschen und fairen Prozess gegen die auf den Christiansinseln inhaftierten Piraten fordern, gegebenenfalls auch eine Abschiebung nach Schweden empfehlen. Damit kann dieses schwelende Teilproblem beendet werden. Lord Peter und ich werden in der kommenden Woche wieder einmal General von Bülow aufsuchen und ihm und seiner Adjutantur auf den Busch klopfen. Er ist ganz bestimmt der wohl bestinformierte Mann am Hofe und findet stets Gehör bei seinem König. Übrigens ganz etwas Anderes, es hält sich hartnäckig das Gerücht, dass Ex-Kaiser Napoléon auf St. Helena[44] schwer erkrankt sei. Auch schwirrt ein anderes Gerücht herum, dass sich eine Formation seiner Alten Garde[45] einschiffen will, um ihn noch einmal - wie damals von Elba[46] aus - wieder zu befreien und im Triumph nach Frankreich zurückzubringen. Das erscheint mir jedoch etwas lächerlich, aber in einigen Kreisen geht die Furcht vor dem Korsen wieder um, er befindet sich noch im besten Mannesalter. Auch in der französischen Gesandtschaft ist man etwas irritiert, einmal gelinde ausgedrückt." „Apropos, Graf von Bülow, der Generaladjutant bittet darum, dass Major Falckenhain ihn in Frederiksberg aufsuchen möge. Ich vermute, dass er den Grafen wegen eines eventuellen königlichen Besuchs aus Berlin angehen möchte." „Besten Dank, Herr von Alteman. Da kann unser braver Rittmeister ja seinen Regimentskameraden begleiten." „Eigentlich wollte ich mitgehen..." „Sie haben genug hier zu tun. Ab übernächster Woche müssen Sie mich außerdem für zwei Monate in Kopenhagen vertreten. Ach ja, wie weit sind Sie eigentlich mit dem Sicherungsplan für die Gesandtschaft gediehen? Wir müssen jetzt auch an die Sicherheit für unsere Familien denken und entsprechend vorhalten. Also meine Herren, an die Arbeit und einen schönen Tag noch."

Generalmajor Frantz Graf von Bülow bedient sich ebenso wie sein Monarch einer oftmals unerträglichen Befehlssprache, für den normalen höfisch diplomatischen Stil dieser Zeit eigentlich gänzlich unüblich. In diesem Stil begrüßt er auch Graf Henning v. Falckenhain und den ihn begleitenden preußischen Diplomaten Spree. Eigentlich seltsam für einen hohen Offizier, der seit Jahrzehnten - von ein paar Paraden abgesehen - keinen unmittelbaren Kontakt mehr zum Kasernenhof unterhält, den häufig rüden Ton von dort jedoch am Leibe zu haben. Aber hier färbt wohl das Beispiel von König Frederik VI. zu sehr ab. Dessen Ton war und ist so barsch, dass er auch viel Gutmeinende verprellt und seine Regierung und Diplomaten es anschließend schwer haben, das alles wieder klar zu ziehen. Henning lässt sich jedoch nicht aus der Ruhe bringen, als Bülow ihn drängt, doch eine Einladung für Frederik VI. an den Hof seines „lieben preußischen Cousins" nach Berlin zu erwirken. „Major, Sie müssen...Ihr Vater hat gerade erst..." „Lieber Herr Bülow, der Major muss gar nichts. Und was Graf Christian von Falkenhain in seiner Funktion als Sondergesandter hier und in Berlin zu erledigen hatte, entzieht sich gänzlich meiner Kenntnis. Ich bin da absolut nicht involviert gewesen." Und mit diesen Worten verweist der Sohn aus dem deutschen Uradel den aus dem bürgerlichen Stand aufgerückten Generaladjutanten in seine Ecke, was der auch mit rotem Kopf herunterschluckt. „Aber Sie sind doch sein Sohn..." „Richtig, und da bin ich auch stolz drauf. Aber ich vertrete ihn hier und heute weder in seiner diplomatischen noch politischen Funktion. Wenn Sie mit Ihrer Dienststelle jedoch etwas Geschäftliches mit der hier in Kopenhagen ansässigen Greifenreederei zu verhandeln haben, so besitze ich gewisse Vollmachten von den beiden Gesellschaftern Schönerrock und Falkenhain. Also, womit kann ich Ihnen behilflich sein?" Dem mit anwesendem Major Anders von Wulff scheint es die Sprache verschlagen zu haben. So scheint wohl noch niemand mit seinem Herrn und Meister gesprochen zu haben. Selbst Friedrich kommt das Verhalten des Freundes etwas anmaßend vor. Er will sich wohl nicht vor einen fremden Karren spannen lassen, denkt er. Nach dieser doch etwas unerfreulich verlaufenen Gesprächseinleitung kommt man dann noch einmal zum Thema, nämlich einem möglichen Besuch in Berlin oder in Kopenhagen. Henning Falkenhain, als Erzieher der jüngeren Prinzen und so eine Art Hofchef bei dem inzwischen auch schon erwachsenen Prinzen Wilhelm, dem zweitältesten Sohn des preußischen Königs, verspricht etwas einlenkend eine Reise nach Skandinavien in Betrachtung zu ziehen, damit möglicherweise auch nach Dänemark,. „Was gedenkt Ihre Regierung denn zu tun, damit das nächste Mal nicht nur ein schlichter Graf sondern womöglich der Sohn des Königs von Preußen Opfer eines perfiden Piratenanschlags wird?" Auf diese Frage weicht Bülow erst einmal aus, verweist auf Piraten und kriminelle Elemente schwedischen Ursprungs, etc., bis Falkenhain ihn daran erinnert, dass erstens Bornholm wohl zur dänischen Krone gehöre und zweitens die dänische Marine sich doch im raschen und so effektiven Wiederaufbau befände. Bülow muss knurrend einräumen, dass in der Tat die dänische Krone sich vermehrt um die Sicherheit ihres Territoriums und der Seepassagen kümmern muss, um so die sicherheitsmäßige Grundlage für Handel und Verkehr auf See zu schaffen. Er wolle sich mit den „bescheidenen Möglichkeiten" seines Amtes dafür einsetzen. Es tut ihm sichtbar schwer, Fassung zu bewahren und gute Miene zu für ihn bösem, oder zumindest nicht leichtem Spiel mit diesen nassforschen preußischen Edelleuten zu machen. Doch hinter allem steht für ihn der Wunsch seines Königs, wieder gleichwertig in den Kreis der europäischen Fürsten aufgenommen zu werden. Und diesen Wunsch muss Bülow um jeden Preis mit aller gebotenen Intensität verfolgen und endlich auch realisieren; denn ansonsten wird sein eigener Einfluss und der seiner Adjutantur bald nur noch eine Fußnote der neueren dänischen Geschichte sein. Henning und Friedrich sind durchaus nicht unzufrieden über den Verlauf des Gesprächs beim Generaladjutanten auf Schloss Frederiksberg. Obwohl Bülow ganz gewiss kein Esel ist, hat er wohl auf die von Major Falckenhain symbolisch wie eine Mohrrübe als Köder vorgehaltene Besuchsoption reagiert und wird seinen Einfluss geltend machen, damit die Piraten ausgeschaltet und damit in Folge die Seewege um Dänemark herum sicherer werden. Auch der Gesandte Graf Donner teilt anschließend ihre Meinung. Der Inhalt dieser Unterredung kann hilfreich für sein avisiertes Treffen mit von Bülow am übernächsten Tag sein. Auf jeden Fall weiß der Diplomat jetzt, wo beim Generaladjutanten, und damit indirekt beim König von Dänemark, der Hebel, wenn nicht gar der Knebel, anzusetzen ist.

Henning von Falckenhain hat in der Zwischenzeit auch seine neue Bekanntschaft, Matti von Klampenborg, in deren väterlichen Forsthaus im Hirschpark besucht. Er muss sehr fasziniert von ihr sein, denn er erzählt, anders als sonst gewohnt, seinem Freund nur sehr wenig über den Tag. Auf die Pirsch ist man dann doch nicht gegangen, jedoch haben Matti und Henning einen gemeinsamen Ausritt im Jägersborger Hirschwald gemacht. Und die Komtesse habe ihm auch kurz das königliche Jagdschloss Eremitagen gezeigt, zu dem sie persönlich einen Schlüssel und uneingeschränkten Zugang besitzt. Leider hätte Matti keine Zeit für einen Gegenbesuch im Schwedenhaus, so dass Friedrich Spree und die beiden Falckenhaingeschwister dann nur zu dritt den Samstagabend verbringen müssen. Am späten Nachmittag kommt unvermutet Lone Jensen vorbei und lädt zu einem Umtrunk ein, da ihr Onkel, der alte Equipagemeister Jens Christian Krieger zu Besuch gekommen sei und nach dem preußischen Diplomaten fragte. Der Chef vom Holmen ist schon recht aufgeräumter Stimmung, als die drei Freunde ihn auf der Terrasse des Verwalterhauses antreffen. Er wirkt in seinem etwas angeheiterten Zustand erfreut, als er Friedrich Spree wieder sieht und begrüßt auch dessen beide Freunde trotz etwas schwerer Zunge in einem fast akzentfreien Deutsch, dass man nur so staunen kann. Die drei Preußen scheinen dem dänischen Marinemann sympathisch zu sein. Ebenso sympathisiert Krieger auch mit dem Greifenweinbrand, von dem Henning zwei Flaschen der besten Qualität als Geschenk mitbringt. Aus dem geplanten Umtrunk wird der Beginn eines langen Abends mit köstlichem Essen aus der Küche von Lone Jensen, die heute auch selbst einmal mehr aus sich herausgeht und sogar aktiv an der Unterhaltung teilnimmt. Friedrich hält sich etwas mit dem hochprozentigen Alkohol zurück und spricht stattdessen dem leichteren Bier mehr zu. Er hört sehr aufmerksam Kriegers Ausführungen und dessen Bewertung über das Piratentum in der Ostsee zu. Der alte Herr scheint viel mehr über die Interna der mutmaßlichen Drahtzieher, die hinter der Piraterie stecken könnten, zu wissen, als alle in Kopenhagen versammelten Diplomaten aus den zahlreichen Verhandlungen mit den dänischen Zoll-und Polizeibehörden bisher in Erfahrung gebracht haben. Der Chef der Holmenwerft erwähnt aktive schwedische Offiziere, die aus Geldgier oder Hass dem Ansehen der neuen Dynastie Bernadotte schaden wollen. Ja, er spricht von der Möglichkeit von Attentaten, um die einst aus dem

Lande vertriebenen Wasa-Prinzen wieder auf den Thron zu bringen. Dabei ist es nicht einmal klar, ob diese aus ihrem behaglichen Exil in das dunkle Schwedenreich überhaupt wieder zurück wollen. Als Geldgeber wird wiederholt von einem reichen Dänen oder Deutschen gemunkelt, der sich angeblich im Exil, entweder in Schweden oder Norwegen, befinden soll und von dort wie eine dicke fette Spinne seine Fäden zieht. Die Enden dieser Fäden laufen bis hinein in die dänische Verwaltung, an den Hof, selbst bis in die unmittelbare Nähe des Königs. Die Ausführenden der Piraterie sind zu einem großen Teil dänische Seeleute unter Führung der ehemaligen Kaperkapitäne, an deren Spitze möglicherweise gar einer der Söhne der Möller-Familie stehen soll. Man darf jedoch in der Öffentlichkeit nicht darüber sprechen. „Ansonsten" so Krieger "findet man sich mit einem Mühlstein an den Füßen im Hafenbecken wieder. Auf dem Holmen geht nach den Aufrufen des Königs, die Piraten bei den Behörden anzuzeigen, die Angst um. Ganz besonders bei denen, die irgendwie Handlanger der Piraten waren oder in den Verdacht kommen könnten, dass sie jemanden von den Kaperern und ihren Helfershelfern bei den Behörden denunziert haben." Er beschreibt auch noch Angriffstaktiken der Piratenboote. Und damit hat der ehemals aktive Schiffsoffizier Krieger all das bestätigt, gar noch viel klarer beschrieben, als das, was die Diplomaten in der preußischen Gesandtschaft nach sehr umfangreichen Recherchen selbst recherchiert und danach kombiniert haben.

Am nächsten Morgen, während Elisabeth sich zur Sonntagsandacht zur Petrikirche in die Kopenhagener Innenstadt kutschieren lässt, reiten die beiden Männer zur Residenz des britischen Gesandten, die weiter nördlich direkt am Öresund liegt. Lord Doublebridge hat sie zusammen mit dem bayrischen Legationssekretär von Busch zu einer Segelpartie eingeladen. Der pensionierte Konteradmiral ist auf seiner 50 Fuß langen Yacht „Conqueror"[47] wieder ganz in seinem maritimen Element. Er hat zwei seiner Bediensteten als Bootsbesatzung rekrutiert. Die hat er aus der königlich britischen Marine ausgesucht und als Hilfspersonal für Haus und Garten mit auf seinen Posten gebracht. Nun stehen sie ihm an Bord zur Verfügung, so dass er nur die Kommandos gibt und mit großer, fast jungenhafter Begeisterung das Steuerrad bedient. „Eigentlich eine Aufgabe für einen jungen Fähnrich, oder aber einen abgetakelten Admiral wie mich. Meine Herren, nun betreiben wir ein wenig Segelunterweisung." Gern lassen sich die drei Deutschen von einem Briten in die maritimen Begriffe einweisen, packen selbst mit an, bis sie vor Eifer ins Schwitzen kommen. Sie lernen eine Wende sowie Halse[48] und zur rechten Zeit den Kopf einzuziehen, wenn die Segel und das ganze Gestänge herumdrehen. „Es macht richtig Spaß, Lord Peter." Der jungenhafte Bayer jubelt so richtig, als die Yacht unter vollen Segeln mit dem auffrischenden Westwind Kurs auf die Halbinsel Schonen nimmt. Durch die Erfahrung von diversen Seereisen haben alle drei Segelschüler auch kaum Probleme, das Gleichgewicht auf dem schwankenden Boot zu halten. „Mit drei so tüchtigen Landratten an Bord können wir alle Piraten der Ostsee in die Flucht jagen", freut sich der britische Lord über seine Gäste an Bord. Er hat selbst keine eigenen Kinder. Lady Anne, seine Frau, verabscheut das Segeln und unter seinen unterstellten

Diplomaten mag er niemanden so, dass er ihn mit auf sein Boot nehmen möchte. Diese junge Männergesellschaft beabsichtigt er zu einer guten Segelcrew zu formen. Es sind Edelleute wie er, aktive oder ehemalige Offiziere sowie im diplomatischen- oder Hofdienst stehend. Also eine erlesene Auswahl von Gentlemen, selbst für seine hohen Ansprüche. Mit der Seekarte vom Sund auf den Knien steuert er auf eine Insel zu. „Ven, backbord voraus. Da wollen wir aber nicht zu nahe heran, ansonsten nehmen uns die schwedischen Kanoniere noch unter Feuer." Man kann durch den Kieker die Umrisse einer kleinen Festung erahnen. Auf etwa eine halbe Seemeile herangekommen ist eine Geschützstellung erkennbar, daneben ist auch ein Fahnenmast mit Flagge zu erahnen. In einem kleinen Hafen liegen zwei kleinere Schiffe, ähnlich gebaut wie die neuen Kanonenboote der dänischen Marine.
„Klar zur Wende!" Nach Ausführung dieses Segelkommandos tritt die britische Yacht "Conqueror" die Heimreise zum dänischen Küstenabschnitt nördlich der Hauptstadt Kopenhagen an. Bei dem Gegenwind müssen sie kreuzen, doch bleibt bei aller seemännischen Arbeit noch Zeit für britische Sandwichs und Bier, was von der Besatzung gereicht wird. Es bleibt auch Zeit, um mit dem britischen Top-Diplomaten über die allgegenwärtige Sorge mit den Kaperern und kriminellen Elementen auf der Ostsee zu sprechen und die Vermutungen des alt gedienten Marineoffiziers und gewieften Diplomaten zu hören. Für Friedrich Spree ist das von großer Wichtigkeit. „Besten Dank, Lord Peter, ihre klaren taktischen Analysen und Bewertungen sind sehr hilfreich für eine Landratte wie mich, denn es weitet meinen bisher doch schon recht gut entwickelten Blick für Möglichkeiten und Grenzen von Kaperschiffen, ebenso für die notwendigen Gegenmittel zu Lande und zu Wasser." „Und bald auch in der Luft, meine Herren." Damit zeigt der Ex-Admiral hinüber zur Insel Ven, über deren westlichen Hügeln eine kleine Kugel empor schwebt. „Da fliegt einer dieser neuen Heißluftballons. Sie werden auch in England momentan wieder einmal von Heer und Marine getestet. Sie sind von der Beschaffenheit schon sehr robust geworden, überstehen stundenlange Touren mit mehreren Personen und Last in der Gondel. Wirklich verblüffend! Damit werden wir in ein paar Jahrzehnten über die Ozeane fliegen, das verkünden zumindest deren Erbauer. Den Ärmelkanal haben ein paar waghalsige Ballonflieger ja schon zu meiner Jugendzeit überquert. Schauen Sie sich die rasante Entwicklung bei den Dampfschiffen an, meine Herren. Jedes Jahr werden neue hinzu gebaut. Denken Sie nur an die „Caledonia" und neuerdings auch die drei kleinen mit Dampf angetriebenen Schleppboote im Hafen von Kopenhagen. Ja, eine neue technische Ära bricht an." Das klingt ein wenig wehmütig, Peter", schaltet sich Graf Henning ein. „Solange wie wir vier leben, werden bestimmt auch weiterhin Segelschiffe und Pferde benötigt werden. Und nach uns sollen kommende Generationen ihre Fortbewegungsmittel selbst aussuchen, von mir aus bis hinauf zum Mond fliegen." „Die Entwicklung des Ballons und anderer fliegender Vehikel wird gewiss Freud und Leid bringen. Als Transportmittel wird es zuerst bewaffnete Soldaten, später Bomben und schweres Kaliber mitführen können. Als Kommunikationsmittel kann man über den Horizont schauen, als wäre man Ausguck in 500 Fuß Höhe oder noch höher. Es wird eine spannende Zeit werden, an deren Entwicklung ich noch gern teilhaben möchte. Du nicht auch, Fritz?" „Ja, ihr Bayern

seid ja gar nicht so hinterwäldlerisch. Du wirst an dieser zukünftigen Technik noch mitwirken können, wart es nur ab. Ich stoße dann unvermutet dazu, haha."

Elisabeth sitzt auf dem Balkon ihres Zimmers im Schwedenhaus. Sie schmollt ein wenig vor Langeweile, ist fast ganz allein auf dem großen Anwesen; denn die Jensens sind nach dem Kirchgang in der Stadt geblieben und das Personal zu einem Volksfest in den „Bakken" gefahren, dem Sommerrummelplatz am Rande des königlichen Jägersborger Hirschparks.

In dessen Mitte liegt doch auch das große Forsthaus der Klampenborgs, geht es ihr durch den Kopf. Ob Matti sich wohl ihren Bruder Henning angeln will? Elisabeth hat es sich in einem Liegestuhl gemütlich gemacht und beobachtet die Boote und Schiffe auf dem Öresund. Da draußen irgendwo segelt auch ihr Friedrich herum. Weiß dieser liebe dumme Kerl überhaupt, weshalb sie mit nach Kopenhagen gekommen ist? Wieso geizt er bloß so sehr mit seiner Zuneigung? Hat Friedrich Spree denn eine Ahnung von dem, was sie bewegt? Dass sie sich als junge Frau aus Fleisch und Blut nach ihm sehnt, nur auf ein Wort von ihm wartet, dass sie bereit, ja fest entschlossen ist, mit ihm das ganze Leben zu verbringen.

Ein längeres Ruderboot mit jeweils zehn Ruderern an jeder Seite unterbricht ihre Gedanken und nimmt jetzt ihre Aufmerksamkeit in Anspruch. Es sieht aus wie ein Wikingerboot aus einem Jugendbuch. Es hat auch kleinere Segel gesetzt, doch die beachtliche Geschwindigkeit, mit der es von Nord nach Süd dicht vor ihrem Bootssteg vorüber gleitet, kommt von der Antriebskraft der Ruderer. Elisabeth erkennt mehrere Männer an Deck. Im Heck und Bug befindet sich jeweils eine Kanone. Zuerst denkt sie, es ist eines dieser dänischen Kanonenboote, doch die Dänen lassen stets mit großem Stolz ihren Dannebrog flattern. Und den kennt sie mittlerweile. Dieses Boot jedoch führt nur einen ganz kleinen unscheinbaren Wimpel, dessen Bedeutung sie nicht einmal enträtseln kann. Die Männer an Deck schauen angestrengt zum Ufer hinüber, wie es scheint, gezielt zu dem Anwesen der Jensens. Dann hört sie ein lautes Kommando an Bord, und das Boot ändert abrupt seinen Kurs und steuert in Richtung auf die schwedische Küste zu. Und bald danach ist Elisabeth wieder mit tagträumerischen Gedanken an ihren liebsten Friedrich eingeschlummert.

Es ist bereits später Nachmittag, als Elisabeth zwei recht müde auf ihren Pferden daherkommende preußische Husaren begrüßt. Friedrich hängen mehrere Strähnen seines braunen Haars in die Stirn, an den Schläfen kräuseln sich schweißnass ein paar winzige Löckchen. „Der Segelausflug scheint Euch beiden Landratten ganz schön geschafft zu haben." Darauf nehmen beide Reiter wieder aufrechte Haltung an, um mit ihren straffen Oberkörpern Elisabeths Worte Lügen zu strafen. „Ihr braucht euch gar nicht so aufzuplustern wie die Gockel. Eure männliche Eitelkeit kommt bei mir nicht an. Ihr abgeschlafften Helden seid durchschaut! Kommt herein und ruht euch erst einmal aus." Sie eilt davon, um eine Erfrischung herbei zu holen.

Am Abend im Schwedenhaus, beim kleinen gemeinsamen Abendessen zu dritt, berichtet Elisabeth über ihren abgelaufenen Tag. "Stellt euch einmal vor, ich durfte den Sarg des Doktor Struensee besichtigen, das war vielleicht spannend! Ihr wisst ja, um wen es sich handelt? Sein Leichnam, oder was seine verrohten Scharfrichter von ihm übrig gelassen haben, ist gerade erst mit dem seines Freundes Brandt unmittelbar vor dem Galgenberg ausgegraben worden. Sie sollen nun beide ein christliches Begräbnis erhalten, und vermutlich auch mit Billigung des Königs die letzte Ruhe in der Krypta der Petrikirche finden. Graf Schimmelmann, ihr kennt ja den alten Finanzmagnaten und Mäzen, will die Kosten tragen. Auch in seiner, ausschließlich der Familie Schimmelmann gehörenden Grabkapelle, will er Platz zur Verfügung stellen. Ist das nicht selbstlos von ihm? In vier Wochen, so sagt der Hauptpastor, kommt die Herzoginwitwe Louise Augusta von Schleswig-Holstein. Sie ist, wie jedermann weiß, die leibliche Tochter von Struensee und wohnt dieser besonderen Feier bei. Der Kirchenvorstand hat uns beide auch als seine persönlichen Gäste eingeladen, Henning." „Nun, ich glaube zu dem Zeitpunkt sind wir schon wieder abgereist. Aber Fritz ist ja auch ein eifriger Kirchgänger und interessiert sich bestimmt ebenso wie du für die Geschichte der unglücklichen Königin Caroline Mathilde und ihren hergelaufenen Liebhaber, diesen seltsamen Doktor aus Halle. Dann hat Fritz wieder etwas besonders Interessantes an euch Mädels zu berichten. Du schreibst doch immer noch so eifrig, oder? Vielleicht interessiert das ja auch den Außenminister Bernsdorff als ehemaligen Dänen?"

Am nächsten Morgen erwacht Elisabeth schon vor der normalen Zeit. Träumt sie etwa noch, oder ist das wirklich das metallische Klingen von Waffen? Jetzt fallen auch Schüsse, und ist das nicht lautes Rufen unter ihrem Fenster? Sie huscht im Nachthemd auf den Balkon, dessen Tür auch bei Nacht halb geöffnet ist. Unter sich sieht sie einige Männer, bewaffnet mit Säbeln, Gewehren und Pistolen. Sie fuchteln mit den Waffen drohend hinter einem Boot her, das gerade vom Steg ablegt und mit schnell aufgenommener Fahrt in die Nebelbank eintaucht. Dort unten erkennt sie auch Henning und Friedrich sowie den Verwalter Jensen mit seinen Knechten. Elisabeth wirft sich einen Morgenmantel über und eilt hinunter vor das Haus. Auf dem Rasen liegen zwei ihr völlig fremde Männer. Der eine bewegt sich nicht mehr und ist stumm, der andere röchelt noch. Er blutet aus mehreren Wunden, eine davon am Hals heftig pulsierend. „Das sind beides Schweden", lässt sich Herr Jensen vernehmen. „Ich habe einen Knecht schon zur Polizeistation geschickt. Entweder sind die Halunken zufällig im Nebel hier bei uns an die Küste gestoßen, oder es war ein gezielter Überfall auf uns." Er versucht etwas aus dem Röchelnden herauszubekommen und spricht ihn auf Schwedisch an, doch der Schwerverwundete ist nicht zu verstehen. Eine der Mägde kümmert sich währenddessen um einen am Arm verwundeten Knecht, indem sie ihn mit Mullbinden und Salbe versorgt. „Vergesst diesen armen Teufel nicht. Wenn ihr etwas von ihm erfahren wollt, dann müsst ihr ihn auch am Leben erhalten." „Deine Schwester hat wie immer ein großes Herz. Und klug ist sie außerdem auch noch, Henning." „Das ist ja toll, dass du Schlaumeier das auch schon merkst", erwidert Elisabeth echt entrüstet. Die sich mit Kraft durch den Morgennebel durchbrennende Sonne bescheint dabei ihr wunderschönes beinahe blondes Haar, das trotz der Haarspangen die Fülle nicht ganz bändigen kann. Es ist ein wenig in Unordnung geraten und schimmert bei den ersten

Sonnenstrahlen ganz herrlich. Und dabei blitzen ihre Augen über den vor Aufregung leicht geröteten Wangen. Wie schön sie doch ist, fast wie aus dem Märchenbuch! Eigentlich töricht von ihm, dass er ihre natürliche Schönheit und Ausstrahlung einfach so übersehen hat oder wie etwas Selbstverständliches, etwas immer um ihn herum Vorhandenes, gar nicht gebührend gewürdigt hat. Wenn es die Gelegenheit gestattet und er den richtigen Mut findet, ja, dann will er Elisabeth seine männliche Bewunderung zum Ausdruck bringen. Immer noch gibt es Zweifel bei Friedrich, dass die elegante, schöne, reiche und gesellschaftlich eigentlich so weit über ihm stehende Komtesse Elisabeth Falckenhain gerade ihn auswählen soll, dass sie ihn sehr wahrscheinlich sogar richtig liebt. Und außerdem ist er sich selbst nicht im Klaren darüber, welche der beiden Falckenhaintöchter eigentlich seine Favoritin ist. Oder ist es gar eine ganz andere, jemand von seinen eher flüchtigen Bekanntschaften? „Ach was!", entschlüpft es unbeabsichtigt seinem Mund. Beide Falckenhains schauen ihn fragend an. „Ach nichts weiter."

-3-

Legationsrat Karl Anton von Alteman macht wieder einmal einen äußerst gehetzten Eindruck. Schon seit einem halben Monat vertritt er voll verantwortlich den preußischen Gesandten in Kopenhagen. Drei große Aufgaben bedrücken den geschäftsführenden Diplomaten und lassen ihn keinen ruhigen Schlaf finden: Erstens die latente Problematik mit den Kaperern und ihren heimtückischen Hintermännern, zweitens die bevorstehende Visite des schwedischen Königs und drittens der angekündigte Besuch einer Delegation des preußischen Außenministers. Wobei Außenminister Graf Bernsdorff auf keinen Fall selber mitkommen wird, denn er hat sich noch nicht mit dem dänischen Hof wieder versöhnt und wird zu der beabsichtigten Konferenz nach Malmö einen Vertreter entsenden. Nach dem Überfall auf den Jensenhof und der gleichzeitig stattgefundenen Brandschatzung mehrerer öffentlicher Gebäude, so auch des Kopenhagener Hafenamtes, des Speichers einer englischen Handelsgesellschaft und der Kontorräume der Ostsee-Versicherungsgesellschaft haben die dänischen Sicherheitsbehörden mehrere Spuren zurückverfolgen können, die über See hinüber zur schwedischen Küste führen und dann aber nicht weiter verfolgt werden können. Es ist wirklich wieder einmal wie verhext! Ein dänisches Kanonenboot, das auf dem Holmen in Alarmbereitschaft positioniert war, konnte zwar auslaufen, doch da es personell unterbesetzt war, hatte es keine Chancen, es an Wendigkeit und Geschwindigkeit mit dem vermeintlichen Kaperer aufzunehmen. Die dänische Regierung versprach zwar nach außen hin, alles zu tun, um dem Vorwurf unzureichender Maßnahmen gegen Piraterie entgegenzuwirken, doch der praktische Erfolg war bisher recht bescheiden. In der preußischen Vertretung waren Schreiben von mecklenburgischen Kauffahrern eingetroffen, die sich bitter über den unzureichenden Schutz durch Preußen beklagten. Diesen Schuh zog von Alteman sich persönlich an, als ob es ganz allein an ihm läge, dass die preußische Marine quasi nicht existiere. So schrieb er fast täglich

Berichte nach Berlin, um seine Sorgen dort abzuladen. In der Abwesenheit von Graf Donner fühlte er sich für alles verantwortlich. Mehrmals täglich war er am lamentieren: "Lieber Spree, der Chef reißt uns den Kopf ab. Auch den Ihrigen!" Natürlich fühlt Friedrich v.d. Spree sich mit verantwortlich als derzeit zweiter Mann in der Vertretung, doch die Sorgen, die Herr von Alteman sich beispielsweise um den Besuch des schwedischen Königs macht, versteht er überhaupt nicht, denn sie beide werden nur am Rande des Besuchsprogramms eine kleine Statistenrolle spielen, so wie Diplomaten anderer Gesandtschaften auch. Der Gastgeber ist schließlich der König von Dänemark. „Wenn Karl XIV. Johan etwas von Preußen möchte, so hat er schließlich seinen Gesandten in Berlin und wird nicht ausgerechnet uns hier in Kopenhagen für irgendein schwedisch-preußisches Problem verantwortlich machen wollen. Außerdem heißt es doch hinter vorgehaltener Hand, dass der Schwede hauptsächlich für seinen Sohn nach einer heiratsfähigen Prinzessin Ausschau halten soll. Kronprinz Oskar soll bei den Damen in der Residenz Stockholm als auch in der Provinz schon so reichlich Erfahrung gesammelt haben, dass sein Vater ihn nun endlich an die eheliche Leine legen will. So berichtet mir mein Kamerad von Südling wenigstens." „Ja, wenn ihr ehemaligen Offiziere euch nur über Weibergeschichten unterhalten mögt. Ich dagegen muss mit allen möglichen diplomatischen Verwicklungen rechnen. Wie wenig die Schweden uns gewogen sind, das haben Sie ja während Ihres Bornholmer Abenteuers selbst erlebt." Dann fährt von Alteman fort, dabei nervös auf den Zehenspitzen wippend: „Was machen wir nur mit den Beamten aus Berlin, die vorab zur Malmöer Konferenz kommen? Die müssen Sie ganz allein wahrnehmen, Spree. Es ist schließlich Ihr Ressort. Aber wer da nur von Berlin kommen mag? Vielleicht erwarten die, dass ich als Geschäftsträger gar noch eine Einladung gebe?" Friedrich hat wenig Verständnis für die Aufgeregtheit seines amtierenden Chefs. Viel mehr interessiert ihn, wer hinter den Überfällen steckt und welche Vorsichtsmaßnahmen er gegebenenfalls treffen muss, denn der wiederholte Angriff auf Niederlassungen der Greifenreederei und Mitglieder der Familie Falckenhain geben ihm sehr zu denken. Dass er eventuell auch Ziel des Anschlages ist, das kommt ihm dabei nicht in den Sinn. Darauf stößt ihn erst Elisabeth: „Vielleicht hast du mit deinem Einsatz die Bornholmer Pläne der Piraten durchkreuzt und sie wollen jetzt so ganz nebenbei Rache nehmen. Wer steckt wohl hinter "M"? Was hat die Kopenhagener Polizei aus dem überlebenden Schweden herausbekommen? Die haben doch bestimmt Helfershelfer irgendwo in der Umgebung der Behörden, des Hafenamtes, der Werften und Reedereien. Haben meine großen Helden das schon einmal bedacht?" „Natürlich haben wir das, meine überaus schlaue Elisabeth. Aber leider haben wir keine eigene Geheimpolizei, die darüber mehr Aufklärung geben könnte. Was Polizeichef Kaas uns Diplomaten verrät, das ist jeweils bereits seit Tagen bekannt, oder stand schon in der „Berlingske". Alles kalter Kaffee! Er weiß aber bestimmt mehr, als er uns verrät. Wir sollten uns intensiver mit unseren Alliierten aus Schweden und England zusammentun. Denn unsere Interessen sind die gleichen, ohne das wir irgendwo in Konkurrenz zueinander stehen. Vielleicht sollten wir die Initiative ergreifen und den Kaperern eine Falle stellen? Über die Handlanger zum Kopf der Piraten zu gelangen.

Das sollte eins unserer Ziele sein. Die Dänen selber sind zu zögerlich, deshalb müssen wir Alliierte bemühen, die auch die entsprechenden Seekriegsmittel besitzen und bereit zu deren Einsatz sind. Das heißt, die Schweden und Engländer mit Kriegsschiffen, wobei unsere Handelsfahrer gegebenenfalls den Köder spielen können. Ich habe Alteman das bereits so vorgeschlagen, doch er zaudert, da er sich gleich ausgebootet fühlt. Die Idee ist schließlich nicht von ihm, deshalb ist es nicht wert, diese weiter zu verfolgen. Ich will bei der nächsten Segeltour, zu der Lord Peter bereits eingeladen hat, den erfahrenen Briten ganz einfach danach fragen." „Das ist eine gute Idee, Fritz. Ich werde unseren Agenten Jensen noch einmal ganz vertraulich befragen. Er muss als alteingesessener Kopenhagener auch noch mehr Zugang zu geheimen Quellen haben. Ansonsten muss er sie sich anderweitig beschaffen. Mit Geld ist ja alles zu bekommen, warum denn nicht auch hier in Kopenhagen?"

Am königlichen Hofe zu Stockholm sind währenddessen die Vorbereitungen für des Königs Reise im vollen Gange. Es ist die erste Auslandsreise nach der Krönung im Jahre 1818. Das zwingt die Höflinge zu ganz neuer Arbeit. So ist der Chefadjutant, ein alter Vertrauter Bernadottes, dankbar, dass der mit den dänischen Verhältnissen und Besonderheiten sehr vertraute Major Bille zur Verfügung steht. Er entsendet ihn mit außergewöhnlich umfangreichen Vollmachten zu einer Vorbereitungsreise nach Kopenhagen. Der schneidige und diplomatisch erfahrene Offizier soll zusammen mit den in Kopenhagen akkreditierten schwedischen Diplomaten vor Ort das Programm absprechen, und zwar mit der dänischen Adjutantur und dem Hofmarschallamt. Und damit hat man den Bock dann tatsächlich zum Gärtner gemacht. Rufus Bille setzt sich auf dem Landweg unverzüglich in Marsch. Er muss auf dem Weg nach Kopenhagen in der Festungsstadt Landskrona bei Oberstleutnant Lars Rutger von Müller vorbei. Zuerst einmal benötigt er wieder einmal extra Geld für seinen hemmungslosen Lebensstil und seine neuen kostspieligen Ballonversuche. Er erhält zwar schon einen Zuschuss von der schwedischen Armee, doch doppelt kassieren ist für den durchtriebenen Bille eine zusätzliche Motivation. Er will Lars Rutger Vorschläge für weitere Schläge gegen dessen Feinde unterbreiten. Dass er nun der Programmplaner für den königlichen Besuch geworden ist, gibt ihm freie Hand, die er sich vom reichen Müller auch noch mit Goldstücken füllen lassen will. Dieser ist auch gleich hoch erfreut über seine erheblich gewachsenen Möglichkeiten, seine verbrecherischen Ziele mit Hilfe eines dem schwedischen Hof so nahe stehenden Mannes zu verwirklichen. So ist er alles andere als kleinlich zu seinem sich immer in Geldknappheit befindenden Berater. Die Komtesse hat auch gerade wieder einmal ihren Teil erhalten und ist mit den Lohngeldern für von Müllers Spitzel in den Kopenhagener Behörden zurück in die dänische Hauptstadt. Sie treibt ein gefährliches Spiel. Ist es nur des Geldes wegen oder hat sie noch andere Motive? Kürzlich war sie unmittelbar davor, ihm ein Staatsgeheimnis anzuvertrauen, doch dann hat sie zu guter Letzt einen Rückzieher gemacht. Nun, in ihrem Fall ist Müller sehr geduldig.

Morten Möller, Großreeder in Kopenhagen, der trotz Staatsbankrott und Niedergang des Handels seinen Reichtum zu Kriegsende nicht eingebüßt hatte, sondern erst später in den Folgejahren durch Fehlspekulation seines Sohnes, hat einen schlechten Tag. Er streitet in seiner Villa, direkt gegenüber Schloss Rosenborg, mit Anders, dem Kommodore. „Hättest du nicht unser Geld in der Karibik vertrödelt, dann brauchten wir jetzt nicht diesen Kleinkrieg zur See spielen. Die Polizei und Marine jagen uns wie gemeine Verbrecher. Anstatt auf ein Adelsprädikat und Ritterkreuz zu hoffen, muss ich vielleicht zum Ende meines Lebens noch im Gefängnis sitzen. Wie lange muss ich für dich denn noch gerade stehen?" Der alte Möller hat bisher noch nie besondere Skrupel bei seinen Geschäften gehabt. Dass er durch den Handel mit Sklaven, also Menschen als Handelsware, erst richtig reich geworden ist, hat ihm moralisch niemals zu schaffen gemacht. Durch umfangreiche Spenden an die Kirche und Seemanns- und Waisenheime hat er sich quasi Ablass erkauft und erst gar keine Schatten auf seine Seele werfen lassen. Durch großzügige Zahlungen, auch als Bestechungen zu bezeichnen, hat er verschiedene hohe Staat-und Hofbedienstete sich zu Willen gemacht und dadurch über sie ausgiebig Macht ausgeübt. Und mit vertraulichen Informationen aus erster Hand hat er seine geschäftlichen Erfolge begründet. „Vater, zusammen mit Rutger werden wir noch Millionen verdienen. Wart' nur ab. Er plant die ganz große Sache, dann sind wir mit dabei und alles wird so, wie es einmal war. Ja, vielleicht werden wir noch größer und reicher als je zuvor. Du bist einst selbst über Leichen gegangen. Wir tun es, falls notwendig, eben noch einmal." „Sei nur vorsichtig mit dieser alten Hofschranze, mein Junge! Der zieht uns alle noch mit in den Abgrund!"

Die dänische Komtesse Mathilde sitzt mit dem Preußen Henning Falckenhain auf den Stufen des schon sehr baufällig wirkenden Jagdschlosses Eremitagen, mitten im Jägersborger Hirschpark. Nach Westen öffnet sich eine weite leicht abfallende Ebene, auf der Dutzende von halbwilden Tieren grasen. Rotwild und das etwas kleinere Dammwild äsen dicht beieinander. Die tiefe Sonne wirft einen milchig-roten Schein zu ihnen hinüber. Henning hält Matti innig umschlungen. Vier Tage ist sie fort gewesen, fast eine Ewigkeit für ihn. Als er im Schwedenhaus ihre Nachricht zu einem Rendezvous erhielt, ist er sofort aufs Pferd und ab zum Forsthaus galoppiert. „Der benimmt sich wie ein noch jung verliebter Fähnrich bei seinem ersten Rendezvous, aber nicht wie ein gesetzter Major", amüsiert sich seine Schwester. Ja, wenn ihr Friedrich doch auch so verliebt wäre und es bloß auch einmal zeigen würde. Was hat diese Matti nur, was sie nicht hat? Das könnte sicherlich Henning beantworten. Matti glüht vor geheimnisumwitterter Leidenschaft. Sie hat ihn in der Tat verhext und ist sich ihrer Verführungskünste auch voll bewusst. Erst gibt sie sich Hennings Liebkosungen hin, springt jedoch plötzlich auf, ist im Nu im Sattel ihres Pferdes, und während der verliebte Kerl noch vor Staunen den Mund offen hält, jagt sie im gestreckten Galopp den Hang zum Öresund hinab. Sie hat einen gehörigen Vorsprung, bevor der Husar sein Pferd bestiegen hat und ansetzt, ihr hinterher zu jagen. Es beginnt eine Jagd, die einer wilden Reiterattacke alle Ehre machen würde. Kaum ist die kühne Reiterin am Ufer des Sundes angelangt, als sie ihr Pferd gen Norden lenkt und in halsbrecherischem Tempo am Steilhang oberhalb des Wassers entlang sprengt. Der Einlauf eines kleinen Baches in den Öresund stoppt sie schließlich, oder zumindest tut sie so, um dem langsameren Verfolger so Gelegenheit zu geben, sie wieder zu erreichen. „Du Teufelsweib!" Henning springt vom Pferd und umschlingt Mathilde, die nun scheinbar wieder in die Rolle der vor lauter Liebe verwirrten Frau schlüpft. Das ist die Gelegenheit für Henning, Mathilde die Schmaragdkette, die er schon vor Tagen beim besten und auch teuersten Juwelier in Kopenhagen besorgt hat, umzuhängen. „Mathilde, willst du meine Frau werden?" Ein hell klirrendes Lachen erschallt, so dass ihr Pferd schreckt. „Ach du dummes deutsches Gräflein. Mich dir hinzugeben heißt doch noch lange nicht, auch deine Frau zu werden. Was weißt du schon von mir?" Und dabei wird sie ganz ernst, ihr Blick über das Wasser in die Ferne gleitend. „Meine Bestimmung ist entweder ein Thron oder ...das Schafott." Und erneut ertönt ihr Lachen, das ihm jetzt so fremd vorkommt und ihn ganz tief im Innersten verletzt. Ja, haben ihn denn alle guten Geister verlassen, fragt sich Henning, dass er dieser flatterhaften Frau, dieser Komödiantin gerade einen Antrag gemacht hat. Er stimmt in ihr Lachen mit ein, springt in den Sattel und stürmt zurück in Richtung Schloss Eremitagen, Komtesse Mathilde nun ihrerseits etwas verdutzt hinter ihm her.

Währenddessen wartet Elisabeth auf Friedrich, der noch länger in der Gesandtschaft zu tun hatte. Der lässt sich diesmal von einem Lohndroschker von der Bredgade zum Schwedenhaus bringen. Die langen, teilweise fruchtlosen Besprechungen mit Legationsrat von Alteman, den Kollegen der Gesandtschaften von Schweden, Österreich und England sowie mit den Beamten aus dem Außenministerium haben ihn ein wenig genervt und ermattet. Er hat auch heute weder Fortschritt noch Gemeinsamkeit in ihren Planungen bemerken können, was den mehr pragmatisch veranlagten Diplomaten von der Spree, der gern in Aktion tritt und Resultate sehen möchte, richtig betrübt und auch manchmal ärgerlich macht. Es gelingt Elisabeth jedoch rasch, ihn wieder aufzumuntern. Bald sitzen sie an einem frisch gedeckten Tisch vor dem Haus und Fritz nimmt ein leichtes von der Freundin persönlich angerichtetes Abendessen zu sich. Das kühle Bier dazu schmeckt ausgezeichnet, selbst der Komtesse, die ansonsten überhaupt nicht am Gerstensaft Gefallen findet. Ein paar Schmetterlinge schwirren um die Sommerblumen, Meisen und Amseln sind auf Nahrungssuche für ihre Jungen. Im Haselnussgesträuch unmittelbar vor ihnen balgen sich zwei muntere Eichhörnchen, die bald in den Wipfeln der hohen Pappeln verschwunden sind. Nur noch ihr schnatterndes Keckern und ein Rascheln der Zweige sind zu vernehmen. „Eine wahre Sommeridylle, liebe Elisabeth." „Ja, wie schön das hier ist. Hier könnte ich immer bleiben, zusammen mit dir, mein Geliebter." Dabei rückt sie ihren Stuhl neben Friedrich und schmiegt ihren Kopf an seine Brust, sucht seine Hände und hält sie fest umschlossen. Der Blick über den Sund bietet ihnen den Anblick auf zwei imposante Großsegler, die hinter der Insel Salzholm hervor aus der Ostsee kommend den Sund in nördliche Richtung hoch durchs Wasser gleiten. In der Abendsonne wirken die hell erleuchteten Segel erhaben wie weiße Kirchenschiffe. Hinter ihnen ist die Küste Schwedens deutlich zu erkennen. Dort soll irgendwo angeblich der Drahtzieher der Piraten wie eine Spinne seine Fäden ziehen. Aus diesem Netz müsste man ihn doch irgendwie herauslocken können. Elisabeth unterbricht seine Gedanken. „In drei Tagen kommt unser Schiff nach Kopenhagen, die „Königin Louise". Dort werden wir uns für die Rückreise nach Rostock einschiffen müssen. Dann ist unsere schöne gemeinsame Zeit hier in Kopenhagen leider vorüber. Fünf unvergessliche Wochen! Und, wie geht es denn mit uns beiden weiter, liebster Friedrich?" Dabei schaut sie ihn von unten mit ihren tiefbraunen Augen an. Friedrichs Küsse und Liebkosungen stoppen weitere Fragen und geben Elisabeth die Illusion, damit die von ihr erhoffte Antwort auf diese Frage erhalten zu haben. Und damit entgeht den beiden Naturfreunden, der Blick auf eine Rehgeiß, die mit ihren beiden Kitzen gar nicht weit entfernt durch das hohe Gras stakst.

-4-

Die schwedische Fregatte „Desideria" ist benannt nach der Gemahlin Bernadottes, der nun als König von Schweden auf ihr seine Besuchsreise von Stockholm nach Kopenhagen durchführt. Desideria ist der schwedische Name der Französin Désirée Clary, die es von der Seidenhändlerstochter aus Marseille über die Verlobte des damaligen Brigadegenerals Napoléone Buonaparte zur Gemahlin Bernadottes brachte, und damit später zur Königin. Während der französischen Revolutionswirren hat Jean-Baptiste Bernadotte es vom einstmals königlichen Sergeanten aus kleinbürgerlichem Stand in fast kometenhafter Geschwindigkeit zum Revolutionsgeneral und Kriegsminister geschafft. Von seinem ihn im späteren Verlauf der Revolutionsgeschichte noch überflügelnden Konkurrenten Napoléon zum Marschall, Gouverneur und Fürsten ernannt, wurde er 1810 vom schwedischen Parlament zum Kronprinzen gewählt. Damals war der regierende schwedische König auch von der Verschwägerung Bernadottes zur Familie des französischen Kaisers angetan, teils aus Bewunderung teils aus Räson gegenüber dem mächtigsten Mann Europas, dessen ältester Bruder mit einer anderen Tochter des Hauses Clary verheiratet war. Heute nun kommt Bernadotte als Karl XIV. Johan, König von Schweden und Norwegen. Sein Land hat sich gerade zum richtigen Zeitpunkt, nämlich im Laufe des Jahres 1813, für die Allianz gegen Kaiser Napoléon entschieden, nachdem kurz zuvor Preußen abgefallen war und sich mit Russland gegen den Franzosen verbündete. So wurde damals Kronprinz Karl Johan Oberbefehlshaber der Nordarmee, eine der drei in Deutschland operierenden Armeen der Allianz. Im Sommer trat auch noch durch Metternichs Einwirken der österreichische Kaiser, der ja seit 1810 der Schwiegervater Napoléons war, dem neuen Bündnis gegen den Unterdrücker Europas bei. Dabei haben sie auf grausame Art dem selbst gekrönten Franzosenkaiser klar gemacht, dass Familienbande auch brüchig sein können.

Während Legationssekretär Friedrich v.d. Spree zusammen mit dem Geschäftsträger der preußischen Gesandtschaft sowie den Diplomaten anderer in Kopenhagen akkreditierter Verbündeter Schwedens auf das Eintreffen des schwedischen Königs und seines Gefolges am Pier in der Nähe von Schloss Amalienborg wartet, gehen

ihm Erinnerungen fast vergessener Zeiten durch den Kopf. Wann hatte er Bernadotte als schwedischen Kronprinzen überhaupt zum ersten Male gesehen? Das war Ende August 1813 im Feldlager der Nordarmee, südöstlich von Berlin. Der 18jährige Spree war unter Führung eines preußischen Obersten mit einem kleinen Verbindungskommando direkt in das Hauptquartier des Oberbefehlshabers kommandiert worden. Ihm unterstanden als Leutnant der Husaren die acht Berittenen der preußischen Begleitmannschaft. Außerdem übernahm er die Aufgaben eines Ordonnanzoffiziers, also er war so eine Art Adjutant für den Obersten. Auch war er zugleich als Kurier Überbringer wichtiger Depeschen. Hierbei konnte er fast täglich den ehemaligen französischen Marschall sehen, zumeist hoch zu Ross und umgeben von einer Traube von begleitenden Offizieren seines Hauptquartiers. Die Nordarmee verfügte über etwa 150.000 Mann, überwiegend aus Schweden und Russen bestehend. Dazu kamen das III. und IV. preußische Armeekorps, die zwischen Elbe und Oder operierten. Damals hatte man nach der verlorenen Schlacht bei Dresden zu Ende August einen Marsch des französischen Kaisers auf Berlin befürchtet, doch durch einzelne Schlappen seiner Generale und den Abfall des Königreichs Bayern musste Napoléon seinen generellen Kriegsplan verändern und seine Truppen neu disponieren. Mitte Oktober standen bei Leipzig 300.000 Alliierte unter dem obersten Befehl des österreichischen Feldmarschalls Karl Philipp Fürst zu Schwarzenberg nur 200.000 Franzosen und Italiener unter Führung Kaiser Napoléons gegenüber.
Bei einem risikoreichen Aufklärungsritt bis unmittelbar an die gegnerischen Stellungen des französischen Marschalls Marmont wurde der Oberbefehlshaber der Nordarmee durch das preußische Kommando begleitet, da Bernadotte sich auch im preußischen Sektor bewegte. In der Nähe der Ortschaft Schönfeld wurden sie aus einem Wäldchen heraus unter Gewehrfeuer genommen und wichen in einen nach Westen verlaufenen Hohlweg aus, aus dem plötzlich eine Halbschwadron französischer Kürassiere auf sie zugesprengt kam. Dort schien man auf der gegnerischen Seite die auffällige Gestalt des ehemaligen französischen Marschalls erkannt zu haben. Mit dem Schrei „Voilà le traiteur!"[49] galoppierten die Franzosen der Gruppe um Bernadotte entgegen und hauten mit dem blanken Säbel seine völlig verdutzten Begleitoffiziere aus dem Sattel. Zwei Lanzenreiter waren mit gesenkter Lanze unmittelbar vor Bernadotte, als Spree mit seinem Pferd in den tödlichen Angriff sprang, wobei die Lanzen das bedauernswerte Pferd fast gänzlich durchbohrten. Bernadotte und Spree stürzten zu Boden. „Merci, mon Capitaine",[50] rief Bernadotte, während er anerkennend über seine gewaltige Nase blickte. Zwei der preußischen Reiter griffen den Oberbefehlshaber an den Armen und sprengten mit ihm aus der bedrohlichen Lage davon. Spree selbst hatte ebenfalls unheimliches Glück gehabt. Die beiden Lanzen waren links und rechts von seinem Bein in den Leib des tödlich getroffenen Pferdes eingedrungen. Während er sich leicht betäubt vom Boden aufrappelte, halfen ihm zwei seiner Husaren in den Sattel eines Reservepferdes. Es gab kein langes Überlegen, den teuren Sattel und die Säbeltasche vom Körper seines toten Pferdes zu nehmen. Die Franzosen waren in der Überzahl, da hieß es auf und davon, und zwar im gestreckten Galopp.

Zurück im Lager machte Spree erst einmal eine Schadensaufnahme. Seine Attila[51] hatte drei Schnüre eingebüßt und einen Riss, der jedoch geflickt werden könnte. Für den nicht begüterten Husarenoffizier Friedrich v.d. Spree war der Kauf von Uniformteilen oder Sattelzeug, wofür er nach dem Reglement persönlich aufkommen musste, immer ein gewichtiger Punkt, der ihm so manches Kopfzerbrechen bereitete und durchaus auch einen Anflug von Neid aufkommen ließ über die Kameraden, die von zuhause finanziell unterstützt wurden. Dass er sich seinerzeit darum mehr Gedanken machte, als über die tödliche Bedrohung, kommt ihm eigentlich erst heute so richtig zu Bewusstsein. Am Abend des besagten 17. Oktober 1813 musste Spree sich bei General Friedrich Wilhelm von Bülow, dem Kommandierenden General eines der beiden preußischen Korps, melden. General Bülow weilte gerade bei dem Oberbefehlshaber im großen Hauptquartier der Nordarmee, um persönlich bei Bernadotte für den kommenden Gefechtstag die Befehle für seine Truppe abzuholen. Der Chef des preußischen Verbindungskommandos hatte dem General bereits den Vorfall in Schönfeld gemeldet. „Glückwunsch, Spree. Das war ein richtiges Husarenstück! Ich bestätige als Kommandierender General Ihre Beförderung zum Hauptmann, ich meine natürlich, zum Rittmeister." Und damit war der General nach einem kräftigen Händedruck verschwunden, den etwas verdutzt dreinschauenden Spree mit dem Oberst zurücklassend.

Von der schwedischen Seite hatte Spree später nichts weiter erhalten, keine Belohnung, keinen Orden oder ein wenigstens ein persönliches Schreiben von dem Kronprinzen. Für Spree eigentlich erstaunlich, denn nach den Befreiungskriegen hat es für die Zusammenarbeit mit Alliierten, beispielsweise mit den Russen, einen regen Austausch von Glückwünschen, Geschenken, Orden und Ehren gegeben. Auch allein für die reine Präsenz beim Kongress in Wien hat es Orden und Ehrenzeichen zuhauf gegeben. Aber von schwedischer Seite gab es eigentlich so gut wie keine offizielle Anerkennung, ebenso war das diesbezügliche Verhalten des preußischen Königs. Es gab es für die eigenen Leute in den unteren Rängen auch weniger Auszeichnungen, selbst nicht einmal für besonders herausragende soldatische Tapferkeit. Nur sein Regimentskommandeur beispielsweise besitzt das erst 1813 von Friedrich Wilhelm III. gestiftete Eiserne Kreuz. Und Major Falckenhain gehört natürlich als Prinzenerzieher und Mitglied der Hofkamarilla zum Kreis der hoch Dekorierten, aber subalterne Offiziere gingen überwiegend leer aus. Aber was soll's…, sagt sich Friedrich Spree, schließlich hat er dem beherzten Husarenstück die außerplanmäßige Beförderung zum Rittmeister zu verdanken. Und damit gilt seine Aufmerksamkeit wieder dem königlichen Besuch.

Der ablandige Wind zwingt die „Desideria" draußen auf der Kopenhagener Reede zu ankern. 27 Schuss Königssalut werden vom Schiff mit der Batterie an Land ausgetauscht. Das dauert eine ganze Zeit, denn zwischen jedem Schuss müssen exakt sechs Sekunden Abstand eingehalten werden. Eine königliche Schaluppe der dänischen Marine, acht Ruderer zu jeder Seite, die Besatzung in bester Uniform, holt den hohen Gast ab. Baron Südling, der dänische Hofmarschall und ein paar Uniformierte der schwedischen Begleitung stehen mit Karl XIV. Johan im Bug.

Neben dem König erkennt Friedrich auch den schwedischen Major Bille, der ihm ja auf Bornholm einst angeboten hatte, ihn mit auf eine seiner Ballonfahrten zu nehmen. Ob das wohl vielleicht einmal klappen wird? Am Kai wird seine schwedisch-norwegische Majestät mit drei kräftigen „Hurras" begrüßt. Frederik VI. reicht dem bestimmt einen ganzen Kopf größeren Karl XIV. Johan persönlich die Hand, um ihm beim Überstieg an Land behilflich zu sein. Dabei versucht sein markant-kantiges Gesicht freundlich drein zu schauen, was jedoch sehr gekünstelt, beinahe verzerrt, aussieht. Ja, einige von Sprees Diplomatenkollegen witzeln über das Äußere des dänischen Monarchen ganz despektierlich. Für den österreichischen Handelsrat von Kaiser beispielsweise ist Frederik VI. nur noch der „Nussknacker". Während König Frederik wie fast immer seine rote Generaluniform trägt, kommt König Karl Johan im eleganten Zivil. Dieser Anzug unterstreicht Baron Südling zufolge das informelle des Besuches, der kein Staatsbesuch mit großem Zeremoniell sein soll. Am Kai salutiert der Führer der angetretenen Ehrenformation. Das Musikkorps intoniert Marschmusik, als die beiden Monarchen die Front abschreiten. Generaladjutant von Bülow hat die Ehre, dem schwedischen König die versammelten Mitglieder des Hofes und der Regierung vorstellen zu dürfen. Zur seitlich stehenden Gruppe der Diplomaten und den Honoratioren der Stadt Kopenhagen nickt der schwedische König kurz hinüber, tippt fast militärisch an die Krempe seines Hutes und steigt in die bereit stehende Karosse ein.

Vom weiteren Programm sind die ausländischen Diplomaten erst einmal ausgeschlossen, was ganz natürlich ist, denn der Besuch gilt dem Königreich Dänemark. Am übernächsten Tag sind die Herren von Alteman und von der Spree aber mit anderen ausländischen Gästen zur königlichen Tafel in Schloss Frederiksberg eingeladen, wo sie dann auch durch den Zeremonienmeister den Majestäten vorgestellt werden sollen.

-5-

Oberst a.D. Eitel von der Tanne haut sich mit der Hand auf den Schenkel. „Potz Blitz, der Junge wird ja immer verrückter!" Er sitzt auf der Terrasse des fürstlichen Gästehauses zu Pyrmont, als Gast des Grafen Donner und seiner Frau, die dort Sommerurlaub machen und nach langer Zeit auch ihren Sohn Wittekind wieder in die Arme schließen konnten. Der junge Studiosus an der Göttinger Universität hatte sich in den zurückgelegenen Monaten gut von seiner schweren Jagdverletzung erholt und ganz ohne mütterliche Liebe und deren Fürsorge zu einem recht selbständigen jungen Mann entwickelt. Auch soll ihm die pflegerische Anteilnahme einer Pyrmonter Arzttochter ausgesprochen wohl getan haben. Selbst figürlich hat er gut zugelegt. Jetzt sitzt er mit dem alten Husarenoberst, seinen Eltern und ein paar anderen Gästen beisammen und lauscht dem Vater, wie der über Friedrich Sprees Abenteuer mit den Ostseepiraten berichtet. Unter ihnen halten Enten und Gänse Flugmanöver auf dem Schlossgraben ab, ein Graureiher wartet, lässig auf einem Stelzebein auf Schnabel gerechte Beute. Wilhelm von Donner ist ein sehr anschaulich und lebendig vortragender Erzähler. Sein Sohn und die Anwesenden sind ganz fasziniert, nur seine Frau kommentiert lachend. „Wilhelm, bei dir könnte der alte Baron Münchhausen[52] noch in die Lehre gehen." „Lassen Sie nur, gnädige Frau, wenn nur die Hälfte davon wahr ist, wird das die Sensationsgeschichte für unsere Zeitung. Hoffentlich lässt der Rittmeister sich auch wieder einmal in unserem Städtchen blicken." „Hier ist es bestimmt zu ruhig für ihn, lieber Kraxler", tönt der Oberst, dabei vor sich hin glucksend. Alles lacht, nur der junge Wittekind Donner registriert etwas verärgert die Unterbrechung der Erzählung über seinen Helden, denn das ist Friedrich von der Spree zweifelsohne für ihn, schon seit er ihn damals vor den weiteren Attacken des waidwunden Keilers gerettet hatte.

Graf Donner genießt mit seiner Frau die entspannten Tage bei der fürstlichen Verwandtschaft in Pyrmont. Die milde, aber trotzdem erfrischende Luft und die vertraute Umgebung des Weserberglands sowie des beschaulichen Heilbades tun ihm gut, ebenso die gemeinsamen Pirschgänge und Ausritte mit Eitel v.d. Tanne. Seine mehr auf Stand und Äußerlichkeiten achtende Frau ist hingegen besonders von der vornehmen Ausstrahlung des „Fürstenbades", der Sommerresidenz ihrer noblen Verwandtschaft, angetan. Dass hier Kaiser und Könige Heilung suchten und deren Nachfahren auch heutzutage die Reisestrapazen nicht scheuen, hierher zu kommen, das gibt ihr ein erhebendes Gefühl. Wenn sie wüsste, dass ihr einziger Sohn sich täglich mit seiner reizenden Pyrmonterin trifft, zwar aus achtbarer Arztfamilie, aber trotzdem nur bürgerlich, dann hätte sie bestimmt keine Ruhe mehr und würde ihrem verliebten Bürschlein einen sofortigen Ortswechsel verschreiben.

In der Zwischenzeit ist die Nachricht über den Tod des französischen Ex-Kaisers auf St. Helena auch in dem kleinen abseits der großen Verbindungswege liegenden Städtchen Pyrmont eingegangen, und sie gibt wahrlich reichlich Gesprächsstoff. Etwas Sorgen macht sich Wilhelm Donner, dass er bei dem avisierten Besuch von Karl XIV. Johan in Kopenhagen nicht anwesend ist und auch die weitere Entwicklung bei der diplomatischen Bewältigung der Piratenplage nicht direkt von der Gesandtschaft mit beeinflussen kann. Er hat in der Tat nur ein begrenztes Vertrauen in seinen Vertreter. Legationsrat von Alteman ist ihm einfach zu bürokratisch und ganz besonders zu einfallslos. Und der junge Attaché von der Spree als der dritte Mann in der Vertretung ist zwar sehr tüchtig und aktiv, doch es fehlt ihm noch die diplomatische Erfahrung, das Gespür für politische Fallstricke und Raffinesse. Er ist auch einfach noch viel zu gutgläubig, redet in unbekümmerter Offenheit, eben wie ein junger Offizier das tut. „Lass mal Wilhelm, um den brauchst du dir keine Sorgen machen", beruhigt ihn sein Jagdkamerad von der Tanne, dem er seine Bedenken mitteilt, und klopft ihm beruhigend auf die Schultern.

Gräfin Wilhelmine indessen ist eine weitere Sorge genommen worden. Nachdem sich ihr Sorgenkind, ihr einziger Sohn Wittekind, so prächtig entwickelt hat, ist auch der vorübergehende Wechsel nach Pyrmont für ihre beiden Töchter eine nicht nur nette, sondern bedeutsame Abwechslung und Wende für ihre persönliche Familienpolitik. Während Margarethe fast täglich dem jungen bayrischen Diplomaten von Busch nach Kopenhagen schreibt, sich aber trotzdem ganz unbeschwert mit diversen

Verehrern vergnügt, hat die jüngere Schwester Ingrid ihren dänischen Husarenleutnant offensichtlich gänzlich vergessen, obwohl der sie so doch vermeintlich so unglücklich gemacht hat. Ingrid hat sich hier in Pyrmont mit einem Vetter zweiten Grades so eng und innig befreundet, dass Tochter und Mutter bereits von der Möglichkeit einer Verlobung sprechen. Der Vetter aus der Waldecker Fürstenfamilie ist zwar doppelt so alt wie Ingrid, und zudem Witwer mit zwei Töchtern von zehn und zwölf Jahren, doch sind in ihren Kreisen diese Altersunterschiede durchaus üblich und für die jungen Heiratskandidatinnen aus adeliger Familie akzeptabel. Am besten wird es wohl sein, wenn sie Ingrid gleich in der Obhut der Pyrmonter Verwandtschaft zurücklassen und sie diesen jungen dänischen Leutnant gar nicht mehr wieder sehen kann. „Dann bleibt die Margarethe gleich mit hier, lieber Wilhelm." Doch Wilhelm Donner schüttelt nur den Kopf. „Lieber nicht." Er weiß um die enge Beziehung seiner Tochter zu dem bayrischen Diplomaten. Der Florian Busch ist ihm außerdem recht sympathisch, ein frischer Jungdiplomat und zudem erfahrener Reserveoffizier. Und ganz ohne Kinder zurück nach Kopenhagen. Da würde seine Wilhelmine ihn bestimmt von morgens bis abends die letzten Nerven kosten und sich wo möglich gar noch mehr als schon bisher in seine diplomatischen Tagesgeschäfte einmischen wollen.

Gleich vier Privatbriefe liegen auf Friedrich Sprees Schreibtisch in der Gesandtschaft. Oberschreiber Gleiser hatte sie in seiner akribischen Art der Größe nach auf der Eichenplatte ausgebreitet. Er ergreift zuerst den Brief seines Freundes von der Tanne, den er am markant einfachen Siegel zweifelsfrei erkennt, nämlich einem Tannenbaum, so schlicht wie ein aus kindlicher Hand gebackener Weihnachtskeks. Der pensionierte Oberst hat beinahe nur Klatsch aus Pyrmont zu berichten, den Friedrich sich am Abend genauer durchlesen will. Zum Lachen ist der Vorfall auf der Hauptallee, wenn man nicht selbst betroffen ist. Dort, wo die Abtritte für die Kurgäste wie Hühnerkäfige in Reihe aufgestellt worden sind, seien jüngst die Gäule des Fäkalienabholers wie von Hornissen gestochen durchgegangen. Dabei haben sie beinahe ein Dutzend dieser Bretterbuden samt Behältnissen umgerissen. Ein männlicher Kurgast, der sich gerade der Wirkung des Brunnenwassers hingab, konnte sich mit fliegenden Rockschößen und noch halb herunter gelassener Hose im letzten Moment vor den durchgegangenen Gäulen in die Büsche retten. Ansonsten hat es zum Glück keinen Personenschaden gegeben. Nur das Gelächter über das unfreiwillige Opfer wollte kein Ende nehmen, und hundsgemein habe es anschließend noch auf der Allee gestunken. Den Schreinern musste die Kurverwaltung eine Extrazahlung geben, damit sie unverzüglich den Schaden reparierten. Nach dieser humorigen Episode auf der Pyrmonter Flaniermeile beklagt der ehemalige Husarenoberst sich im Nachsatz über die bejammernswerten Zustände in den Streitkräften, er befürchtet schon den vermeintlichen Niedergang der preußischen Armee: „Die üben nur noch für Paraden, nicht mehr für den Kampf", klingt es da bedauernd und kritisierend. Ja, da hat sein ehemaliger Regimentskommandeur bestimmt recht, geht es Friedrich durch den Kopf und bestätigt ihn in seiner damaligen Entscheidung, den Abschied vom militärischen

Dienst genommen zu haben. Ein rosafarbener, parfümierter Brief mit dem gräflichen Siegel der Falckenhains ist rasch geöffnet. „Lieber Fritz, Dir und Elisabeth alles Glück der Erde. Ich verreise für lange Zeit, vielleicht auch für immer. Ich kann dich einfach nicht verstehen, wir beide hätten so gut zu einander gepasst. Deine dich trotz allem immer und ewig liebende Dorothea." Das ist alles, vielleicht gibt der zweite Brief mit dem großformatigen Falckenhain-Siegel mehr Aufschluss? Er ist von Henning und geht nur auf die Vorbereitungen ein, die der Prinzenerzieher für eine längere Reise nach Südeuropa zu planen hatte. Er kommt erst gegen Spätherbst wieder zurück und lädt Fritz schon zum gemeinsamen Weihnachtsfest ein. Der Brief ist eine Woche vor dem von Komtesse Dorothea geschrieben und geht mit keinem Satz auf familiäre Angelegenheiten ein. Wie seltsam! Der vierte und letzte Brief ist von Onkel Willi, wie der Verwandte der Falckenhains, Wilhelm von Stackel, mit feiner Schrift unterzeichnet. Hier scheint die Aufklärung zu kommen, über wirklich dramatische Ereignisse in Schloss Bernau. Es scheint, dass Wilhelm Stackel der einzige ist, der auf Falckenhain einen kühlen Kopf bewahrt hat: „…Komtesse Andreas Verlobung ist geplatzt. Der „kühne" Leutnant von Behlow hat wohl in Hinblick auf die bevorstehende reiche Heirat Spielschulden gemacht, wurde wegen einer galanten Affäre zu einem Duell gefordert, hat jedoch gekniffen, Hals über Kopf den Dienst quittiert und fluchtartig Potsdam verlassen. Er soll auf dem Weg in die Neue Welt sein, sprich nach Amerika, um dort sein Glück zu machen. Das sagen zumindest Gerüchte. Behlow hat sich nicht einmal bei Andrea verabschiedet, ist spurlos verschwunden, was die am meisten ärgert und kränkt. Sie wollte wohl nur dem Vater zu Liebe heiraten. Und dann noch jemanden aus eurem Regiment. Die nächste Dummheit machte Elisabeth, die dann den alten Graf Christian trösten wollte, indem sie ihm eure bevorstehende Verlobung mitteilte. Daraufhin bekam die ansonsten durch nichts aus der Fassung zu bringende Dorothea Weinkrämpfe, die gar nicht aufhören wollten. Danach machte sie Elisabeth eine schreckliche Szene. Sie wolle ihre Schwester niemals wieder sehen. Der alte Vater stand kurz vor dem Schlaganfall. Die Anforderungen in der Politik und der Diplomatie, die er ja freiwillig auf sich genommen hat, seine zunehmenden Aktivitäten mit der Reederei und das Durcheinander bei seinen drei Töchtern waren eindeutig zu viel für ihn. Er bat Henning noch, von seiner Reise mit dem Prinzen zurück zu treten, was der jedoch ablehnte, wohl allein aus Loyalität zum Herrscherhaus….Dorothea ist einen Tag später beinahe fluchtartig, einzig von ihrer Zofe begleitet, auf den Weg nach Süddeutschland zur Verwandtschaft ihrer verstorbenen Mutter aufgebrochen. Hoffentlich renkt sich das nur alles wieder ein…" Damit hat Friedrich nun den Überblick über die Geschehnisse bei seiner Beinahe-Familie, den Falckenhains, erhalten. Das einzige, was ihn daran nicht betrübt, ist der Abgang des so wenig kühnen Kühnrat von Behlow, den er eigentlich nie ausstehen konnte. Er will noch am Abend Graf Christian einen Brief schreiben. Was aber soll er ihm bezüglich Elisabeth mitteilen? Er muss freundlich bleiben, aber will sich jetzt einfach noch nicht festlegen lassen. Diese Art der unverbindlichen Korrespondenz hat er sich als Diplomat ja bereits angeeignet, wenn auch sehr halbherzig.

Der schwedische König, obwohl er sich sonst sehr konservativ gibt und wenig Aufgeschlossenheit für die technischen Errungenschaften des 19. Jahrhunderts bekundet, hat sich schließlich doch noch bereit erklärt, dass Major Rufus Bille anlässlich des Besuchs in Kopenhagen seinen Ballon vorführen darf. Zuerst hatte der umtriebige Bille am Hofe in Stockholm dem Adjutanten des Königs, einem bereits seit Jahrzehnten bei Bernadotte im Dienste stehenden Soldaten der ehemals republikanisch französischen Armee, die Idee einer Ballonfahrt in den Kopf gesetzt. Dies sei ein Kommunikationsmittel, ja vielleicht sogar ein Kriegsmittel der Zukunft, mit dem Schweden seinen Fortschritt und gleichzeitig Stärke gegenüber dem dänischen Konkurrenten in der Ostsee beweisen könne. Schließlich habe schon der Bruder[53] des heutigen französischen Königs Ludwig XVIII. im Park von Schloss Versailles vor fast 40 Jahren sich von den Brüdern Montgolfier eine Flugvorführung präsentieren lassen. Der Monarch war damals so begeistert, dass er den genialen und mutigen Erfindern den St.Michaels-Orden verliehen hat. Militärische Stärke und Konkurrenz - mit Militärs oder Monarchen - sind zwei Begriffe, mit dem man Karl XIV. Johans Aufmerksamkeit immer noch gewinnen kann. Und der befürwortende Ratschlag seines alten Vertrauten sorgte für ein Übriges. Er wird seinen fest eingebrannten Komplex als bürgerlich geborener Monarch gegenüber den alten Dynastien nie ablegen können und sucht daher -bewusst oder unbewusst- nach einer Kompensation dieses vermeintlichen Geburtsmakels. So sollte Bille denn seine Ausrüstung mitnehmen und den beiden skandinavischen Monarchen vorführen. Der abenteuerlich anmutende Vorschlag Billes, den Schwedenkönig und Ex-Marschall von Frankreich mitfliegen zu lassen, fiel bei dem Adjutanten allerdings nicht auf fruchtbaren Boden. „Das ist doch zu abwertzig!" So hatte Major Bille zusätzlich fast eine Kompanie Soldaten, schwere Gespanne und zwei Dutzend Arbeitspferde von der Festungsstadt Landskrona auf die im Sund liegende schwedische Insel Ven übersetzen lassen. Von dort hatte er bereits mit großem Aufwand etliche Erprobungsflüge mit verschiedenen Ballons durchgeführt und bei günstigen Winden in den vergangenen Monaten schon dreimal die dänische Küstenlinie erreicht. Er könnte also von Ven aus starten und den beiden Majestäten am Strand nördlich von Kopenhagen die Kapazitäten seines Ballons vorführen und aus schwedischer Sicht diesen eingebildeten Dänenkönig so richtig beeindrucken.

Das wäre wahrhaftig die Gelegenheit für seinen Hintermann und Geldgeber Lars Rutger von Müller: Ein spektakuläres Attentat, vielleicht sogar als Unfall getarnt. Ein Schlag gegen den Dänenkönig, der ihn schnöde vom Hofe verwiesen hat! Seine tödliche Revanche! Gleichzeitig wäre der Fremdling auf dem schwedischen Thron ausgeschaltet. Ein riesiges Gedankenspektrum von dynastischen Veränderungen tat sich vor ihm auf. Der geniale und so geschmähte Müller wäre derjenige, der die Fäden in der Hand hielte und derjenige, der weltliche Ehren und Ämter in Skandinavien verteilen, zumindest beeinflussen könnte. Vielleicht ließe sich sogar sein Traum verwirklichen, die dänische Komtesse zur Frau zu nehmen. Er weiß sogar um ihr wohl gehütetes Geheimnis. Sie hat einen einjährigen Sohn, lässt ihn irgendwo im Geheimen in der Nähe von Kopenhagen aufziehen. Ist dies Kind gar die Frucht der kurzen Affäre mit dem schwedischen Kronprinzen? Dann könnte von Müller das Kind adoptieren und als möglicher Regent gar persönlich Anspruch auf die schwedische Krone stellen. Seine Wünsche, in der Welt eine bedeutende Rolle spielen zu wollen, arten immer mehr zur Besessenheit aus. Natürlich kann er sich mit seinem riesigen Vermögen fast alles erkaufen. Bisher hatte er sich noch in Geduld geübt, alle Schritte generalstabsmäßig geplant und vorangetrieben, doch er sieht sich nun durchaus auch als Sterblichen, dessen Zeit davon rinnt. Er lechzt nach Rache und will gleichzeitig etwas Neues, Gewaltiges schaffen, das seinen Stempel trägt. Zwei Herausforderungen, die ihn als Fünfzigjährigen seine ganze Konzentration kosten. Seine kriminellen Gehilfen sind fast ausnahmslos willige und käufliche Kreaturen, deren Fehlschläge ihn jedoch Zeit kosten. Und ob sich einmal die Zuneigung der Komtesse erkaufen ließe, ja, das bleibt ihm auch noch ein großes Rätsel. Sie wird ihn bestimmt niemals lieben können, doch Reichtum und potenzielle Macht sind die Schlüssel zum Erfolg. Und die Komtesse verfügt nach seiner Einschätzung ganz genau über die Wunschschlösser, zu deren Realisierung seine Schlüssel passen.

Bei der königlichen Tafel, dem stilvollen Abendessen zu Ehren des schwedischen Monarchen, sind vom dänischen Hofmarschallamt ausschließlich Herren geladen. Vom Zeremonienmeister, sekundiert vom schwedischen Geschäftsträger, dem Botschaftsrat Baron Lasse von Südling, werden die einzelnen geladenen Gäste durch Ausrufen ihrer Namen und Titel den beiden Monarchen vorgestellt. Vor Friedrich Spree stolziert Karl Anton von Alteman. Ihm gebührt als Geschäftsträger selbstverständlich der Vorrang. Er verbeugt sich so tief, dass man um die hinteren Nähte seiner stramm gespannten Hose bangen muss. Nach einem kurzen Händedruck ist der preußische Legationsrat und Geschäftsträger von Alteman vorbei an den beiden Königen. Spree tritt vor, während Baron Südling seinem König etwas in das Ohr flüstert. Karl XIV. Johans Gesicht hellt sich auf, er ergreift Friedrich Sprees Hand und drückt sie fest, will sie gar nicht loslassen. „Dieser junge Husar hat mir einst das Leben gerettet, lieber Cousin", wendet er sich an den dänischen König. „Wie ist es Ihnen weiter ergangen, Capitaine? Ich sehe, Sie tragen keinen Soldatenrock mehr. Hat mein preußischer Cousin etwa seine Armee entlassen müssen?" „Nur teilweise, Euer Majestät. Aber der diplomatische Dienst hat mich gnädig aufgenommen." „Er beteiligt sich jetzt als Husar des Meeres an der Piratenjagd", schaltet sich Baron Südling ein. Bernadotte lächelt und klopft Friedrich kameradschaftlich auf die Schulter, während Frederik VI. bei so viel Kameraderie mit diesem Preußen etwas gequält dreinschaut.

Der Rittersaal im Sommerschloss Frederiksberg bietet Sitzplatz für knapp 100 Personen. Dazu kommen die zahlreichen Bediensteten. Die menschliche Enge in Verbindung mit den vielen entzündeten Kerzen erzeugt eine bedrückende Schwüle. Friedrichs neue Diplomatenuniform ist zum Glück wesentlich bequemer als seine frühere Husaren-Galauniform, die er einst tragen musste. Das empfindet er in der Tat als richtigen Vorteil der Diplomaten gegenüber den Militärs. Er sitzt neben dem

Kommandeur eines in der Nähe von Kopenhagen stationierten Husarenregimentes, der ihn immer wieder in langweilige Fachgespräche über Reiterangriffe der Antike verwickeln will. Dann ist da noch Hans Zacharie, der Kapitän des Dampfers „Caledonia". Spree erfährt so, dass auf dem Programm für den Schwedenkönig eine kurze Reise auf dem Dampfer steht. Vom Kopenhagener Hafen aus soll es zehn Seemeilen nördlich mit Volldampf nach Klampenborg gehen. Dort liegt hinter hohen Eichen versteckt ja auch das Haus von Komtesse Matti Dannesvord-Klampenborg. „Gerade dort", so schaltet sich der schwedische Major Bille in das Gespräch „werde ich mit meinem Ballon von der Insel Ven aus landen. Den Majestäten wird, das schwöre ich, bei meinem Überflug Hören und Sehen vergehen." Dabei leuchten seine Augen voller Tatendrang, ja sie glitzern fast diabolisch im Schein des Kerzenlichts. „Was leistet Ihr Ballon eigentlich, lieber Major?", fragt Friedrich Spree. „Kommen Sie einfach mit, oder fehlt es etwa an Mut, Herr Rittmeister?" Eine Antwort muss der preußische Diplomat schuldig bleiben, weil König Frederik VI. gerade auf Schwedisch eine Rede an seinen Ehrengast hält und es mehr als unschicklich wäre, sich dabei zu unterhalten. Sie ist zum Glück nur kurz, was Spree erleichtert aufnimmt, denn er versteht außer ein paar Floskeln wirklich kein Wort von dieser nordischen Sprache. Ja, noch viel weniger als vom Dänisch. Anscheinend der schwedische König auch nicht, wie sein total desinteressiertes Mienenspiel verrät. „Er versteht kein Wort Schwedisch", flüstert Rufus Bille hinüber zu Spree. Richtig, die Gegenrede von Karl XIV. Johan ist auf Französisch, inhaltlich sehr liebenswürdig. Bernadotte beschwört für die Zukunft die hoffentlich noch engeren Bande beider Königshäuser. „Das habe ich Wort für Wort vorgeschrieben", protzt Bille für den ganzen Tisch hörbar. Anstatt eines vielleicht erwarteten Lobes gibt es nur eine etwas bissig spöttelnde Bemerkung vom österreichischen Gesandten: „Ja, ja, wenn Soldaten sich ins diplomatische Metier einmischen." Friedrich Spree muss unbedingt Herrn von Alteman um Erlaubnis fragen, dass er mit bei dem Schweden in die Gondel darf. Schon einmal hatte Bille ihn bei der Ehre gepackt, damals auf Bornholm. Er hat zwar so gar keine Vorstellung, welche Anforderungen eine Ballonfahrt an ihn stellen mag, doch herausfordernder als ein Parforceritt bei Nacht in unbekanntem Gelände mag es auch nicht sein, denkt der Ex-Husar in seiner Naivität. „Meinetwegen fahren Sie mit, Spree. Das wird ja wohl keine diplomatischen Verwicklungen geben, oder? Außerdem riskieren Sie Ihren eigenen Kopf, Familie haben Sie ja keine und für das diplomatische Korps ist es schließlich auch kein so großer Verlust." Dabei streicht Alteman mit den Fingern der rechten Hand unter der Halsbinde, als hätte er bei so viel Verantwortung einen dicken Hals bekommen. „Sehr liebenswürdig, Herr Legationsrat. Das heißt, ich habe damit Ihre ganz offizielle Genehmigung. Ich weiß noch nicht, was mich bei dem Ballonflug erwartet. Es ist nur das nicht beschreibbare Gefühl, so seltsam dies klingen mag, dass er irgendwie im Zusammenhang mit dem Piratenproblem steht, oder dieses erhellen wird." „Gut, Spree, Ihre Phantasie möchte ich haben, oder lieber nicht. Sie haben meine offizielle Genehmigung. Gehen Sie ruhig Ihren Spekulationen nach. Was wollte der Schwedenkönig überhaupt von Ihnen?" Und erneut das etwas nervöse Streichen über den Adamsapfel. „Ach, nur eine persönliche Begrüßung unter

Kriegskameraden. Wir kämpften einst zusammen, Seite an Seite in der Schlacht bei Leipzig." „Ja mit einem Säbel kann man sich bei den Soldaten mal schnell einen Orden oder eine Beförderung verdienen." „Das können Sie doch auch mit Tinte und Feder. Es ist nur nicht so gefährlich, verehrter Herr Kollege." „Wenn Sie wüssten, lieber Spree, was einem von Ihnen so deutlich verachteten Federfuchser während der Jahre alles an Schwierigkeiten widerfahren kann und auch schon passiert ist. Ich könnte Bände darüber schreiben."

Im weiteren Verlauf des Abends ergibt es sich, dass auch Florian von Busch, der momentan wieder einmal den bayrischen Gesandten vertreten muss, ebenfalls von Bille zu der Flugvorführung eingeladen wird. Der benötigt allerdings keine weitere Genehmigung seines Vorgesetzten, da er diesen ja voll verantwortlich mit allen Pflichten und daher auch Rechten repräsentiert. Der Bayer ist gleich Feuer und Flamme und freut sich riesig über diese technische Herausforderung und gleichzeitig abenteuerliche Abwechslung. Der geplante Termin ist am übernächsten Tag. Es herrscht gerade beständiger Ostwind, was die entscheidende Voraussetzung für den Start der Montgolfiere von der Insel Ven hinüber zur seeländischen Küste ist. Dort sollen die beiden Monarchen samt ihrer Hofschranzen auf dem Dampfer „Caledonia" sich gemeinsam das Spektakel anschauen. Anschließend will König Karl XIV. Johan auf sein Schiff hinüber gesetzt werden und die Weiterfahrt nach Kristiania, der Hauptstadt seines zweiten Reiches, nämlich dem erst vor wenigen Jahren von Dänemark zwangsweise abgetretenen Königreich Norwegen, antreten.

-7-

Am nächsten Vormittag verlassen Major Bille und die beiden jungen Diplomaten der preußischen und bayrischen Gesandtschaft auf einem Kleinsegler den Kopenhagener Hafen. Kurs Nordost liegt an, zur schwedischen Insel Ven. Dies Eiland haben sie bereits bei ihrer Segelausbildung mit Lord Doublebridge aus näherer Distanz gesehen. Unterwegs erhalten Busch und Spree von dem schwedischen Ballonfahrer ausführliche und für den Laien gut verständliche Lektionen über die Fahr- und Flugtechnik der Ballons. Bille und ein weiterer Schwede, der knapp zwanzigjährige Leutnant zur See Erling Karlsson, sowie seine beiden Gäste haben Platz in der Gondel des riesigen Ballons, der mit brennbarer Luft, heißt konkret mit Wasserstoff, gefüllt sein wird. „Das ganze Geheimnis beim Handhaben und Fahren einer Montgolfiere ist die Nutzung des richtigen Windes und natürlich das zeitgerechte Abwerfen von Ballast, der überwiegend aus Sandsäcken besteht. Vielleicht müssen wir in Notsituation auch einen von Ihnen beiden abwerfen. Hahaha! Sie können doch bestimmt wenn schon nicht fliegen dann wohl schwimmen, oder? Hahaha!" Nach etwa vier Stunden Fahrt erreichen sie den südlichen Hafen der Insel Ven, wo man sie bereits erwartet und per Kutsche ohne Verzug zum Startplatz des Ballons transportiert. Es ist ein Hochplateau mit direkter Sicht zur dänischen Küste. Am Rande des Platzes stehen zahlreiche Gespanne. Bille schiebt die beiden Diplomaten voran. „Unsere Logistik samt der Geräte- und Wasserstoffwagen. Der Ballon besteht aus Seide und ist mit Gummi abgedichtet. Die Hülle ist mittlerweile sehr zuverlässig, solange man bei Start und Landung nicht an scharfe vorspringende Hindernisse von Gebäuden, Bäumen oder Felsen stößt. Gehen wir zuerst einmal zur Gondel." Ein überdimensionierter Weidenkorb, mit Seilen durchflochten und etwa brusthohen Seitenwänden liegt auf der Seite. Er ist mit zahlreichen daumendicken Tauen mit dem Netz der Ballonhülle verknüpft. An jeder der vier Ecken hängt ein armdickes Tau. „Das sind die vier Haltetaue, die beim Start dann abgeworfen werden. Bis dahin werden sie jedoch von den Mannschaften am Boden gehalten. Bei stärkerem Wind müssen manchmal sogar Pferde mit heran gezogen werden, sonst reißt sich der Ballon mitsamt der Fracht frühzeitig los. Das ist lebensgefährlich!" Bille lässt den Korb aufrichten, damit die beiden Gäste sich probeweise hinein stellen können. Er erklärt, wie man sich festhält, um die Balance zu halten und gibt noch einmal zur Vertiefung des bereits Erklärten eine technische Einführung in das Fluggerät. Als letztes erläutert er den geplanten Ablauf der morgigen Flug-Präsentation an der dänischen Küste, genauer bei dem Fischerort Klampenborg: Der Ballon soll bei Ostwind von Ven direkt Kurs auf die beiden Schiffe, den Dampfer „Caledonia" und die schwedische Fregatte „Desideria", nehmen. In der Nähe der beiden Schiffe will Major Bille mehrere Bojen abwerfen, an denen die Flaggen von Dänemark und Schweden befestigt sind. Ist der Wind zu ungünstig dafür, so will Bille als Ausweichmanöver die beiden Bojen auf einer der großen Wiesen vor oder hinter dem Jagdschloss „Eremitagen" abwerfen, was die beiden Könige vom Deck der „Caledonia" aus mit Fernrohren beobachten könnten. In der Nähe des Jagdschlosses stehen auch Mannschaften parat, um bei dem Landemanöver behilflich zu sein. „Die Landung ist fast immer unsanft. Ein Rückflug ist nahezu ausgeschlossen, denn der Wind allein bestimmt die Richtung. Und ein ablandiger Wind zurück aufs Meer ist erst gegen Abend, falls überhaupt, zu erwarten."

Am nächsten Morgen, nach der Übernachtung in einem winzigen Zelt, oben auf dem Plateau, gibt es nach nur kärglichem Frühstück eine Schwimmweste aus Kork umgehängt. Bevor Busch und Spree sich richtig versehen haben, befinden sie sich schon zusammen mit den beiden Schweden in der schwankenden Gondel. Über ihnen die gigantische, prall gefüllte Ballonhülle. Dutzende von Sandsäcken sind am Boden gelagert, dazu vier mit Teer verschweißte Segeltuchsäcke mit den schwedischen und dänischen Flaggen daran. Der stets wissbegierige Busch nimmt einen Sack davon in die Hände. „Sofort hinlegen!", bellt Bille ihn an. „Für Bojen ganz schön schwer, wie sollen die denn auf dem Wasser schwimmen?" „Ach, davon hat eine Landratte überhaupt keine Ahnung." Von Major Bille ist all seine höfische Freundlichkeit gewichen. Man merkt ihm die Anspannung sehr deutlich an, auch hat er offensichtlich in der letzten Nacht dem Alkohol sehr zugesprochen. Eine Schnapsfahne flattert ihm voran. „Lass ihn, Florian. Der hat jetzt nur den Flug im Kopf. Für Schweden und besonders ihn persönlich als Offizier und Ballonfahrer steht viel auf dem Spiel. Ich glaube, wir können froh sein, wenn wir zwei uns sicher festhalten können."

Was die beiden natürlich nicht wissen können, ist, dass der Schwede ihnen beiden für diese Reise ein tödliches Ende bereiten will. Wie er die „deutschen Holzköpfe" mit in seinen teuflischen Plan einbauen will, die Idee kam ihm spontan während des Gallaabends auf Schloss Frederiksberg. Bille hat mit seinen Spießgesellen vier Bomben entwickelt, die beim Aufschlag detonieren und im Umkreis von bestimmt 20 Metern ihre tödliche Eisensplitter verteilen. Gelingt ihnen nur ein Treffer auf dem Schiff mit den beiden Monarchen an Bord, so sind diese und ihre Begleiter des sicheren Todes. Damit wäre der Franzose von dem ihm nicht zustehenden Thron von Norwegen und Schweden gebombt. Der Tod des Dänenkönigs wäre mit zu verschmerzen. Die Tat könnte man dann den beiden Diplomaten anhängen, die kurzerhand von den erfahrenen Ballonfahrern über Bord geworfen würden, quasi aus Notwehr, jedoch leider zu spät. Ein Aufschlag auf dem Wasser aus mehreren Hundert Metern Höhe würde nur noch traurige menschliche Überreste hinterlassen. Und die können dann bestimmt nicht mehr gegen die beiden Schweden aussagen. Man hätte schon die passenden Erklärungen parat. Lars Rutger von Müller, sein reicher Auftraggeber im schwedischen Landskrona, würde stolz auf seinen Kumpan sein und bestimmt eine Sonderprämie locker machen. Die Ermordung der skandinavischen Monarchen durch zwei deutsche Diplomaten könnte seine Pläne nur noch aussichtsreicher machen, seiner Rache viel mehr Würze verleihen.

Der Ballon ist voll aufgefüllt mit Wasserstoff. Es herrschen Bille zufolge derzeit ideale Wetterbedingungen. Der Start klappt, es gibt nur einen kurzen Ruck, als die Gondel von den Halteseilen befreit ist und regelrecht nach oben schnellt. Für die beiden Gäste gilt es zu allererst Balance zu halten. Dann bietet sich ihnen ein Ausblick, den man ansonsten nur hoch oben von Kirchtürmen oder steilen Bergkuppen wahrnimmt. Genau so, wie von Bille berechnet, nimmt der Ballon Kurs Südwest zur dänischen Küste hinüber. Ihre Flug- oder wie die Ballonfahrer sagen Fahrstrecke besteht bei stetigem Wind gerade aus zehn Seemeilen. „Wir machen etwa zehn bis elf Knoten Fahrt und werden uns in knapp einer Stunde über dem Ziel befinden. Dort sieht man schon den qualmenden Schlot der „Caledonia". Nach dieser auf Englisch gegebenen Erklärung wendet sich der Marineoffizier an Bille und redet auf Schwedisch weiter. Dabei lächelt er die beiden Deutschen freundlich an. Bille erwidert auf Schwedisch und fixiert dabei aufmerksam die Gesichter der beiden Diplomaten. Während die Schweden mit dem Hantieren an der Takelage des Ballons voll beschäftigt sind, flüstert Busch seinem Kollegen Spree durch die Zähne: „Lass dir nichts anmerken, Fritz. Ich verstehe deren Sprache. Die beiden wollen uns die Bojen, die in Wirklichkeit Bomben sind, auf die Schiffe abwerfen lassen. Danach werden wir hinterher geworfen." Friedrich schaltet sofort, lacht den beiden Schweden zu und sagt: „Tolle Tour, beinahe so schön wie der wildeste Ausritt. Vielen Dank!" Er schaut wie unbeabsichtigt hinab auf die angeblichen Bojen. Die sehen in der Tat nicht wie Schwimmkörper aus. Was für ein Spiel wird hier bloß gespielt? Friedrich Spree erinnert sich plötzlich zurück an die Konferenz auf der Insel Bornholm. Richtig, Major Bille hatte Kontakt zu einem der Schreiber, den er wiederum mit einem dieser Fremden, der zu den Piraten gehört haben muss, zusammen gesehen hatte. Wieso kommt ihm das jetzt erst so eigenartig vor? Genau, der schwedische Konferenzteilnehmer Bille muss die undichte Quelle sein und mit der Piratenorganisation gemeinsame Sache machen. Ist der Major gar der Kopf dieser Hydra? Was hat er bloß vor? Angestrengt versucht er sich einen Reim aus der verzwickten Situation zu machen. „Noch 30 Minuten bis zum Treffpunkt. Die „Desideria" liegt, wie Sie sehen, schon vor Anker. Dort am Küstenstreifen vor dem Jagdschloss „Eremitagen". Die lahme „Caledonia" zuckelt noch, vor sich hin qualmend, an der Küste entlang." Die Erklärung des Marineleutnants unterbricht Friedrich in seinen fieberhaften Überlegungen und der Suche nach Lösungsmöglichkeiten. „Wie manövrieren Sie den Ballon überhaupt?", fragt Spree den schwedischen Major. Er will versuchen, etwas mehr über den geplanten Ablauf über den Schiffen in Erfahrung zu bringen. „Manövrieren kann man eigentlich nicht sagen, Spree. Wir können durch Ablassen des Wasserstoffs oder Abwerfen von Ballast uns in eine andere Höhe begeben, wo durchaus abweichende Windbedingungen herrschen. Und durch Bewegungen an den Ballontauen, letztendlich auch durch ruckhafte Bewegungen der Gondel, können wir den Kurs noch etwas beeinflussen. Für richtige Steuerbewegungen fehlt aber einfach der Antrieb. Der wird aber in den nächsten Jahrzehnten bestimmt noch entwickelt werden. Den Ballonfahrern gehört die Zukunft, und Schweden ist ganz vorn mit dabei." „Welche Rolle haben Sie für uns bei dem Überflug vorgesehen, lieber Major?" Der Leutnant grinst hässlich, wird im Minenspiel jedoch sofort wieder ernst, brummelt dem Major nur ein paar schwedische Worte zu. Bille lacht laut: „Ihr Deutschen bekommt die ehrenvolle Aufgaben, die Bojen abzuwerfen. Die Flugbahn verläuft in einer ballistischen Kurve, da wir uns mit der Montgolfiere ja weiter im Luftmeer fort bewegen. Ich gebe genaue Kommandos, also ganz leicht, selbst für ehemalige Offiziere, hahaha. Es ist gleichzeitig eine Ehrung für unsere tapferen Alliierten aus Preußen und Bayern. Ein besonderer Wunsch von Botschaftsrat Baron Südling, übrigens." Die Fahrt des Ballons verläuft viel ruhiger als die beiden Deutschen es erwartet haben. Ja, es ist viel stiller als am Boden. Der Fahrtwind als solcher ist nur ganz leicht zu verspüren, lediglich die Temperatur scheint hier oben um einiges kühler als am Boden zu sein. Vor ihnen liegt die Ostküste der dänischen Hauptinsel Seeland, die sie in der momentanen Höhe von über 1.000 Metern in der ganzen Breite betrachten können. Links ragen die Türme der Metropole Kopenhagen zum Himmel empor, ganz rechts erkennt man die Umrisse der Hafenstadt Helsingör und ihrem großen Königsschloss, der Kronburg. Voraus, zwischen den grünen Wipfeln der Wälder, spiegelt sich die Morgensonne auf dem Kupferdach des Jagdschlosses. Auf der Oberfläche des Öresundes können sie halbrechts voraus den Schatten ihres Ballons mitwandern sehen. Während die beiden Ballonfahrer gerade in voller Konzentration mit den Steuermanövern beschäftigt sind, zischt Florian Busch seinem preußischen Kameraden zu: „Erst sollen wir Bomben werfen, danach Fischfutter werden. Tolle Aussichten. Was machen wir jetzt?" „Wir können uns opfern und in einem Handstreich den Ballon zum Absturz bringen, oder aber wir drehen den Spieß einfach herum, Flori. Auf mein Zeichen packst du den Leutnant und ich den Major, und ab über die Reling." Bei den Worten „Leutnant" und „Major" ist Bille wohl hellhörig geworden. „Was gibt es denn, meine lieben Kameraden?"

„Ich habe Leutnant Busch nur gesagt, wie harmonisch ein Heeresmajor und ein Seeleutnant bei den Schweden zusammen arbeiten können. Bei uns sturen Preußen einfach undenkbar! Haha!" Bille scheint mit der Erklärung zufrieden zu sein, stimmt in das Lachen mit ein, jedoch bleibt seine Stirn etwas nachdenklich in Falten. Ahnt er etwa, dass seine mörderische Absicht entdeckt ist und die Deutschen sie durchkreuzen wollen? Oder ist er sich des Erfolges seines perfiden Planes wirklich so sicher?
Nach weiteren 15 Minuten liegt der Dampfer „Caledonia" neben der schwedischen Fregatte vor Anker. „Wir halten fast direkten Kurs auf beide Schiffe. Bald geht es los und wir machen Geschichte, meine Herren." „Das glaube ich aufs Wort", entfährt es Friedrich Spree. Da sind noch ganz leise Zweifel bei ihm vorhanden. Hat sich Florian Busch auch nicht verhört? Ist wirklich ein feiges Attentat geplant, zu dessen Ausführung sie missbraucht werden und anschließend sterben sollen? Was geschieht mit ihnen beiden, wenn sie die Schweden über Bord geworfen haben und deren Mordplan dann nicht schlüssig beweisen können? Welche Konsequenzen kann das zwischen ihren Ländern haben, wenn Diplomaten als mögliche Totschläger da stehen? Können sie beide hier oben in schwankender Höhe den Bombenabwurf auch wirklich verhindern, und was passiert mit Ihnen und dem Ballon, wenn sie bei viel Glück und Geschick die beiden Schweden über die Reling geworfen haben? Wie bekommt man dieses Vehikel überhaupt zur Landung, wenn die professionellen Ballonfahrer eine jede Landung schon als schwierig bezeichnen? Egal, besser ein paar Prellungen und notfalls auch Knochenbrüche als aus dieser Höhe auf die Wasseroberfläche zu klatschen. Da könnte man gleich von einem Kirchturm aufs Pflaster hinab stürzen. Leutnant zur See Karlsson klimmt plötzlich auf der Jakobsleiter[54] nach oben hinauf zur Ballonhülle und hantiert an einem Ventil herum. „Der bleibt jetzt bis zur erfolgten Überfahrt dort oben. Zuerst gehen wir mit konstanter Sinkrate auf etwa 200 Meter Höhe herab, um präzise die Bojen abwerfen zu können." Damit ist der Plan der beiden Deutschen durchkreuzt, die zwei Schweden gleichzeitig über Bord zu werfen. Voraus kann man schon die einzelnen Menschen auf den Schiffsplanken erkennen, die den entgegen fliegenden Ballonfahrern ahnungslos zuwinken, zum Teil die Kopfbedeckung schwenkend. Auf dem Deck der „Caledonia" stehen einer Traube gleich die Begleiter der Monarchen und diese selber in der Mitte. Sie schwenken ebenfalls ihre Mützen und Hüte. In den Rahen der Fregatte stehen Matrosen Spalier. Wenn die wüssten, denkt Spree. „Sie beide müssen in einer Minute die Bojen aufheben und fest in den Händen über die Reling halten, ich gebe das Abwurfkommando. Eins, zwei, los!" Ein nach oben gerufenes Kommando lässt Karlsson verzugslos an den Tauen ziehen, was eine spürbare Kurskorrektur ihres Ballons zur Folge hat und den Ballon auf den Dampfer zutreiben lässt. „Jetzt, meine Herren, fertig machen!" „Los!", zischt Spree dem schon voller Anspannung wartenden Busch zu. Vier Hände ergreifen entschlossen die Beine des verdutzten und ungläubig starrenden Majors Bille, und schon befindet sich dieser im freien Fall abwärts. Wie von ihm selbst angesagt, in leichter ballistischer Kurve. Sein Schrei gellt durch die Luft, er strampelt wie wild, als wollte er dem tödlichen Aufprall auf die Meeresoberfläche durch beherztes Weglaufen noch

entkommen. Nach weniger als zehn Sekunden klatscht Bille auf das Wasser, knapp eine Schiffslänge vor der „Caledonia". Der Todesschrei seines Landsmannes und der gleichzeitige Ruck, der durch die von etwa 75 Kilogramm Gewicht befreite Montgolfiere geht, warnen Karlsson, der auf der schwankenden Jakobsleiter mit den Tauen und Ventilen am Ballon beschäftigt ist. Nach nur zwei, drei kurzen Schrecksekunden hat er eine Pistole unter der Schärpe heraus gezogen und nach unten auf die beiden Deutschen abgefeuert. Doch Florian Busch ist es durch einen scharfen Ruck an der Strickleiter gelungen, den schwedischen Marineleutnant während des Abfeuerns aus der Balance zu bringen. Die Pistolenkugel pfeift, sie nur äußerst knapp verfehlend, zwischen ihnen beiden hindurch, zersplittert ein handbreites Stück von der Brüstung, ohne jedoch weiteren Schaden oder gar durch Splitter verursachte Verletzung hervorzurufen. Karlsson - wie ein Pirat aus einem Abenteuerroman mit einem Messer quer in seinem Mund - versucht geschwind, über das Tauwerk hinauf zur Ballonhülle zu gelangen. Offensichtlich will er diese anstechen und damit das Luftgefährt zum Absturz bringen.

Das Hofpersonal und seine beiden Herrscher an Deck der „Caledonia" sind aus ihrer beinahe Starre erwacht. „Sauvez le Roi!",[55] schreit einer der schwedischen Höflinge. „Nur ruhig, der Ballon ist vorbei. Die Gefahr gebannt. Unsere Truppen an Land sollen sich um den herunterkommenden Ballon kümmern, die Mannschaft arretieren. Bei Fluchtversuch sofort erschießen!" Mit diesem Befehl des königlich dänischen Generaladjutanten, dem Grafen Bülow, lässt sich einer der Begleitoffiziere in einem Beiboot des Dampfers an Land rudern. Bernadotte ist die Ruhe selbst, beobachtet ganz in Feldherrnpose mit seinem Fernrohr den landeinwärts entschwebenden Ballon. Nun, seine Skepsis gegenüber diesen technischen Errungenschaften der dritten Dimension hat sich bestätigt. Frederik VI. scheint hingegen vor Wut und Entrüstung ganz starr, sein verzerrtes Gesicht wie eingefroren. „Wer spielt hier verrückt, Bülow?", kommt es gepresst zwischen seinen Lippen hervor. „Wir werden es gleich heraus bekommen, Majestät." Währenddessen rollen zwei - fast gleichzeitig abgefeuerte - Schüsse der Schiffsartillerie von der „Desideria" über die Bucht. Man hat sie wohl hinter dem Ballon hinterher gejagt. Tatsächlich, der eifrige Kommandant, der bekannte Fregattenkapitän Einar Blom, hat das Kommando „Klar Schiff zum Gefecht!" gegeben und dem Artillerieoffizier den Befehl, auf den Ballon zu schießen. Der Waffendrill erfordert jedoch eine Mindestzeit und nur zwei Kanonen-Besatzungen sind dazu gekommen, auf den Ballon zu richten, solang der sich noch in Sichtweite befindet. Kapitän Blom ist wütend, zu gern hätte er sich hier vor den Augen seines Königs Meriten durch den erfolgreichen Abschuss des angreifenden Ballons erworben. Zwei weitere Detonationen sind von der Landseite her zu vernehmen. „Feuer einstellen!", faucht König Frederik seinem Generaladjutanten zu. „Diese schießwütigen Schweden zerstören mir noch mein schönes Schloss. Gebieten Sie denen Einhalt, bevor ich mich gar vergesse."

An Bord der Montgolfiere, in etwa 300 Meter Höhe, spielen sich indessen dramatische Szenen ab. Leutnant Karlsson hängt unterhalb des Ballons, seine Beine mit dem Tauwerk verschlungen, so dass Busch trotz heftiger Versuche ihn nicht aus der Takelage schütteln kann. Der zu allem entschlossene Schwede versucht, mit seinem Messer auf die zwei Ventile einzustechen, um gewaltsam das Gas entweichen zu lassen und damit doch noch einen Absturz hervor zu rufen. „Geben Sie auf, Karlsson! Wir sind doch am Ziel vorbei, das Spiel ist verloren." „Aber ich nehme euch zwei Kanaillen mit in die Hölle!" Der Ballon hat nach direkter Fahrt über die beiden Schiffe die Küstenlinie überquert. Unter ihnen befinden sich Waldgebiete mit hohen Buchen sowie Eichen und eine große freie Fläche, die fast von der Küstenlinie bis zum kastenförmigen Schloss hoch reicht. „Hier müssen wir irgendwie herunter, Fritz. In den Bäumen werden wir sonst aufgespießt." „Wir haben noch die Bomben an Bord. Raus mit denen, sofort!" Kaum ausgesprochen rauscht auf gleicher Höhe mit der Gondel eine Kanonenkugel vorbei. Ein Schlag, Schrei und Aufschlag in den Korb. Von oben ist Karlsson, oder das, was von ihm übrig ist, herab gestürzt. Eine zweite Kanonenkugel, von der schwedischen Fregatte „Desideria" abgefeuert, hat - mit welcher Ironie des Schicksals - dem eigenen Landsmann und Marineoffizier die beiden Beine unmittelbar unter den Knien abgerissen. Blut bespritzt die beiden Deutschen, die vom Aufprall des Körpers mit auf den Boden der Gondel gerissen werden. Gleichzeitig hat auch die Gondel dramatisch an Höhe verloren. Busch ist als erster wieder auf den Beinen, erkennt die bedrohliche Situation und schreit: „Bomben raus!" Gleichzeitig packen sie je eine der vorgeblichen Bojen und über die Brüstung damit, und sofort noch einmal. Richtig, es sind Bomben mit Aufschlagzündung. Insgesamt vier rasch auf einander folgende Detonationen bringen die Luft zum heftigen Beben und reißen knietiefe Trichter in die Wiese. Oben am Schloss stehen Soldaten der dänischen und schwedischen Armee, die auf den Ballon warten und eigentlich der Besatzung bei der Landung helfen sollten. Die werfen sich nun zu Boden und nehmen Deckung. Das Luftgefährt bekommt ersten Bodenkontakt. Friedrich Spree sieht zu den Soldaten, die gerade wieder aufspringen und ihre Waffen auf sie richten. „Nicht schießen, Freunde!" Der Ballon hat noch einmal drei bis vier Meter Höhe gewonnen und schwebt nun direkt auf die Fassade des Jagdschlosses „Eremitagen" zu. „Spring!" Busch setzt links über die Reling und Spree zur anderen Seite. Das hohe Gras vor dem Schloss bremst ein wenig ihren Sturz. Außerdem rollen sie sich instinktiv ab und minimieren damit die Wucht des Aufpralls. Ein Zeichen, dass die zwei Ex-Offiziere noch körperlich gut durchtrainiert sind. Bevor sie jedoch aufstehen können, spüren beide schon Gewehrläufe im Nacken. „Auf, und keine falsche Bewegung, sonst knallt es." Der Ballon ist an die Schlossfassade geschlagen, dabei ist der Körper des schwer verletzten Schweden aus der Gondel heraus gefallen. Durch diese plötzliche Gewichtsverminderung kann die Montgolfiere sich noch einmal losreißen und entschwebt zuerst fast senkrecht nach oben, kracht gegen die Dachrinne, dabei ein Abflussrohr abreißend, danach knapp über das Dach des Schlosses hinweg und schließlich weiter gerade landeinwärts.

Von der Küste kommt ein dänischer Offizier herauf gelaufen. Sein bodenlanger Säbel behindert ihn dabei, weil er immer wieder zwischen die Beine gerät und den Mann fast zum Straucheln bringt. Es ist der vom Generaladjutanten an Land beorderte Begleitoffizier. Er schreit immer etwas von „festhalten, festhalten!", bis er bei den Soldaten angelangt ist, die Busch und Spree bereits an Händen und Füßen gefesselt haben. „Dort liegt ein schwer verwundeter schwedischer Offizier", wendet sich Friedrich von der Spree an den Offizier, der augenscheinlich ein Adjutant des dänischen Königs ist, denn er trägt die charakteristische Uniform mit dem roten Federbusch. „Halt Dein Maul, deutscher Sauhund!", ist die Antwort, die der preußische Diplomat zusammen mit einem Tritt in die Seite erhält. „Der muss sich erst wieder beruhigen, Erklärungen haben jetzt keinen Zweck", wispert Friedrich seinem Freund Florian Busch zu, der bereits dabei ist, voller Wut aufzubrausen. „Was ist los, noch nicht genug?", und ein weiterer Tritt folgt, dem Spree jedoch geschickt ausweicht. Dadurch verliert der Adjutant seine Balance. Er macht eine klatschende Landung und verbiegt sich dabei auch noch seinen Säbel, was der Tölpel jedoch gar nicht gleich bemerkt. Kaum auf den Beinen will er nämlich selbige Waffe ziehen, was ihm jedoch wegen der Beschädigung nicht gelingt. Er will jetzt auf Spree mit den Fäusten einschlagen, was Florian von Busch veranlasst, mit unerwartet kraftvoller Kommandostimme, beinahe so mächtig wie einst der stimmgewaltige Stentor[56], dazwischen zu gehen: „Stopp!!! Stopp!!!" Danach: „Wir sind deutsche Diplomaten am Hofe von König Frederik VI. in Kopenhagen. Wir genießen diplomatische Immunität. Gerade haben wir Ihrem König das Leben gerettet, Sie dänischer..." und dann mit erneut gesteigertem Stimmvolumen und voller Verachtung heraus brüllend: „...Vollidiot!" Diese Art von Sprache, inhaltlich als auch von der Lautstärke, versteht der Däne offensichtlich. Er unterlässt weitere körperliche Gewalt und wendet sich ein paar Dutzend Schritt entfernt dem schwer verletzt am Boden liegenden Karlsson zu. Der wird bereits von einem Sanitätssoldaten notdürftig verbunden, doch das Blut pulsiert aus den Stümpfen unterhalb der Knie. Leutnant zur See Karlsson ist noch bei Bewusstsein. Ein Soldat stützt ihn so, dass er sich ein wenig zum Sprechen aufrichten kann. „Der Major Bille war schuld an allem, nur der Bille. Sagt meinen Eltern, dass ich nur Befehle ausgeführt habe." „Schuld an was, Kerl?", fragt der Adjutant. „Der Franzose auf unserem Thron sollte weg, und der Däne...der Däne..." Dem Schweden brechen die Augen. „Er ist tot, Herr Hauptmann", sagt der Sanitäter zum Adjutanten. Noch kann der sich keinen Reim auf die ganze Sache machen. „Runter zum Strand mit den Gefangenen und den toten Schweden ladet mit auf", befiehlt der Hauptmann, dem man inzwischen auch ein Pferd gebracht hat, mit dem er zur Klampenborger Bucht hinunter galoppiert. So hat er noch kurz Zeit und Gelegenheit, sich gedanklich wieder zu sammeln und seine Meldung über diesen dramatischen Vorfall vorzubereiten.

„Was ist los, Mann?", fragt König Frederik den Hauptmann, der gerade über das Fallreep an Deck der „Caledonia" gelangt. „Ein Bombenattentat, Majestät. Zwei Deutsche und ein getöteter Schwede." Generaladjutant von Bülow gibt Order, die inzwischen am Strand angelangten Gefangenen an Bord zu bringen. Unter schwerer Bewachung im Boot sowie von Soldaten an Bord, die von der Reling des Dampfers aus auf die Gefangenen ihre Gewehre in Anschlag halten, werden die beiden Diplomaten unsanft über die Reling gehievt. Sie sind immer noch an Händen und Füßen gefesselt. „Capitaine, rapportez!",[57] befiehlt der schwedische König zu Spree gewandt, wobei seine kleinen dunklen Augen zornig funkeln. Er hat ihn offensichtlich auch in dieser von Dreck und Blut besudelten Verfassung gleich wieder erkannt. Auch König Frederik erkennt die beiden vor ihm liegenden Gefangenen: „"…das ist doch dieser, dieser vermaledeite Preuße, was zum Teufel ist hier los?" Der so Angesprochene hat sich wieder von den Deckplanken, auf die er von seinen Bewachern unsanft befördert worden ist, hochgerappelt und verspürt erstmalig heftige Schmerzen an der Schulter und in der Seite. „Majestät, wir beide sind Diplomaten der Könige von Bayern und Preußen und wurden vom schwedischen Major Bille zu diesem Ballonflug offiziell eingeladen." Der schwedische Geschäftsträger, Baron Südling, bestätigt dies und will noch weiter kommentieren, wird von seinem König jedoch mit einer heftigen Handbewegung zum Schweigen gebracht. Friedrich v.d. Spree schildert knapp und militärisch den Hergang. Dabei entspannen sich die Gesichtszüge von Frederik VI., der erkennbar erleichtert ist, dass die Urheber des Attentatversuches gegen seinen schwedischen Gast und ihn offensichtlich keine seiner dänischen Untertanen gewesen sind. An Graf Bülow gewandt verlangt Spree mit einem wütenden Blick, von den Fesseln befreit zu werden. Der sonst im Umgangston sehr rüde General entschuldigt sich äußerst höflich bei den beiden Deutschen, denen er dann unverzüglich und persönlich mit der scharfen Klinge seines Säbels die Fesseln durchtrennt. König Frederik reicht Busch und Spree die Hand und bedankt sich mit einem stummen Kopfnicken, dem König Karl Johan sich anschließt. Der nimmt nach kurzer Rückfrage seinem Adjutanten und einem seiner Hofbeamten den Hausorden der Dynastie Bernadotte von deren Brust ab und heftet sie mit eigener Hand unter Hinzufügung von ein paar unverständlich gemurmelten Worten an die ramponierten Jacken der beiden Diplomaten.

König Karl XIV. Johan verbleibt bis zum Abend auf seinem schwedischen Flaggschiff vor Kopenhagen, um seiner Begleitung noch die Gelegenheit zu geben, mit den dänischen Ansprechpartnern die notwendigen Recherchen zu machen. Er und Frederik VI. unterzeichnen eine gemeinsame Erklärung, in der beide dem Allmächtigen Gott für ihre Unversehrtheit danken und geloben, die Attentäter und eventuellen Hintermänner zu jagen und den schärfsten Prozess zu machen. Kopien dieses Schreibens werden per Eilkurier an die europäischen Höfe und an den Sitz des Deutschen Bundes in Frankfurt versandt. So will man Gerüchte über Angriffe auf die beiden nordischen Monarchen durch offizielle Erklärungen gleich im Keim ersticken. In Kopenhagen erscheint noch am Abend des Attentatversuches eine Extraausgabe der „Berlingske Tidende". Ein Reporter hat nämlich am Strand von Klampenborg den ganzen Vorfall beobachtet und malt alles, was er persönlich mit angesehen und von Zeugen erfahren kann, mit großer Dramatik aus. Die Überschrift seiner Titelgeschichte lautet: "Wie ein Krieg im Frieden", und er vergleicht dies Ereignis mit der Belagerung und Bombardierung von Kopenhagen im Jahre 1807, die er als gebürtiger Jütländer seinerzeit ganz offensichtlich nicht mit erlebt hat; denn sonst hätte er das Abfeuern von ein paar Kanonenschüssen und die vier läppischen Explosionen vor dem Jagdschloss nicht mit der zerstörerischen Bombardierung der dänischen Hauptstadt verglichen. Aber auch Journalisten, oder besonders diese, leben ja von der Sensation und haben schon rein beruflich eine Neigung zur Dramatik und zum Gebrauch von Superlativen. Was der Schreiberling jedoch nicht weiß, ist, dass die beiden Gefangenen wieder freigelassen worden sind und es sich hier nicht um ein gemeinsames Attentat von Deutschen und Schweden handelt. So aber schießen Gerüchte ins Kraut, die von Kopenhagen in alle Teile Europas gelangen, teilweise noch vor den in die Hauptstädte entsandten königlich-dänischen Eilkurieren eintreffen. Dieses gilt ganz besonders für die im Deutschen Bund zusammen geschlossenen deutschen Staaten, die mit erheblicher Verzögerung, das heißt erst über den Sitz des Deutschen Bundes in Frankfurt am Main, eine extra angefertigte Kopie der schwedisch-dänischen Erklärung erhalten. Das gilt auch für den König von Preußen und andere deutsche Fürsten, beispielsweise den angeheirateten Verwandten des Gesandten Donner, nämlich den regierenden Fürsten von Waldeck und Pyrmont.

-8-

Graf Wilhelm von Donner ist in der Tat beinahe wie vom Donner gerührt, als er in seinem Urlaubsort Pyrmont gerade mit Oberst a.D. Eitel von der Tanne in einem Promenadencafe unterhalb des Kurhauses beim großen Frühstück sitzt. Redakteur Thomas Nepomuk Kraxler kommt auf beide Herren zugestürmt, dabei mehrere Gazetten in der Hand schwenkend. Vor lauter Anstrengung und Aufregung hängt ihm, dem sonst so korrekten Herrn, die Halsbinde ganz schief herunter. Er schnauft vernehmlich. „Meine Herren, sensationelle Neuigkeiten aus Kopenhagen! Attentat auf die Monarchen von Schweden und Dänemark. Deutsche Anarchisten als Täter verhaftet. Eine andere Version besagt, dass Bonapartisten sich gerächt haben sollen. Oder vielleicht stecken die aus Schweden vertriebenen Wasa-Prinzen dahinter. Herr Graf, was so alles in Dänemark passiert, wenn Sie fernab im Urlaub weilen. Kann ich für die „Pyrmonter Badepostille" bitte gleich ein Exklusiv-Interview des preußischen Gesandten zu Kopenhagen erhalten?" „Unterstehen Sie sich, lieber Herr Redakteur. Sie treffen mich gänzlich uninformiert. Aber ich bin ganz sicher, dass mein Vertreter in seinem großen Fleiß und Engagement bereits einen ausführlichen Bericht nach Berlin abgeschickt hat und man dort bestens unterrichtet sein wird."
Später trifft eine Eilpost im Pyrmonter Schloss ein. In einem Schreiben des Ministersekretärs wird der Gesandte Graf Donner zum Rapport ins preußische Außenministerium bestellt. Da muss etwas ganz Außergewöhnliches vorgefallen sein. Am selben Tag erhält auch der regierende Fürst Waldeck seine Kopie des Berichts über die Ereignisse in Dänemark. Sie stammt aus dem Sekretariat des Deutschen Bundes in Frankfurt. Den Inhalt kann er seinem Verwandten Donner noch mitteilen, bevor dieser mit der nächsten Expresskutsche nach Berlin aufbricht. „Ich reise danach gleich weiter von Berlin nach Kopenhagen. Damit ist mein Urlaub leider beendet. Oberst von der Tanne hat sich so ritterlich bereit erklärt, dich und unsere Tochter nach Dänemark zu eskortieren. Ich glaube, der brave Eitel ist auch gespannt, persönlich zu sehen, was sein Schützling Friedrich Spree so in der Ferne treibt. Wir können dann unsere Ausritte vom Pyrmonter Tal an die Ostseeküste

verlegen." Damit verabschiedet sich der Gesandte Donner überstürzt von seiner Familie, denn es ist die Pflicht, die den Preußen nun einmal ruft.

Drei Tage später wird er mit dem schriftlichen Bericht seines Vertreters von Alteman konfrontiert, aus dem hervorgeht, dass sein Wirtschaftsattaché von der Spree und dieser bayrische Diplomat von Busch, der seiner Tochter nachsteigt, in die Durchführung eines Attentats gegen die skandinavischen Monarchen verwickelt gewesen sein sollen. „Aber meine Herren", wendet sich Graf Donner an die beiden Kabinettsräte im Berliner Außenministerium, „hier steht aber doch, dass beide Diplomaten erst durch beherztes Eingreifen, ja unter Einsatz ihres Lebens, das Attentat im letzten Moment vereitelt haben." „Das mag schon stimmen, verehrter Herr Gesandter, aber der Außenminister ist doch verstimmt. Das wird er Ihnen gleich selber sagen."

Graf Bernsdorff, der vor Jahren im Streit mit dem dänischen König aus Dänemark nach Preußen ausgewandert ist und es dann in politischer Karriere sehr rasch zum Außenminister brachte, empfängt Graf Donner in seinen Amtsräumen. Von „Verstimmung" ist keine Rede mehr. „Aber was macht ein Diplomat des Königs von Preußen gemeinsam mit Bombenlegern in so einer schwedischen Luftkutsche? Gehört das etwa zu seinem Aufgabenbereich? Hat der junge Dachs sonst nichts Besseres in Ihrer Gesandtschaft zu tun, Herr von Donner?" „Vielleicht hat das Schicksal es so gewollt, dass diese beiden Männer, übrigens beide sehr couragierte und kriegserfahrene Offiziere, eingriffen, um Königen das Leben zu retten?" „Auch Könige sind ersetzbar. Die Schweden haben, wie die Geschichte zeigt, eh' ein blutiges Verhältnis zu ihren Monarchen. Und Frederik VI. passt mit seinem Verhalten als letzter absoluter Herrscher in Europa auch nicht mehr in die heutige Zeit, aber ich bin als sein erklärter Gegner bestimmt voreingenommen. Daher werten Sie dies bitte als meine Privatmeinung. Seine allergnädigste Majestät, König Friedrich Wilhelm, hat mich beauftragt, Ihnen lieber Graf, sein Kompliment auszurichten über Ihre vorzüglichen Dienste, das schließt natürlich Ihr Personal mit ein. Doch, beschränken Sie sich und das Gesandtschaftspersonal in Zukunft ausschließlich auf Ihre diplomatische Mission." „Ganz wie es Seine Majestät und Exzellenz Bernsdorff wünschen", verabschiedet sich Graf Donner sehr förmlich von seinem vorgesetzten Minister. Bei soviel Borniertheit des Außenministers und besonders seiner Räte ist er wirklich ganz kurz davor, seine diplomatische Beherrschung zu verlieren.

Auf seinem Weg nach Kopenhagen will er noch einen kleinen Umweg über Bernau nehmen, um sich mit dem Sondergesandten Christian Falckenhain zu besprechen. In ihm, dem klugen, verständigen und weltmännischen Abgeordneten und Diplomaten, hat er bei dessen Kopenhagenbesuch eine verwandte Seele gefunden und außerdem jemanden, mit dem man ab und an ganz gegen diplomatische Gepflogenheit sogar Klartext reden kann.

Graf Christian ist glücklicherweise wieder bei voller Gesundheit. Er freut sich über seinen Besucher und auch über die interessanten Nachrichten, Kopenhagen und Friedrich Spree betreffend. „Das sieht dem Burschen wieder einmal ähnlich. Keine

Traute, wenn er sich für eines meiner Mädels entscheiden soll; aber ansonsten kann er keinem Abenteuer widerstehen." „Aber, Vater!", schaltet sich erregt Komtesse Elisabeth ein. Sie weiß nur zu gut, wovon ihr Vater redet. „Unser lieber Fritz hat keine Zeit für eine Frau, solange er meint, mitten im Frieden immer noch den Helden vom Dienst spielen zu müssen. Hat es denn nicht schon genug Kriege gegeben? Zumindest ist das zwischen seinen so liebenswürdig nichts sagenden Zeilen zu lesen. Dein Sohn Henning, mein lieber Herr Bruder, ist ja nicht viel anders, wie du ja schon lange weißt, verehrter Vater." Die beiden Männer tauschen ihre Erfahrungen und Ansichten über zu selbstbewusste Töchter, aber auch über die derzeitige politische Lage in Europa aus. Sie sind beide Anhänger einer neuen Zeit mit mehr Demokratie und betrachten kritisch das reaktionäre Gehabe einiger alter Herrscherhäuser. Deren Misstrauen gegen alles Neues, was nach der französischen Revolution und der Machtübernahme durch Napoléon Bonaparte gekommen ist, ist zwar verständlich; aber nicht mehr zeitgemäß und erst recht nicht, wenn man in die Zukunft gewandt ist. Vom Wohle ihrer Völker gar nicht zu reden. „Ein erfolgreich durchgeführtes Attentat in Kopenhagen wäre als Auslöser durchaus geeignet, die politische Lage im Ostseeraum zur Explosion zu bringen. Ich habe bei meiner Mission in Stockholm sehr intensiv vernommen, wie ausgesprochen schwach die Dynastie Bernadotte bisher in Schweden verankert ist. Die Königin kennt man gar nicht, befindet sich immer noch ungekrönt in ihrem geliebten Paris. Der Kronprinz soll ein Weiberheld sein, wie er im Buche steht. Und was die politische Macht in diesem so unsteten Reich angeht, so hängt bisher fast alles von der Aktivität und dem Einfluss einer einzigen Person ab, nämlich von Karl Johan höchstselbst. Sein Tod wäre zweifelsohne fatal für die Dynastie und könnte zum großen Stühlerücken in ganz Europa führen. Erstmals nach dem Wiener Kongress wieder eine durchaus kritische Situation. Bedenken Sie das vergangene Jahrhundert mit seinen unsäglichen Erbfolgekriegen. Wie bewerten Sie eigentlich die Lage in Dänemark, lieber Herr von Donner?" „Nun, der König hat keinen legitimen Sohn, aber der Dynastie mangelt es nicht an potenziellen Erben aus der nahen oder entfernten Familie. Mit Frederik VI. verschwände jedoch vorerst der Herrscher, dem seit dem Beginn seiner Regentschaft und heute wohl immer noch ein großes skandinavisches Reich mit ihm als dem „Überkönig" vorschwebt. Er steckt durch das schikanöse Verhalten seines geisteskranken Vaters und die vermeintlichen Quälereien des Liebhabers seiner Mutter, diesem Doktor Struensee, immer noch so voller Komplexe, dass diese seine sonst so tüchtige Regierungsarbeit beeinträchtigen. Er betrachtet sich allen Ernstes auch als den einzigen wirklichen Verlierer des Wiener Kongresses. Verlierer ist bestimmt richtig, ob jedoch der einzige, das müsste einmal in aller Ruhe ganz detailliert analysiert werden. Übrigens sollen die Gebeine dieses Doktor Struensee, die noch in ungeweihter Erde liegen, von seiner leiblichen Tochter, der Herzoginwitwe von Schleswig-Holstein, in die Gruft einer der deutschen Kirchen in Kopenhagen überführt werden. Ich hoffe, die Zeremonie hat schon während meiner Abwesenheit stattgefunden. Denn so oder so, schon der Name Struensee allein spült in der dänischen Hauptstadt Ressentiments gegen uns Deutsche hoch."

Graf Donner fährt von Bernau weiter über Kiel und will sich eigentlich auf dem schon Berühmtheit erlangten dänischen Dampfer „Caledonia" einschiffen, doch dieser sei unerwartet ausgefallen, wird ihm gesagt. Weshalb, das wisse man auch nicht, bescheidet man ihm bei der Reederei. So reist er etwas enttäuscht zwei Tage später mit dem herkömmlichen Postsegler nach Kopenhagen. Nach seinen Informationen ist inzwischen auch die Konferenz der Außenminister der Ostseestaaten im schwedischen Malmö beendet. Ob die preußische Delegation schon vom Tagungsort abgereist ist, das kann er nicht in Erfahrung bringen. Ob sie eventuell noch einen Zwischenstopp in Kopenhagen macht, hängt zufolge der Räte im Berliner Außenministerium einzig und allein von den zur Verfügung stehenden Transportmitteln ab. Für mögliche Fachgespräche der Sonderdelegation bei der preußischen Gesandtschaft oder der dänischen Regierung sah auch deren Minister Graf Bernsdorff momentan keinen Bedarf. An Bord hat Wilhelm von Donner ausgiebig Gelegenheit, sich mit dem Kapitän des Postseglers über dessen Kenntnis und fachmännische Ansicht zur Piratenproblematik zu unterhalten. Der erfahrene Seemann, der einst der dänischen Kriegsmarine als Obersteuermann gedient hatte, hält mit seinen Vermutungen nicht zurück, dass nämlich einige Kopenhagener Reeder, die im Krieg gut am Aufbringen von Prisen verdient haben, jetzt ihr Handwerk illegal weiter betreiben oder zumindest finanzieren. Die verstärkten Patrouillen der dänischen Marine werden sie in die östliche Ostsee vertreiben, und sobald die Aufmerksamkeit der Behörden erlahmt, wieder zuschlagen lassen. „Die tauchen bestimmt früher, als wir damit rechnen, wieder auf. Aber die Zeiten der großen Beutezüge sind hier in unserer Region vorbei. Da gibt es vielleicht noch satte Chancen für Freibeuter in Übersee. Aber da sterben die nordischen Seeleute wie die Fliegen, sagt man. Seuchen und heimtückische, uns unbekannte Krankheiten. Mein Herr, da ist es auf so einem Postschiff ruhiger. Man verdient zwar weniger als Schiffsführer, aber man kommt doch immer wieder sicher zu seiner Familie zurück."
„Recht haben Sie, Herr Kapitän. Lieber auf rechtschaffene Art sein Geld verdienen."
Da Graf Donner sich nicht angekündigt hat, steht auch niemand von dem Personal der Gesandtschaft am Anleger im Kopenhagener Hafenbecken, um den Chef abzuholen. Gut gelaunt geht er zu Fuß den Weg durch die vertrauten Straßen nach seiner Residenz, vorbei an der Börse mit ihrem ihn immer wieder faszinierenden Drachenturm. Auf der anderen Seite liegt die ebenfalls von König Christian IV. für seine Marine erbaute Kirche aus rotem Klinker. Einfach herrlich anzusehen, freut sich Preußens Spitzendiplomat über die dänische Architektur, und der Bauzustand ist wirklich gut erhalten. Auch tut es wohl, nach der Schiffspassage sich wieder an festen Boden unter den Füßen zu gewöhnen. Er sehnt sich außerdem nach der Arbeit in der Gesandtschaft und ist besonders gespannt darauf, die ausführliche und unmittelbare Berichterstattung seiner Attachés über die Ereignisse der vergangenen Monate zu hören.

Friedrich von der Spree muss doch noch zu einem persönlichen Rapport nach Berlin reisen. Das Echo aus Stockholm und von der Regierung in Kopenhagen zu dem gescheiterten Attentat haben die Kabinettsräte im Außenministerium und bei Hofe veranlasst, den unmittelbar Beteiligten, und anfangs auch Beschuldigten, einzubestellen. Graf Donner gibt seinem jungen Diplomaten noch ein paar gut gemeinte Ratschläge für den Umgang mit diesen „Krähen", sprich Kabinettsräten, mit auf dem Weg. Friedrich freut sich zum einen auf ein Wiedersehen mit Gut Falckenhain und seinen lieb gewonnenen Bewohnern, zum anderen bedauert er, dass er wahrscheinlich beim Eintreffen seines Freundes Eitel von der Tanne in Kopenhagen noch nicht zugegen sein wird. Spree hat sich auf einem der schnell segelnden Zweimaster der Kopenhagener Teegesellschaft eingeschifft und erreicht nach zwei Tagen Rostock, wo er ohne Verzögerung in die Expresskutsche nach Berlin wechselt. Die teure Passage bezahlt die Staatskasse, ansonsten hätte er die reguläre Post genommen, die zu einem Viertel des Preises fährt, aber auch erheblich mehr Zeit benötigt und weniger komfortabel ist. In den verschiedenen Abteilungen der Außen- und Kriegsministerien gibt er Rede und Antwort zu dem Attentat auf die nordischen Majestäten und den Stand der Piratenbekämpfung, außerdem detaillierte Auskünfte zum Ballonflug und der Technik des schwedischen Fluggerätes. Mit Freude erfährt er, dass der von ihm zum Offizier ernannte Leutnant Braun von dem preußischen Kriegsschiff „Stralsund" sich bei der Versenkung eines Piratenschiffs hervorgetan hat. Während der Rückfahrt der preußischen Verhandlungsdelegation von Malmö nach Stralsund ist ihnen eine der Piratenbriggs zu nahe gekommen und wurde mit einer Breitseite, die Braun kommandierte, zu den Fischen geschickt. Leider konnte man niemanden von der Besatzung mehr verhören, da es keine Überlebenden gab. Das war ein gutes Signal hin zu den Alliierten im Ostseeraum, aber für die Freibeuterei erneut eine böse Schlappe. Auch für die Finanzierung weiterer Kriegsschiffe erhofft sich das preußische Kriegsministerium nun die Unterstützung der anderen Regierungsressorts und der zähen Finanz-Bürokratie.

Vor seiner Rückreise erhält Spree noch die Order, sich im Schloss Charlottenburg einzufinden. Seit über fünf Jahren ist er nicht mehr hier gewesen, an seinem früheren Arbeitsplatz und dem der Eltern, die einst ebenso wie er zum Gefolge des königlichen Hofes gehörten. „Seine Königliche Hoheit, der Kronprinz, bittet Herrn von der Spree zu einem Gespräch", wird er von einem jungen Sekretär im Vorzimmer der kronprinzlichen Arbeitsräume in Empfang genommen. Mit soviel Zuvorkommenheit hat Spree gewiss nicht gerechnet, doch auch der gleichaltrige Prinz Friedrich Wilhelm, der ihn, einen der Pagen, vormals bei Hofe nur wie einen Laufburschen behandelte, begrüßt ihn jetzt mit ausgesuchter Freundlichkeit, wenn auch etwas antiquiert in der dritten Person, scheint ihn zu ergötzen. „Komm' er her, Spree, berichte er mir aus Kopenhagen. Ist dort etwa wieder ein Krieg ausgebrochen?" „Nein, das nicht gerade, Königliche Hoheit", beginnt Spree seine Schilderung, während der Kronprinz gespannt zuhört und nur ein einziges Mal unterbricht. „Dass er den schwedischen Sprachkenntnissen des bayrischen Diplomaten so vertraut hat, und dann den schwedischen Major ohne Bedenken ins Meer warf … Was hätte da ein sprachliches Missverständnis ihm und auch uns für Probleme schaffen können." „Das haben wir in den Schlachten gegen Napoléon mit unseren Alliierten oftmals ähnlich erlebt, Königliche Hoheit, und mussten unter weit unsicherer Lage auf Meldungen in den verschiedensten Sprachen vertrauen und sofort handeln, denn ein langes Zaudern wäre fast immer fatal gewesen. So bestimmt auch diesmal." „Recht hat er ja, lieber Spree. Was soll ich da im Nachhinein auch noch mehr sagen. Ich habe mit großem Interesse und Wohlwollen auch seine gemeinsamen Streiche mit unserem lieben Major Falckenhain in der Ostsee zur Kenntnis genommen. Wo er steckt, da winkt ein wahrhaftiges Abenteuer, Teufelskerl! Mein Urgroßonkel, der große Friedrich, hätte bestimmt schon seine Freude an ihm gehabt. Vergiss er jedoch nicht", und dabei fasst er an den Ärmelaufschlag von Sprees Diplomatenkleidung, „dass er nun Diplomat des Königs von Preußen ist, und Husarenstreiche nicht mehr auf dem Dienstplan stehen. So wie damals, als der kleine Fritze Spree Page bei uns am Hofe war, gingen seine Gedanken immer schon irgendwo in die Ferne. Es ist mir jedoch eine Freude, ihn als einen unserer Bravsten mitten im Frieden mit dem Eisernen Kreuz auszuzeichnen." „Wird der Orden auch an dieser, eh …Uniform getragen?", fragt der ausgesprochen gut gelaunte Kronprinz einen seiner Höflinge, der zustimmend nickt und nach der Beendigung der Audienz Spree aus dem Salon hinaus begleitet. Mit dieser hohen Auszeichnung hat der absolut nicht mehr gerechnet. Er freut sich aber riesig darüber, wenn schon nicht im Krieg, dann doch im Frieden diese hohe Auszeichnung zu erhalten. Der Hinweis eines der Generalstabsoffiziere vom Stabe des Kronprinzen, ihn eventuell im Range eines Rittmeisters zu reaktivieren, unter Umständen sogar selbst in den Stab seiner Königlichen Hoheit, des Thronfolgers, kann ihn derzeit jedoch nicht weiter locken. Der Dienst am Hof und bei der Armee, diese beiden Lebensabschnitte sind für Spree eigentlich vorüber, als abgeschlossene Teile seiner persönlichen Biographie. Es ist und bleibt Geschichte und passt weder zur Gegenwart noch Zukunft, auch wenn in diesen bewegenden Momenten die Erinnerungen vielfältig und heftig über ihn einbrechen.

Genau zwei freie Tage verbleiben ihm noch bis zu seiner Rückreise nach Dänemark. Seine Freunde auf Gut Falckenhain vergäßen es ihm nie, wenn er die Zeit nicht für eine Stippvisite nutzte.

Verschwörung im Hirschpark

-1-

Lars Rutger von Müller hat die schwere Niederlage gegen sein Verbrechernetzwerk, wenn auch recht schwer, so doch mannhaft verkraftet, aber mit dem Fehlschlag des Majors Bille sind doch seine erst einmal hochfliegenden Pläne vereitelt worden. Er hat außerdem einen seiner engsten und tüchtigsten Vertrauten verloren. Oberstleutnant von Müller musste sogar als amtierender Militärkommandant in Landskrona, zusammen mit den städtischen Honoratioren, in der Garnisonskirche einem Dankgottesdienst anlässlich der Errettung des Königs beiwohnen. Wie ist ihm das ganze Theater trotz seiner höfischen Erziehung und Beherrschung zuwider gewesen! Er muss jetzt daran denken, das Loch in seinem Agentennetz wieder zu flicken und den nächsten Zug in diesem Spiel um Macht und Geld, um Leben und Tod, vorbereiten. Dazu heißt es, der Komtesse weitere Befugnisse zu übertragen und die zahlreichen von ihm sehr gut bezahlten Mitarbeiter im Kopenhagener Hafen, bei der Regierung, bei den Behörden und im Palast stärker zu zwingen, ihren vollen Einsatz für ihn zu erbringen. Die nach der Konferenz von Malmö in Gang gesetzten gemeinsamen Schiffspatrouillen in der Ostsee haben seine ansonsten so lukrativen Aktivitäten als obersten Piratenchef zu einem Minusgeschäft werden lassen. Drei Totalverluste bei seinen Schiffen, eines davon nach Beschuss durch die preußische Schonerbrigg, die ihm schon einmal einen herben Schlag bereitete, treffen ihn hart. Hart beim Geld ebenso wie bei seiner Ehre als neuzeitlichem Raubritter. Er muss den Möllers in Kopenhagen, sowohl dem Kommodore als auch dem Seniorchef des Reederimperiums, allein um sie bei der Stange zu halten, doppelt bis dreifach so viel Geld zuschießen wie ihm die dürftige Beute im Endeffekt einbringt. Vielleicht betrügen die Möllers ihn auch noch um den Gewinn? Nun, dann sollen die ihn aber kennen lernen. Zuerst einmal muss er definitiv etwas viel Wichtigeres in Erfahrung bringen. Wie weit nämlich die Heiratspläne für den schwedischen Kronprinzen gediehen sind? Besteht überhaupt noch eine - möglicherweise allerletzte - Gelegenheit, ein Attentat gegen die Bernadottes zu führen, um bei deren Auslöschung die Frage nach einer Neuauflage eines skandinavischen Großreiches aufzuwerfen? Und damit hieße es, nach der passenden Rolle zu schauen, die die Geschichte ihm, dem genialen Lars Rutger von Müller, böte.

In Kopenhagen hat es nach dem Attentatsversuch gegen die beiden skandinavischen Monarchen wie erwartet zahlreiche Durchsuchungen sowie Verhaftungen gegeben. Auch Beamte der Behörden ebenso wie Beschäftigte der Reedereien, Versicherungen und Werftbetriebe befinden sich unter der großen Schar der Inhaftierten. Die dänische Justiz geht außergewöhnlich rasch und streng vor. Mehrere so genannte "kleine Fische", die nur ein paar Nachrichten über Schiffsbewegungen und Ladungen an die Piratenorganisation weiter gegeben haben, spüren nun die ganze Strenge der Strafverfolgung. Sie werden zu jahrelangem Kerker verurteilt. Drei überführte Piratenanführer hängen am Galgen, haben dabei noch „Glück", dass sie nicht auch noch geviertelt worden sind. Doch hat eigenartigerweise niemand, trotz peinlichster Verhöre und angedrohter Repressalien gegen Besitz und Familie, die eigentlichen Drahtzieher verraten. Eine vom König persönlich eingesetzte Kommission unter Leitung von Kontorchef Niels Olsen, der einen guten Namen als Verhandlungsführer und unnachsichtiger Aufklärer hat, ist dabei, gnadenlos zu ermitteln und aufzuräumen. Ohne Ansehen der Person oder des Amtes wird ermittelt, verhört und Verdächtige der Justiz übergeben, deren oberster Chef Graf Kaas das Ganze persönlich überwacht und dem König regelmäßig Vortrag halten muss. Einer der in Malmö fest verhandelten Punkte, nämlich die erweiterte Zusammenarbeit unter den Gesandtschaften der Ostseestaaten, erweist sich in der Praxis erstaunlich fruchtbar und übertrifft damit auch alle Erwartungen, die selbst der optimistische preußische Gesandte und seine Diplomaten hegten. „Berlin ist sehr zufrieden mit den Resultaten, meine Herren. Einige Kabinettsräte beziehen den Erfolg allerdings auf ihr persönliches Erscheinen und Verhandlungsgeschick in Malmö. Nun, der Erfolg hat nun einmal viele Väter. Gönnen wir den hohen Berliner Herren diese Ehre, denn sie haben an Bord der Brigg schließlich persönlich im Pulverdampf gestanden. Die Versenkung eines Piraten durch die „Stralsund" hat uns Preußen momentan wirklich in eine unerwartet komfortable Position gebracht. Jetzt müssen die eigentlichen Seemächte erst einmal nachziehen. Ich vertraue auf deren Ehrgeiz, besonders auch auf die Engländer, die jetzt schon mit vier Kriegsschiffen in den Meerengen und bis weit in die Ostsee hinein Patrouille fahren. Deren Besatzungen fiebern Erfolgen und reicher Prise entgegen. Auch Lord Peter sitzt an seinem Schreibtisch wie auf heißen Kohlen, denn am liebsten würde er das Kommando auf See selbst an sich reißen, doch die Admiralität hat zu seinem Leidwesen ihre eigenen aktiven Offiziere." Mit einem Blick auf seinen Wirtschaftsattaché: „Aber diesmal auch ohne Sie, Spree! Machen Sie sich keine falschen Hoffnungen. Ihr Platz ist hier in der Gesandtschaft. Ihre letzten Eigenmächtigkeiten haben uns schon genug Ärger bereitet." Dabei schaut er mit betont ernstem Gesichtsausdruck auf Spree, der jedoch in den Augen seines Vorgesetzten den Schalk blitzen sieht und weiß, was gemeint ist. Aber pflichtbewusst und mit unbewegtem Gesicht macht er das Spiel mit: „Ganz wie Exzellenz anordnen." Legationsrat von Alteman scheint auch zufrieden zu sein, dass sein Kollege Spree vom Gesandten endlich einmal einen vermeintlichen Rüffel erteilt bekommen hat. „Habe ich es Ihnen nicht gesagt", tuschelt der ihm zu.

Am Nachmittag des darauf folgenden Sonntags ist nach längerer Verzögerung die kirchliche Beisetzung der Grafen Struensee und Brandt in der St.Petri Kirche vorgesehen. Die zeitliche Verschiebung kam dadurch zustande, dass die Gebeine beider Männer über Nacht aus der Krypta der Kirche verschwunden waren und erst nach Tagen durch anonyme Hinweise zusammen mit den sterblichen Überresten anderer Hingerichteter auf dem Schindanger[58] wieder aufgefunden worden sind. Die Herzoginwitwe war tief empört über diese unerhörte Beleidigung, die dem Leichnam ihres leiblichen Vaters widerfahren ist und sagte die geplante Feier ab. Erst durch Zureden ihres langjährigen Vertrauten, Johannes Freiherr von Husum, Staatsrat der Holsteinschen Lauenburgischen Kanzlei in Kopenhagen, beauftragte Herzogin

Louise Augusta, gebürtige Prinzessin von Dänemark und Norwegen, erneut den Hauptpastor der St.Petri Kirche, eine feierliche Beisetzung ihres Vaters vorzubereiten. Der gute Mann ist in großer Verlegenheit. Er hat zwar vom Kirchenvorstand, dem Grafen Schimmelmann, ausreichend Platz in dessen familieneigener Grabkapelle erhalten, doch hat der Raub der bereits unvollständigen Gebeine der damals, vor fast 50 Jahren, bereits während der Hinrichtung total auseinander gerissenen Körper und deren Vermischung mit weiteren Skeletten die Zusammensetzung eigentlich unmöglich gemacht. Der greise Herr von Schimmelmann wendet sich an den preußischen Gesandten um Unterstützung, da er den Dänen, unter denen er noch zu viele Feinde des damaligen Regierungschefs Struensee vermutet, nicht traut. Donner seinerseits beauftragt Legationsrat von Alteman, zusammen mit dem Pastor und einem deutschen Arzt, die Zuordnung der Gebeine so gut es eben geht, ins Werk zu setzen. Die leiblichen Überreste, oder das, was man für die Gebeine von Struensee und Brandt hält, liegen nun unten in der Grabkapelle aufgebahrt, während oben im Kirchensaal ein Gedenkgottesdienst stattfindet. Die Pastoren von Sankt Petri haben ihre saubersten, rundum sorgfältig gefächerten Kragen angelegt und machen einen wirklich sehr distinguierten Eindruck. Ebenso adrett sieht der Kinderchor aus, der längs des Kirchenraumes in Erwartung der hohen Gäste Aufstellung genommen hat. Anwesend bei der Feier sind die tief verschleierte Herzoginwitwe, zwei ihrer Hofdamen und kleines Gefolge, außerdem die Familie Schimmelmann, weitere Honoratioren der Kirchengemeinde, die Diplomaten der englischen und der preußischen Gesandtschaft sowie Beamte der Holsteinschen Lauenburgischen Kanzlei und ein paar sich dezent im Hintergrund haltende Beobachter. Von Seiten der deutschen Diplomaten hat eigentlich niemand ein Interesse an den beiden schon längst Verblichenen, doch ist es die Höflichkeit gegenüber der Prinzessin aus dem dänischen Königshaus, die sie teilnehmen lässt. Die romantische Verklärtheit um die verbotene und so tragisch endende Liebe von Doktor Struensee und Königin Caroline Mathilde können Friedrich Spree und sein Chef absolut nicht teilen, doch widersprechen sie nicht Wilhelmine Donner, die jedes Mal in Tränen ausbricht, wenn die Rede auf das traurige Schicksal der beiden Liebenden kommt. Sie erscheint stets so erschüttert, als wäre der Vorgang gerade erst vor ihren eigenen Augen abgelaufen. Graf Donner berichtet, dass König Frederik VI. offensichtlich die Bestattungszeremonie eines von den Henkern seines Vaters gerichteten Verräters mit Rücksicht auf seine geliebte Schwester erlaubt, doch jede offizielle Teilnahme ausdrücklich untersagt hat. Allein schon aus diesem Grund wäre der Gesandte der Zeremonie lieber fern geblieben. Wenigstens muss er nicht mit hinab zu den Grabkapellen, weil Herzogin Louise Augusta nur mit ganz kleiner Begleitung den Pastoren in die Krypta folgen möchte. Zu dieser kleinen Gruppe Auserwählter gehören auch Herr von Alteman und der Arzt, die zusammen für die Zuordnung der Gebeine verantwortlich waren. Beide Herren sowie der Hauptpastor erhalten als besondere Anerkennung aus der Hand Ihrer Königlichen Hoheit den Augustenburger Hausorden für ihre Dienste um die würdevolle Behandlung des Leichnams des Vaters verliehen.

Dieses denkwürdige Ereignis verlegt dann auch die Arbeitsschwerpunkte in der Gesandtschaft. Legationsrat von Alteman hat in der Sankt Petri Gemeinde eine zweite Heimat gefunden, der er sich mit Leib, Seele, fachlicher Kompetenz und seiner ganzen Schaffenskraft widmet. Hier findet er endlich die Anerkennung, die ihm in der Gesandtschaft nicht im erwünschten Maße zuteil wird. Legationssekretär v.d. Spree übernimmt so zwangsläufig neben dem Wirtschaftsressort die Verantwortung für allgemeine Gesandtschaftsaufgaben, die sonst von dem zweiten Mann der Vertretung wahrgenommen worden sind. Graf Donner ist damit wohl oder übel einverstanden, zumal der junge Ex-Husar nunmehr weniger Zeit und Gelegenheit für seine Extratouren hat, und Herr von Alteman sich um einen Bereich kümmern kann, der in der Vergangenheit von Seiten der Gesandtschaft ganz sicher zu wenig Aufmerksamkeit erhalten hatte. „So habe ich den Friedrich mehr an den Schreibtisch gebunden, als ihm lieb ist und entwöhne ihn damit hoffentlich auch von seinem Hang zu Abenteuern", erzählt der Gesandte seinem guten Freund Eitel von der Tanne, der nach vier Wochen Aufenthalt in der Residenz so sachte an seine Rückreise nach Pyrmont denkt. Der pensionierte Husarenoberst war nach achttägiger Schiffspassage - von der Hansestadt Bremen kommend - als Begleiter von Gräfin Wilhelmine und Tochter Margarethe mehr tot als lebendig in Kopenhagen eingetroffen. Die Seekrankheit hat ihm, dem alten Schlachtross, so weit zugesetzt, dass die Damen sich schon ernsthafte Sorgen um ihn machen mussten. Glücklicherweise, so empfand der körperlich und seelisch lädierte Oberst es mit gewisser Erleichterung, musste er nicht in diesem bejammernswerten Zustand seinem Freunde und Regimentskameraden Spree unter die Augen treten. Der hätte sich über dieses aschfahle Gespenst, das einst sein unverzagter Vorgesetzter war, gewiss sehr gewundert. Friedrich Spree befand sich nämlich noch auf seiner Dienstreise nach Berlin.

Es dauert noch anderthalb Wochen, bis Legationssekretär Friedrich von der Spree wieder zurück ist. Die leidige Büroarbeit hat wieder voll von ihm Besitz genommen und gewährt ihm weniger freie Zeit mit seinem väterlichen Freund von der Tanne zu verbringen. Doch es gibt gemeinsame Ausritte am Strand des Öresunds entlang, bis hin in den königlichen Hirschpark von Jägersborg. Bei einer Begegnung mit der Amazone Matti fallen dem alten Oberst vor lauter Bewunderung fast die Augen aus dem Kopf. Die im schicken schwarzen Reitanzug gekleidete Komtesse Dannesvord-Klampenborg nimmt sich sogar die Zeit, die beiden Reiter persönlich im Schloss Eremitagen herumzuführen. Dort oben auf der Anhöhe, in der Mitte des Hirschwaldes, wird Friedrich aufgefordert, den Hergang der Ballonfahrt und den Kampf in der Gondel noch einmal bis auf kleinste Detail zu erzählen. Matti schaut ihn dabei mit ihren großen Augen gerade so an, wie die Prinzessin im Märchen den kühnen Ritter anhimmelte, der sie gerade vor dem bösen Drachen gerettet hat. Friedrich bemerkt ihren wie Bewunderung aussehenden Blick und wird ganz verlegen dabei. Alte Hexe, fang nicht an, auch noch mir den Kopf zu verdrehen, denkt er und konzentriert sich ganz auf die Darstellung bei dem Treffen mit den beiden Königen an Bord des Dampfers. „Man kann dich wirklich nicht allein in der

Fremde lassen, mein Junge. Eigentlich müsste ich dich zurück mit auf meinen Reiterhof in das friedliche und beschauliche Pyrmont nehmen; aber da würden dich die Abenteuer bestimmt auch hin verfolgen, den ganzen Kurort aufmischen und mir Pensionär dann keine Ruhe mehr gönnen." Mit Blick auf die Segler auf dem Öresund - der Wasserstraße zwischen Schweden und Dänemark - gewandt, gesteht der alte Herr seine Angst vor erneuter Seekrankheit ein. „Nach der langen Seereise auf dem Bremer Segler würde ich diesmal gern die kurze Tour mit dem Dampfer „Caledonia" nach Kiel zurück unternehmen." „Ja, lieber Oberst, die Reise sollten Sie sich auf keinen Fall entgehen lassen. Es ist wirklich ein Erlebnis. Der Dampfer soll gerade nach einer kurzen Werftliegezeit wieder fahrbereit werden und den Routenverkehr zwischen Kopenhagen und Kiel bald aufnehmen. Hoffentlich gerät er, wenn Sie an Bord sind, nicht diesen schlimmen Piraten vor die Kanonen. Aber da müssten Sie mit Säbel und Pistole doch noch zurechtkommen. Die preußischen Ex-Husaren sind doch alle Helden, oder?" „Ich bin erstaunt, über welche detaillierten Kenntnisse eine dänische Dame aus der höchsten Gesellschaft verfügt. Allein Ihre Reitkünste sind beeindruckend, verehrte Komtesse, und Fritz erzählte mir auch über Ihre Fertigkeiten als Waidmann…Äh, Männin. Respekt, Respekt! Wäre ich noch einmal jung und im Militärdienst, so würde ich für die Einberufung von so tüchtigen und kunstfertigen jungen Damen kämpfen." „Sehr schmeichelhaft, mein Herr. Ich vertraue aber zuerst einmal auf Ihrer beider Tanzkünste am kommenden Sonntag. Da findet der Sommerball seiner Majestät auf Schloss Fredensborg statt." Die beiden Männer schauen sich fragend an, schütteln den Kopf. „Kein Problem. Ich beschaffe Ihnen beiden Einladungskarten. Also bis zum Sonntag, adieu!" Während Mathilde auf ihrem Apfelschimmel, sich mit einem flüchtigen Winken verabschiedend, dem Ufer des Öresundes zusprengt, traben die beiden Ex-Husaren wie alte Herren, so ganz gemütlich, beinahe träge wirkend weiter in das Innere des Hirschparks hinein. Vereinzelt sehen sie die wiederkäuenden Wildtiere im Schatten der hohen Buchen und Eichen lagern, teilweise schauen nur die sich bewegenden Ohren aus dem brusthohen Gras hervor und geben den Lagerplatz von Rot-und Damwild preis. Friedrich weist vor ihnen auf eine Eiche mit gewaltigem Stamm. „Dort soll vor über 100 Jahren einer der dänischen Könige bei der Hetzjagd von einem waidwunden Hirsch regelrecht aufgespießt worden sein. Angeblich einer der Vorfahren von Mathilde Klampenborg." Eitel v.d. Tanne ist tief beeindruckt, in jeder Hinsicht. Beim Nachhauseritt entfährt ihm zu der gerade kennen gelernten Komtesse Mathilde ein Ausdruck seiner höchsten Bewunderung: „Ein Mordsweib, wirklich, ein Mordsweib! Ich müsste noch einmal 30 Jahre jünger sein. Dir rate ich jedoch, auf zur Attacke, Fritz! So ein Wild muss auf Husarenart gejagt werden." Dabei schnalzt er derart, als wolle er Spree wie einem seiner Pferde so richtig Beine machen.

Gräfin Wilhelmine von Donner, geborene Prinzessin zu Waldeck und Pyrmont, ist wieder einmal ganz in ihrem Element. Als Chefin des Hauses kommandiert sie die Zofen herum, denn es gilt mit vereinten Kräften, sich und die Tochter zum königlichen Sommerball vorzubereiten. Die Frisuren müssen besonders gegen Sonne und Wind präpariert werden, denn eine etwa vierstündige Fahrt mit ihrer halboffenen

Dienstkalesche liegt noch vor Ihnen. Vor Ort gibt es nämlich keine Umkleidemöglichkeiten, vielleicht nicht einmal ein Boudoir. In den kleinen Herbergen der angrenzenden Ortschaft hat es kein einziges freies Quartier mehr für die Donners gegeben. Da bedeutet es auch unmittelbar nach dem Ball, so irgendwann im Morgengrauen, die lange Rückfahrt nach Kopenhagen anzutreten. „Eine Zumutung, Wilhelm! Wieso hält dieser barbarische König denn seinen Ball nicht in Kopenhagen ab?" „Wir können ja noch absagen, meine Liebste." „Untersteh dich, gönnst du uns denn gar kein Vergnügen mehr?" „Hast du unseren Urlaub in Pyrmont ganz vergessen, liebste Wilhelmine? Hattest du mir nicht bei einem dieser Tanzvergnügen irgendwann am Morgen gesagt: ‚Nie wieder tanzen!' oder irre ich mich da vielleicht?" „Ach, du mit deinem erstaunlichen Gedächtnis. Solche Dinge behältst du stets. Du solltest außerdem auch an deine Tochter denken. Margarethe ist nun im heiratsfähigen Alter…Und wen gibt es hier als ernsthaften Bewerber? Päh, nur dieses bayrische Ritterlein…" „Ich muss noch einmal ins Büro und durch ein paar Berichte sehen, bis bald, Wilhelmine", und damit entflieht Wilhelm Donner einem weiteren Gespräch mit seiner geliebten Ehefrau, welches, wie er aus reicher Erfahrung weiß, nur zu schnell zu einem nicht enden wollenden Streitgespräch und mit einer unvermeidlichen Niederlage oder bestenfalls kläglichem Waffenstillstand für ihn enden kann.

Friedrich und sein alter Freund Eitel sind mit dem Cabriolet[59] der Familie Jensen unterwegs nach Schloss Fredensborg[60]. Beide Herren sind im feinsten Abendanzug nach modernem engem Schnitt und mit bester Laune für den Sommerball gerüstet. Mit dem Kutschieren wechselt man sich kameradschaftlich ab. Das Cabriolet rattert über das Kopfsteinpflaster der breiten Schlossauffahrt, dann durch die eigentliche Einfahrt, von der herzförmig vier Flügel abgehen. Vor ihnen steht der Hauptbau mit seinen Minarett artigen Schornsteinen. Die königlichen Stallburschen übernehmen die Kutsche mitsamt den erhitzten Pferden. „Eine sehr angenehme Bedienung hier bei Hofe, hoffentlich gibt es auch gut was zu trinken. Ich habe Durst wie ein Wildesel", wendet sich von der Tanne mit trockenen Lippen an seinen Freund. Die Temperaturen sind tatsächlich hochsommerlich und die Kutschfahrt unter praller Sonne hat ganz ohne Frage durstig gemacht. Wieso haben sie auch keine Marschverpflegung mitgenommen? Eigene Dummheit! Spree ist jedoch auch das erste Mal auf dem königlichen Sommerschloss und muss sich daher auch erst einmal orientieren. Noch hält sich die bereits eingetroffene Gesellschaft überwiegend im Schatten der Bäume neben dem Hauptgebäude der Schlossanlage auf. Friedrich führt den überaus durstigen Freund zu einer dort aufgestellten Theke, an der es auch angenehm kühles Bier gibt, was von fast allen anwesenden Männern hier bevorzugt wird. „Wenn die Herren weiter so das Bier weg trinken, dann können wir nachher allein mit uns tanzen", kommentiert eine der Damen, die sich selbst bereits am fünften Glas Champagner erfrischt. Immer mehr Kaleschen, Karossen und Landauer fahren vor und entladen ihre schmucke Fracht: Festlich bis extravagant gekleidete Damen und Herren, eine Parade der Eitelkeiten. Kutscher Hansen, heute in seiner besten Livree, kommt mit dem preußischen Gesandten Donner und seine beiden

Damen auch im Dienst-Landauer vorgefahren. Wilhelmine stellt sowohl mit ihrem erst jüngst in Pyrmont geschneiderten Ballkleid als auch der kunstvollen Hochfrisur ihre Tochter beinahe in den Schatten. „Verehrteste, liebste Gräfin!", stürzt der alte Husarenoberst fast wie ein liebestoller Truthahn auf Wilhelmine Donner zu, dabei keinen Blick von dem atemberaubenden Dekolletee lassend. Er drängt dabei Wilhelm Donner regelrecht beiseite, der unvermittelt allein, ganz ohne Dame da steht, denn Friedrich kümmert sich gleichzeitig nur um die Komtesse Margarethe. „Ist Florian auch hier?", fragt die junge Dame, was Spree jedoch nicht beantworten kann. „Dort ist Matti, vielleicht kennt sie die Gästeliste; denn wir haben es schließlich nur ihr und ihren engen Beziehungen zum Hofe zu verdanken, dass wir als normal Sterbliche auch hierher eingeladen worden sind."

Die aufgehende Sonne ist zur linken Hand bereits zu erahnen, als die Kutsche mit zwei richtig abgeschlafften Ex-Husaren Schloss Fredensborg in Richtung Kopenhagen verlässt. Die im Gegensatz zu ihnen ausgeruhten und gut versorgten Pferde greifen weit aus. Auf und ab, so in richtigen Wellen, verläuft hier das Land, durch das schnurgerade die erst neu ausgebaute Straße zur Hauptstadt hin verläuft. In den Senken hängt der Morgennebel, die ersten Vögel erwarten zwitschernd und teilweise schon jubilierend einen neuen Sommertag und beginnen ihre Futtersuche. Friedrich Spree erfreut sich an der herben Schönheit der seeländischen Landschaft, der unberührten Klarheit des Morgens und geht seinen Gedanken nach. Sein alter Freund Eitel hingegen hängt zusammengesunken in seinem Sesselförmigen Sitz, der Kopf zu Friedrichs Seite herüber gefallen. Der Oberst außer Diensten hat den Sommerball mit vollen Zügen genossen, viel getanzt, sich am Anblick der mit jeder Stunde hübscher werdenden Damen ergötzt, getrunken und gespeist, mehr als ihm eigentlich gut tut. Und nun zahlt der Körper seinem Alter Tribut. Wilhelmine Donner war sein ganz besonderes Opfer beim Tanze, oder vielleicht war es auch umgekehrt. Die beiden sind jedenfalls seit gemeinsamen Pyrmonter Tagen und ihrer Rückreise nach Kopenhagen ein Herz und eine Seele, so dass Wilhelm Donner zwar mit einem Augenzwinkern, aber schon mit erhobenem Finger, den beiden Dauertänzern drohen musste. Die reife, aber immer noch sehr gut aussehende Gräfin, genießt die Aufmerksamkeit und Bewunderung, die ihr durch den ein klein wenig hölzernen, aber überaus charmanten Oberst und auch andere Herren zuteil werden. Sie registriert mit sichtlicher Freude und Genugtuung, dass ihr Mann sogar ein wenig eifersüchtig zu sein scheint.
Der königliche Ball, der auf zwei Tanzflächen, sowohl im großen Kuppelsaal als auch außerhalb auf einer extra installierten Holzbühne, stattfand, stand unter wahrlich idealen Wetterbedingungen. Die jungen Leute haben fast alle draußen im Freien ihre Plätze eingenommen, wo man sich heftig um sich schlagend oder auch nur ein wenig mit der Hand oder dem Fächer wedelnd der Mücken und winzig kleiner Stechfliegen erwehren musste. Der Abendwind brachte eine kleine Brise vom Esrumsee die Alleen hinauf und vertrieb schließlich die Mehrzahl dieser blutrünstigen Plagegeister. Dort, zwischen den zahlreichen Skulpturen und unter den hohen Bäumen des spätbarocken Parks ließ sich ebenso herrlich Hand in Hand

lustwandeln. Eine ganze Reihe von Gästen, besonders die vom dänischen Adel und Hofbeamte, waren in den Seitenflügeln einquartiert. Auch Mathilde Dannesvord-Klampenborg verfügte über ein Umkleide und Übernachtungszimmer in einem Anbau, in das sie ihren „tapferen Friedrich" lockte und er sich auch ohne Bedenken oder gar Hemmung, quasi nichts ahnend, locken ließ. Mathildes faszinierende Schönheit, ihr Charme und Draufgängertum waren unter diesen für den Liebesgott Amor wirklich ideal arrangierten Bedingungen einfach zu verführerisch und letztendlich für einen irdischen Mann unwiderstehlich. Freund Eitel, dem es Mathilde sowieso angetan hat, meinte: „Dies ist die richtige für dich, mein Junge. Die halte ganz fest, dass dir da ja kein anderer mehr in die Quere kommt." „Das kannst du vergessen, alter Freund. Um diese Frau nur einen Monat zu unterhalten, benötige ich mehr als ein ganzes Jahresgehalt. Und außerdem bin ich, das muss ich mir ganz ehrlich eingestehen, nur eins ihrer wohl zahlreicheren Abenteuer. Als Amazone ist sie vielleicht ja auch Trophäenjägerin und ich hänge schon bald irgendwo an der Wand, wer weiß das .... Auf jeden Fall hat sie sogar Henning Falckenhain abblitzen lassen, und der hat neben seinen zahlreichen Vorzügen noch die Taschen voller Geld. Ich weiß wirklich nicht, wie die Matti ihren kostspieligen Lebensunterhalt bestreitet. Ihr Vater ist auf jeden Fall nur ein Beamter mit für ihre Ansprüche eher bescheidenem Einkommen." „Du sagtest doch, sie hat königliches Blut in ihren Adern. Bekommt sie etwa eine Apanage vom Hofe?" „Wenn dem so wäre, wäre die bestimmt nur symbolisch. Seit dem Staatsbankrott soll König Frederik so geizig sein, dass selbst seine eigenen Bastarde von ihm sehr kurz gehalten werden. Wie sollte er da die illegitimen Sprösslinge seiner Altvorderen bevorzugen. Anders verhielt sich da einer seiner Vorfahren[61], der vor 100 Jahren Schloss Fredensborg für eine Konkubine bauen ließ, sie später sogar zur Königin[62] machte. Unser Kamerad und Freund Henning Falckenhain äußerte einmal nach der Abfuhr bei der schönen Komtesse, und da wirkte er ziemlich deprimiert und in seiner männlichen Ehre zutiefst getroffen, dass die Klampenborg nur zwischen einem König und dem Teufel wählte. Ich weiß nicht mehr, was er damit meinte, wohl, dass sie für ihn als feste Verbindung gänzlich außer Reichweite sei. Die Matti hat ganz bestimmt eine andere Geldquelle sprudeln, vielleicht ein Erbe von der mütterlichen Seite her? Das soll aber ganz gewiss nicht mein Problem sein. Und auch nicht deins, oder willst du auf deine alten Tage noch über Gebühr an Frauen oder gar an Heirat denken, lieber Eitel?" „Werd' nicht unverschämt, du junger Spund! Da gibt es noch eine ganze Reihe Damen in Pyrmont und Umgebung, die mich immer noch sehr attraktiv finden, und das sogar in diesem unscheinbaren Zivil. Du würdest staunen, mein lieber Fritz." Dabei dreht er wie selbst vergessen an seinem imposanten Schnauzbart.

-2-

Während der Kopenhagen-Besucher Eitel von der Tanne, der schon fast die gesamte Tour von Fredensborg zurück zum Schwedenhaus verschlafen hat, sich gleich wieder aufs Ruhebett begeben darf, um mindestens bis zum Mittag weiter zu schlafen und von seinen Eroberungen auf dem Parkett zu träumen, heißt es für den Legationssekretär Friedrich von der Spree rasch eine kalte Dusche zu nehmen, sich anzukleiden und ein kleines Frühstück vor der Fahrt in das Kontor zu verzehren. In der Gesandtschaft wartet zweifelsohne ein umfangreicher Aktenberg auf ihn. Am Nachmittag hat außerdem Kontorchef Niels Olsen die diplomatischen Repräsentanten der Ostseestaaten wieder einmal zu einer Informationsveranstaltung in das dänische Außenministerium geladen. Dafür muss Spree die letzten Kopien der gesandtschaftlichen Korrespondenz, Schreiben sowie Depeschen und Anweisungen aus Berlin ganz genau studieren, um sich noch einmal ganz im Detail die preußische Position zur Ostsee-Kooperation zu verinnerlichen. Berlin ist bekanntermaßen auch zuständig für die Wahrnehmung der Interessen der kleineren Staaten des Deutschen Bundes, die Handel über die Ostsee betreiben. Und gerade diese kleinen Länder liegen beinahe wöchentlich den Berliner Ministerialbeamten in den Ohren, weil sie schließlich für die Wahrnehmung ihrer Interessen bar an die Berliner Regierung bezahlen und dafür Erfolge sehen wollen. Die diplomatischen Vertretungen Preußens in Stockholm und Kopenhagen sind diejenigen, von denen der größte Einfluss auf die pragmatische Umsetzung der Malmöer Beschlüsse erwartet wird. Und der große preußische Umsetzer in Kopenhagen, sprich das Arbeitspferd, ist momentan einzig und allein Friedrich Spree, der sich durch Dutzende von Akten, Meldungen, Weisungen, Gesuche, Berichte der gastgebenden Behörden und staatlichen Einrichtungen, Versicherungen und Handelshäuser arbeiten muss. Zum Glück bekommt er von dem verlässlichen und überaus gescheiten Oberschreiber Gleiser stets die Akten schon vorsortiert auf seinen Schreibtisch. Auch sorgt Gleiser dafür, dass das Aktuellste auch zu oberst liegt, und seine Bearbeitungshinweise wie Recherchen, Übersetzungen etc. vom Gesandtschaftspersonal ohne Verzug erledigt werden. Gleiser ist inhaltlich erstaunlich wohl informiert. Wo der wohl all' seine Informationen her bekommt? Der Mann arbeitet beinahe täglich bis zum späten Abend hinein. Vielleicht hilft ihm dabei St. Bürokratius, bemerkte einmal der Gesandte in seinem trockenen Humor.

Bei der Aufklärung der Piraterie ist von Seiten der Kopenhagener Behörden eine weitere Stufe der Eskalation aktiviert worden. Die Untersuchungen erstrecken sich jetzt auch auf die Büros von Reedereien und Werften auf dem Holmen, der expandierenden Marineinsel gegenüber der engen ummauerten Hauptstadt. Körbeweise sind Akten beschlagnahmt und Bürobedienstete sowie Vorarbeiter der Werften peinlichen Verhören unterzogen worden. Die Sonderkommission von Kontorchef Niels Olsen ist mit vier weiteren Mitarbeitern der Staatsanwaltschaft, der Marinestation und sogar der Adjutantur des Königs verstärkt worden. Adjutant Anders von Wulff, Major der Garde, ist zum Stellvertreter Olsens eingesetzt worden. So können die Aufklärer bei Bedarf gleichzeitig mit zwei Trupps an verschiedenen Orten zuschlagen. Die Beamten von Polizeichef Kaas arbeiten mit Hochdruck täglich über zwölf Stunden beim Auswerten des umfangreichen Akten –und Beweismaterials. Als auf Grund von Anfangsverdacht wegen möglicher Vergehen gegen Zoll- und Steuergesetze auch noch intensiver die dafür zuständigen Behörden hinzu gezogen werden, beginnt beinahe Panik bei den einzelnen Reedern, den Werftbesitzern und ihren leitenden Mitarbeitern auszubrechen. Kaum einer unter den feinen Herren scheint eine reine Weste zu haben. Die Staatskasse sieht es mit großer Vorfreude, denn da werden bald viele Steuernachzahlungen und Strafgelder zufließen. Aber auch die Recherchen gegen die Piraten und ihre Drahtzieher werden immer konkreter. Kritisch, ja fast dramatisch wird es für die Möller-Reederei. Einer der Prokuristen, der ganz offensichtlich seit geraumer Zeit in das Kapergeschäft der Nachkriegszeit verwickelt ist, kann bei der von der Sonderkommission gewählten Anhörungspraxis schließlich nicht mehr seine Zunge im Zaum halten. Der in der Technik des Verhörs äußerst geschickte Adjutant von Wulff stößt auf eine heiße Spur, die schnurgerade zum Kommodore Möller hinführt. Dem gelingt jedoch kurz vor seiner Verhaftung noch die Flucht auf eines seiner Kaperschiffe und er verschwindet auf Nimmerwiedersehen. Sein Bruder und Vater beteuern beide ihre Unschuld und sind sofort zur Bezahlung hoher Strafen bereit, bevor es ihnen selbst an den Kragen gehen könnte. Mit den Aufklärungserfolgen in dem Fall der in Kopenhagen so einflussreichen Möller-Gruppe scheint das Eis gebrochen zu sein und ein sehr erfolgreicher Einstieg in das organisierte Verbrechen geschafft zu sein. Es folgen noch mehr Geständnisse und gegenseitige Beschuldigungen, als überhaupt erhofft. Zahlreiche weitere Informanten, die auch in den Behörden sitzen, fliegen auf. Selbst einige Ortskräfte in den ausländischen Missionen haben sich zu ihren Löhnen und Gehältern durch die Weitergabe vertraulicher Informationen ein gutes, aber illegales Zubrot verdient. Diejenigen, deren Verstrickung bekannt wird, erwartet ein hartes Schicksal durch die Strafverfolgung. Dänische Gefängnisse im Hauptstadtbereich waren schon vor der Anti-Piraten-Kampagne im ganzen Ostseeraum berüchtigt. Sie sind überfüllt und bieten mit den schlimmsten hygienischen Einrichtungen und schlechtester Verpflegung beinahe höllische Bedingungen für die dort eingekerkerten Gefangenen, für die Schwerverbrecher ebenso wie für die „kleinen Fische". Man sagt, vielleicht etwas übertrieben, dass es nur auf den spanischen und portugiesischen Strafgaleeren schlimmer sein soll.

Die Aufklärer um Major von Wulff sind knallhart und schrecken bei ihren Verhören auch vor Psychotricks nicht zurück. Ganz im Gegenteil, es ist ihre Methode zum Erfolg. Die Suche nach dem großen Unbekannten, dessen Identität jedoch immer noch nicht bekannt ist, weist hinüber nach Schweden oder an die deutsche Küste, irgendwo zwischen Rostock und Kolberg. Eventuell soll der Chefpirat auch vom fernen St.Petersburg aus operieren. Vielleicht gelingt es den Ermittlern, einen verdeckten Aufklärer in die Piratenorganisation einzuschleusen, denn bei den mannigfaltigen Ausfällen muss man sich dort ganz gewiss um Personalrekrutierung kümmern und wird sich unter Umständen ein Kuckucksei - sprich einen Spitzel - ins Nest legen lassen.

Im oberen Turmzimmer, gleich neben dem von Tycho Brahe eingerichteten Observatorium, hat sich die Komtesse mit vier Herren verabredet. Das Treffen sieht unbeabsichtigt aus, ganz so, als wenn ein paar Besucher des Runden Turms, die mitten in Kopenhagen die Aussicht über Stadt und Umgebung bei schönem

Sommerwetter genießen wollen, sich im Turmzimmer vom Aufstieg ein wenig verpusten. Lars Rutger von Müllers Anweisungen an seine Chefagentin sind kurz und prägnant erteilt worden. Die konkrete Aufgabenverteilung für die nächsten Aktivitäten der Verbrecherorganisation wird abgestimmt, ebenso der Zeitpunkt und Ort der nächsten Zusammenkunft. Bald brechen die Männer auf, um ihre empfangenen Aufträge in die Praxis umzusetzen. Die Komtesse verweilt noch auf der Aussichtsplattform des mächtigen Turms. Sie schaut auf den Öresund hinüber zur schwedischen Küste. Ihre Gedanken sind von Rache überschattet. Dort drüben residiert der Erzeuger ihres Kindes, der jedoch seine Vaterschaft und Verantwortung ihr gegenüber mit einem schäbigen Lachen so einfach verleugnet hat. So, als ob sie als ein Nachkömmling von ältestem Fürstengeschlecht nichts weiter als ein Freudenmädchen wäre. Der anfängliche Gedanke einer offiziell anerkannten Verbindung, den sie sich eingeredet hat, ist nun zu Grabe getragen. Der Vater ihres Kindes, der Sohn eines hergelaufenen französischen Sergeanten, ist sie überhaupt nicht wert. Rache ist jetzt ihr Ziel, und wenn sie selbst dabei mit untergehen muss. Hierfür steht ihr bei Bedarf auch das riesige Vermögen von ihrem Chef und fanatischem Verehrer Müller zur Verfügung. Wenn es denn sein muss, so ist sie auch bereit, sich mit ihm näher einzulassen, ihn zu erhören, sogar zu ehelichen, um danach über sein Finanzimperium zu herrschen und Schuldige und Beleidiger zu bestrafen. Der Hass verzerrt ihr bildhübsches Antlitz, vor dessen Spiegelbild sie beim Herabgehen selbst heftig erschrickt. „Nein, du musst Haltung bewahren, musst dich verstellen", ruft sie sich selbst zur Ordnung. „Deine Stunde wird kommen, habe nur Geduld."

Nach den Fahndungserfolgen der Truppe um Kontorchef Olsen bleibt die wütende Reaktion der Piratenorganisation nicht lange aus. Deren umfangreiche Vergeltungsanstrengungen konzentrieren sich gegen die Kopenhagener Behörden und andere staatlichen Einrichtungen. Sie verschont auch nicht die Menschen, die dort im Auftrag des Königs ihre Pflicht erfüllen. Müllers Imperium schlägt zurück, ohne die geringsten Skrupel. Über Nacht gehen mehrere Bomben hinter dem Zeughaus hoch, verursachen zwar nur Sachschaden an der Fassade, aber verletzen ein paar zu ihrem Schiff zurückkehrende Seeleute und erschüttern das schlafende Kopenhagen. Eine weitere Sprengladung zerschmettert das Eingangsportal des Landgerichts und tötet den Nachtwächter, Vater und einzigen Ernährer von acht unmündigen Kindern, wie die Zeitung anschließend in großen Lettern berichtet. Zwei fast fertig gestellte Boote für die Kriegsmarine gehen auf der königlichen Marinewerft in Flammen auf. Das Hafenzollamt wird, durch Brandbomben verursacht, ebenfalls ein Raub der Flammen. Mehrere Feuerwehrleute und Helfer erleiden Brandverletzungen und Rauchvergiftungen. Ein Beamter der Staatsanwaltschaft wird beim späten Nachhausegehen vor seinem Wohnhaus aufgelauert, zusammengeschlagen und schwer verletzt. Mehreren der Aufklärer werden Drohbriefe nach Hause geschickt. So erhalten die Frauen der Chefaufklärer Olsen und Wulff gar stinkende und voller Maden wimmelnder Katzenkadaver im Paket nach Hause geschickt mit der Drohung: „Letzte Warnung!" Ekliger geht es kaum noch. Die tatsächlich präsenten Polizeikräfte reichen kaum aus, um genügend Schutz für die im Rampenlicht stehenden Aufklärer und deren gefährdete Familien zu gewährleisten. Der Stadtkommandant von Kopenhagen stellt zur Unterstützung der Polizei mehrere Dutzend von seinen Grenadieren als Posten vor besonders gefährdeten staatlichen Einrichtungen auf. Auch wird die Anzahl der Gardesoldaten, die die königlichen Paläste bewachen, beinahe verdoppelt, was ein Mehr an Kräften und Finanzmitteln von dem ehe schon sehr begrenzten Staatshaushalt erfordert. Die Maßnahmen scheinen angemessen zu sein, denn nach diesen massierten und konzertierten Absicherungsvorkehrungen herrscht erst einmal Ruhe im Bereich um die Hauptstadtregion, und das, obwohl die Aufklärungsarbeiten der Behörden unvermindert gegen die Piraten- und Diebesbande weitergehen. Die Zeitungen berichten in aller Ausführlichkeit und Intensität, verschrecken aber auch durch blutrünstige Übertreibungen die bereits verängstigte und aufgescheuchte Bevölkerung der Hauptstadt.

In Wirklichkeit ist jedoch ausschließlich der Zufall Ursache dafür, dass nach dieser gewaltsamen Aktion die Piratenorganisation sich anschließend auf einmal so ruhig verhält. Das Haupt der Organisation, Oberstleutnant Lars Rutger von Müller, ist nach Stockholm befohlen worden, um im Kriegsministerium Weisungen für ein im kommenden Jahr an der Küste der Halbinsel Schonen geplantes Manöver entgegen zu nehmen. Kronprinz Oskar wird Befehlshaber dieses militärischen Spektakels in Sichtweite der dänischen Hauptstadt. Müllers Garnison Landskrona sowie die von den Nachbarstädten Lund, Malmö und Ystad sollen dazu ihre Bataillone als aktive Manövertruppen stellen. Der Kronprinz und sein Stab werden festes Quartier in der Festung Landskrona nehmen. Am Königshof zu Stockholm erfährt von Müller hinter vorgehaltener Hand, in die er vorher noch ein paar stimulierende Goldstücke gelegt hat, dass König Karl XIV. Johan seine Heiratspläne mit dem dänischen Königshaus als mögliche Option immer noch offen hält. Deshalb soll der Kronprinz während des Manövers im kommenden Jahr auch informell Kopenhagen besuchen und der königlichen Familie einen Besuch abstatten. Das ist in der Tat ein interessanter Aspekt für Müllers Pläne, deren detaillierte Ausarbeitung Vorrang vor allem anderen haben muss. Bald nach seiner Rückkehr in Landskrona will er sich mit der Komtesse und weiteren Mitarbeitern ausführlich über das weitere Vorgehen beraten. Eines scheint für ihn schon ziemlich klar zu sein, nämlich der baldige Rückzug aus dem unattraktiven und für ihn gefährlich gewordenen Seeräubergeschäft. Dafür hat er große Pläne, die weit über die Grenzen hinaus Wirkung zeigen sollen. Und die Zeit für diese wichtigeren strategischen Pläne läuft an. Auch muss er mit seinen Mittelsmännern Kontakt mit den Repräsentanten der früheren schwedischen Königsdynastie, den Prinzen des Hauses Wasa, aufnehmen, um für sich weitere Optionen offen zu halten. Mit seinem gigantischen Vermögen müsste trotz momentaner Rückschritte und Niederlagen doch in letzter Konsequenz alles von ihm Gewünschte zu kaufen sein.

Gegen Mittag segelt die britische Fregatte „Lancaster" in den Kopenhagener Hafen. Es ist das ehemalige dänische 60 Kanonen-Schiff „Graf Reventlow", das nunmehr zu einem ersten freundschaftlichen Schiffsbesuch in seinem früheren Heimatstützpunkt eintrifft. Auf der englischen Fregatte "Lancaster" hat sich ein prominenter Feldherr, ganz inkognito unter dem Namen Lord Mornington, eingeschifft. Es ist kein geringerer als Arthur Richard Wellesley, seit 1814 Herzog von Wellington, nach der Schlacht bei Waterloo[63] mit weiteren pompösen, hier kaum aufzuzählenden Adelstiteln versehen. Der Brite besitzt den Rang eines Marschalls von mehreren Staaten, so auch vom Königreich Preußen. Er befehligte die alliierte Besatzungsarmee in Frankreich, war damit Oberbefehlshaber von fast einer Million Soldaten, etc. etc. Das war zum Vergleich fünfmal so viel wie Friedrich der Große einst maximal unter seinem Kommando hatte. Er vertrat neben dem Außenminister Castlereagh das britische Weltreich auf dem Wiener Kongress und hatte seinerzeit seinen Freund, den Konteradmiral[64] Lord Peter Doublebridge, als Chef der Militärberater in der Delegation dabei. Damals hatte auch der preußische Rittmeister von der Spree den berühmten englischen Marschall bei etlichen Gelegenheiten zu Gesicht bekommen. Er wurde ihm sogar auch zweimal persönlich vorgestellt und hat die hochmütige Art des englischen Aristokraten zu spüren bekommen, als der sich nämlich gegenüber den preußischen Verbündeten sehr von oben herab benahm und sie, die subalternen Vertreter Preußens, nur flüchtig mit seinen kalten Augen streifte. Das hatte der uneingeschränkten Bewunderung des damals noch recht naiven Rittmeisters für den legendären englischen Marschall, den er mit Blücher[65] auf eine Stufe stellte, jedoch keinen Abbruch getan. Ein paar Monate später, nach der Schlacht von Waterloo, in der der preußische Marschall Fürst Blücher der englischen Armee gegen Napoléon aus der Patsche half, hat vermutlich Wellington seine Meinung über die Leistungen der preußischen Armee geändert. Aber danach hat Spree den englischen Heerführer nicht mehr persönlich zu Gesicht bekommen.

Der englische Gesandte empfängt seinen so überaus vornehmen Gast unmittelbar neben der Ehrenwache vorn an der Stelling, dem Übergang vom Kai zum Schiff. Der hohe Besucher erscheint im eleganten zivilen Gehrock, enge Röhrenhosen, Zylinder und Kavaliersstöckchen, anstatt des Marschallstabes. Beide Herren besteigen nach herzlicher Begrüßung die halb geschlossene Kutsche und fahren zur englischen Residenz. Dort hat Lord Peter Doublebridge den preußischen Gesandten und auch die beiden Diplomaten von Alteman und von der Spree zum gemeinsamen Essen eingeladen. Eigentlich war auch Eitel von der Tanne eingeladen, doch den Neu-Pyrmonter hat es zurückgezogen auf seinen Reiterhof. „Die Pyrmonter Gesellschaft, besonders die Damen werden sich freuen, dich wieder zurück zu haben, und wir werden dich vermissen", verabschiedete ihn Wilhelm Donner und sprach allen aus dem Herzen.

Der Herzog von Wellington hat bereits 1818 die Verhandlungen über die komplexen Reparationsforderungen der verschiedenen großen und kleinen Staaten gegen Frankreich in staatsmännischer Manier geleitet. Danach wurden etliche Staaten mit großen Summen, die Frankreich aufbringen musste, entschädigt. So hat Dänemark beispielsweise die gigantische Summe von sieben Millionen Goldfranken zugesprochen bekommen. Einige kleine Länder sind mit dem seinerzeit Ausgehandelten gar nicht mehr zufrieden und wollen jetzt unerbittlich eine Nachbesserung auf Kosten des Verlierers Frankreichs und der beiden größeren Siegermächte Österreich und Preußen erzielen. Besonders Preußen wird von den Kleinstaaten als rachsüchtig und geldgierig im Verhalten zu Frankreich bezichtigt. Wellington reist nunmehr als inoffizieller Sondergesandter zu den einzelnen Staaten, wie beispielsweise dem Königreich Dänemark, um deren Absichten und Ansichten zu erkunden und die Position Englands, als der unbestritten bedeutendsten Siegermacht, zu vertreten. England, das im Gegensatz zu den meisten europäischen Verbündeten niemals napoléonische Truppen auf eigenem Territorium zu erdulden hatte, war auch kein Nutznießer der genannten Reparationen und ist damit der ideale unparteiische Mittler zwischen den unterschiedlichen Interessen.

Für Wellington ist es nicht die erste Begegnung mit der dänischen Hauptstadt, nach der er übrigens auch sein Lieblingspferd benannt hat. Im Sommer 1807 wurde der damalige Generalleutnant Sir Arthur Wellesley Befehlshaber des englischen Expeditionskorps, dessen Auftrag es war, die zu der Zeit bedeutende dänische Flotte über eine von Land geführte Operation in Besitz zu nehmen. Damit sollten Napoléons mögliche maritime Pläne an den Ostseezugängen vereitelt werden. Die Expedition gelang zum einen durch das Moment der Überraschung und zum anderen durch das richtige Zusammenwirken der Land- und Seestreitkräfte der Engländer. Der Ausgang der Schlacht zwischen den disziplinierten englischen Soldaten und den nur ungeübten dänischen Rekruten und der Kopenhagener Bürgerwehr war absehbar. Die Beschießung der Hauptstadt, die fast zur Hälfte in Brand bombardiert wurde, sowie die Wegnahme der dänisch-norwegischen Flotte wurden vielerorts als moralisch bedenklich angesehen, da hier die offizielle Neutralität eines Landes missachtet wurde. Dies trieb Dänemark-Norwegen in die Arme des französischen Kaisers. Es war der Anfang vom dänischen Staatsbankrott und dem Verlust an politischem Einfluss in Europa im Allgemeinen und im Ostseeraum im Besonderen. Dem damaligen dänischen Kronprinz-Regenten und späteren König Frederik VI. ist der heutige Herzog von Wellington letztendlich aber als fairer Sieger in Erinnerung geblieben, doch bleibt für Generationen von Dänen unvergessen, dass ihr Land in den vergangenen zwei Jahrzehnten bereits zweimal[66] von den Engländern empfindlich bis vernichtend geschlagen worden ist. Damit kann gewissermaßen England und nicht das napoléonische Kaiserreich Frankreich für das ganze Elend in Dänemark verantwortlich gemacht werden.

Während des Dinners in der britischen Residenz hält Erbprinz Christian, der Cousin des Königs, als ranghöchster dänischer Gast eine kurze Rede, in der er dem Herzog von Wellington als Repräsentanten der britischen Regierung für den Einsatz von Schiffen zur Piratenbekämpfung in der Ostsee dankt. Er erwähnt auch kurz den jüngst so erfolgreichen Einsatz der preußischen Flotte. „Respekt, lieber Herr von Donner", wendet sich der dänische Regierungschef zu dem Preußen hin. „Um der

Wahrheit genüge zu tun, das Schiff „Stralsund" ist die preußische Flotte, wenn ich mich nicht sehr irre, meine Herren. Unsere Berliner Verbündeten ziehen normalerweise wohl eher den Krieg zu Lande als den zur See vor", mischt sich - wieder einmal gänzlich ungebeten – der edle Herr von Kaiser ein. Ihm ist es stets eine Freude, jeweils mit ein paar geistreichen, zuweilen aber auch ironischen bis zynischen Bemerkungen zur Unterhaltung beizusteuern und damit auch sein enormes Wissen zur Schau zu stellen. „Normalerweise, was heißt das denn schon? Ist dies nicht wie ein Krieg im Frieden, der besondere Mittel außerhalb der Norm verlangt? Kann die kaiserlich-österreichische Marine nicht ebenso wie die Landmacht Preußen auch in der Ostsee aushelfen, lieber Herr von Kaiser?" „Sehr schmeichelhaft, Exzellenz", erwidert Handelsrat Kaiser dem Geheimen Staatsminister Mösting, „doch unsere so verheißungsvolle neue Kaiserliche Flotte verschlingt Unsummen, so dass wir uns ausschließlich auf das Maß reduziert haben, das für reines kaiserliches Prestigebedürfnis und die Piratenbekämpfung im Mittelmeer genügt." „Ach, Piraterie auch im Mittelmeerbereich? Das ist ja interessant." „Ja, die Griechen betreiben zur Finanzierung ihres Freiheitskampfes gegen die Türken eifrig Seeraub und scheuen auch nicht vor der Versklavung der Mannschaften von unseren Handelsschiffen zurück. Aber es gibt noch mehr richtige Freibeuter im Mittelmeer, die ohne staatliche Beauftragung ihr blutiges Unwesen treiben. Unsere Schiffe schützen auch - wo immer möglich - die preußischen, hanseatischen, auch dänischen Handelsschiffe im Mittelmeerbereich. Dieses großzügige Verhalten meines allergnädigsten Herrschers lässt ein gewisses Maß an Reziprozität erwarten, beispielsweise in Nord-und Ostsee." Minister Mösting nickt bedächtig zum preußischen Gesandten: „Können wir das gemeinsam leisten oder was meinen Sie dazu, lieber Graf Donner?" „Wir tun unser bestes, Herr Minister. Selbst meine Diplomaten befinden sich im Kampf gegen Piraten, hahaha, wenn auch nicht immer ganz freiwillig, wie Sie wissen. Mein Wirtschaftsattaché, der ehemalige Husar Friedrich von der Spree, fühlt sich auf dem Pferderücken hundertprozentig sicherer als auf dem Meer." „Dann verstehe ich nicht, was der Bursche dann auf dem Wasser und jetzt gar noch in den Lüften verloren hat, hahaha. Übrigens gedenkt seine Majestät, die beiden deutschen Helden der Lüfte, wenn man sie so betiteln darf, noch zu Rittern des Dannebrog-Ordens ernennen. Vielleicht muss da noch ein ganz neuer Orden mit Schwingen gestiftet werden, um neuerdings auch Tapferkeit in der Luft zu belohnen? Hahaha! Scherz beiseite, unsere Diplomaten in Berlin und München erledigen gerade die erforderlichen protokollarischen Anfragen. In ein paar Monaten können wir die Orden hier in Kopenhagen aushändigen" „Ja, das wird die beiden ungewollten Helden bestimmt erfreuen. Hoffentlich animiert das unseren diplomatischen Nachwuchs nicht zu noch mehr Taten auf dem falschen Parkett. Da hilft es nur, die Kerle mit Büroarbeit und diplomatischen Recherchen voll einzudecken. Ob es dann wirkt, das wird sich zeigen. Aber ohne Ihre so anachronistischen Ostseepiraten, verehrter Herr Minister, wären die jungen Diplomaten gar nicht erst in so fremde Reviere zum Wildern eingedrungen." „Och, auf so ein kleines Abenteuer, für das man anschließend auch noch dekoriert wird, würde ich auch gern gehen", wirft von Kaiser mit einem Schmunzeln ein und streicht sich etwas gestelzt seinen Hals unterhalb der Halsbinde.

Oberstleutnant von Müller erhält neben zahlreichen Rapporten von seinen Agenten und vielfältigen Spitzeln auch jeweils die Listen über die in Kopenhagen eingelaufenen Schiffe. Darunter befindet sich auch die britische Fregatte „Lancaster". Müller weiß bereits, dass es sich hier um das ehemalige dänische 60 Kanonen-Schiff „Graf Reventlow" handelt. Dies berührt ihn immer noch, kommt es ihm doch so vor, als wäre es erst gestern gewesen, als die Engländer zu Lande und zu Wasser seine immer noch geliebte Hauptstadt Kopenhagen bombardierten. Es war einerseits die Zeit der tiefsten Demütigung für sein früheres Heimatland und andererseits eine Episode seines großen militärischen Erfolges. Die Bemerkung, die in den für ihn kopierten Hafenpapieren zur englischen Fregatte steht: „Lord Mornington und Begleitung" macht ihn stutzig. Richtig, das ist doch einer der Titel des verhassten Generals Wellesley, der für die Bombardierung Kopenhagens die Verantwortung trägt. Er befiehlt einem seiner Zuträger, sofort herauszufinden, in welcher Mission sich der Brite in Kopenhagen aufhält und wie lange er dort voraussichtlich bleiben wird. Vielleicht kann er ganz unverhofft, so wie eine ansonsten nur in Romanen oder Sagen dargestellte Schicksalsfügung, eine alte und sehr persönliche Rechnung begleichen und damit gleichzeitig noch einen Keil in die Allianz der Ostseeländer treiben.

Der Aufenthalt für Wellington verkürzt sich jedoch. Sehr schnell, eigentlich für ihn als gewieften Diplomaten beinahe zu schnell, wird er sich über die Höhe der noch zu bekommenden Reparationen mit der dänischen Regierung einig. Wie Minister Mösting im Vieraugengespräch dem englischen Sondergesandten mitteilt, ist es König Frederiks Position, nunmehr alles zu vermeiden, was seine persönliche Stellung in einem neuen, nach-napoléonischen Europa schwächen könnte. So verzichtet er bis auf eine eher als symbolisch zu bezeichnende Summe auf weitere Zahlungen durch Frankreich, die eventuell indirekt zu Lasten Preußens oder Österreichs gehen könnten. Der Dänenkönig überlässt trotz fast leerer Kassen dieses Gefeilsche anderen Ländern und will es sich um keinen Preis mit Staaten verderben, zu denen er gerade mit viel persönlichem und diplomatischem Engagement im Begriff ist, gedeihliche Beziehungen aufzubauen, zu festigen oder sogar zu verbessern. Während Österreich und Preußen sich im Deutschen Bund mehr und mehr die Rechte einer Großmacht herausnehmen, lässt sich König Frederik als Erbe der ältesten Monarchie in Europa mehr im Strom der anderen deutschen Bundesstaaten treiben und gibt sich der Illusion hin, ihn doch irgendwie mitzulenken. Aber Frederik VI. hat schließlich auch aus bitteren Lektionen gelernt und behandelt den Briten als Repräsentanten des Landes, das als einzige Macht niemals von Napoléon geschlagen worden ist, daher mit ausgesuchter Höflichkeit. Ihm zu Ehren gibt er sogar ein exquisites Abschiedsessen im Schloss Charlottenlund, zu dem auch eine Anzahl von Gesandten eingeladen ist. Im Öresund, unmittelbar vor Charlottenlund, ist auch bereits das britische Kriegsschiff „Lancaster" vor Anker gegangen, zu dem anschließend der Herzog von Wellington von königlich dänischen Matrosen, die in Parademontur gekleidet sind, in König Frederiks Schaluppe hinüber gerudert wird.

Während die Salutschüsse noch über den Öresund grollen, erhält Lars Rutger von Müller ein Exemplar der Extraausgabe der „Berlingske Tidende" von einem seiner Kopenhagener Kuriere überreicht. Die Zeitung berichtet ausführlich über den Besuch des berühmten britischen Herzogs, und dass Dänemark noch weitere Reparationen zufließen werden. Der von ihm so verhasste Wellington ist bereits unterwegs zu seiner nächsten Station: St. Petersburg im russischen Zarenreich. Und damit sind Müllers Rachegedanken vorerst auf Eis gelegt. Wieso hat er erst so spät Information über diesen wichtigen Besuch erhalten? Die Effektivität seines Informationsnetzes scheint offensichtlich gesunken zu sein. Am Geld kann es nicht liegen. Sollte er es wagen, wieder einmal persönlich in Kopenhagen aufzutauchen und seine Leute zur Raison zu rufen? Ist die Gefahr der Entdeckung für ihn, der vor Jahren vom dänischen König des Landes verwiesen worden ist, nicht zu groß? So einem Risiko auf der einen Seite muss ein gigantischer Erfolg auf der anderen Seite winken. Und hierfür bedarf es der sorgfältigsten Vorplanung. Er selbst will mit seinem Genie die Möglichkeit von Fehlschlägen vermeiden, denn niemand ist nach eigener Einschätzung so virtuos im Intrigieren, Spionieren und Sabotieren wie er selbst. Und das wird er dieser Welt und seinen Feinden und Freunden noch eindrucksvoll unter Beweis stellen.

-4-

Friedrich Spree ist seit dem Techtelmechtel während des Fredensborger Sommerballs häufiger Gast bei Mathilde Klampenborg. Obwohl er genau weiß, dass sie ihn nur benutzt, und wie mit anderen Männern, so auch mit ihm, bloß ihr verlockendes Spielchen treibt, ist der noch leicht durch weibliche Verführungskunst entflammbare Mittzwanziger von ihr immer wieder hin- und her gerissen. Gegen Matti sind die jungen Damen der Kopenhagener Gesellschaft durchweg als fade zu bezeichnen. Auch die Falckenhaintöchter im weit entfernten Brandenburg sind zwar nicht vergessen, aber die Erinnerung ein wenig verblasst, ihr Duft beinahe verflogen. Umso intensiver dagegen ist die verlockende Süße der schönen und leidenschaftlichen Dänin, der Friedrich so richtig auf den Leim geht und daran kleben bleibt. Das Forsthaus mitten im Kopenhagener Hirschpark ist sowohl die Dienstwohnung ihres biederen Vaters, des königlichen Forstmeisters, als auch das Zuhause der sich im Gegensatz dazu extravagant gebenden Grafentochter. Die eher bürgerliche Fassade des Forsthauses steht ebenso im Widerspruch zum Mobiliar in Teilen des Hauses, das von der Wirkung mehr einem kleinen Lustschloss zuzuordnen ist. Man entdeckt sofort die energisch regierende Handschrift der Komtesse, die sich mit erlesenen Möbeln aus den diversen Schlössern der dänischen Königsfamilie gut versorgt hat. Sie kann mit ihrem Charme ihren Blutsverwandten, den König, ebenso wie seine leitenden Hofbeamten um den Finger wickeln und hat es verstanden, ihnen die wertvollen Möbelstücke und Einrichtungsgegenstände abzuschwatzen, die ihr irgendwo und irgendwie bei ihren Besuchen in den Herrschaftssitzen ins Auge gefallen sind. Ihr kleiner Salon im Forsthaus besteht aus erlesenen Einzelstücken des spätbarocken Inventars vom Schloss Eremitagen, welches ganz offensichtlich, obgleich am Rande des Verfalls, ihre Lieblingsimmobilie zu sein scheint. In diesem zurzeit nicht mehr genutzten Jagdschloss hat die wilde Matti sich schon des Öfteren mit ihren Liebhabern zu einem intimen Rendezvous getroffen. Die beiden Verliebten, aber doch nicht wirklich Liebenden Matti und Fritz, verbringen zahlreiche Nachmittage und Abende beim Reiten durch die umliegenden Wälder, um die Seen und längs der Küste. Sie erfreuen sich an der Natur, beobachten dabei umherstreifende Füchse, die über ihnen kreisenden Greifvögel oder die voll im Gang befindliche Hirschbrunft des Rotwilds. Mehrmals üben sie sich auch im Bogenschießen. Für die Amazone Mathilde ist es eine neue Jagdart, die auf sie einen besonderen Reiz versprüht und die sie voller Passion und Können ausübt. Friedrich beteiligt sich gern an den Schießübungen, da es lediglich auf Zielscheiben oder auch einmal gegen die borkigen Stämme der gewaltigen Eichen und Buchen in der Nähe des Forsthauses geht, nicht jedoch gegen das halbzahme Wild, das sich oftmals in Schussweite befindet und manches Mal von Mathilde anvisiert wird.

Zur wachsenden Verwunderung des Diplomaten Spree ist die Komtesse außerordentlich wohl über die große Politik ihres Landes, über Wirtschaft und Handel unterrichtet. Ja, selbst noch besser als die Frau seines Chefs, die in eigentlich ständigen Gedankenaustausch mit ihrem Mann über ein außergewöhnlich großes und imposantes Allgemein- und Fachwissen verfügt. Gern diskutiert der Attaché mit der intelligenten Dänin über aktuelle Geschehnisse in ihrem Land, auch über Klatsch und Tratsch am Hofe und in der feinen Gesellschaft; aber am liebsten über aktuelle ebenso wie allgemeine politische Themen. So erzählt sie ihm über einzelne Verschwörungen und Komplotte, die entweder im Jagdschloss oder auch dem Jägersborger Forsthaus ausgeheckt worden sind, auch Intrigen gegen das Königshaus und deren führende Berater. Mathilde bekundet selbst ausgesprochenes Interesse für die Piratenproblematik und die Bekämpfungsstrategien der Ostseeanrainer. „Man müsste den Halunken doch eine Falle stellen können, in der auch die Anführer gefangen werden." „Gewiss, Matti, der Plan ist schon am Reifen, doch es bedarf der umfangreichen Vorbereitungen, Abstimmungen unter den Ostseeländern, und wo ist der kühle Kopf mit einer schlagfertigen Truppe, mit der er den Schlag mit Erfolg auszuführen vermag?" „Das kannst du doch gegen diese dummen Piraten übernehmen, mein kleiner Held." Friedrich Spree hasst es, wenn sie ihn „Held" nennt und dabei spöttisch die Mundwinkel verzieht, denn er weiß genau, dass sie sich nur über ihn lustig macht. Und das mag er ganz und gar nicht. Da kann er so richtig sauer werden oder sich in den Schmollwinkel verkriechen. Obwohl Mathilde recht eindringlich und außerordentlich neugierig nach mehr Einzelheiten fragt, kann Fritz ihr keine weiteren Details und Erklärungen geben, weil dies erstens ein Bruch gegen die strenge Vertraulichkeit wäre, und zweitens er selbst zumeist auch gar nicht in detaillierte Planungen und Operationen eingewiesen ist.

Einzig sein diplomatischer Vorgesetzter besitzt eine geheime Anweisung aus Berlin mit der Aufschrift: „Persönlich, nur für den Gesandten!". Diese Papiere werden Oberschreiber Gleiser, dem Verwalter der geheimen Schriften, Verschlüsselungsunterlagen und Dokumente, nach Kenntnisnahme persönlich vom

Gesandten übernommen und dann sorgfältig im Panzerschrank der Gesandtschaft verwahrt. Erst zur gegebenen Zeit, bedeutet nach gesonderter Genehmigung durch den Außenminister, darf der Gesandte seine in die Angelegenheit involvierten Diplomaten auch einweihen. Dieses ist eine in Malmö unter den Vertragspartnern besonders vereinbarte Geheimhaltungsverpflichtung. Man ist sich auf höchster Regierungsebene durch Berichte ihrer Geheimdienste klar darüber geworden, dass die Freibeuter ihre Spione in all möglichen Ämtern sitzen haben. Nunmehr will man den vormals so großen Leichtsinn beim Umgang mit vertraulichen Informationen beseitigen und Zugang zu selbigen nur auf einen sehr eng begrenzten Personenkreis einschränken. Genauso vertraulich ist der Umgang mit eigenen Nachrichtenbeschaffern, die man auch als Spione bezeichnen kann. Nur die Gesandten haben Kenntnis vom Einsatz von diesen eigentlich illegalen Nachrichtenbeschaffern im Gastland; und diese Kenntnis ist bestimmt auch nicht allumfassend. Dafür wird das Außenministerium schon Sorge tragen, denn die dort tätigen Herren geben niemals ihr umfassendes Wissen in vollem Umfang weiter, eine Art der Selbstbehauptung und Herrschaftswissen. Es ist eigentlich das Prinzip, nämlich Kenntnis ausschließlich unmittelbar mit speziellen Aktivitäten betrauten Personen zugänglich zu machen, welches der strategisch denkende Lars Rutger von Müller in seiner Organisation zur meisterlichen und fast perfekten Qualität entwickelt hat. So ist ihm die Geheimhaltung ein Dogma, deren Beachtung bisher auch so wohl gelungen ist. Die Gegenseite, oder besser gesagt die „Guten", hat eigentlich immer nur reagiert, um gegen die Herrschaft der Kriminellen auch ein effektives Mittel zur Anwendung zu bringen. Im öffentlichen Bereich Geheimnisse zu bewahren war stets sehr schwierig, wenn nicht gar unmöglich. Immer wieder sind es Politiker und hohe Würdenträger, denen ein geschwätziger und wichtigtuerischer Auftritt vor Geheimhaltung geht. Damit gefährden sie oftmals die Mission und bereiten den nach geordneten Mitarbeitern große Mühen. So hatte auch kürzlich ein Redakteur eines Wochenblattes sich in einem längeren Gespräch von einem der höchsten Beamten der königlich dänischen Regierung die generellen Absichten der Regierung erläutern lassen. Durch geschickte Fragerei erhielt er Kenntnis zu aktuellen Planungen den Einsatz der dänischen Flotte im Anti-Pirateneinsatz betreffend. Deren beabsichtigte oder sorglose Veröffentlichung in der Zeitung warnte die Halunken sofort und machte die so sorgfältigen und aufwändigen Aktionspläne für eine spezielle Operation gänzlich zunichte.

Die Piraten verschwinden vorerst aus dem Bereich der Ostseezugänge und der Gewässer um die dänischen Inseln herum. Bis zum Jahresende breitet sich bei den Offiziellen in Kopenhagen ganz allmählich das Gefühl aus, Erfolg gehabt und der Piraterie Einhalt geboten zu haben. So überlässt Graf von Donner auch ohne Bedenken dem noch sehr dienstjungen Legationssekretär Friedrich von der Spree die Leitung der preußischen Gesandtschaft, wenn auch nur für einige Wochen über die Weihnachtsfeiertage. Legationsrat von Alteman hat nämlich schon vor Monaten um Urlaub ersucht und auch genehmigt bekommen. Es gilt für das Ehepaar Donner, in Pyrmont unter dem gastfreundlichen Dach der fürstlichen Verwandtschaft beide

Töchter zu verloben. Ja, Gräfin Wilhelmine hat sich schließlich mit dem „kleinen Ritter aus Bayern" für ihre Tochter Margarethe einverstanden erklärt. Das Fürstenbad, das schon hundertfach gekrönte Häupter nebst Gefolge beherbergt hat, sollte dann auch hier den standesgemäßen Rahmen bilden. Und es steht dem bayrischen Ritter für die eine Tochter als quasi Kompensation ja schließlich auch ein echter Waldecker Prinz für Tochter Ingrid gegenüber. Schon ihr naseweiser Sohn, der sich schließlich schon mit der holden Weiblichkeit beschäftigt, neckt sein Mutter: „Ein Ritter plus ein Prinz geteilt durch zwei, ergibt einen Grafen, ganz einfach, nach Adam Riese." Und der angehende zweifache Schwiegervater: „Wilhelmine, bleib' auf dem Sofa. Wir sind doch kein regierendes Haus. Warum sollen heutzutage nicht auch junge Adelige einfach nur aus Liebe heiraten dürfen? Es reicht doch, dass Ingrid einen älteren und gesetzten Prinzen heiratet und damit wohl oder übel einen Teil ihrer Jugend überspringt. Außerdem wird sie auf einen Schlag gleich Mutter von großen Kindern, du zur Großmutter fast erwachsener Enkel. Lass der Margarethe ihren noch jungen, frischen und unternehmungslustigen Ritter, der sie aus deiner, äh, unserer Bevormundung befreit. Du hast doch auch als gebürtige Prinzessin nur einen kleinen Grafen aus dem Harzer Vorland genommen. Eines Tages kommt Wittekind mit einer Bürgerstochter, das kann der Blutauffrischung nur gut tun." Diese so menschliche Bewertung ihres zwar hochgeborenen, aber bürgerlich demokratisch denkenden und oftmals so handelnden Mannes hat die Frau und Mutter dann doch überzeugt. Die feine Ironie ihres Mannes hat sie nicht wahrgenommen oder aber geflissentlich überhört. Bei Wilhelmine Gräfin Donner weiß man nie so ganz genau, ob sie noch wie die Mehrzahl der deutschen Bundesfürsten und der Hochadel der nach-napoleonischen Zeit im reaktionären Denken verhaftet ist, oder ob sie wie ihr Mann schon dem demokratischen Gedankengut zugeneigt ist.

So bleibt Friedrich Spree ganz unvermutet als preußischer Geschäftsträger zurück im vorweihnachtlichen Kopenhagen. Der Bitte seines engen Freundes Florian von Busch, an der Verlobungsfeier teilzunehmen, kann er ebenso wenig folge leisten wie der Einladung der Familie Falckenhain, mit ihnen wieder gemeinsam das Weihnachtsfest zu verbringen. Letzteres bedauert er ganz besonders, weil ihm die Falckenhains wie seine zweite Familie geworden sind. Aber gleichzeitig ist er, diesbezüglich wie ein kleiner Feigling, erleichtert, nicht den Töchtern Dorothea und Elisabeth unter die Augen treten zu müssen. Immerhin ist er sich noch nicht im Klaren über sein Verhältnis zu der einen wie der anderen. Und überhaupt, ist da ja noch die wunderschöne und leidenschaftliche Matti Klampenborg, und die befindet sich für ihn greifbar nur zwei Meilen entfernt von ihm. Doch bald erfährt er, dass auch Komtesse Mathilde überraschenderweise über die Weihnachtstage nicht in ihrem Forsthaus anwesend sein wird. Ein unaufschiebbarer Verwandtenbesuch, dem sie folge leisten muss. „Du kleiner Dummer, ich bin doch bald wieder zurück. Und Weihnachten ist hier immer so langweilig." Das tröstet Friedrich absolut nicht. So stürzt er sich in die Arbeit an der preußischen Vertretung und nimmt pflichtgemäß alle gesellschaftlichen Verpflichtungen eines Gesandten wahr. Zum Advent wird seine Zeit wegen der zahlreichen Einladungen und Empfänge ganz besonders beansprucht. Vor der Abreise der Familie Donner erhält er als der preußische

Geschäftsträger noch Einblick in die geheimen Papiere aus Berlin. „Ich hoffe nur, Exzellenz, dass der Winter nicht zu streng wird, und die See wo möglich für Wochen zufriert. Dann müsste ich mich ganz allein mit all diesen Aufgaben und Problemen herumschlagen." „Nur zu Spree, wird schon schief gehen."

Die Rekrutierung von neuen Spitzeln für das Verbrecher-Imperium von Lars Lutger Müller trägt Früchte. Trotz der hohen Strafen reizt das verlockende Geld, denn die Löhne und Gehälter sind gering, während die eigenen Ansprüche und die der Familie steigen. So gelingt es, in den großen Handelsgesellschaften, Behörden und in den ausländischen Vertretungen an vertrauliche Informationen zu gelangen. Doch auch der dänische Staat schläft nicht, sondern baut seinen Polizeiapparat weiter aus, besonders bei der Geheimpolizei werden neue Stellen geschaffen. Auch die ausländischen Staaten setzen ihre Spitzel ein; teilweise nebenamtliche Informanten, vereinzelt auch richtige Spione. Die stehen nicht etwa mit dem Fernglas hinter dem Busch oder laufen wie verkleidete Musketiere mit Augenmaske herum. Es sind nach außen hin bieder, ganz normal wirkende Bürger, deren Maskerade gerade diese Normalität ist. So hat auch das Königreich Preußen seine Spione in Dänemark und anderen Ländern im Einsatz. Nur ein kleiner Personenkreis ist eingewiesen, meistens auch nur in Teilbereiche, kennt nur Decknamen. Als offiziell bestallter Vertreter des Gesandten bekommt Friedrich von der Spree es erstmalig auch mit dieser Materie zu tun. Er befindet sich gerade in der Kanzlei der Gesandtschaft, als der Geheimkurier aus Berlin eintrifft und Oberschreiber Gleiser mehrere versiegelte Pakete übergibt. Spree ist davon überzeugt, dass Gleiser ihm auch diese Post, so wie den anderen täglichen Posteingang vorlegen wird. Doch als auch am folgenden Tag Gleiser sich immer noch nicht bequemt hat, die Kurierpost zu präsentieren, wird Spree dann doch neugierig. Ein wenig gereizt fragt er: „Dauert das denn Tage, bis ich die Post aus Berlin zu sehen bekomme, Herr Gleiser?" „Äh, Herr Rittmeister. Entschuldigen Sie, es handelt sich nur um Routinepost, mit der ich Sie nicht behelligen wollte." „Wenn Berlin schon einen Kurier schickt, dann muss sich der amtierende Geschäftsträger auch die Mühe machen, den Inhalt zu lesen. Zeigen Sie mir einmal das Eingangsbuch und danach legen Sie sämtliche Schriftstücke vor." „Ich habe die schon für die Rückkehr seiner Exzellenz zur Seite gelegt, Herr Rittmeister." „Nun nerven Sie mich nicht, Gleiser. Und den Herrn Rittmeister können Sie sich auch schenken." Plötzlich ist Spree hellwach geworden. Was soll ihm da verheimlicht werden? Hat Graf Donner etwa Anweisungen gegeben, ihm nicht alle Post vorzulegen? Nein, das kann bei ihrem gegenseitigen Vertrauensverhältnis nicht der Fall sein. Als Gleiser mit etwas zu devoter Gestik und hochrotem Kopf die Kurierpost vorlegt, wird Spree stutzig. Die Umschläge des Außenministeriums, von denen mehrere die Aufschrift „Vertraulich! Nur für Dienststelleiter!" tragen, sieht er mit bereits aufgebrochenem Siegel. „Seit wann sind Sie der Dienststellenleiter, Herr Gleiser?" „Der Herr Graf, äh, hat mir stets, äh, die Erlaubnis…" „Stammeln Sie nicht herum. Lassen Sie mich nun allein, dass ich die Schriftstücke lesen kann. Und lassen Sie mir das Eingangsbuch hier." Es handelt sich tatsächlich auch um Berichte über Erkenntnisse preußischer Diplomaten und Spione aus ihren Ländern zu der Umsetzung der

Malmöer Beschlüsse. Ein Schriftstück besteht aus Buchstabengruppen, die erst noch entschlüsselt werden müssen. „Herr Gleiser, bringen Sie mir doch die Entschlüsselungsschablone." Gleiser kommt herbei und macht einen sehr verlegenen Eindruck. In dem chiffrierten Brief macht seine vorgesetzte Dienststelle darauf aufmerksam, dass nach Erkenntnissen eines Geheimdienstagenten „ ...in den Kopenhagener Gesandtschaften der Alliierten mit Erfolg Anwerbung durch die Piratenorganisation stattgefunden hat...". Weiterhin dechiffriert Spree, „..., dass die Organisation ihre Zentrale in Südschweden haben muss und über direkte Kontakte zum dänischen Hof und Spitzen der Administration verfügt...Wahrscheinlich werden im nächsten Bericht schon Namen oder Funktionen genannt werden können...". Der Leiter der Gesandtschaft wird angewiesen, sofort eine Überprüfung sämtlicher Geheimunterlagen durchzuführen und bis auf weiteres die Schlüssel zum Panzerschrank persönlich zu verwahren. Das fehlt mir noch, denkt Spree. Jetzt alle Vorgänge zählen und selbst den Schlüsselverwalter zu spielen. Aber was ist mit diesem Gleiser. Weshalb verhält der sich plötzlich so seltsam? Liegt es an seiner Person, oder hat der Mensch gar etwas zu verbergen? Er ruft den Mann in sein Dienstzimmer. „Weshalb haben Sie mich nicht über diese geheime Anweisung aus Berlin informiert?" „Ich wollte Sie nicht während Ihrer Vertretungszeit mit dieser Routineangelegenheit belästigen, Herr Legationssekretär." „Na, wenigstens haben Sie die Anrede Rittmeister abgelegt. Doch, bei allem Ernst, Herr Gleiser. Diese Anweisung aus Berlin hat wirklich nichts mehr mit Routine zu tun. Wissen Sie, wer unsere Agenten hier in Dänemark sind? Wo hat der Gesandte Unterlagen über unsere Agenten abgelegt?" Nach einem kurzen Zögern: „Es gibt einen kleinen vom Herrn Grafen persönlich versiegelten Umschlag in seinem persönlichen Abteil des Panzerschranks. Dort ist auch eine Kasse mit Bargeld, aus der er Zahlungen leistet, in die nicht einmal ich eingewiesen bin." „Gut, Herr Gleiser. Gehen wir unverzüglich an die Überprüfung der Verschlusssachen." Die Überprüfung von über 50 Geheimvorgängen, die Spree Blatt für Blatt zählt und inhaltlich überfliegt, geht bis in den späten Abend hinein. An den von Graf Donner versiegelten Umschlag geht er nicht heran. Er überprüft die Kasse, in der sich je eine größere Summe in dänischer und preußischer Währung befindet. Das zugehörige, vom Gesandten nur in Kürzeln geführte Kassenbuch weist dieselben Summen aus. Friedrich Spree ist zuerst einmal erleichtert, dass weder Geheimdokumente noch Geld fehlen. Dann kommen ihm wieder die Zweifel an der Integrität des Oberschreibers. Wenn auch von Seiten des Außenministeriums so nachdrücklich vor Spionage innerhalb preußischer Gesandtschaften gewarnt wird, dann heißt das doch für den derzeitigen Geschäftsträger in Kopenhagen höchste Alarmstufe. Einmal in der Alleinverantwortung muss Spree sich bewähren und auf keinen Fall nachlässig oder sorglos sein. Was diese Verbrecherorganisation bisher an Tod und Verderben, selbst tödliche Gefahr für nächste Freunde, gebracht hat, das ist Realität und keine Spinnerei von überängstlichen oder zu phantasievollen Mitmenschen. Auch die Zusammenarbeit mit dem Gastland und den anderen Gesandtschaften vor Ort ist voller Fallgruben, besonders für einen noch so unerfahrenen und gutgläubigen Diplomaten. Mit wem kann er sich denn überhaupt besprechen, wem kann er bis zu welchem Punkt vertrauen? Ja, diesbezüglich war das Leben innerhalb seines Regimentes offener. Trotz verschiedener Rivalitäten war doch die Kameradschaft und soldatische Zusammengehörigkeit die umfassende Bande, in die man sich voller Gottvertrauen fallen lassen konnte. Friedrich Spree beschließt, sich mit dem österreichischen Handelsrat zu treffen, um ein paar Gedanken auszutauschen. Leopold von Kaiser ist zwar ein großer Schwadroneur, doch Reserveoffizier eines nahen Alliierten und wie Spree sehr intim in die Bekämpfung der Piratenorganisation eingeweiht. Außerdem ist ihm Kaiser menschlich sehr sympathisch, dazu ist der erfahrene Diplomat mit umfassender Kenntnis und Analysefähigkeit ausgestattet, von der man nur lernen kann. Bei näherer Bekanntschaft kann er überraschenderweise sogar ein guter Zuhörer und offener Gesprächspartner sein.

Am nächsten Morgen hat sich Oberschreiber Gleiser über einen Boten krank gemeldet. So muss Friedrich Spree im Rahmen der Dienstaufsicht auch noch einen Blick auf die Arbeit der Kontorgehilfen werfen, die aber offensichtlich alle ihrer gewohnten Arbeit nachgehen und keiner besonderen Anweisungen bedürfen. So bittet Spree den österreichischen Handelsrat, ihn zu einem leichten Mittagessen in einem Restaurant in der Nähe der Petrikirche zu begleiten. Von Leopold Kaiser, mit dem er in einem kleinen Kellerrestaurant in der Innenstadt zu Mittag isst, erfährt Spree, dass auch bereits vor einigen Wochen aus Wien eine ähnliche Warnung über Spionage innerhalb der eigenen Reihen eingegangen ist. Und in der österreichischen Gesandtschaft kümmert sich neben dem Gesandten auch der Handelsrat als der nebenamtliche Sicherheitsbeauftragte um Aspekte der Spionage und Spionageabwehr. „Natürlich kann ich Ihnen keine Details weitergeben, lieber Spree. Doch wir nehmen bei uns die Warnungen sehr ernst, wechseln auch Aufgaben und Funktionen innerhalb der Ortskräfte, so dass niemand lange im geheimen sein Süppchen kochen kann, ohne dass man doch irgendwie aufmerksam wird. Fürst Metternich ist, wie Sie ja wissen, ein Großmeister der Diplomatie, aber auch der Geheimhaltung. Ein unnachgiebiger Kontrolleur, was sich bis hier ins entfernte Kopenhagen, nach Stockholm oder St.Petersburg durchsetzt. Dass in unserer österreichischen Gesandtschaft ein Spion der Piraten sitzt, das halte ich für gänzlich ausgeschlossen. Aber bei Ihnen, mein Lieber…". So findet Spree die Warnung aus Berlin bestätigt. Doch Kaisers Darstellung, dass bei den Österreichern bestimmt niemand in der Gesandtschaft herumspioniert, kann ihn nicht beruhigen. Vielleicht sind die Preußen zu unbekümmert auf diesem Gebiet. In Gedanken versunken nähert er sich dem Eingang des Runden Turms, als er unvermittelt Gleiser erblickt, der ihm von der anderen Seite der Kaufmannsgasse entgegenkommt. Gerade will er den krank Gemeldeten ansprechen und sich nach seinem Gesundheitszustand erkundigen, als der kleine Mann mit kurzem Blick zurück im Eingang zum Aussichtturm verschwindet. Er hat ganz offensichtlich Friedrich Spree nicht gesehen, der, neugierig geworden seinem Oberschreiber die Turmauffahrt hinterher geht. Es ist schon merkwürdig, dass der sonst so pflichtbewusste Gleiser sich krank meldet und nun auf einem Aussichtsturm in der Stadt angetroffen wird. Was hat der Mann dort verloren? Es wird doch keine Frau dahinter stecken? Es ist gewiss unwahrscheinlich, denn der verwitwete Mann hat erst kürzlich dem Grafen Donner als seinem

Dienstvorgesetzten gemeldet, dass er erneut in den Stand der Ehe treten will, was von Seiten des Gesandten genehmigt werden muss. Wilhelm von Donner hat gegenüber seinen Diplomaten Alteman und Spree nur angemerkt: „Schau einmal an, hat der Gleiser sich doch eine junge Frau angelacht, die leicht seine Tochter sein könnte." Also wird er einen anderen Grund haben, sich jetzt zu Winteranfang auf einen Aussichtturm zu begeben. Als Friedrich Spree die letzte Kurve der zur Plattform hoch führenden Turmstraße umrundet, schreckt er zurück. Dort oben im Wind steht Gleiser mit zwei Männern zusammen. Spree duckt sich an die Wand, um nicht gesehen zu werden. Gerade übergibt Gleiser einen Umschlag an einen der Männer, der ihm einen kleineren Umschlag zurückreicht. Spree hat die beiden Männer, die wie vornehme Herren gekleidet sind und beide einen sehr gepflegten Eindruck machen, früher noch nicht zu Gesicht bekommen. Gleiser spricht erregt auf den einen von ihnen ein und wendet sich um, um den Turm wieder herab zu gehen, doch der Angesprochene hält ihn mit starker Hand am Kragen, so als wenn man ein kleines Kind, das fortlaufen will, zurückhält. Darauf hin nutzt Friedrich Spree die Gelegenheit, um rasch wieder nach unten zu kommen. Dort will er im Dunkeln des gegenüber liegenden Torbogens Gleiser abpassen. Soll er ihn gleich zur Rede stellen oder verfolgen? Eigentlich ist er doch kein Detektiv, der irgendwelche verdächtige Leute beschattet, sondern vertritt als Geschäftsträger den preußischen Staat. Aber Gleiser ist nicht irgendwer, sondern der Oberschreiber der Gesandtschaft und nunmehr bei Spree unter Verdacht, etwas Ungesetzliches, etwas Schlimmes gegen das Königreich Preußen zu unternehmen. Und der Zufall hat Friedrich Spree zu diesem Zeitpunkt an diesen Ort geführt und ihn zum Zeugen eines wohl konspirativen Treffens gemacht. Als Erster verlässt Gleiser den Runden Turm, dann kommen die beiden anderen Männer heraus, schauen sich nur ganz kurz um und gehen gemäßigten Schrittes weiter in Richtung Hafen. Gleiser ist schon in einer Seitengasse verschwunden. Spree entscheidet sich dafür, den beiden Männern zu folgen. Unter dem grauen Winterhimmel ist es am frühen Nachmittag schon dämmrig geworden, so dass Spree ohne große Vorsichtsmaßnahmen den beiden Männern folgen kann. Er kommt einmal in den belebten Straßen so dicht heran, dass er eindeutig versteht, dass beide Männer sich in akzentfreiem Dänisch unterhalten. Sie gehen an der Börse vorbei und betreten ein mehrstöckiges Haus, das sowohl Speicher als auch Kontore unter seinem Dach beherbergt. Ein großes Schild „Reederei Morten Möller und Söhne" weist die Eigentümer dieses imposanten Gebäudes aus. Friedrich Spree erinnert sich sofort, dass auch dieses Kopenhagener Handelshaus ganz oben auf der Ermittlungsliste von Niels Olsen und seiner Gruppe steht. Hat Gleiser an diese Reederei Informationen geliefert? Er muss unbedingt mit Kontorchef Olsen oder seinem Vertreter darüber reden, doch zuerst heißt es, seinen Oberschreiber zur Rede zustellen. Aber dem Beispiel seines Chefs folgend, will er doch noch weiteren Rat einholen. Er denkt dabei an den englischen Gesandten, seinen Segelkameraden, den er beinahe schon als väterlichen Freund betrachtet. Auf dem Weg zurück zur preußischen Gesandtschaft macht er einen kurzen Umweg bei den Briten vorbei, wo er von der Empfangsdame zugleich in die Diensträume von Admiral a.D. Doublebridge geführt wird. Überall hängen die Wände voller

Marinegemälde, einige davon sind so richtige Ölschinken, dazu Säbel und diverse dem maritimen Bereich zurechenbare Requisiten und Souvenirs. Es sieht hier beinahe aus wie in einem Marinemuseum. Anstatt Lord Peter trifft Friedrich Spree auf Richard Howard-Smith, den englischen Konsul in Helsingör. „Willkommen, Friedrich. Eine Freude, Sie nach langer Zeit wieder zu sehen. Was führt Sie zu uns?" „Eigentlich wollte ich zu Lord Peter." „Der ist vor zwei Tagen nach London gesegelt. Längerer Weihnachtsurlaub. Ich bin hier so eine Art Stallwache bis zu seiner oder der Rückkehr seines etatmäßigen Stellvertreters, der sich leider gerade auf Genesungsurlaub in einem Kurort an der französischen Küste befindet. Aber ich gehöre auch hier in Kopenhagen schließlich seit Jahren zum Inventar und lebendigem Nachschlagewerk der britischen Gesandtschaft." Nach ein paar höflichen Sätzen kommt Spree zum Thema. „Richard, wir arbeiten unter den diplomatischen Vertretungen sehr eng zusammen, wie Ihnen bekannt ist. Was wissen Sie über die Reederei Morten Möller. Stehen die noch in Verbindung mit den Ostseepiraten?" „Das kann man gewiss sagen, denn der alte Morten hatte 1807 noch aus der Hand des damaligen Kronprinzen Frederik die ersten Kaperbriefe für seine Schiffe erhalten. Damit hat er seinen gewaltigen Reichtum begründet, den nicht einmal sein Sohn Anders, der wilde Kommodore, verspekulieren konnte. Der junge Möller hat in der Karibik und nach dem Krieg noch in der Ostsee in diesem Gewerbe weiter gemacht. Jetzt hat er sich ja aus dem Staub gemacht, nachdem die Ermittler ihm auf die Schliche gekommen sind. Die Möller-Reederei mit Morten Möller an der Spitze wird gewiss auch heute noch an der Piraterie beteiligt sein, wenn es auch schwer sein wird, direkte Beweise herbei zu schaffen; denn mit Verrätern geht die Familie nicht zimperlich um. Wie kommen Sie gerade jetzt auf die Möllers?" Friedrich Spree weiht den englischen Konsul in seine Erkenntnisse ein, ohne jedoch die Person Gleiser zu benennen. Von Richard Howard-Smith erfährt er, dass auch die Briten eine undichte Stelle in ihrer Gesandtschaft aufgeklärt haben; aber dass sie nicht sicher sind, ob sich vielleicht nicht noch mehr Verräter unter ihrem Dach befinden.

-5-

Weihnachten allein im Schwedenhaus ist nicht unbedingt das, was Friedrich Spree sich als Gipfel des Glücks gewünscht hat. Doch nach harter Arbeit in den letzten Wochen genießt er am Heiligabend die Ruhe. Seine Wirtsleute, Jens und Lone Jensen haben ihn zum Weihnachtsschmaus am kommenden Tag eingeladen, was er dankend angenommen hat. Die preußische Vertretung hat für zwei Tage geschlossen, die auch Spree zur Erholung nutzen möchte. Seine Bedienung hat ihm für den Abend noch eine Platte mit appetitlich aussehenden Happen gemacht und dazu eine Flasche vom besten pfälzischen Rotwein daneben gestellt. Vom Haus der Jensens wehen ein paar Strophen von Weihnachtsliedern herüber, die von einem Tasteninstrument begleitet werden. Die wehmütige Erinnerung an die beiden letzten Weihnachtsfeste auf Schloss Falckenhain kommt unvermutet und sehr heftig. Er muss sich selbst zur Ordnung rufen, um nicht dem Trübsal zu verfallen. Ist es die Weihnachtsstimmung, die Sehnsucht nach den jungen Damen von Falckenhain oder der Wunsch nach vertrauter menschlicher Gesellschaft? Friedrich weiß es nicht so genau, widmet sich stattdessen konzentriert dem köstlichen Essen und Trinken. Ob man im fernen Bernau ihn schon vergessen hat? Ein wenig hätte er es gewiss verdient, gesteht er sich selbst ein. Auch sein Freund Eitel hatte ihn zu Weihnachten oder im Anschluss daran nach Pyrmont eingeladen. Der väterliche Freund schreibt: Schon früher Schnee hat zum Nikolaustag die Landschaft in eine Märchenwelt verwandelt. Frau Holle hat uns reichlich bedacht, so dass ich schon die Pferdeschlitten aus der Remise holte. Hei, wie lustig geht das hier zu…Nur du fehlst mir, mein Junge. Ich verbringe schöne Abende mit Elten, mit Kraxler und ein paar Jagdkameraden. Gestern aßen wir eisgekühlte Ananas, einfach köstlich! Die werden schon seit über hundert Jahren in der Orangerie von Gut Schwöbber angebaut. Sogar Zar Peter der Große soll sich persönlich nach Schwöbber zur Obstfarm begeben haben, um Ananas zu speisen. Hast du das gewusst? Ganz bestimmt nicht!

Doch auf Falckenhain hat man ihn nicht vergessen. Mit Ausnahme von der reise- und auch besonders lebenslustigen Komtesse Dorothea ist die gesamte Familie Falckenhain zum Weihnachtsfest im Schloss versammelt. Henning ist seit ein paar Tagen Privatmann, denn er hat seinen Dienst bei Hofe quittiert und ist in allen Ehren entlassen worden. In allen Ehren, Major à la suite, Ernennung zum Kammerherrn, dazu noch ein hoher Orden. Das Angebot des Kriegsministeriums, das Kommando über eine Husarenabteilung zu übernehmen, hat er nach kurzer Bedenkzeit abgelehnt. Zu fest rechnet sein Vater damit, ihn nunmehr in die Geschäfte der Familie einzuweihen und einen Teil der Mitverantwortung zu übergeben. Andrea, die jüngste und quirligste der jungen Damen, hat sich um die Ausrichtung des Weihnachtsfests besonders gekümmert, um so die persönliche Pleite mit diesem Mitgiftjäger von Behlow gegenüber ihrer Familie wettzumachen. Sie fühlt sich schuldig, dass ihrem Vater immer noch kein Schwiegersohn ins Haus gekommen ist. In seiner Ansprache an die Familie erwähnt der alte Graf Falckenhain an erster Stelle: „…dass unser Fritz diese Weihnachten nicht mit dabei ist, das betrübt mich ebenso wie Dorotheas Abwesenheit…dem Luftikus von den Husaren solltest du, kleine Andrea, nicht nachtrauern. So bleibst du mir wenigstens noch im Schloss erhalten. Ein neuer Lebensabschnitt beginnt für Henning, der jetzt als gemeiner Zivilist seine Liebhaberinnen erobern muss. Ob ihm das ohne die schmucke Uniform noch gelingen wird, das bleibt abzuwarten, hahaha…" Während die jüngste Tochter nun zum ersten Male vom Vater erfährt, dass sie ihn nicht enttäuscht hat, wird es Elisabeth ganz besonders bewusst, wie sehr sie eigentlich ihren geliebten Friedrich vermisst. Der Gedanke an ihn tut ihr auf beklemmende Art fast körperlich weh. Am liebsten würde sie ihn gleich in Kopenhagen besuchen und dann nie mehr verlassen, doch sie kann nicht wie eine Bauernmagd hinter einem Mannsbild hinterher laufen und sich ihm an den Hals werfen. Es wird sich schon ein Weg finden, der in die Konventionen ihrer Zeit und ihres Standes passt. Da kann, nein, da muss im nächsten Jahr der Bruder bei der Realisierung behilflich sein. Und wenn Friedrich sie nicht mehr lieben würde, dann, so denkt sie ein wenig melancholisch und trotzig, päh, ginge die Welt für sie auch nicht unter.

In fast euphorischer Stimmung befindet sich indessen Lars Rutger von Müller. Grund ist der weibliche Besuch in seiner Stadtvilla in Landskrona. Nach so vielen vergeblichen Versuchen ist es ihm endlich gelungen, die rassige Komplizin in sein Bett zu locken. Sicher hat dabei das Brillantcollier dazu beigetragen, dessen Erwerb selbst für einen Millionär einen nennenswerten Teil seines Vermögens verschlungen hat. Doch, so findet Müller, ist er schließlich auch noch ein stattlicher Mann in den allerbesten Jahren. Und was seine Männlichkeit angeht, so kann er es gewiss noch mit so manchen Jünglingen aufnehmen. Dass es mit seinen Plänen, die Komtesse betreffend, überraschend so weit gediehen ist, das erfüllt ihn mit Glück und lässt ihn seine Rachepläne fast vergessen. Reicht es ihm nicht, so eine wunderschöne Frau zu besitzen, sie vielleicht zu heiraten und mit ihr eine Familie zu gründen? Lohnt es nicht dafür, seine hochfliegenden Pläne ad acta zu legen, die Karriere als Chef einer einflussreichen Verbrecherorganisation zu begraben? Ja, er kann von heute auf morgen seinen Dienst als Offizier der königlich schwedischen Armee quittieren und mit der Komtesse ein Leben in Saus und Braus verbringen. Hier in Schweden oder anderswo. Einen Grafentitel für seine Geliebte und sich kann er mit seinem Vermögen auch leicht kaufen. Es muss ja nicht Dänemark sein, wo man ihn zu Unrecht so schlecht und undankbar behandelt hat. Doch seine Träume unterbricht die Komtesse: "Lars, wieweit sind die Kontakte zu den Wasa-Prinzen? Kannst du mit denen rechnen, wenn die Bernadottes aus dem Land verschwunden sind?" „Ich bin mir nicht sicher, Geliebte. Ich überweise ihnen Unmengen an Geld ins Exil; aber vielleicht betrügt mich auch dieser schwedische Baron, der mein Mittelsmann ist. Vielleicht sind die Prinzen auch ganz froh, dem kalten schwedischen Winter und ihren undankbaren Untertanen für immer und ewig entkommen zu sein. Wie ich so höre, fühlen sie sich wohl und genießen die Zeit eher wie fürstliche Lebemänner, aber nicht wie die Häupter einer abgesetzten Dynastie, die ihre verlorene Krone zurück gewinnen wollen." „Wie dem auch sei, Lars, der junge Bernadotte muss sich entweder zu seinem Kind und mir bekennen, oder er verdient den Tod. Ich will ihm noch eine Nachricht übersenden. Dazu wird diesmal eine Frist gesetzt. Sollte er sie ignorieren und mich unterschätzen, dann soll das sein größter, ja sein fataler Fehler sein. Wenn er im Frühjahr hierher zum Manöver kommt, dann hast du tausendmal die Gelegenheit, meine Rache zu exekutieren. Und dann, und nur dann will ich dir gehören, bis an dein Lebensende." Lars Müller, den ihre mit eisiger Kälte ausgesprochenen Sätze zurück in die Wirklichkeit geholt haben, ist jetzt wieder ganz der kühle und berechnende Rächer. Und ab sofort auch noch der Vollstrecker seiner Geliebten. Ja, sie will ihm gehören, bis zum Lebensende. Voller Leidenschaft will er sie in seine Arme schließen, doch sie schiebt ihn energisch zur Seite. „Ach lass das Getue. Habe ich dich nicht schon genug belohnt, du wilder Hirsch?" Doch das vermag den in Leidenschaft entbrannten Lars Rutger nicht aufhalten. Zulange hat er sich nach diesem Teufelsweib verzehrt.

Die arbeitsfreien Tage um das Weihnachtsfest sind vorbei und die Routinearbeit wird in der preußischen Gesandtschaft fortgesetzt. Kutscher Hansen holt nun morgens Friedrich von der Spree mit der Dienstkutsche ab. Während dieser knappen halben

Stunde hat der junge Geschäftsträger Zeit, bei dem spärlichen Licht der außen baumelnden Laterne ein paar Schriftstücke zu lesen. Aber er muss sich auch wieder der Angelegenheit Gleiser widmen. Auf welchen Abwegen befindet sich wohl der Leiter der Gesandtschaftskanzlei? Das Beste wird es wohl sein, ihm seinen Verdacht direkt auf den Kopf zu sagen. Während der Krankheit von Oberschreiber Gleiser hat Spree einen der beiden diplomatischen Hilfsarbeiter zum Leiter der Kanzlei eingesetzt. Dieser noch junge Mann mit dem Namen Gustav Schröder ist ein abgebrochener Jurastudent aus Hamburg, dessen Mutter, da früh verwitwet, ihm das Studium nicht mehr länger bezahlen konnte. So musste er sich ohne Protektion in untergeordneter Position seinen Unterhalt verdienen. Da er durch Verwandte in Altenau schon in Kindestagen mit der dänischen Sprache Umgang hatte, hat ihn das preußische Außenministerium als Hilfsarbeiter für Übersetzungen und Verwaltungsarbeiten eingestellt. Besagter Schröder hat bisher einen großen Teil seiner Arbeit für den Wirtschaftsattaché, und damit für Spree, geleistet. Und das zur besonderen Zufriedenheit. Schröder erscheint aufgeweckt, eifrig, dabei auch selbstbewusst. Der ehemalige Student der Rechte ist außerdem sehr belesen und hat sich umfangreiches Allgemeinwissen angeeignet. So hofft Spree, dass Schröder auch für die Aufsicht in der Kanzlei wohl geeignet ist. „Guten Morgen, Herr Legationssekretär. Oberschreiber Gleiser hat sich noch nicht zurück gemeldet. Wenn Sie gestatten, so schicke ich Kutscher Hansen zu ihm nach Hause, um mich nach seinem Wohlbefinden zu erkundigen." „Bestens, lieber Herr Schröder. Was liegt sonst an?"

Nach zwei Stunden kommt Hansen mit der Kutsche zurück. Mit ihm Gleiser, der sich bei Spree zurück meldet. Der kleine Mann hat tiefe dunkle Ringe unter den Augen. Er ist schlecht rasiert und seine strähnigen Haare geben ihm ein ungewohnt schlampiges Aussehen. „Sie sehen schlecht aus, Herr Gleiser. Setzen Sie sich hin, wir haben zu reden." „Ich habe bis gestern ununterbrochen im Bett gelegen. Zum Glück hat mich meine Wirtin verköstigt, sonst würde ich jetzt noch gar nicht vor Ihnen stehen, Herr Legationssekretär." „Nun, erstens sitzen Sie, und zweitens müssen Sie einen Doppelgänger haben. Oder wie erklären Sie mir, dass ich Sie vor ein paar Tagen mitten auf der Kaufmannsstraße gesehen habe, Herr Gleiser?" Spree ruft Herrn Schröder mit in sein Kontor. Er möchte einen Zeugen für das folgende Gespräch, vielleicht sogar Verhör, haben. „Herr Schröder wird uns Gesellschaft leisten. Er hat Sie in der Kanzlei vertreten und wird unser Gespräch nun protokollieren." „Ich, äh, verstehe nicht Herr Rittmeister." „Herr Gleiser hatte mir gerade erklärt, dass er die vergangenen Tage bettlägerig war. Doch habe ich ihn persönlich vor ein paar Tagen auf der Kaufmannsstraße gesehen." „Ja, da habe ich mir gegen meine Erkältung ein Hustenmittel in der Apotheke geholt." „Ist das die Apotheke oben auf dem Runden Turm?" „Ah, Herr Rittmeister haben mich im Toreingang gesehen. Ich habe mich dort nur hineinbegeben, weil mich ein Hustenanfall überkam…" „Nein, Herr Oberschreiber. Der Herr Legationssekretär haben rein zufällig den Herrn Gleiser oben auf der Plattform gesehen, wie der Herr Oberschreiber höchstselbst einen Umschlag an einen Herrn von der Möller-Reederei übergeben und von diesem einen Umschlag zurück erhalten haben," äfft Spree seinen Bediensteten in dessen etwas umständlicher Sprechweise nach. „Der Herr Legationssekretär fragt nun ganz konkret den Herrn Oberschreiber: Welche Geheimnisse haben Sie da verraten und wie viel Geld haben Sie dafür erhalten? Wie lange spionieren Sie schon für diese feine Organisation? Heraus mit der Sprache, und keine Lügen und Ausflüchte mehr, wenn ich bitten darf!" Der kleine Mann knickt in sich zusammen, wirkt noch viel schmächtiger als sonst schon. Einfach ganz jämmerlich! „Ich wollte es nicht, ehrlich; aber die Trine verlangte immer mehr Geld von mir. Ich war so verzweifelt." „Wer ist Trine und wer hat Sie zum Spionieren angeworben?" „Trine ist, war, meine Verlobte, Herr Rittmeister. Seit gestern ist sie auf und davon. Mit meinem ganzen Geld und den Wertsachen. Ein Vetter von ihr hat mich angeworben. Erst wollte er nur wissen, wann deutsche Schiffe nach Kopenhagen einlaufen, welche Besucher aus Berlin eintreffen, und dann bekam ich schließlich auch Geld geboten. Das war gerade, als Trine mir die Ehe versprochen hat und gleichzeitig von mir Geld für neuen Hausrat verlangte. So viel Geld, wie ich es nicht hatte; aber ich wollte Trine nicht verlieren. Sie ist so schön und so jung…" „Wer ist der vermeintliche Vetter, war er mit auf der Plattform?" „Ja, von ihm habe ich das versprochene Geld bekommen. Er arbeitet im Handelskontor von Morten Möller." „Was haben Sie dem Mann an Papieren übergeben?" „Es war erst einmal eine Abschrift sämtlicher Protokolle der Konferenz von Malmö und dann noch der letzte vertrauliche Bericht von Polizeipräsident Kaas an den Herrn Grafen. Ach, Herr Rittmeister, ich weiß nicht mehr aus noch ein." Spree empfindet plötzlich einen Anflug von Mitleid mit diesem Häufchen Elend, das da vor ihm kauert. Wie weit kann eine Frau einen sonst so pflichtbewussten Mann treiben? Spree setzt die Befragung fort, während Schröder alles Wort für Wort zu Papier bringt. Nach seinem Geständnis wirkt Gleiser erleichtert. Er hat in den vergangenen vier Monaten über ein Dutzend Kopien von geheimen Protokollen weitergereicht. Immer an den genannten Vetter, von dem er auch nur weiß, dass er bei der Reederei Möller beschäftigt ist. Dafür hat er insgesamt 900 Kronen erhalten, die er ohne Abzug alle zusammen mit seinen Ersparnissen an seine Verlobte Trine weiter gereicht hat. Was soll nun mit dem Mann geschehen, fragt sich Friedrich Spree. Gleiser ist kein Diplomat mit Immunität, sondern gehört zu den Hilfskräften der Gesandtschaft. Er unterliegt aber der preußischen Gerichtsbarkeit. Und so muss er den Oberschreiber Gleiser, obwohl auch Verbrechen auf dänischem Territorium begangen worden sind, den preußischen Behörden überstellen. Das heißt, er muss ihn vom Dienst suspendieren, hier in der Gesandtschaft festsetzen und nach Preußen überführen lassen. Auf der anderen Seite steht im Malmöer Abkommen, dass wichtige Informationen bei der Verbrechensbekämpfung unverzüglich unter den Signatarstaaten auszutauschen sind. Was könnte für das dänische Gastland von Wichtigkeit sein? Was muss er, was kann er zu welcher noch angemessenen Zeit weiterreichen? Wie auch immer, er muss bald und in alleiniger Verantwortung eine Entscheidung fällen. Dabei darf die preußische Gesandtschaft nicht über das normale Maß hinaus in Misskredit geraten. „Herr Gleiser, ich enthebe Sie vorläufig Ihres Amtes als Oberschreiber. Warten Sie bitte draußen." Damit wendet sich Spree an den juristisch vorgebildeten Schröder: „Sagen Sie, Herr Schröder, können wir den Gleiser hier bei uns in der Gesandtschaft festhalten und später an den dänischen Behörden vorbei nach Preußen überstellen?" „Im Prinzip ja, Herr Legationssekretär. Aber dafür müssen wir ihn auch haben..." Damit springt er auf und hastet aus der Tür. „Gleiser, stopp! Mach keine Dummheiten!" Nach zwei Minuten ist Schröder wieder zurück. „Der Vogel ist uns entwischt. Das macht die Angelegenheit nicht einfacher."

Im Kontor von Reeder Morten Möller sitzt Sohn Henrik und schaut auf die Schiffe im Hafenbecken. „Vater, das setzt du alles aufs Spiel, wenn du dich nicht endlich lossagst von diesem dicken Schmarotzer und Ausbeuter, dort drüben in Landskrona. Die Zeit der königlich privilegierten Kaperbriefe ist endgültig vorbei. Begreife das endlich! Damals hast du dich dumm und dämlich verdient und obendrein noch um König und Vaterland verdient gemacht. Heute wirst du als Verbrecher aufgeknüpft, wenn sie dir auf die Schliche kommen. Zweimal haben diese Schnüffler schon deine Akten durchgewühlt. Dein Sohn Anders, der große Kommodore, dein ganzer Stolz und Erbe, musste das Land verlassen, um der Strafverfolgung und Schande zu entgehen. Wir haben doch wahrlich immer noch genug Geld, meine Werft läuft gut mit den Neubauten für die Marine. Und der Handel, besonders mit Übersee, wirft auch immer noch Gewinne ab. Lass diesen hier in Dänemark schon mehrmals gescheiterten Ex-Adjutanten durch andere Leute seine schmutzige Arbeit erledigen. Höre du endlich auf damit! Denke auch an mich und meine Familie." „Lass mal gut sein, Henrik. Dem Lars Rutger haben wir viel zu verdanken. Er hat uns schon zweimal finanziell aus der Patsche geholfen. Auch, dass dein Bruder Anders ihn in den letzten Monaten viel Geld gekostet hat, dass hat er uns niemals angekreidet. Aber du hast Recht. Wir sollten uns wirklich zurückziehen. Ich will ihn demnächst besuchen und zu einer einvernehmlichen Lösung kommen, denn das bin ich meinem alten Weggefährten schuldig. Danach hört auch das Schmieren dieser geldgierigen Haie im Generalstab und bei Hofe auf. Wenn Seine Majestät davon wüsste, dann hätte der Henker Hochkonjunktur, im wahrsten Sinne des Wortes." Dabei schiebt Morten Möller seinen Finger zwischen Hals und Hemd und schaut mit heraushängender Zunge sehr unbehaglich drein, was dann seinem sehr ernsten Sohn Henrik doch noch ein schiefes Grinsen abringt. „Sollen dich etwa so deine Enkel sehen, Vater?"

Major von Wulff studiert die eingegangene Kurierpost, die aus dem russischen Polizeipräsidium in St. Petersburg eingetroffen ist. Die Umsetzung des Malmöer Abkommens macht tatsächlich Fortschritte. Selbst die Russen, mit denen sonst die Zusammenarbeit schier unmöglich erscheint, geben Bericht über ihre Aktionen gegen die Ostseepiraten. In der Bucht von St. Petersburg sind zwei Handelsfahrer ausgeraubt worden, dabei sind zwölf Seeleute ums Leben gekommen. Doch ein paar Tage später ist eine Piratenbrigg ins Netz der russischen Flotte gegangen. Dem Kapitän, einem Schweden, ist kurzer Prozess gemacht worden. Ebenso erging es seinen drei Schiffsoffizieren. Doch einer von denen hat unter spezieller Befragung gestanden, dass ein hoher schwedischer Offizier das Haupt der Organisation sein soll. Sollte das der verrückte Ballonfahrer Bille sein, der erst kürzlich bei seinem fehlgeschlagenen Attentat ums Leben gekommen ist? Es hat keinen Zweck mehr, nachzufragen, denn die vier Freibeuter sind aufgeknüpft worden. Die einfachen Seeleute hat man verschont und auf Schiffe der Zarenflotte gepresst. Wulff und sein Chef Olsen sind sich ziemlich sicher, dass die Zentrale der Piraten drüben in Schweden zu finden ist, doch muss es zahlreiche Zuträger auch hier in Kopenhagen geben. Sie haben seit Monaten, jedoch bisher ohne Erfolg, leitende Mitarbeiter verschiedener Behörden, Reedereien und Versicherungsgesellschaften beschatten lassen. Aber innerhalb der Administration gibt es gegeneinander arbeitende Strömungen, zum einen die rückhaltlosen Aufklärer, zum anderen die Verschleierer, weil nicht wahr sein kann, was nicht wahr sein darf. In einem vertraulichen Gespräch hat der preußische Wirtschaftsattaché erst kürzlich seine Beobachtungen über das Treffen seines verschwundenen Kanzleischreibers dem Major Wulff mitgeteilt. Damit führen die Spuren wieder einmal zu der Möller-Reederei. Wulff beschließt, je einen seiner Ermittlungsagenten auf Möller senior und dessen Sohn Henrik anzusetzen. Die beiden Verdächtigen sollen fortan Tag und Nacht observiert werden. Der erste Erfolg bleibt nicht lange aus. Schon zwei Tage später erhält Wulff die Meldung, dass der alte Möller mit seinem Zweimaster "Viking" den Hafen verlassen hat und Kurs auf die südschwedische Küste hält. Sein Agent hat im Kontor des Hafenmeisters in Erfahrung gebracht, dass besagtes Handelsschiff Landskrona als Zielhafen angegeben hat. Was macht der alte Reeder dort drüben in der schwedischen Garnisonsstadt? Leider kann Wulff nicht sofort mit dem nächsten Marineboot hinterher. Denn trotz gedeihlicher Zusammenarbeit zwischen den Behörden beider Länder, gerade bei der Piratenbekämpfung, ist eine kurzfristige Aktion, die nicht vorher angekündigt und durch die Instanzen gelaufen ist, zum Misserfolg verdammt. So etwas ist ja nicht einmal unter den Behörden des eigenen Landes möglich, nicht einmal mit schriftlicher und vom König gesiegelter Order. Doch von Wulff verfasst einen Brief an die Hafenkapitäne von Malmö und Landskrona und bittet um Mitteilung über An- und Abreise von dänischen Schiffen, ihrer Beladung sowie um weitere Erkenntnisse über das Verhalten der Besatzungen. Er schickt diese Post mit dem täglich verkehrenden Postschiff und bereits eine Woche später trifft aus Landskrona eine Auflistung von Schiffsbesuchen der vergangenen zwei Monate ein. Die „Viking" von der Möller-Reederei steht nur einmal auf der Liste. Es wurden keine Zollwaren transportiert, sondern lediglich Post zur Garnison überbracht. Der Zweimaster hat am selben Tag noch den schwedischen Hafen wieder verlassen und ist spät abends in Kopenhagen eingetroffen. Diese Angaben treffen auch mit den Eintragungen überein, die man in der Kopenhagener Hafenmeisterei gemacht hat. Der Schreiber des Schiffsjournals, ein Invalide der Kriegsmarine, der die Arbeit bereits seit fast zwei Jahrzehnten erledigt, bestätigt, dass Möller senior und früher auch der Kommodore, die „Viking" für jeweils kurze Fahrten an die schwedische Küste benutzt haben. Es wurde niemals Fracht deklariert, sondern ausschließlich Personentransport, für den keine Abgaben oder Hafengebühren zu zahlen sind. Kontorchef Niels Olsen genehmigt seinem Vertreter Wulff, zusammen mit einem weiteren Ermittlungsbeamten der Geheimpolizei, eine inoffizielle Reise nach Landskrona zu unternehmen. Anders von Wulff ist voller

Tatendrang, fast wie ein munterer Jagdhund, der nach langem Eingesperrtsein endlich wieder hinaus ins Freie darf. Er wittert eine Spur und will nach der langen und aufreibenden Suche endlich Erfolge sehen.

Bei leichtem Schneetreiben und achterlichem Wind verlassen die beiden Aufklärer Kopenhagen auf dem Postschiff. Schon vier Stunden später erreichen sie den Hafen von Landskrona, wo sie in der geheizten Hafenmeisterei bei heißem Tee und Rum ihre steif gefrorenen Gliedmaßen wieder auftauen. Glücklicherweise ist der Hafenkapitän ein pragmatischer Mann, der ihnen sofort seine ungeteilte Unterstützung zusagt. Der alterfahrene Mariner kennt fast alle Kopenhagener Schiffe, deren Kapitäne und die Repräsentanten der großen Reedereien, die zu manchen Geschäftsabschlüssen selbst hierher kommen. So sind ihm auch Morten und Anders Möller bekannt, sowohl aus der Zeit des Krieges als auch von Besuchen während der letzten Jahre. Er weiß, dass beide gute Kontakte zum schwedischen Militär unterhalten. „Ja, das letzte Mal hat Oberstleutnant von Müller sogar persönlich den alten Möller mit seiner Kutsche zum Schiffsanleger gebracht. Die Männer haben sich wie sehr gute Freunde von einander verabschiedet, so wie ich das früher auch mehrmals im Umgang mit dem jungen Anders Möller beobachtet habe. Bloß den Kommodore, den haben wir hier schon lange nicht mehr gesehen. Der Oberstleutnant ist übrigens ein spendabler Mann. Zu Weihnachten schickt er stets ein Fass vom besten Weinbrand vorbei und einen vollen Geldbeutel für die Witwen- und Waisenkasse. Er wohnt in der schönsten Villa der Stadt und muss gewiss ungeheuer reich sein. Manchmal besucht ihn auch eine wunderschöne Dame, die der Kutscher mit „Komtesse" anspricht. Es ist vielleicht seine Geliebte, die mit dem Postschiff aus Kopenhagen kommt? Aber es gibt noch andere Besucher, die jeweils aber nur für einen kurzen Aufenthalt aus Kopenhagen kommen." Die beiden dänischen Fahndungsspezialisten beziehen über Nacht erst einmal Quartier in einem Gasthof in der Innenstadt. Nach dem Abendessen schleichen sie um die Villa herum, die man ihnen als Besitz von Müller beschrieben hat. Im Haus brennen mehrere Lichter. Von der gegenüber liegenden Seite des Anwesens beobachtet Wulff den Haupteingang der Villa, während sein Kollege an der Rückseite Position bezogen hat. Da ist Bewegung an der Tür und ein livrierter Lakai öffnet die Flügel, hält dabei eine Laterne in der Hand, um auszuleuchten. In dem Portal erscheinen zwei Männer, von denen der eine bereits einen Hut aufgesetzt hat und einen großen Schal um den Hals geschlungen. Die Silhouette des anderen Mannes kommt Wulff bekannt vor. Ohne Zweifel, es ist der ehemalige stellvertretende Generaladjutant Lars Rutger von Müller, ein Günstling des Königs, der nach Fehlschlägen, für die er allein verantwortlich gemacht wurde, vom dänischen Hof verbannt worden ist. Über ihn wurde sowohl im Adjutantenstab als auch bei Hofe nicht mehr oder nur hinter vorgehaltener Hand gesprochen, doch Wulff hatte ihn während seiner Hauptmannszeit mehrmals von nahem gesehen und auch gleich wieder erkannt. Er weiß nur, dass von Müller geerbt haben soll, und wenn die Gerüchte stimmen, eigentlich ein Krösus sein müsste. Wozu verdient der Mann sich dann noch bei den Schweden als Stabsoffizier? Major von Wulff hat genug gesehen, außerdem weht dem in den letzten Jahren etwas verweichlichten Schreibtischsoldaten ein sehr kalter Wind um die Ohren. So begeben er und sein Kollege sich zurück in das Gasthaus, in dem ein wärmender Kamin, ein Nachtimbiss und ein paar gute Schluck warten. Jetzt weiß er, wo der in Ungnade gefallene von Müller abgeblieben ist. Er weiß außerdem, dass dieser mit den Eigentümern der Möller-Reederei in engem Kontakt steht. Die Möllers haben damals im Namen des dänischen Königs Pirat in der Ostsee und ihren Zugängen gespielt und stehen auch heute im Verdacht, auf diese Art, und diesmal unredlich, ihr Geld zu verdienen. Aber wer sind diese anderen Besucher aus Kopenhagen, die sich hier mit dem Verbannten treffen sollen, und was wird hier verhandelt? Welche weiteren Schlüsse kann der Ermittler noch ziehen? Wo sind die konkreten Hinweise, die zu der dicken Spinne im Netz weisen? Sollte von Müller dahinter stecken, und wenn ja, aus welchen Motiven heraus? Gleich am nächsten Morgen will er noch einmal den Hafenkapitän aufsuchen. Vielleicht kann er beim zweiten Besuch mehr erfahren und mit diesen Erkenntnissen in der Kopenhagener Amtsstube zusammen mit Niels Olsen und den anderen Ermittlern einen Schlachtplan ausarbeiten.

Legationssekretär von der Spree sitzt in seinem Kontor. Wegen des trüben Winterlichtes hat er zwei Lampen anzünden lassen. Etwas gelangweilt blättert er die Dienstpost durch, die vor ein paar Stunden aus Berlin gekommen ist. Der Kurier berichtet schon über Treibeis auf der Ostsee und will rasch weiter nach Stockholm und dann nach Rostock wieder zurück. „Lieber hier einfrieren und überwintern, als in Stockholm. Dort ist es noch kälter und dunkler, außerdem können wir hier gerade eine Aushilfe gut gebrauchen", witzelt Spree, worauf Schröder dem Kurier noch den neuesten Kopenhagener Klatsch erzählen muss. Auf die Meldung des Geschäftsträgers über das Verschwinden des Oberschreibers ist noch keine Reaktion vom Ministerium eingegangen. Auf jeden Fall hat Spree gleichzeitig auch Ersatz bei der Personalverwaltung angefordert, damit die Kanzlei bald wieder einen etatmäßigen Leiter erhält, der die Diplomaten von der zunehmenden Administration entlasten soll. Aber es wird bestimmt nicht einfach sein, jemanden zu finden, der sich rasch in diese Aufgabe einarbeitet. Egal, lieber etwas weniger perfekte Kanzleiarbeit als einen Spion unter dem eigenen Dach. Wie kann man sich doch täuschen; aber auch sein Chef wird bestimmt äußerst erstaunt sein. Herr von Alteman wird gewiss die ganze Schuld auf Sprees Schultern laden wollen. Friedrich macht sich deshalb aber keine Kopfschmerzen. Er hätte nicht verhindern können, dass der als so verlässlich geltende Gleiser auf die schiefe Bahn gerät. Vielleicht hätte er seine Flucht vereiteln können? Aber so hat er der Gesandtschaft erst einmal den Transport des Gefangenen nach Preußen abgenommen. Sollen ihn doch die dänischen Behörden suchen. Jetzt, wo er entlarvt ist, kann kein weiterer Schaden mehr entstehen.

Seine Gedanken werden unterbrochen durch das Eintreten von Oberschreiber Schröder, der einen Besucher ankündigt. „Küss' die Hand, Herr Rittmeister." Ja, der fehlt ihm gerade noch! Aber vielleicht auch nicht. Leopold von Kaiser, der blitzgescheite und überaus gewitzte kaiserliche Handelsrat und Oberleutnant der

Reserve kommt bestimmt nicht nur, um bei den Preußen einen Kaffee zu trinken. Den kann man in seinen vielfältigen Varianten an der Wiener Gesandtschaft gewiss viel besser zubereiten. „Wissen Sie schon, lieber Kamerad, dass die Dänen erneut mehrere Reedereien durchsucht haben? Die Ausbeute soll diesmal sehr delikat sein. Ich habe etwas von Verbindungen zum Generalstab und dem Hof läuten gehört. Unglaublich! Die sind ja eng verknüpft miteinander. General von Bülow soll toben und dem König sogar seinen Rücktritt angeboten haben. Doch seine Majestät ignoriert geflissentlich den ganzen Vorfall. Während er sich ansonsten oftmals wie ein Sektionschef ganz persönlich in viele Details einmischt, hält er sich hier ganz überraschend heraus. So berichten zu mindestens meine Späher. Finden Sie das nicht interessant, mein Lieber?" „Danke für die Aufklärung, hoch verehrter Herr Kollegenkamerad. Woher Sie das alles wissen, ist für mich immer wieder ein Rätsel. Ein Meisterspion müsste richtig neidisch werden." „Ich wollte eigentlich nur nachfragen, ob Sie auch am kommenden Freitag mit zur Jagd nach Klampenborg eingeladen sind? Dann könnten wir gemeinsam fahren oder reiten und uns einmal die Verdächtigen aus der Nähe betrachten, denn der halbe Generalstab sowie die Adjutanten Seiner Majestät und Seiner Königlichen Hoheit, des Erbprinzen Christian, sind eingeladen. Und wie ich vom letzten Jahr in Erinnerung habe, sind damals fast alle gekommen. Graf Dannesvord-Klampenborg ist offiziell Einladender, doch er wird auch hier nur den Jagdleiter für seinen Blutsverwandten, den Erbprinzen spielen." „Da ist nur eine Einladung für Graf Donner gekommen, auf die wir mit Bedauern eine Absage schicken mussten." „Aber, mein lieber Friedrich, bei Ihren guten Beziehungen zu den Dannesvords müssten Sie doch auch eine persönliche Einladung erhalten. Komtesse Mathilde wird meines Wissens auch mit von der Partie sein. Diesmal vielleicht als Diana mit Pfeil und Bogen, ach wie klassisch!" Handelsrat Kaiser hat in der Tat umfassende Kenntnisse von allem, was hier so geschieht in der dänischen Hauptstadt. Seinem verlockendem Charme gehen viele Damen auf den Leim, verraten ihm Geheimnisse, an deren Beschaffung sie oftmals sehr nachhaltig haben arbeiten müssen. Friedrich erhält allein von ihm oftmals mehr verwertbare Informationen als er von sämtlichen dänischen Behörden in Erfahrung zu bringen vermag. Und das trotz aller Beteuerungen über einvernehmliche Zusammenarbeit gemäß der Malmöer Beschlüsse. Ja, dieser Österreicher ist wirklich ein ausgezeichneter Informationsbeschaffer. Einfach genial; und absolut nicht zu kopieren! Wieso soll Friedrich nicht mit ihm noch einmal die Piratenproblematik im Allgemeinen und das kleine Spionageproblem in der preußischen Gesandtschaft besprechen. Sein Vorgesetzter könnte eigentlich nichts gegen diesen Informationsaustausch haben. Und außerdem ließ sich solch ein Vorfall ehe nicht lange geheim halten. Vielleicht wusste Handelsrat von Kaiser schon vor den betroffenen Preußen, dass diese selbst ganz konkret einen Spitzel im Haus beherbergen? So verrät ihm Kaiser auch: „Eigentlich wollte ich eine Karriere beim Militär machen, für immer dort bleiben. Denn als braver Offizier genießt man beim Flanieren das Grüßen und Salutieren. Ich sag' Ihnen, mein Lieber, zwischen der Wiener Oper und dem Kasino. Aber als Diplomat, wenn auch nicht so fesch, lässt's sich besser manipulieren. Köder auszulegen, an den Fäden zu ziehen und zu beobachten, wer daran zappelt. Das ist Elixier für mich."

-6-

Die alte Wassermühle am Ufer des Sundes ist geheimer Treffpunkt von fünf Personen. Zwei davon sind mit einem kleinen Kajütsegler von Landskrona herüber gekommen. Es sind Lars Rutger von Müller mit einem seiner Leibwächter, weiterhin die Komtesse und ein Offizier des dänischen Generalstabs, übrigens ein ehemaliger Untergebener von Müller. Dieser Mann, den von Müller nur mit „Paul" anspricht, und von diesem immer mit „Herr Oberstleutnant" tituliert wird, ist einer der wichtigsten Verbindungsleute in Kopenhagen. Er fungiert als einer der langen Fangarme der Krake, die von Landskrona aus ihre Opfer kontrolliert und je nach Lage stranguliert. Als weiterer Fangarm für „die Krake", wie von Müller hinter seinem Rücken auch von eigenen Leuten genannt wird, wirkt ein auffallend gut aussehender Mann, kurz „Baron" genannt. Er ist heute leitender Beamter im Polizeipräsidium. Früher arbeitete er eine Zeit lang auch als Referent im Außenministerium. Er ist erst nach 1815 zu Müllers Organisation gestoßen. Der „Baron" ist als skrupelloser Lebemann zu bezeichnen, der ebenso wie der tote Major Rufus Bille in erster Linie für Geld arbeitet und ohne auch nur mit der Wimper zu zucken Verrat, selbst an seinem König und Land, begeht. Zweck dieses Treffens, zu dem sich von Müller erstmalig nach seiner Verbannung höchst persönlich zurück nach Seeland gewagt hat, ist es, eine Bilanz über die Aktivitäten ihrer Organisation zu ziehen und Gründe für die zunehmende Anzahl an Fehlschlägen zu analysieren. Müller schneidet nach über einer Stunde die Diskussion ab. „Es scheint mir, dass die Luft heraus ist, nicht nur aus Billes Flugballon, aber auch aus unserer Idee, heutzutage die Freibeuterei auch ohne königlichen Kaperbrief fortsetzen zu können. Für diese Region ist die Piraterie Geschichte geworden. Schluss, aus, Ende! Ich werde in dieses Fass ohne Boden keine einzige Krone mehr investieren. Der Kommodore hat Leine gezogen, Bornholm war ein Fehlschlag, die sonst so zerstrittenen Ostseeländer sind sich überraschend einig im Kampf gegen uns und gewinnen immer mehr an Oberhand. Morten Möller hat mich besucht. Er und seine Helfershelfer sind ausgebrannt, denken an einen ruhigen Lebensabend im Kreise ihrer Enkel, haben schlicht und einfach den Mut zum Risiko verloren. Unter denen gibt es keine Abenteurer mit Stehvermögen mehr. Ich wollte das zuerst nicht wahrhaben, aber muss das wohl letztendlich so einsehen und das, was einst so erfolgreich war, beenden. Baron und Paul, ich werde euch bis zum Frühjahr noch bezahlen. Dann gibt es schließlich für euch beide als treue Helfer eine fürstliche Abfindung, die euer Leben finanziell abfedern soll. Doch habe ich zuvor noch einen letzten Auftrag." „Was ist mit der Komtesse, Herr Oberstleutnant?" „Die Komtesse wird in diesem, unserem letzten Akt eine besondere Rolle spielen." Dabei funkeln Lars Rutgers Augen, wie eine Mischung aus Hass und Abenteuerlust. Doch beim Blick hinüber zu der schönen Frau, die beim Schein der einzigen im Raum hängenden Lampe wieder ganz besonders begehrenswert für ihn ausschaut, streift eine Milde über sein Gesicht. Dann beginnt er seine Planungen offen zu legen. Erst spät am Nachmittag verlassen die Verschwörer die Mühle unterhalb des Hirschparks. Auf den schwedischen Oberstleutnant und seinen Begleiter wartet noch eine mehrstündige Fahrt, zurück über den aufgewühlten Sund. Erste kleine Eisschollen treibt der feuchtkalte Wind vom Ufer in Richtung Osten. „Bald wird der Wind drehen und kommt von Osten. In ein paar Tagen ist der Sund so gut wie zugefroren. Dann möchte ich nicht mehr unterwegs sein, Herr", erklärt der an der Ruderpinne sitzende Bootsführer seinem in festes Teerzeug gehüllten Passagier.

Tage zuvor besucht Komtesse Mathilde ihren hohen Verwandten auf Schloss Amalienborg. Im Arbeitszimmer des Königs befindet sich nur noch eine weitere Dame, passend zum Thema, das Mathilde bei ihrem Halbcousin anschneiden will, nämlich die Gräfin Dannemand. Die Geliebte von König Frederik weilt fast täglich beim König, oder er besucht sie und die gemeinsamen Kinder, gleich eine Straße weiter. „Frederik, du musst mich anhören." Im inoffiziellen Rahmen darf sie ihn einfach so vertraulich ansprechen. „Im Frühjahr kommt Prinz Oskar hierher. Man hört, er sucht eine Gemahlin. Oder sein Vater verlangt es von ihm. Sie soll aus altem Fürstengeschlecht sein. Er selbst wünscht, dass sie aber schön sein soll, ansonsten verweigert er den Gehorsam. Er mag keine „hässlichen Schrulle". Wen er damit wohl meint? Ich erfülle beides: Ich habe königliches Blut in meinen Adern, so wie du, mein Cousin und König. Und schön, ja selbst du nennst mich so. Du hast mir schon seit Jahren deine volle Unterstützung zu einer fürstlichen Vermählung zugesagt, ja sogar den Erbprinzen ins Spiel gebracht. Und dessen Blut ist als leiblicher Sohn eines Adjutanten weniger königlich als sein Titel, zumindest zur Hälfte." Der ansonsten gänzlich humorlose König verschluckt sich fast vor Lachen. „Du willst doch wohl nicht im Ernst meine Unterstützung, um auf den schwedischen Thron zu gelangen, nachdem der dänische ausgeträumt ist?" „Du willst doch wohl nicht sagen, dass ich unter Niveau für den Schwedenprinzen bin? Mein Vater war schon Graf und Forstmeister, als Bernadotte gerade einmal den Sprung vom königlich französischen Sergeanten zum Offizier der Revolutionsarmee geschafft hatte." „Das ist richtig, doch dein Vater, mein geschätzter Cousin Ingolf, ist heute immer noch Graf und Forstmeister. Bernadotte hingegen ist über die Stationen eines Marschalls von Frankreich und Herzogs von Irgendwo heute immerhin König von Schweden. Und vergiss nicht, er ist einer der Hauptsieger über Kaiser Napoléon geworden. Nur so konnte er uns Norwegen entreißen. Für seinen Sohn kommt für ihn konsequenterweise nur eine wahrhaftige Prinzessin aus herrschender Familie in Frage, oder aber seine Frau sucht aus ihrer französischen Verwandtschaft jemanden aus. Die haben ja dank Napoléon auch alle groß sprecherische Titel erhalten und dürfen diese selbst nach der Niederlage noch weiter behalten. Also nein, meine liebe Mathilde, du bist zugegebenermaßen sehr schön, aber doch nichts Anderes als der Nachkömmling eines königlichen Bastards." „Danke für diese Bemerkungen, mein liebster Frederik", mischt sich nun die königliche Konkubine ein. „Gilt das auch für deine und meine Bastarde?" Das Wortgeplänkel geht noch eine Weile hin und her. Auf diesem bald von Tränen reichlich erweichten Terrain scheint König Frederik seine Beharrlichkeit zu diesem Thema abzulegen. „Einverstanden! Mein Gesandter bei Bernadotte befindet sich gerade auf Urlaub in Kopenhagen. Ich werde mit ihm sprechen, er soll einmal vorsichtig sondieren, ob auch du eine Kandidatin wärst, und unter welchen Bedingungen. Aber, viel kann ich dir als Mitgift nicht geben, das merk dir gleich." Nach einer Pause: „Du bist ja ein paar Jahre älter als Oskar. Ich hoffe nur, dass am schwedischen Hof deine zahlreichen Liebschaften nicht bekannt geworden sind. Zuletzt noch mit diesen preußischen Strolchen. Ich versteh dich einfach nicht, Matti." Und damit hat der König die so stolze Mathilde tatsächlich getroffen, denn hierauf hat sie keine Parade.

Auch auf Schloss Falckenhain hat es Tränen gegeben. Ein Brief von Gräfin Wilhelmine Donner an „ihre lieben Freundinnen Dorothea und Elisabeth", der reichlich verspätet zum Weihnachtsfest aus Pyrmont eintrifft, wo sie gerade ihre beiden Töchter verlobt hat, versetzt Elisabeth einen tiefen Stich. „Der Friedrich Spree und Matti Klampenborg sind das hübscheste Paar in ganz Kopenhagen, denen man ihre Verliebtheit von weitem schon ansieht. Ich höre ja schon die Hochzeitsglocken läuten…, ach, wie schön das doch wäre,…". Mit diesen wie auch immer gemeinten Sätzen hat die Schreiberin der jungen Elisabeth einen Schlag versetzt, der sie vor Herzleid und Wut fast aufs Krankenlager wirft. Nur der verständnisvolle Onkel Willy vermag sie mit unendlicher Geduld und Zuspruch wieder etwas aufzurichten. Bruder Henning kommentiert: „Hat dieser Schuft mir doch meine Mathilde ausgespannt. Da hat er selbst Schuld, wenn die ihn auch bald im Wald stehen lässt. Für die Ansprüche dieser Dame fehlen dem Fritz ein paar Perlen in der Krone und mindestens eine Million auf der hohen Kante. Mach' dir keine Gedanken, Schwesterlein. Der kommt wieder. Aber ich dachte eigentlich bisher, dass Schwesterchen Dorothea mit all' ihrer Klugheit seine Favoritin wäre." Damit verlässt er fluchtartig Elisabeths Zimmer, die im Begriff ist, ihm eine Blumenvase an den Kopf zu werfen. Onkel Willy macht dem alten Graf Falckenhain den Vorschlag, ihre beiden runden Geburtstage im kommenden Juli ganz groß zu feiern und schon frühzeitig eine Gästeliste anzufertigen und danach entsprechend einzuladen. So könnte auch Friedrich Spree sich zeitig Urlaub nehmen und endlich mal wieder nach Falckenhain auf Besuch kommen. Der milde Frühsommer in Brandenburg soll dann ein Übriges bewirken, um die jungen Leute, gemeint sind Friedrich und Elisabeth oder vielleicht auch Dorothea, zusammen zu bringen. Entweder schafft es eines der beiden Mädchen, ihn fest um den Finger zu wickeln oder er würde für alle Zukunft nur eine Art Vetter und Freund der Familie sein. Denn so gern Wilhelm von Stackel den jungen Friedrich Spree auch mag, so dürfte dieser Filou andererseits aber nicht seine Nichten davon abhalten, sich nach einem anderen passenden Mann umzuschauen.

Einen Monat nach der tränenreichen Unterhaltung bittet König Frederik seine Blutsverwandte, die Komtesse Mathilde Dannesvord-Klampenborg, nach Schloss Amalienborg. Er hat seit je her schon eine Vorliebe für schöne Frauen, besonders für die kleine Cousine aus dem Klampenborger Hirschpark. Sie erinnert ihn an seine jüngere Schwester Louise Augusta, die unbestritten die leibliche Tochter des verhassten Dr. Struensee ist, aber als Prinzessin von Dänemark anerkannt worden ist. Beide Frauen sind, wenn auch nicht offiziell, mit dem Makel der außerehelichen

Vaterschaft behaftet. Und trotzdem stellen sie beide starke Persönlichkeiten dar. Die schöne Mathilde vereinigt dazu noch die Vorzüge Klugheit, Kampfgeist und Mut in sich. Wenn er noch jünger wäre, ja, dann könnte er sich selbst unsterblich in dieses Weib verlieben. Was er ihr nun mitteilen muss, das fällt ihm persönlich schwer, so als wenn er seiner geliebten Schwester eine schlechte Nachricht übermitteln müsste. „Liebe Cousine Mathilde, mein Gesandter hat mir in der schwedischen Heiratsangelegenheit zurück gemeldet. Ich lese vor: „Euer Majestät, in der besagten Angelegenheit hatte ich bald nach meiner Rückkehr die Gelegenheit, mit Seiner Königlichen Hoheit zu sprechen. Über die Anfrage Eurer Majestät konnte Prinz Oskar nur lauthals lachen. Ja, er bekam einen regelrechten Lachkrampf, so dass sein Adjutant schon besorgt nach dem Leibarzt schickte. Seine Königliche Hoheit meinten dann noch, dass es in Stockholms Gassen genügend willige und sehr hübsche Mädchen gäbe und er deshalb bestimmt nicht nach Kopenhagen kommen müsste. Dort und in anderen schwedischen Provinzen gäbe es genug Spaß für ihn. Prinz Oskar betrachtet die über den Gesandten König Frederiks vorgebrachte Anfrage als besondere Art von königlich dänischem Humor, den zu verstehen ihm immer schon schwer gefallen wäre…" König Frederiks Stirnadern sind geschwollen. „Dieser hergelaufene französische Strolch wagt es, mich zu beleidigen. Es tut mir leid, liebe Cousine. Wir, heißt meine liebe Frederikke und ich, werden hier in meinem Reich, unserem geliebten Dänemark, nach einem passenden Mann für dich Ausschau halten. Du wirst schon bald von uns hören, bestimmt mit unserer Wahl zufrieden sein."

Mathilde und Friedrich traben dicht nebeneinander durch den die Hufe bedeckenden Schnee des Hirschparks. Die Sonne, obwohl noch sehr tief stehend, lässt bereits etwas von ihrer wärmenden Kraft erahnen. Spree ist von einer großen Last befreit worden. Legationsrat von Alteman ist, gerade noch bevor die Ostsee zugefroren ist, mit dem letzten Postschiff von Kiel in die dänische Metropole zurück gekehrt. Das Schiff blieb zwar draußen vor der Reede im Eis stecken, doch wurden die Passagiere sicher über die zusammen gestauten Eisplatten an Land geleitet. Von Alteman übernimmt jetzt in Abwesenheit des Gesandten als der dienstältere Diplomat wieder die Funktion des Geschäftsträgers. Überraschenderweise hat er gar nichts an Friedrich Sprees Amtsführung zu missbilligen. Frisch ausgeruht übernimmt er alle Aufgaben des amtierenden Gesandten, kümmert sich um die Kanzlei und beginnt auch seine Aktivitäten in Verbindung mit der St. Petri Gemeinde bald wieder aufzunehmen. Dadurch hat Spree endlich auch ein wenig mehr frei verfügbare Zeit erhalten. Unterhalb des königlichen Jagdschlosses, direkt am Ufer des Sundes, steigen die beiden Reiter von ihren Pferden, setzen sich auf den Stamm einer umgestürzten Eiche und schauen hinüber zur Insel Ven und zur entfernten schwedischen Küste. „Friedrich Spree, würdest du für mich kämpfen, dich duellieren?", fragt Mathilde urplötzlich und ohne weitere Erklärung. „Hei, was hast du auf einmal für seltsame Fragen? Hat dich etwa jemand beleidigt?" „Nein, ganz im Ernst. Würdest du für mich, für meine Ehre, jemanden töten?" „Du hast, und ich sage das auch im Ernst, bestimmt gehört, dass der König von Preußen schon vor

Jahrzehnten seinen Offizieren das Duellieren verboten hat. Das gilt sinngemäß für seine höheren Beamten und Diplomaten…" „Aber", unterbricht ihn Mathilde. „Du hast doch auch diesen Schweden Bille umgebracht. Und gegen Piraten und Entführer deinen Säbel erhoben, im Krieg gegen Männer gekämpft, mit denen du heute ganz normal, sogar gesellschaftlich verkehrst." „Ja, das stimmt. Aber das war kein Duell. Vielleicht ist ein Krieg ein Duell zwischen Königen, den wir auf dem Schachbrett der Weltgeschichte als Bauer, Turm und Läufer auszuführen haben. Aber es ist nicht unser persönlicher Zweikampf. Ein Duell, das sage ich frei heraus, ist heutzutage der Kampf zwischen Dummköpfen, die unfähig sind, sich mit anderen Mitteln auseinanderzusetzen." „Heißt das", fragt ihn Mathilde mit erhobener Stimme und Zornesfalte auf der Stirn „dass du etwa zu feige bist, für mich zu kämpfen?" „Noch einmal, und dann sollten wir dieses dich so erhitzende Thema verlassen, ein Duell ist ein Kampf von hirnlosen Dummköpfen. Dass ich für die Bewahrung von Recht und Ordnung sowie dem Schutz von Leben und Gut auch kämpfen werde, das stand in der Vergangenheit und steht auch heute und zukünftig außer Frage. Doch um den Launen einer Frau zu folgen, dafür sind schon Legionen törichter Männer im Duell auf der Strecke geblieben. Ich gehöre nicht nur aus Gehorsam gegenüber meinem König, sondern aus reiner Vernunft heraus, definitiv nicht zu denen." „Also, für meine Ehre wirst du dich nicht duellieren. Ist das dein letztes Wort dazu, Friedrich?" „Ja", erwidert Friedrich, der dies alles für ein Wortspiel der oftmals so überaus kapriziösen Mathilde hält. „Das war es dann wohl. Leben Sie wohl, Herr …, Herr…, preußischer Feigling!" Damit schwingt sich die zornige Amazone in den Sattel ihres Frederiksborger Hengstes und galoppiert davon in Richtung Forsthaus. Friedrich ist ein wenig perplex. Er kennt mittlerweile einige Launen der schönen Komtesse. Manchmal nervt sie ihn so richtig, und heute ganz besonders. Er besteigt seinen „Ajax" und verlässt den Schauplatz des Wortduells. Die frische Winterluft tut ihm wohl, und seinem Trakehner scheint offensichtlich der ausgedehnte Ausritt mit seinem Reiter, der viel zu wenig Zeit für ihn hat, ebenfalls zu gefallen. Weit ausholend sprengt das Pferd entlang den flachen Uferpfaden dem heimischen Stall in Schwanenmühle entgegen.

Die ersten beiden Monate des neuen Jahres haben den Handel über die zugefrorene Ostsee fast zum Erliegen gebracht. Die Kommunikation hinüber nach Schweden und den kleineren dänischen Inseln erfolgt mit Hundeschlittengespannen, Eisseglern und Läufern, die auf Schneeschuhen sich über das Eis bewegen. Ein gewaltiges Sturmtief, das über den Atlantik kommend auch über die dänischen Inseln und die westliche Ostsee peitscht, bricht die Eisdecke endlich auf. Zwei Wochen später hat das Tauwetter dazu beigetragen, dass der Hafen von Kopenhagen wieder gefahrlos beschiffbar ist. Die Schiffe auf Reede sind aus dem Packeis befreit und können den Binnenhafen erreichen. Nach fast dreimonatiger Abwesenheit von Kopenhagen treffen auch der preußische Gesandte und seine Ehefrau wieder ein. Auch etliche andere Diplomaten, wie beispielsweise sein britischer Kollege, beenden ihre unfreiwillige Arbeitspause. Graf Donner hat die Frostperiode in Berlin verbracht und intensive Gespräche mit den Beamten des Außenministeriums geführt und seine Frau die Schneider und Hutmacher der preußischen Hauptstadt beschäftigt. Im nahe gelegenen Bernau besuchte man auch die Familie Falckenhain. Gräfin Wilhelmine konnte überhaupt nicht verstehen, weshalb Komtesse Elisabeth ihr gegenüber so zugeknöpft auftrat. Die hatte ihr nämlich die Bemerkungen über Friedrich und Mathilde nicht vergeben. Hatte sie doch mit ihrem weiblichen Instinkt erkannt, dass hier ein Giftpfeil abgeschossen worden ist

Der preußische Chefdiplomat bringt auch in seinem Gepäck zwei Säcke voll mit liegen gebliebener Dienstpost. Dabei ist auch die vom Außenminister persönlich unterschriebene Urkunde über Sprees Bestellung zum Legationsrat. Diese frühzeitige Ernennung hatte sein Chef erwirkt. Sie hat jedoch keine finanziellen Auswirkungen, da Spree sich bereits seit Beförderung zum Rittmeister in der Gehaltsgruppe befindet, zu der auch ein Legationsrat eingereiht ist. Es mag sich allenfalls nur auf den weiteren Karriereweg im diplomatischen Dienst auswirken, falls überhaupt. Aber auf jeden Fall steht er jetzt mit Herrn von Alteman auf einer diplomatischen Rangstufe. Es wird ab April auch ein neuer Oberschreiber der Gesandtschaft zugewiesen. Graf von Donner hatte bereits in Berlin über das Verschwinden des ehemaligen Oberschreibers Gleiser erfahren und zeigt dementsprechend kein Erstaunen mehr, als er von seinen beiden Diplomaten Alteman und Spree ins Bild gesetzt wird. „Nach der Auswertung aller uns zugänglichen Berichte kann ich zusammenfassen: Über Aktivitäten von Raubzügen der Piratenorganisation gibt es keine neuen gemeldeten Vorfälle, weder auf See noch in den Häfen. Deren Schiffe sind bestimmt auch eingefroren. Außerdem haben konsequente Aufklärung und drakonische Bestrafungen in allen Ländern zur Einschüchterung der Verbrecher beigetragen. Meine Herren, ich glaube, unsere gemeinsame Arbeit hat Früchte getragen. Sie ist erfolgreicher, als meine Kollegen und ich anfangs erwartet haben." „Herr Gesandter, ich muss noch darauf aufmerksam machen, dass der in Schweden vermutete Kopf der Organisation immer noch nicht gefasst ist. Die Dänen haben irgendeinen Verdacht, deren Bekanntgabe ihnen jedoch peinlich ist. Scheinbar sind hohe Herrschaften in Regierung und Behörden, vielleicht gar bei Hofe involviert. Die Chefaufklärer Olsen und von Wulff, die ansonsten sehr offen bei der gegenseitigen Information sind, verhielten sich bei meinen beiden letzten Unterredungen sehr zurückhaltend. Ich habe allerdings auch nicht insistiert; denn wenn sich da eine peinliche Enthüllungsgeschichte anbahnt, dann werden auch wir davon erfahren, so oder so. Obwohl ich den Eindruck habe, dass andere Gesandtschaften, so beispielsweise die Österreicher, umfangreicher und rascher informiert sind als wir." Und damit berichtet Spree über sein Gespräch mit Handelsrat von Kaiser. „Meine Herren", sagt der Gesandte „ in der Tat geben wir Preußen weniger Geld für Aufklärung aus. Das bedeutet auch weniger Geld für Spione. Das gilt ja auch für das Militär. Die Österreicher setzen da einen größeren Schwerpunkt drauf. Das tun sie schon seit dem Dreißigjährigen Krieg, besonders mit ihren Pfaffen. Und heute haben sie ihr Netzwerk besonders unter Metternich immer weiter ausgebaut. Wir können da nicht mithalten. Auch ist es für mich fraglich, ob hier zum Beispiel so ein Einsatz im großen Stil notwendig ist, wo wir uns doch auf eine Kooperation und damit Arbeitsteilung unter den Nationen verständigt haben." „Wie weit müssen wir, Herr von Alteman und ich im Falle einer Vertretung in unsere eigenen Operationen eingewiesen sein, Exzellenz? Gerade auch mit dem Ausfall des Kanzleivorstehers tat ich mich äußerst schwer." „Die Richtlinie aus Berlin ist, dass ausschließlich die Gesandten sich mit dem Thema Aufklärung beschäftigen und über – nicht immer uneingeschränkten - Einblick in unsere eigene Agentenarbeit verfügen. Niemand hat jedoch in Berlin eine durch höhere Gewalt verursachte lange Abwesenheit für Gesandte einkalkuliert. Ja, und die administrative Abwicklung erfolgt durch den Verwalter der Geheimregistratur, sprich den Oberschreiber. Kenntnis also nur, wenn unbedingt notwendig. Das ist Prinzip! Bei Ihnen, lieber Spree war das natürlich nicht möglich, sich in diesem Fall der Person des Oberschreibers zu bedienen. Doch Sie haben ja auch ohne die präzisen Kenntnisse zu diesem Thema keine Probleme bei der Leitung der Gesandtschaft gehabt, oder?" „Problem nicht, aber…" „Na, also."

-7-

Landskrona, sowohl die Stadt als auch die Garnison, fiebert vor Aufregung, denn jedermann erwartet den jungen Kronprinzen, der als General der königlich schwedischen Armee in der Garnison Quartier nehmen wird. Ein großes Manöver ist angesagt, dessen Leitung dem einzigen Sohn von König Karl XIV. Johan übertragen worden ist. Es soll seine erste große, auch für die Öffentlichkeit sichtbare militärische Bewährungsprobe sein. Gleichzeitig will der Monarch, dessem Reich nach dem Kieler Frieden auch Norwegen zugeschlagen worden ist, seinem Nachbarn Dänemark einmal die militärische Stärke eines Siegers demonstrieren und zeigen, wer in einem Skandinavien des 19. Jahrhunderts wirklich das Sagen haben wird. Und das kann man nirgends besser, als auf der Halbinsel Schonen, so dicht vor den Augen der Kopenhagener. Bei guter Sicht kann man mit bloßem Auge dahin schauen kann und die Feldlager am Öresund erkennen. Als Geste des guten Willens lädt König Karl XIV. Johan den Dänenkönig und Erbprinz Christian zum Manöverabschluss ein. Oberstleutnant von Müller führt in Vertretung des erkrankten Kommandanten die Garnison und hat damit täglichen engen Kontakt zum Manöverstab, der bei ihm einquartiert ist, und damit zum Kronprinzen selber. Der noch naive Prinz lässt sich von dem mit allen höfischen Tricks und Schmeicheleien vertrauten und im Umgang mit Menschen aller Art überaus erfahrenen Oberstleutnant Müller nach allen Regeln der Kunst einwickeln. Dieser ködert den Königssohn mit Schmeicheleien, versorgt ihn mit dermaßen erlesenen Speisen und Getränken, von denen er selbst am schwedischen Hof wahrlich nur träumen kann. Prinz Oskars Vorliebe für schöne junge Damen wird dank Müllers Vermittlungen ebenfalls bestens Rechnung getragen. Anstatt seine Aufgaben als General zu erfüllen gibt sich der junge Prinz fernab von der strengen Aufsicht seines Vaters ganz seinen Freuden und Gelüsten hin. Auch an zwei Fuchsjagden, selbstverständlich von Müller arrangiert, nimmt der Kronprinz teil, zumal beim Jagdmahl die hübschesten Mädchen die Speisen auftragen und auch für seinen persönlichen Nachtisch willig zur Verfügung stehen. Bei diesen Jagdausflügen hätte Lars Rutger von Müller bestimmt schon mehrfach die Gelegenheit gehabt, dem Prinzen ein Leid anzutun, ihn vielleicht sogar tödlich zu treffen. Doch die Rachegedanken und -planungen sind bei ihm so weit gediehen und festgelegt, dass er den schwedischen Kronprinzen auf dänischem Territorium zur Strecke bringen will. Diesen teuflischen Gedanken schürt auch die Komtesse, die ihm im Falle des Gelingens noch einmal bekräftigend das Eheversprechen gegeben hat. Bei seinem geplanten Besuch in Kopenhagen soll der Kronprinz ermordet werden. Für die Ausführung der Tat hat der Baron zu sorgen. Nachdem der schwedische Major Bille im vergangenen Jahr so versagt hat und seinen verdienten Tod gefunden hat, muss diesmal ein Däne herhalten, um Müllers mörderische Pläne auszuführen.

Baron Südling vertritt immer noch den erkrankten schwedischen Gesandten in Kopenhagen. Obwohl dieser kaum Aussicht auf Rückkehr hat, wird aus Gründen der Pietät vorerst kein Nachfolger bestimmt. So steht der schwedische Diplomat zum zweiten Male innerhalb weniger Monate vor der Aufgabe, ein königliches Besuchsprogramm zu organisieren. „Lieber Friedrich, wenn Sie wüssten, welch' Sorgen ich mir mache, dass Prinz Oskar nicht über die Stränge schlägt und mit seinen Weibergeschichten den dänischen Hof aufmischt und verprellt. Auch sonst versteht ihn keiner so richtig zu dirigieren. Der Junge ist nun einmal ohne Mutter aufgewachsen; denn die hat sich in Paris festgekrallt und macht keine Anstalten, ihre Aufgaben als Frau, Mutter und Königin in Stockholm zu erfüllen. Um die Sicherheit Seiner Königlichen Hoheit machen sich die Dänen bereits Gedanken. Noch haben sie das Attentat von diesem verrückten Ballonfahrer nicht verkraftet. Am besten laden wir Sie zu allen Veranstaltungen mit ein, einen besseren Leibwächter gibt es bestimmt nicht, hahaha." Damit gibt Botschaftsrat Südling seinem Diplomatenkollegen einen freundschaftlichen Klaps. „Aber als Träger des schwedischen Hofordens sind Sie allemal fest auf unserer Einladungsliste, ebenso wie Florian Busch. Wann heiratet der Bursche übrigens?" „Ich glaube im Sommer, man feiert wieder im Pyrmonter Schloss, bei der fürstlichen Verwandtschaft der Donners. Der Doppelverlobung folgt dann eine Doppelhochzeit." „Und Sie, lieber Kamerad. Gerüchte schießen ins Kraut. Erst die preußischen Damen, dann die wilde Mathilde, jetzt die Nichte von Doublebridge und die Tochter des Staatsrats Husum. Können Sie sich nicht einmal entscheiden?" „Na, wenn es nur Gerüchte sind. Meine Entscheidung als armer Staatsdiener ist erst einmal, sich nicht zu entscheiden. So wie es einem Diplomaten geziemt, hahaha. Aber, was steht denn auf dem Programm für den jungen Herrn aus Stockholm?" „Um ihm alle Ehre zu machen, so ist er Generalleutnant der königlichen Armee und übt sich derzeit drüben in Schonen als Feldherr. Heißt mit anderen Worten, er ist Leitender eines Manövers und Oberbefehlshaber der übenden Truppen. Jedoch soll er, wie mir aus verlässlicher Quelle berichtet wird, auch ein nimmermüder Schürzenjäger sein. Der dortige Garnisonskommandant soll außerdem häufig mit ihm auf der Jagd gesehen worden sein. Also, viel Zeit zum Kriegspielen nimmt er sich dann wohl doch nicht. Hoffentlich kommt das nicht seiner Majestät zu Ohren. Sonst setzt es wieder ein Donnerwetter, denn er soll dem erwachsenen Sohn oftmals so richtig den Marsch blasen. Aber er ist und bleibt der einzige Erbe einer jungen Dynastie. Der König ängstigt sich in der Tat sehr um das Leben und die Gesundheit von Oskar; besonders nach diesem verrückten Attentat. Jetzt kommen die Bombenwerfer schon aus den Lüften!" „Gibt es eigentlich noch die Furcht für die Bernadottes, dass die Wasa-Prinzen zurückkehren und gewaltsam alte Rechte einfordern?" „Das ist zwar nicht unbedingt für ausländische Ohren bestimmt; aber Ihnen als Offizierkameraden kann ich wahrlich keine Geschwätzigkeit unterstellen, und außerdem hat Ihnen das Haus Bernadotte Etliches zu verdanken. Also, Karl Johan hat auf speziell arrangierte Art und Weise, die ich hier nicht näher darlegen darf, mit den Wasa seinen persönlichen Frieden gemacht. Er war es ja schließlich auch nicht, der sie aus dem Lande gejagt hat, sondern das taten die Untertanen seines Vorgängers, Gott hab' ihn selig." „Noch einmal zurück zum Programm. Gibt es da schon konkrete Planungen von Ihrer oder der dänischen Seite? Sind wir ausländischen Diplomaten irgendwo mit eingeplant?" „Also, König Frederik hat seinen Vetter Christian, als Erbprinz die Nummer Zwei, als den offiziellen Gastgeber vorgesehen, der dann auch Jagdherr sein wird. Sie wissen schon, draußen im Klampenborger Wildpark. Da werden bestimmt auch einige Diplomaten und Chargen des Hofes mit eingeladen. Zu einem Galaessen in Frederiks Sommerschloss werden auch ein paar Gesandte aus dem Ostseeraum eingeladen, ansonsten mehr die hochgestellte dänische Gesellschaft vor Ort. Er besucht auch die Akademien des Heeres und der Marine. Dort wird er dann die dänische Admiralität und Generalität zu einem leichten Mittagessen einladen. Bedeutet in Praxis, wir werden das von der Gesandtschaft organisieren müssen; aber unsere Rechnung geht dann nach Stockholm. Ehrengast des Kronprinzen wird dabei Erbprinz Christian sein, der ihm anschließend auf dem Holmen die neuesten Kanonenboote samt modernster Bewaffnung vorführen möchte. Die Versuchung durch hübsche Frauen, von den Damen des Hofes und der königlichen Familie abgesehen, wird durch die Programmgestaltung fast ausgeschlossen. Selbst das Galadiner findet in reiner Männergesellschaft statt." „Mal gut, dass ich kein Prinz bin. Das ist ja ein armseliges Leben; aber vieles über die Gewohnheiten dieser hohen Herrschaften ist gewiss auch weniger Wahrheit als pure Erfindung einiger Wichtigtuer." „Das stimmt. Bei so strengen Vätern schlagen die jungen Kronprinzen schon gern einmal über die Strenge. Selbst im so nüchternen Preußen, wenn meine Geschichtskenntnisse stimmen?" „Ja, ja, das kenne ich aus unmittelbarer Nähe. Und wenn Sie auf den späteren großen König Friedrich ansprechen. Das soll auch so ein richtiger Windhund gewesen sein. Vielleicht daher seine spätere Vorliebe für diese Hunderasse. Aber das ist natürlich nicht ernst gemeint, lieber Freund, und auch nicht für ausländische Ohren, aber unter uns Offizierkameraden…, adieu."

Friedrich Spree hat einige seiner näheren diplomatischen Ansprechpartner zum Abendessen ins Schwedenhaus geladen. Zu denen gehören auch Anders von Wulff und dessen Chef Niels Olsen, die nach dem fünfgängigen Menü und einigen Glas Wein samt diversen Cognacs zu besonderer Fröhlichkeit hochfahren. Sie singen aus voller Brust, laut und ausgesprochen melodisch. Es sind dänische Volkslieder, deren Texte zwar unverständlich, aber nicht unangenehm klingen. Der Schwede Südling als

Sprachverwandter stimmt bald mit ein. Auch Florian Busch und der stets gesellig aufgeschlossene Leopold Kaiser, der ab sofort nur noch mit „Poldi" angesprochen werden möchte, sind nicht mehr zu halten, als Landsknechtlieder angestimmt werden, die in allen Armeen Europas bekannt sind. Ein Gesumme und Gebrumme hebt an, dass bald das Dach vom Holzhaus schier abzuheben droht. Der Russe will eine Art Kosakentanz aufführen, doch er landet bei seinen diversen Versuchen stets etwas unsanft auf seinem Hinterteil. „Igor, du bist zwar trink- aber nicht sattelfest", grölt der Bayer, und zu Friedrich gewandt: „Sing mit, du musikalische Trantüte." „Fass 'mal mit an Flori, der Anders Wulff kann doch so brillant auf dem Spinett spielen. Wir holen das Instrument einfach aus Dorotheas Zimmer hier heraus auf den Flur. Der Poldi kann dazu auf dem Kuhhorn blasen." Und tatsächlich greift der dänische Major voller Begeisterung gleich in die Tasten. Er ist in seinem Element, spielt und singt hinreißend, zumindest für die nicht so empfindsamen Ohren seiner Zechkumpane. Den Beifall seiner Kollegen nimmt er mit tiefer Genugtuung auf. „Damit hat er sich seine Majorstressen bei Hofe verdient", wirft Olsen trocken ein, dabei etwas sauertöpfisch dreinschauend. Er ist wohl ein wenig neidisch auf die seinem Vertreter zuteil werdende Anerkennung und betrachtet den vom Adjutantenstab abgestellten Anders von Wulff immer noch als Eindringling in seinen Bereich, eben als Aufpasser des gefürchteten und auch gehassten Grafen von Bülow. Die beiden Dänen wirken zu Beginn des Abendessens sehr angespannt, was im Laufe des weiteren Abends weicht, so als wenn sie in der fröhlichen Runde vorübergehend eine zentnerschwere Last abstreifen würden. Friedrich Spree und gewiss auch sein österreichischer Kollege haben sich für den weiteren Fortgang des Abends eine Fortsetzung der sich um die Ostseepolitik drehenden Tischgespräche gewünscht, doch sich ausgelassen dem Trunke hinzugeben, das gewinnt eindeutig die Oberhand in dieser Runde. Die vermeintlich größten Trunkenbolde knicken aber bald nach Mitternacht ein und lassen sich in ihre Wohnungen zurück kutschieren. Zum harten Kern gehören schließlich noch Anders Wulff im Rausche seines musikalischen Erfolgs, Busch, Kaiser und natürlich der Gastgeber. Dem Dänen verlangt es nach all' den hochkarätigen Getränken nach einem dänischen Bier, das die Bedienstete sogar wohl temperiert zu beschaffen vermag. Nach einem tiefen Schluck, gefolgt von einem tief grollenden Rülpser, fängt er mit schwerer Zunge an zu erzählen: „Ihr glaubt es nicht, meine lieben Kameraden, was hier zurzeit los. Das ganze Pack hängt mit drin in dieser Geschichte." „In welcher Geschichte denn, sing uns doch noch was, Andy", fährt Florian Busch dazwischen. Er ist beinahe sternhagelvoll, doch zum Glück gehört er zur Kategorie der friedlich Betrunkenen. Der allzeit trinkfeste österreichische Handelsrat, der gerade seine Ohren auf Lauschstellung ausgefahren hat, drückt den Bayern mit beschwichtigender Geste wieder zurück in seinen Sessel. „Was bedrückt dich, Anders? Erzähl!" Wulff nimmt wieder den Faden auf. „Der Niels und ich sind ganz dicht dran an den Schurken. Wir könnten Ross und Reiter nennen, und auch der große Unbekannte ist für uns kein bloßes Phantom mehr. Olsens Vorgesetzte wollen auch, dass wir endlich die Karten auf den Tisch legen. Man hat nämlich noch alte Rechnungen mit dem Generalstab und dem Polizeipräsidium offen, doch von dort kommen ja die Bremser." „Weshalb wird da

gemauert, stecken die obersten Chefs selbst mit in dem Sumpf?" „Nein, dafür haben wir keine Anhaltspunkte, doch die Mittäter sind im zweiten und dritten Glied zu finden. Ganz eindeutig. Polizeipräsident Kaas und General Bülow befürchten jedoch um ihre Grafenkrone. Wenn der König erfährt, dass hoch oben bei ihnen in den Organisationen Mittäter jahrelang unbehelligt ihrem verbrecherischen Tun nachgehen konnten, dann sind nicht nur deren Köpfe, sondern auch die ihrer möglichen Beschützer in Gefahr. Und eine Grafenkrone und hohes Amt schützen bei uns nicht vor dem Henker, siehe die Grafen Struensee und Brandt. Hicks. Ist noch gar nicht so lang her, hicks, was?" „Aber, Anders", unterbricht ihn von Kaiser „das pfeifen doch schon seit langem die Spatzen von den Kopenhagener Dächern, dass auch in den Behörden Mittäter zu finden sind, und zwar schön hoch postiert. Vielleicht sogar im Kreise der so aktiven Sonderermittler? Was aber ist wirklich neu, was hat sich an der Lage verschärft?" „Nun, es ist die Furcht Seiner Majestät, sich beim anstehenden Besuch des schwedischen Kronprinzen erneut zu blamieren. Das Attentat mit dem Flugballon haben zwar zwei Schweden unter Führung des Majors Bille ausgeübt, doch es fand statt in dänischem Küstengebiet und Luftraum. Hicks. Und es waren bedauerlicherweise keine Dänen, die es vereitelt haben, sondern dies erfolgte durch ein paar vermaledeite Ausländer. Der König teilt zwar die Schuld, hicks, wenn man das so bezeichnen kann, mit dem schwedischen Staatsoberhaupt, doch dass die Ostseestaaten und ihre Fürsten zuerst grundsätzlich auf sein Inselreich zeigen, wann immer es sich um Piratenüberfälle handelt, das trifft ihn hart. Frederik möchte sich noch zu seinen Lebzeiten von der Schmach des Kriegsverlierers befreien und dem vermeintlich schlechten Ruf eines Monarchen, dem, hicks, ein paar Extremisten auf dem Kopf herum tanzen." „Nun, euer König hat dieses Feuer einst persönlich angezündet. Dann muss er es auch selbst wieder löschen, oder er wird zur Zielscheibe des Spotts. Apropos Ross und Reiter, ist mit einer Verhaftungswelle in Kopenhagen zu rechnen, oder heißt die Devise wieder einmal, Augen zu und durch?" „Ihr Österreicher habt es gut, obwohl der Napoléon euch ja ein paar Male geschlagen hat. Denn als ihr dem korsischen Drachen eine Prinzessin als Opfer angeboten habt, da spuckte der bald sein Feuer in andere Richtungen, so dass ihr ein paar Jahre in Frieden leben konntet und letztendlich noch den Stoß zwischen die ungeschützten Schulterblätter des gefürchteten Herrn Schwiegersohns setzen konntet. Wenn auch spät, so doch noch eine Rache an den Franzosen für Marie Antoinette. König Frederik will nun auch durch Heiratspolitik wieder an Einfluss gewinnen, hicks, doch das scheint, wie es aussieht, auch nicht zu glücken, hicks. So verlangt er jetzt die Festsetzung und Verurteilung aller in die Piraterie verstrickten Untertanen. Bereits Ende dieser Woche muss ihm durch den Polizeichef vorgetragen werden, heißt Erfolge gemeldet werden. Niels Olsen soll dabei Graf von Kaas auf seinem schweren Gang begleiten." „Was ist dein Problem dabei, Andy?" „Ich, hicks, habe unverständlich den Auftrag erhalten, vor diesem Vortrag beim König eine Kopie von der Liste der Verdächtigen dem Generaladjutanten vorzulegen. Wem habe ich nun zu gehorchen? Ich kann, hicks, eigentlich alles nur falsch machen...."
Der sonst so gefasst wirkende von Wulff ist mitten im Sprechen in seinem Sofa eingeknickt, öffnet nach einer Weile wieder die Augen und stiert etwas abwesend vor

sich hin. Friedrich ruft nach seiner Bediensteten, nun den extra starken Kaffee zu bringen und spricht Anders an. „Du sagtest, ihr kennt auch den Kopf der Bande. Wer verbirgt sich dahinter?" Wulff nippt an seinem heißen Kaffee, stellt die Tasse beiseite und stürzt in einem Schluck den braunöligen Inhalt eines fast vollen Cognacschwenkers hinunter. Es scheint ihn sichtbar zu beleben. Sein Schluckauf ist verschwunden. „Der Mann im Schatten lebt drüben in Landskrona, als biederer Stabsoffizier, der zurzeit als amtierender Kommandant den schwedischen Kronprinzen beherbergt. Ich habe ihn selbst vor einigen Wochen mit eigenen Augen gesehen und sofort ganz zweifelsfrei wieder erkannt." „Was heißt wieder erkannt? Wer ist der Mann?" „Es ist Lars Rutger von Müller, ehemaliger dänischer Oberstleutnant und Vertreter von Bülow, Ex-Sondergesandter und Ex-Freund Seiner Majestät, des Königs. Müller ist damals nach diplomatischen Fehlschlägen verbannt worden. Mütterlicherseits hat er zwischenzeitlich ein Millionenerbe erhalten. Er könnte der Geldgeber für die Organisation sein. Aber als operativer Kopf hat er allein zu wenig Phantasie, da stecken bestimmt noch andere dahinter. Das glauben wir auf jeden Fall." Friedrich wird plötzlich sehr nüchtern. Der besagte Oberstleutnant von Müller muss derselbe Mann sein, von dem ihm erst kürzlich Baron von Südling berichtete. Der Mann, der gerade in diesem Augenblick sich in unmittelbarer Nähe des Königssohnes aufhält, dessen Leben er in seiner Garnison beschützen und nicht gefährden soll.

König Frederik wandert auf und ab. Sein Blick geht immer wieder hinaus aus den hohen Fenstern auf den Frederiksberger Schlosspark. Sein blasses Gesicht ist noch fahler geworden, nur auf den Wangenknochen ist jeweils ein kleiner roter Fleck zu erkennen. Sein linkes Augenlid flattert nervös, was er durch langsames Massieren mit seinem rechten Mittelfinger zu unterdrücken versucht. „Was sagen Sie dazu, Bülow?" „Ich bin entsetzt, ebenso wie Majestät. So loyale Männer. Wie konnten die soweit kommen? Sie sollten auf der Stelle exekutiert werden." Erbprinz Christian, der allein, beinahe wie ein Beobachter in einer Fensternische lehnt, räuspert sich. Polizeipräsident Graf von Kaas hat gerade seinem Monarchen eine Liste übergeben, auf der eine Reihe von Beschuldigten stehen, die in die Piraterie mit verwickelt sein sollen. Hohe Beamte, selbst aus dem Polizeipräsidium, sogar ein Generalstabsoffizier, geachtete Kaufleute und sonstige Privatpersonen stehen darauf. „Wie verlässlich ist das alles, Kaas?", fragt der König, dabei sein spitzes Kinn vorstreckend. Der angesprochene Polizeichef schaut zu Niels Olsen hinüber, der bestätigend nickt. „Es besteht kein Zweifel an der Mittäterschaft der Aufgelisteten, Euer Majestät." „Ich kann es einfach nicht fassen. Und was hat denn nun der schwedische Oberstleutnant von Müller auf der Liste zu tun? Er ist vielleicht der geheime Geldgeber, aber bestimmt nicht der Anführer! Müller liebte und verehrte mich einst, er liebte Dänemark. Ich habe erst kürzlich überlegt, ob ich ihn nicht wieder begnadige und ihn gar bitte, an den Hof zurück zu kehren." General von Bülow schaut seinen Herrn erstaunt an. Da gibt es offensichtlich Dinge, von denen er keine Kenntnis besitzt. Ist das ein erstes Indiz für eine Entfremdung mit dem König, oder nur ein Zeichen für dessen Erschöpfung? „Meine Herren, ich danke Ihnen für

Ihre mich nicht schonen wollende Offenheit. Alle verhaften, ohne Aufsehen! Aber sie erhalten einen fairen Prozess, drüben in Viborg[67] am Landgericht. Ich möchte nicht, dass die Welt hier in Kopenhagen zu viel Notiz davon nimmt. Morgen, ja morgen möchte ich noch Ihre Bewertung zur Sicherheitslage für den Besuch von Kronprinz Oskar, lieber Kaas."

Im Keller des Polizeipräsidiums sind einige Räume für die prominenten Untersuchungshäftlinge eingerichtet worden. Dass der so distinguierte Abteilungsleiter Baron Arne Hammersee einmal unmittelbar von seinem luxuriös eingerichteten Kontor zwei Stockwerke tiefer im Untersuchungsgefängnis landen würde, das hatte er sich bestimmt niemals träumen lassen. Zu sicher hat er sich mitsamt seinen Mitverschwörern gewähnt. Doch er fürchtet nicht den Tod, indessen aber Folter und Verstümmelung. Denn dass sein Spiel aus ist, erkennt er im Gegensatz zu anderen Verhafteten sogleich. Er hatte als junger Mann an mehreren Prozessen und dann folgenden Hinrichtungen als Zuschauer teilgenommen. Vierteilung und das Abschlagen von Gliedmaßen, bevor die Verurteilten ihren tödlichen Stoß erhielten, hatte ihn schon damals bis tief in den Schlaf verfolgt. So wollte er niemals enden. Daher hat er schon vor ein paar Jahren, als seine verbrecherische Karriere gerade begann, Vorsorge getroffen. Stets hatte er in das Futter seiner Hosen jeweils eine Giftpille eingenäht. Die Befragungen, die bei verstockten und schweigsamen Inhaftierten auch hochnotpeinlich erfolgen, führen bei dem Baron bald zu einem fast vollständigen Geständnis. So entgeht er von vornherein einer möglichen schweren Tortur. Seine Aussage, dass Lars Rutger von Müller nicht nur der finanzielle Anstifter sondern auch der operative Kopf der Bande ist, schlägt dann bei den Chefermittlern Olsen und Wulff wie eine Bombe ein. Noch schlimmer trifft sie die mit nur ein wenig Druck ausgequetschte Information, dass für die nächsten Tage ein Attentat auf den schwedischen Thronerben geplant ist. Die Nachfrage nach der von mehreren Gefangenen erwähnten mysteriösen Komtesse führt allerdings noch nicht zur Namensnennung, denn Damen zu verraten, das bedarf bei Baron Hammersee mindestens einer weiteren Schraubenumdrehung, und so weit ist man noch nicht gegangen. Dem Major von Wulff ruft er nur sibyllinisch hinterher: „Der König wärmt diese Natter an seinem eigenen Busen." Doch der Spezialaufklärer ist so mit den überraschenden, ja sensationellen Nachrichten beschäftigt, dass ein Attentat unmittelbar bevorstehen soll und Lars Rutger von Müller sich als der Oberschurke und alleinige Kopf der Verbrecherorganisation entpuppt, dass er gar keine Notiz mehr nimmt. Der Polizeipräsident und der König müssen ohne Verzug Meldung erhalten. Und gerade unter Müllers Dach befindet sich momentan der schwedische Kronprinz, dessen Schutz -und Sicherheitsbedürfnisse jetzt höchste Priorität für die dänischen Behörden haben.

Im Schloss Amalienborg wartet Polizeipräsident Kaas im Vorraum von König Frederiks Arbeitszimmer bereits seit über einer Stunde auf Audienz bei seinem Herrscher. Durch die schwere Doppeltür hindurch sind ab und zu erregte Stimmen zu vernehmen. Bei dem König befinden sich Erbprinz Christian und Generaladjutant Bülow, dem bereits vor dem Erscheinen von Herrn Kaas die Sensationsnachricht überbracht worden ist, dass Lars Rutger von Müller, unter dessen Obhut sich gerade Kronprinz Oskar befindet, das eigentliche Haupt der Piraten ist und Befehl erteilt hat, hier beim anstehenden Besuch des schwedischen Thronfolgers in Kopenhagen selbigen zu ermorden. „Gehen Sie noch einmal hinein und melden mich an", sagt Kaas zum Adjutanten vom Dienst. Von drinnen ertönt kurz darauf die wohl bekannte Stimme des Königs: „Nur herein, lieber Kaas. Wir haben Sie ganz vergessen und jetzt müssen Sie helfen, die richtige Entscheidung zu fällen. Ich bin über den Verräter Müller informiert und auch über seine perfiden Pläne. Sollen wir den Besuch von Prinz Oskar absagen und uns damit von diesen Schurken beeinflussen lassen oder nur die bereits geplanten Sicherheitsvorkehrungen verstärken? Raten Sie uns, die beiden Herren hier liegen in ihren Meinungen nämlich weit auseinander." „Majestät, ich will ohne Umschweife zur Sache kommen. Seit einer Stunde befindet sich Major von Wulff in Richtung Landskrona unterwegs. Er hat ein Handschreiben von mir dabei, in dem ich meinen Kollegen in Landskrona von der tatsächlichen Identität dieser Person Müller warne, sie um dessen unverzügliche Festsetzung ersuche. Gleichzeitig soll Wulff als Ihr etatmäßiger Adjutant sich bei Prinz Oskars Hofchef melden und den Kronprinzen vor Müller und seinen Mordbrennern warnen. Alles Weitere wird Seine Königliche Hoheit dann selbst zu entscheiden wissen." „Wohl getan, Kaas. Die Angelegenheit verdient wahrlich keinen Aufschub. Der gemeinsame Staatsfeind Müller muss festgesetzt werden. Bernadotte kann ihn dann richten lassen. Ich bin mir nun nicht sicher, wie Prinz Oskar die Nachricht aufnimmt. Ist es eine Information und Warnung, betrachtet er es möglicherweise als Ausladung? Wird er düpiert sein, weil kein Brief des Erbprinzen oder von mir dabei ist?" „Majestät haben um meinen Rat gefragt", nimmt Polizeipräsident Kaas den Faden wieder auf. „Wenn Seine Königliche Hoheit, Erbprinz Christian, kurz ein paar persönliche Zeilen an Prinz Oskar entwürfe und diesen bäte, morgen mit seinem Schiff nicht in Kopenhagen einzulaufen sondern stattdessen aus Sicherheitsgründen vor Schloss Charlottenlund vor Anker ginge. Dann würde die Einladung aufrechterhalten bleiben, durch einen Ortswechsel aber die Sicherheit erhöht werden. Morgen Vormittag würden wir im Kopenhagener Hafen für jedermann sichtbar alle Vorbereitungen dergestalt treffen, als ginge alles nach ursprünglichem Plan. Charlottenlund hingegen ist einfacher abzusichern; ja, es könnten mehrere Veranstaltungen ohne Komplikationen in letzter Minute dahin umdirigiert werden. So täuschen wir mögliche Attentäter und ihre Helfershelfer. Und die Entfernung zum Jagdgrund in Klampenborg ist auch kürzer. Wenn Königliche Hoheit damit einverstanden sind?" Prinz Christian nickt hinüber zu Kaas und murmelt „einverstanden" zu seinem königlichen Vetter. Nur von Bülow schaut dabei etwas sauer drein. Er war wohl bisher derjenige, der für eine Absage des Besuchs eingetreten ist. Jetzt scheint er gänzlich aus dem Entscheidungsprozess heraus zu sein. Der General erhebt jedoch nicht mehr seine Stimme, da ganz offensichtlich auch Frederik VI. den Vorschlag von Kaas zu akzeptieren scheint und damit keinen Platz mehr für Diskussionen lässt.

Major von Wulff befindet sich erneut auf dem Weg nach Landskrona. Es ist zwar nicht mehr so kalt wie im Winter, als er auf dem Postschiff unterwegs war, aber die

See ist dafür viel unruhiger, was er besonders auf diesem Einmaster der Marine zu spüren bekommt. Doch durch seine Order „Im Namen des Königs" hat er dem Bootsmann und seiner fünfköpfigen Besatzung den Befehl gegeben, ihn auf Teufel komm' raus nach Landskrona zu segeln. Das Boot stampft und schlingert durch die See, dass sich ihm der Magen im wahrsten Sinne des Wortes umkrempelt. Tapfer hat er bis dahin zwei Stunden durchgehalten. Doch jetzt zerreißt es ihn schier und er hängt wie ein Waschlappen über der Reling und speit in die See. Vor der Hafeneinfahrt heißt der Bootsmann das Signal „Wichtig, königlicher Kurier". Mit diesem Signal erhofft man sich, dass unmittelbar bei Landung eine Kutsche zum Transport bereit steht. Am Kai wird der arg gebeutelte Wulff persönlich vom Hafenkapitän empfangen, der ihn auch gleich wieder erkennt, doch geflissentlich den Zustand des seekranken Dänen übersieht. „Ich habe wichtige Nachrichten für den Polizeichef, danach muss ich zum Kronprinzen. Es geht um Leben und Tod." „Heute scheint ja so manch einer in allergrößter Eile zu sein. Vor zwei Stunden erst landete hier ein Boot aus Kopenhagen, mit dem nur eine halbe Stunde später der amtierende Garnisonskommandant von Müller in allergrößter Eile in Richtung Ystad wieder ablegte." „Oberstleutnant von Müller ist ein Mörder und Verräter, er sollte verhaftet werden. Können Sie hinter ihm her, Herr Hafenkapitän?" „Das zu veranlassen befindet sich gänzlich außerhalb meiner Befugnisse. Aber wir haben ja genug andere Entscheidungsträger hier in der Stadt. Die Korvette „Prinz Oskar" macht sich auch schon segelfertig, morgen geht es auf Besuch zu euch..." „Lassen Sie uns schnell den Polizeichef aufsuchen." Und ab donnert der Zweispänner des Hafenkapitäns stadteinwärts. Auf die Fragen des Hafenkommandanten antwortet Wulff nur kurz mit: „Müller ist ein Hochverräter und versuchter Königsmörder".

Im Kontor des preußischen Gesandten sind außer diesem noch die Legationsräte von Alteman und von der Spree zugegen. Die Nachrichten über die Verhaftungswelle, und besonders jene über die so hochgestellten Verschwörer, haben sich schnell ausgebreitet. Der Gesandte hat diese Neuigkeit mitsamt verschiedenartigen Interpretationen von einem gemeinsamen Essen mit Kollegen mitgebracht. Er scheint offensichtlich überrascht zu sein, zumindest von dem Umfang der Verhaftungen. Sein Vertreter von Alteman kommt ebenfalls ganz aufgelöst von einer Unterredung mit dem Hauptpastor von St. Petri, der auch betroffen ist, da einer seiner angehenden Pastoren erst Stunden vorher im Pfarramt verhaftet worden ist. Unter Waffen und an den Händen gefesselt ist er zum Polizeipräsidium eskortiert worden. „Bei dem jungen Geistlichen muss es sich bestimmt um eine Namensverwechslung handeln. Wir müssen uns sofort für ihn verwenden, Herr Gesandter." Doch Graf Donner wendet sich an Spree: „Was sind Ihre Informationen aus der Sonderkommission, Friedrich?" „Ich kann aus der rasch zusammengerufenen Malmöer Runde berichten, dass Kontorchef Olsen ein großer Schlag gegen die Piratenorganisation gelungen ist. Es sind in Handelshäusern, Behörden bis hinauf zum Generalstab, in die obersten Dienststellen hinein Helfershelfer des Verbrecherimperiums dingfest gemacht worden. Zu dem möglichen Kopf der Organisation lässt man sich offiziell nicht weiter aus, doch der Triumph in Olsens Augen weist darauf hin, dass der ganz große

Hieb gelungen ist, beziehungsweise die Operation noch am Laufen ist. Man munkelt unter den geladenen Zuhörern, dass ein Anschlag auf den schwedischen Thronfolger aufgedeckt worden sei. Doch Olsen hat dies nicht bestätigt, jedoch auch nicht dementiert. Von seinem Vertreter Wulff, der ansonsten stets zugegen war, übrigens keine Spur. Das lässt die Vermutung zu, dass die Operation noch nicht abgeschlossen ist. Die Vorbereitungen für den Besuch des Schweden laufen unverändert." „Meine Herren, wir müssen in der Gesandtschaft noch einmal alle internen Sicherheitsvorbereitungen überprüfen, Herr von Alteman. Ich hoffe, dass außer diesem unglückseligen Gleiser sich kein Kuckucksei mehr in unserem Nest befindet und zukünftig noch für Unruhe sorgt. Aber sicher ist sicher. Auch beim Schutz unserer Wohnbereiche rate ich zu erhöhter Wachsamkeit. Eine fertig geladene Pistole in Reichweite erhöht zumindest das Sicherheitsgefühl. Allerdings dürfen wir morgen zum Essen mit dem Thronfolger keine Waffen am Mann tragen, ansonsten kassieren uns General Bülow und seine Wachen. Sie sind doch auch dabei, Fritz?" „Ja, Exzellenz, auch zur Fuchsjagd. Bei letzterer werde ich vielleicht nicht teilnehmen, es fällt eh nicht weiter auf." „Nichts da, es besteht kein Grund, eine Jagd abzusagen, wenn man schon einmal vom Erbprinzen persönlich eingeladen wird. Ich hörte, dass als eine Art versöhnliche Geste selbst der französische Gesandte mit einem seiner Diplomaten eine Einladung erhalten haben soll. Ja, die kameradschaftliche Gemeinschaft von Jägern versöhnt selbst über tiefe Gräben hinweg. Was soll es auch, schließlich haben wir den Franzosen keinen Krieg erklärt, sondern das Schicksal hat es so über unsere Köpfe hinweg bestimmt." Graf Wilhelms Augen leuchten. Bei dem Gedanken an Gesellschaftsjagden vergisst er leicht die anderen Aufgaben. Zumindest erscheint es seinem Vertreter so, der zu Spree gewandt die Augen nach oben verdreht.

Die Nachricht an die Komtesse lautet kurz: „Jetzt liegt alles in deinen Händen. Spanne PL für dich ein. Ich liege am Treffpunkt bereit." Unten auf dem Blatt kann sie die undeutlich verschnörkelten Initialen erahnen „LRvM": Lars Rutger von Müller. Aber was soll sie mit dem französischen Diplomaten Pierre Latour anstellen, dessen Name sich fraglos hinter dem Kürzel PL verbirgt? Gewiss, der französische Diplomat ist immer noch insgeheim Anhänger Napoléons und hofft auf die Rückkehr der Kaisertreuen an die Macht. Sein Vater ist als Artillerieoffizier von Bernadottes Kavallerie in Leipzig überrannt und zum jämmerlich dahin siechenden Kriegsinvaliden gemacht worden. Seitdem empfindet Latour eine Art von Familienhass gegen alle Bernadottes, die nach seiner Meinung Frankreich verraten und damit allein schon den Tod verdient haben. Das weiß die Komtesse alles von ihrem Chef und Liebhaber Müller, auch dass Latour im Kriege Scharfschütze war, der erfolgreich hinter den feindlichen Linien eingesetzt wurde. Jetzt ist mit der Verhaftung des Barons und zahlreicher seiner Handlanger der raffiniert eingefädelte Plan, den schwedischen Thronfolger bei seinem Besuch auf Seeland zu beseitigen, vereitelt worden. Sie, die einzige Frau im Führungskreis der Verschwörer, soll nun das vollstrecken, was die Männer zurzeit nicht mehr realisieren können. Aber mit welchen Mitteln? „Hol ihn doch der Teufel", flucht die schöne Komtesse vor sich hin. Sie meint damit Lars Rutger von Müller, der sie jetzt mit dieser riesengroßen Verantwortung allein lässt.

-8-

Jägersborg Hirschpark, nur eine gute Viertelstunde per Kutsche oder zu Ross von Schloss Charlottenburg entfernt, ist der Schauplatz der Fuchsjagd, zu dem Erbprinz Christian als der offizielle Gastgeber des schwedischen Kronprinzen diesen, dessen Begleitung, Jagdgäste vom Hof und aus den Reihen des Diplomatischen Korps geladen hat. Für zahlreiche der Herren und auch zweier teilnehmender Damen ist dies der Höhepunkt des Besuchsprogramms, sofern sie passionierte Jäger sind. Oberforstmeister Klampenborg-Dannesvord bittet die hohen Gäste zur Fortsetzung der Jagd, nachdem sie auf der Terrasse des Jagdschlosses einen Imbiss eingenommen haben. Friedrich Spree wird das erste Mal von Kronprinz Oskar persönlich in ein Gespräch verwickelt, nachdem der schwedische Diplomat Bille den jungen Preußen in die Nähe manövriert und vorgestellt hat. Der Thronfolger ist ähnlich wie Erbprinz Christian eine sehr gut aussehende Person mit männlich schönen Gesichtszügen, der auch ohne seine prinzliche Abstammung ein Blickfang für die Damen ist. Bisher gab es über die knapp protokollarische Vorstellung hinaus gehend kein persönliches Wort an den Mann, der seinem Vater bereits zweimal unter Einsatz seines Lebens aus gefährlicher Lage geholfen hat. Hätte das Schicksal es so gewollt, dann wäre Oskar heute schon König oder unter schlechten Bedingungen Opfer eines neuen Putsches in Schweden geworden. Aber den jungen Bernadotte interessiert auch offensichtlich mehr, wie weit man in Berlin demokratische Reformen weiter voran treibt und an die Beseitigung der Armut unter der Arbeiterschaft herangeht. Diese sozialen Themen scheinen ihn tatsächlich ernsthaft zu beschäftigen und sind keine oberflächlich gestreiften Themen. Und außerdem, und ganz so wie allseits bekannt, gilt das prinzliche Interesse der jungen Damenwelt und modischen Erscheinungen in Preußen. Spree hat von allem genügend Kenntnis persönlich erworben oder angelesen, um den zukünftigen schwedischen Herrscher mit wohl formulierten Worten ins Bild zu setzen. Sorgfältig vermeidet er dabei jeglichen Anflug von persönlicher Kritik an der preußischen Krone, die wie andere europäischen Dynastien immer wieder versucht, zum Absolutismus zurückzukehren, dabei beinahe furchtsam in sozialen Veränderungen den Anfang vom Ende aller Monarchien betrachtend. In Wirklichkeit sieht Spree es aber ähnlich kritisch wie sein Gesandter, dass gerade in Preußen die Reformer leider wieder auf dem Rückzug sind. Doch der junge Prinz überrascht den Preußen mit seinen umfassenden und liberalen Kenntnissen und seine ganz persönliche Auffassung dazu, die den seinen sehr verwandt sind. Offensichtlich hat der schwedische Thronerbe noch mehr als ausschließlich Frauen und Jagd im Sinn. Sein klares und melodisches Französisch ist für Spree gut zu verstehen. Im Gegensatz ist der Gascogner Dialekt von König Karl Johan schwer verständlich; aber zum Glück für den Preußen bestand die Konversation stets nur aus wenigen Sätzen. Während die Jäger wieder zu ihren Pferden gehen, ruft Prinz Oskar noch: „Sie müssen uns unbedingt einmal in Stockholm besuchen, lieber Freund. Bleiben Sie jetzt direkt bei mir." Der von so viel unerwarteter Aufmerksamkeit und Ehre verdutzte Friedrich Spree besteigt seinen Hengst und bleibt eine halbe Länge hinter dem Ehrengast, um ihm ja nicht bei der bevorstehenden Jagd in die Quere zu kommen. Hier kommst du zu keinem Schuss, auch recht so, denkt Friedrich und lädt erst gar nicht seine Jagdbüchse.

Am Fuße des Hügels, der zum Schloss „Eremitagen" sich in mehreren Etagen hoch zieht, werden aus drei Käfigen Füchse in die vermeintliche Freiheit entlassen. Alle Tiere streben den Hang aufwärts, gebärden sich teilweise in wilden Sprüngen wie von einem Wespenschwarm gejagt, dabei von den Jagdgehilfen und ihren Hunden verfolgt. Unter den mächtigen Eichen und Buchen sind links und rechts die berittenen Jäger aufgestellt und bilden eine Art Schneise. Die hohen Herrschaften ganz vorn, dahinter ihre Hofchargen sowie die weiteren Jagdteilnehmer ihrem Range entsprechend. Die Signale der Jagdhornbläser erreichen die Ohren der Jäger unmittelbar vor dem Gekläffe der die Füchse verfolgenden Hundemeute. Prinz Oskars Pferd ist unruhig, fühlt die Nervosität seines Reiters und keilt aus, hin zu „Ajax", der von Spree jedoch mit festem Griff hinter den Prinzen dirigiert wird. In diesem Moment fühlt Spree links am Hals einen Schmerz, so als wenn ihm beim eiligen Reiten durch dichtes Gehölz ein Zweig ins Gesicht schnellt. Unmittelbar darauf hinter ihm zwei dicht aufeinander folgende Schüsse. Da wird doch niemand aus der zweiten Reihe den Königlichen Hoheiten vorgreifen wollen? Das Pferd des Kronprinzen bäumt auf und galoppiert den Hang hinab, den Füchsen und der Hundemeute sowie Treibern frontal entgegen. Aus der hinteren Reihe galoppiert der Franzose Pierre Latour - irgendetwas laut schreiend - dem Prinzen nach.
Hinter Friedrich von der Sprees Rücken hat sich gerade im Schatten der hohen Bäume eine dramatische Szene abgespielt. Mathilde von Klampenborg-Dannesvord - als eine der beiden teilnehmenden Damen - hat ihren Bogen, den sie gleich nach dem Aufsitzen mit einem Pfeil gespannt hat, plötzlich angelegt und in Richtung Kronprinz Oskar abgeschossen. Der hat ihr gerade den Rücken in voller Breite zugewandt. Durch das Auskeilen von Prinz Oskars Pferd und den abrupten Positionswechsel von Spree geht der Pfeil daneben, sprich verfehlt den anvisierten Rücken des Schweden. Stattdessen streift er den Preußen am Hals und schwirrt - so abgelenkt - weiter in die Wiese. Mit einem Fluch auf den Lippen hat die Komtesse bereits einen zweiten Pfeil aus dem Köcher gezogen und ist im Begriff zu spannen. Der Österreicher von Kaiser hat blitzartig die Situation erkannt, kann jedoch selbst nicht mit seiner Waffe eingreifen. Er sieht Graf Wilhelm Donner, der seitlich zum Kronprinzen besser positioniert ist, und schreit: „Donner, Achtung, die Amazone schießt!" Der preußische Gesandte erkennt als erfahrener Jäger die für den Kronprinzen gefährliche Situation und feuert beinahe ohne zu zielen sein Gewehr auf die Komtesse ab, die in die rechte Schulter getroffen, dadurch auch mit ihrem zweiten Pfeil das anvisierte Ziel verfehlt. In dieser Situation hat der französische Diplomat Latour, der als Mitverschwörer bereit steht, beim Versagen der Komtesse den tödlichen Schuss auf den verhassten schwedischen Thronfolger abzugeben, seine Büchse an die Wange

gelegt und abgefeuert. In den Schuss hinein setzt Leopold von Kaiser, der auch hier wieder als Erster die neue Gefahr erkennt. Sein Pferd bäumt hoch. Der Schuss des Franzosen fetzt dem todesmutigen Reiter unterhalb der Rippen quer durch den ganzen Körper, tritt mit verminderter Energie aus und bleibt im Sattel von Prinz Oskars Pferd stecken, was dieses aufscheucht und zu panikähnlicher Flucht verleitet. Dem ausgebrochenen Pferd des Kronprinzen hinterher galoppiert der Franzose, von niemandem weiter aufgehalten. Lediglich einer reagiert, wenn auch mit geringer Verzögerung. Das ist Generaladjutant Frantz von Bülow. Er hat gesehen, dass der Franzose sein Gewehr auf den Prinzen gefeuert hat. Schon lange ist es zwar her, dass er persönlich eine Waffe gegen Menschen gezogen hat, doch seine soldatische Ausbildung, gemischt mit beachtenswerter Reaktionskraft des passionierten Jägers, bestimmt sein Handeln. Er reißt seinen Hirschfänger aus der Scheide und jagt hinter den beiden Reitern hinterher, schreit dabei noch nach rückwärts gewandt „nicht schießen!" Nach ein paar gewaltigen Sätzen hat er den Franzosen erreicht und stößt ihm, dabei eine Art von Kampfschrei ausstoßend, das große Jagdmesser tief in die Seite. Latour, tödlich getroffen, schwankt im Sattel, kippt ohne Halt nach links über, bleibt im Steigbügel hängen und wird von dem sich wie rasend gebärdenden und auskeilenden Pferd hinterher geschleift. Vier Leibhusaren von Erbprinz Christians Begleitmannschaft, die dieser hinter Prinz Oskar hinterher beordert hat, haben den Schweden jetzt erreicht und bilden einen menschlichen Schild um ihn. Gibt es da vielleicht noch mehr Attentäter, die noch nicht erkannt worden sind, aber auf der Lauer liegen? Während dieser kurzen Augenblicke, in denen die Aufmerksamkeit der Jagdteilnehmer ganz auf das Geschehen unterhalb von Schloss „Eremitagen" gerichtet ist, gelingt es Komtesse Mathilde auf ihrem Ross in den Wald hinein zu entkommen. Erst mit erheblichem Verzug gibt einer der völlig perplexen Adjutanten den Befehl, die Flüchtige zu verfolgen. Daraufhin galoppieren zwei Husaren hinterher.
Die Füchse und die sie verfolgenden Hunde sind in der Zwischenzeit längst über den Hügel und seitlich zwischen den Bäumen verschwunden. Für den einen oder anderen Reineke ist dies dann tatsächlich ein Lauf in die Freiheit geworden.
In der Zwischenzeit sind sowohl der Kronprinz mit seiner Leibwache als auch der Generaladjutant auf den Vorplatz zum Jagdschloss hinauf getrabt. „Das zweite Mal, dass ich einen ausländischen Diplomaten schlecht behandelt habe, diesmal aber hoffentlich zu Recht", dröhnt Generalmajor von Bülow mit hochrotem Kopf und triumphierenden Blick in die Runde. Dabei steckt er seinen Hirschfänger - noch vorher demonstrativ an der Hose abwischend - zurück in die Scheide. „Ich danke Ihnen, Herr General, für den braven Einsatz", bedankt sich Kronprinz Oskar und drückt Graf von Bülow herzhaft die Hand. Und zum Erbprinzen gewandt: „Und ich dachte schon, welch' eine langweilige Jagd, lieber Cousin."

Niemand außer Wilhelm von Donner hat sich währenddessen um den schwer verwundeten österreichischen Diplomaten gekümmert. Er stützt behutsam den Kopf des tödlich getroffenen Handelsrats Leopold von Kaiser. Der Leibarzt des dänischen Erbprinzen eilt mit seinem Köfferchen herbei, kniet neben dem Verletzten nieder, betastet die Wunden, fühlt nach dem Puls, beugt sein Ohr zu den Lippen herab und schüttelt dann bedauernd den Kopf. „Es ist vorbei." Der Preuße schließt seinem österreichischen Kollegen und Kameraden, der sich heldenhaft geopfert hat, die Augen, die ihn nur noch starr und voller Erstaunen anblicken. Jetzt führt auch einer der Höflinge die beiden Prinzen zu dem auf den Waldboden gebetteten toten Österreicher. Graf Donner erklärt den beiden Hoheiten kurz den Ablauf des Geschehens. „Welch' Tragödie!" Sichtlich bewegt kniet der Schwedenprinz neben dem Toten nieder und hält ihm die Hand. Große Anteilnahme und Erschütterung sind auch Graf Donner tief ins Gesicht geschrieben. Zu Friedrich Spree sagt er: „Dass der Österreicher so ein Held ist. Wer hätte das wohl gedacht. Aber, was haben Sie denn da am Kragen, Fritz? Da bluten Sie ja recht heftig am Hals. Das muss sich doch gleich der Leibarzt auch einmal ansehen. Mit solchen Verletzungen ist nämlich nicht zu spaßen. Das wird vermutlich wohl ein Streifschuss von einem Jagdpfeil dieser mordgierigen Komtesse gewesen sein. Wo ist die überhaupt abgeblieben?" „Armer Poldi, er hat die Weltgeschichte immer mit manipulieren wollen, doch nicht auf solche Art und Weise."

Von See her sind mehrere Kanonenschüsse zu vernehmen. Der Hall rollt über das Wasser den Hügel zum Jagdschloss hinauf. Man erkennt ein Kanonenboot mit wehender dänischer Flagge am Mast. Es hält in rascher Fahrt Kurs in Richtung Helsingör. In schnellem Takt tauchen die Ruderblätter in das Wasser; südöstlicher Wind gibt dem einzigen Segel des Bootes noch weiteren Antrieb. Am Bug ist eine weiße Wolke mit Blitz zu erkennen. Ein paar Sekunden später kommt der Kanonendonner in „Eremitagen" an. Dort draußen, nordöstlich des Fischerhafens Klampenborg, findet ein kleines Seegefecht statt, denn aus der anderen Richtung vernimmt man Abschüsse, die wahrscheinlich auch von einem Boot oder Schiff stammen. General von Bülow hat einen seiner Begleitoffiziere zum Ufer geschickt, um in Erfahrung zu bringen, was sich dort auf See, teilweise außer Sichtweite, abspielt. In der Zwischenzeit ist eine Halbschwadron Husaren aufgesessen, um Erbprinz Christian und seinen königlichen Gast sicher nach Schloss Charlottenlund zu eskortieren. Vorher hatte noch der Erbprinz an General von Bülow die Order gegeben, „den Klampenborg bis zur Klärung seiner Gesinnung zu kassieren." Der Vater der Attentäterin Mathilde Komtesse Klampenborg-Dannesvord wird abgeführt, als hätte man einen Wilddieb im königlichen Hirschpark erwischt. Eine schwere Schmach für ihn, der sich zwar wenig aus der Blutsverwandtschaft zum Königshaus macht, der aber viele Jahre mit Stolz als Forstmeister für die königlichen Forste und Wälder verantwortlich zeichnete. Die Fuchsjagd ist unter tragischen Umständen abgebrochen. Die eingeladenen Diplomaten stehen unschlüssig neben ihren Pferden und Kutschen. Sollen sie hier noch verweilen? Was spielt sich draußen auf der See ab, von wo seit einigen Minuten kein Kanonendonner mehr zu vernehmen ist? Auch das dänische Kriegsschiff ist um die Landzunge herum und nunmehr außer Sichtweite. Lord Doublebridge ergreift in kühlem Eifer das Wort. „Meine verehrten Herren Kollegen, gestatten Sie mir als dem am längsten vor Ort befindlichen Gesandten, dem Doyen, das Wort an Sie zu richten. Wir sind heute Zeuge eines äußerst dramatischen Vorfalls geworden. Ein Attentat auf die Thronerben zweier Reiche und ein Gefecht auf See geben uns den Eindruck, als wären wir tatsächlich wieder mitten im Kriege. Das zu bewerten ist jedoch eine spätere Aufgabe. Wir alle sind von unseren Regierungen hierher entsandt, um die Zustände im Gastland zu beobachten und auch darüber zu melden. Also heißt es für uns Diplomaten weiter vor Ort zu bleiben, um Nachrichten aus erster Hand zu erhalten. Wir haben heute zwei vertraute Kollegen verloren, die ihren tödlichen Wunden erlegen sind. Der eine als Held, der andere mutmaßlich als Verschwörer und Hochverräter. Darüber steht es mir allerdings nicht an dieser Stelle zu, über diesen einen Richtspruch zu fällen. Wir gedenken ihrer beider und übergeben ihre Seelen unserem Schöpfer." Ein zustimmendes Gemurmel hebt an. Danach setzen sich die meisten der Diplomaten in Kutschen oder zu Pferd zum Ufer des Öresunds hin in Bewegung. Graf Donner und sein Attaché Spree indessen kümmern sich um den Abtransport des armen Österreichers, der wegen Verhinderung seines Chefs als einziger Vertreter seiner Gesandtschaft geladen war. „Schauen Sie, Fritz. Hier liegt noch der Jagdbogen von Mathilde Klampenborg, ebenso der Köcher voller Pfeile. Das nehmen wir alles mit."

Die beiden Preußen begleiten das Gespann mit dem Leichnam des Handelsrats zur österreichischen Residenz, wo sie vom bestürzten Gesandtschaftspersonal in Empfang genommen werden. Leopold Eugen von Kaiser selbst hat keine Angehörigen hier in Kopenhagen, so dass die beiden betretenden Männer keine weinende Witwe erwartet, der sie diese traurige Nachricht überbringen müssen. Reichlich erschöpft reiten Donner und Spree nach ihrer traurigen Pflichterfüllung weiter zur Bredgade. Gräfin Wilhelmine begrüßt sie bereits voller Ungeduld am Eingangstor. Die Nachricht und einhergehende Gerüchte von den tragischen Geschehnissen im Hirschpark und auf dem Sund haben bereits die Runde gemacht. Von dem Ausgang des Seegefechts hat Legationsrat von Alteman noch keine konkreten Nachrichten, doch hat er Oberschreiber Schröder zum Bürohaus der „Berlingske Tidende" geschickt, um dort die neuesten Informationen aufzuschnappen. Graf Donner schildert die Ereignisse im Hirschpark, immer wieder wird er dabei von seiner Frau oder seinem Vertreter unterbrochen. Die Gräfin bewahrt trotz der aufregenden Nachrichten einen kühlen Kopf. „Ja, in einem Hagel von Pfeilen trifft es selbst den kühnsten Helden, wie uns schon die Sagen der Antike berichten. Aber selbst die sind sterblich. Sie sehen sehr ermattet und blass aus, Fritz." Sie fühlt nach seinem Puls. „Der rast wie verrückt. Ich schicke nach unserem Arzt, auf dass der Sie genau untersucht und behandelt." „Ach, nicht der Rede wert, nur eine kleine Schramme. Ich ruhe mich ein wenig aus, und dann wird es bestimmt bald wieder besser. Seien Sie unbesorgt, verehrte Wilhelmine." „Keine Widerrede, mein Junge, hier geblieben!"

Der dänische König ist außer sich vor Zorn. „Wie konnte das nur passieren? Erst das Attentat auf Karl Johann, jetzt auf seinen Erben. Als wenn wir Dänen eine Bande von Meuchelmördern wären! Diese Mathilde muss gefunden werden. Ich will, dass sie bestraft wird. Welch' eine Schande für unser Haus. Ist dem Erbprinzen etwas geschehen? Sprechen Sie schon, Bülow!" „Nein, Majestät. Aber Euer Majestät haben vollkommen Recht. Der Anschlag hätte ebenso Prinz Christian gelten können. Dieser verrückte Franzose hatte es offensichtlich aber nur auf Kronprinz Oskar abgesehen. Die Anhänger des längst verstorbenen und in der Ferne begrabenen Bonaparte werden noch lange Unruhe stiften. Bis sie zurück an der Macht sind oder aber der letzte von ihnen ausgestorben ist." „Haben wir Nachricht über den Ausgang des Seegefechts, Bülow?" „Majestät, es kommt gerade ein Bote." Es ist der Offizier, den Bülow zum Ufer des Öresunds geschickt hat. „Majestät. Unser Kriegsschiff hat den Schweden, eine Art Kanonenboot mit vier Geschützen, nach heftiger Gegenwehr versenkt. Der Schwede lag nördlich von Klampenborg vor Anker und wartete offensichtlich auf jemanden..." „Und weiter?" „Majestät, man hat drei Überlebende aufgefischt. Und ein paar Tote. Es ist offensichtlich, dass Eurer Majestät ehemalige Adjutant Lars Rutger von Müller das Schiff befehligte und er die Komtesse Klampenborg unterhalb des Hirschparks an Bord genommen hat. Ein Kommando ist jetzt noch dabei, das Ufer abzusuchen. Bisher hat man nur eine zerrissene Jagdkleidung von der Komtesse gefunden. Aber ansonsten keine weiteren Anzeichen von dem Müller oder der Komtesse. Doch, das Pferd der Komtesse ist eingefangen worden. Auf der Satteldecke waren größere Blutflecken." „Haben wir eigene Opfer?" „Ja leider, Majestät. Der Schwede hat den Mast unseres Bootes mit einem Schuss abrasiert und drei Matrosen tödlich getroffen. Auch unter der Wasserlinie sollen Treffer sein. Das Boot wird gerade zurück zum Holmen geschleppt." „Danke, lassen Sie uns jetzt allein. Bülow, wie konnte das geschehen? Die Mathilde, nicht zu fassen! Ich habe sie fast so geliebt wie eine eigene Schwester. Was haben wir, was habe ich bloß falsch gemacht?" „Majestät, mit allem gehorsamsten Respekt. Darüber können wir noch lange nachdenken und werden wahrscheinlich niemals zu einer schlüssigen und umfassenden Erklärung kommen. Jetzt sind eigentlich nur zwei Dinge von Bedeutung: Nämlich, ist damit der Kopf der Piraterie zerschlagen und dieser Spuk endgültig vorbei, und zweitens, welche Auswirkungen hat dieser Vorfall auf die dänisch-schwedischen Beziehungen? Was ist mit den persönlichen Plänen Eurer Majestät?" „Lieber Graf Bülow, das alles ist schier zu viel für mich. Ich benötige Zeit, Ruhe, muss erst wieder zur Besinnung gelangen. Lassen Sie den Erbprinzen machen. Halten Sie mich auf dem Laufenden, adieu."

Ganz anders als ihr Herrscher sind die Ermittler um Niels Olsen indessen in Hochstimmung. Mit der Ausschaltung des Chefpiraten Lars Rutger von Müller sehen sie sich am erfolgreichen Ende ihrer Aufklärungsarbeit. Mit dieser Nachricht können sie die Inhaftierten weiter ausquetschen und bald die volle und reine Wahrheit erfahren. Der Baron ist unterdessen durch Selbstmord den weiteren Verhören entkommen. Jetzt erinnert sich Major Wulff wieder an dessen letzte Worte: „Der König wärmt diese Natter an seinem eigenen Busen." Gemeint war Komtesse Mathilde, die Blutsverwandte des Königs. Selbst bis an den Thron Seiner Majestät sind Verrat und Verschwörung gelangt. Aber, geht es dem kritischen Wulff durch den Kopf, es war schließlich der König selbst, der vor etwa 15 Jahren mit der Ausstellung der Kaperbriefe die Saat ausgelegt hat. Und noch jetzt erreicht ihn die Ernte, wenn auch diesmal gänzlich ungewollt.

Die weitere Nachsuche am Ufer des Öresunds ergibt noch, dass zwei Überlebende des schwedischen Schiffs, die sich schwimmend ans Ufer gerettet haben, halbtot aufgefunden worden sind. Dazu noch drei weitere angeschwemmte männliche Leichen, außerdem allerlei Wrackteile; aber keine sonstigen Funde die Komtesse oder von Müller betreffend. Das dänische Kanonenboot ist unmittelbar vor Erreichen der Hafenanlagen abgesoffen, allerdings nur bis zur Reling, da das Wasser an der Stelle sehr flach ist. Trotz der personellen und materiellen Verluste ist die dänische Marine über diesen Sieg sehr zufrieden und es gibt dem weiteren Ausbau der Kanonenboot-Flottille bestimmt positiven Auftrieb.

-9-

Rostock ist der Hafen an der mecklenburgischen Ostseeküste, von dem sich Henning und Elisabeth auf einem Postschiff nach Kopenhagen eingeschifft haben. Vor zwei Tagen haben sie auf Falckenhain per Eilboten die von Graf Donner versandte Nachricht erhalten, dass ihr Freund Friedrich nach einer Verletzung ganz plötzlich schwer erkrankt ist und womöglich mit dem Tode kämpft. Er hat in der durch einen Pfeilschuss verursachten Wunde am Hals zuerst eine nur unbedeutende Infektion bekommen. Urplötzlich traten lebensbedrohend hohes Fieber und Lähmungen auf. Henning Falckenhain hat aus Berlin einen auch für das preußische Königshaus praktizierenden Wundarzt mitgenommen, den er bei Hofe kennen gelernt hat. Besagter Doktor namens Johannes Weiss ist eine Kapazität in der Behandlung von schweren Infektionen, so wie man sie zuhauf nach Verletzungen im Krieg, bei der Landarbeit oder im Fuhrbetrieb vorfindet. Der Arzt hat nach dem großen Krieg in Europa drei Jahre lang in Madrid verbracht und sich mit seinen spanischen Kollegen der Wundbehandlung und Tropenmedizin verschrieben. Die Spanier als die größte Kolonialmacht und mit der umfassendsten medizinischen Erfahrung haben in den vergangenen drei Jahrhunderten auch die Behandlung der Eingeborenen durch deren Medizinmänner studiert. Trotz massiver Zweifel und Proteste aus der eigenen heimischen Ärzteschaft haben sie Heilmethoden und Medikamente der amerikanischen Ureinwohner in ihre Hospitäler und Praxen mit übernommen. Dabei haben die spanischen Tropenmediziner mannigfaltig an Erkenntnissen und Heilmethoden gewonnen, von denen der preußische Arzt Weiss Anwendung macht, und zwar mit beachtlichem und anerkanntem Erfolg.
Nach der Landung in Kopenhagen eilen die drei unverzüglich in die preußische Residenz. Bei Graf Donners Schilderungen über Sprees Krankheitssymptome nickt der Arzt mehrmals bedeutungsvoll. „Können Sie helfen, Doktor?", fragt Henning. „Möglich, doch wir sollten keinen weiteren Aufschub dulden, damit ich endlich den Patienten sehen kann. Heute ist bereits der 15.Tag nach seiner Verletzung. Wo ist der Rittmeister eingeliefert, und welche Probleme erwarten mich womöglich im Umgang mit den dänischen Kollegen, in deren Kompetenz ich mich wohl oder übel werde einmischen müssen?" „Ich begleite Sie sofort, meine Herren. Wir nehmen einen Dolmetscher unserer Gesandtschaft mit. Komtesse Elisabeth wird sich bestimmt erst

einmal von der Reise erholen wollen." „Nein, meine Herren, wenn ich die lange Reise schon unternommen habe, dann schaffe ich auch noch die letzten paar Schritte ins Hospital." Und keinen Widerspruch duldend erhebt sich die Komtesse. Ihr Gesicht ist vor Aufregung und Eifer gerötet, der stramm geschnürte Busen wogt vom heftigen Atmen. „Auf, meine Herren!" Henning schmunzelnd zu Graf und Gräfin Donner: „Ganz Vaters Tochter, immer helfen wollen, und das auf der Stelle; aber da gibt es bestimmt noch einen wichtigeren und sehr persönlichen Grund für meine Schwester."

Beim Anblick des Kranken sind die beiden Falckenhains zutiefst erschrocken. Friedrich sieht ausgemergelt aus, tiefe Furchen geben seinem stoppelbärtigen Gesicht die Züge eines zu frühzeitig gealterten Mannes. Die dunklen Ränder unter den Augen haben etwas Gespenstiges. Sein Gesicht ist schweißnass, in die Stirn hinein hängen wirr die braunen Haarsträhnen. Er wendet sich unruhig auf seinem Krankenlager und scheint gerade wieder einmal zu phantasieren. Elisabeth, die noch das Schwanken des Schiffes, das sie erst vor zwei Stunden verlassen haben, in den Knochen verspürt, knickt in den Knien ein, muss sich am Arm ihres Bruders festhalten. Was ist nur mit ihrem geliebten Fritz geschehen, in welchem erbarmungswürdigen Zustand trifft sie ihren angebeteten jungen Helden an? Wo ist sie hier bloß gelandet, ist das Wirklichkeit oder befindet sie sich in einem bösen Traum? In dem Krankensaal stehen in Doppelreihe noch weitere elf Betten, alle sind belegt. Der Raum wirkt insgesamt zwar aufgeräumt, aber es riecht, nein es stinkt nach Desinfektionsmitteln, menschlichen Ausdünstungen und Ausscheidungen. Zwei Krankenschwestern wieseln um die Krankenlager herum, bringen gerade Getränke zu den Patienten, die offensichtlich unter der überraschenden Frühlingswärme und drückenden Schwüle leiden, welche durch die Fenster herein wabbert. Es ist wohl auch gerade wieder einmal Besuchszeit, so dass ganze Familien um die Betten herumstehen oder darauf sitzen und durcheinander schnattern. Doktor Weiss zieht einen Paravent vor das Bett, um Friedrich Spree von den Blicken der weiteren Anwesenden abgeschirmt, untersuchen zu können. „Der Patient befindet sich in einem instabilen Zustand. Die Bedingungen in diesem Raum sind denkbar ungünstig für eine Erfolg versprechende Therapie. Er benötigt zu allererst absolute Ruhe, Versorgung rund um die Uhr, ergänzend Stärkungspräparate zu meiner Medizin und frische Luft. Wo können wir das arrangieren, Herr Gesandter?" Graf Donner schaut etwas betreten drein. Er hatte seinen Attaché bisher noch nicht ein einziges Mal im Hospital aufgesucht, sondern alles den dänischen Medizinern überlassen und sich mit Informationen nur aus zweiter oder dritter Hand zufrieden gegeben. Weshalb er nicht persönlich vorbeigeschaut hat, das kann er jetzt selbst nicht einmal sagen. Auch Henning von Falckenhains bohrender, ja zurechtweisender Blick macht ihm auf einmal klar, was er in den vergangenen Tagen an Fürsorge für einen seiner Untergebenen und treuen Freund der Familie verabsäumt hat. Henning sieht mit größtem Erschrecken, wie die Fangarme des Todes sich schon um den Hals seines Freundes legen und sich daran festsaugen wollen. Wie kann so eine vermeintlich geringfügige Verletzung diesen Mann zu Boden zwingen, so wie das Gift einer Viper? Seine Gedanken gleiten zur eigentlichen Verursacherin dieser Tragödie. Er sieht das fast überirdisch schöne, aber überheblich lachende Gesicht der Komtesse Mathilde vor seinen Augen. Der Gedanke an diese Hexe lässt seine Züge vor Wut entgleisen. Der reumütige Wilhelm Donner bezieht diesen Ausdruck der Wut auf sich, beginnt vor Verlegenheit etwas unverständlich zu erklären, was Henning zur Seite wischt. „Doktor, ist der Patient transportfähig? Falls ja, so bringen wir ihn nach dem Gutshof unseres hiesigen Reedereiagenten. Dort ist auch Quartier für uns alle und ebenso für das Pflegepersonal, das wir benötigen werden. Ich werde gleich nach Herrn Jensen schicken lassen, der sich um das Notwendige kümmern wird." Er ist es seinem Freund und Lebensretter Friedrich schuldig, alles Menschenmögliche zu tun. Wie hat Spree sich damals mit der Pistole in der Faust über die Reling des Piratenschiffs „Oskar Grönlund" geschwungen, um ihn und Agneta Lundquist aus den Händen der Entführer zu befreien. Oder im Bernauer Wald, im Kampf gegen die Wilderer, als er schon einmal sein Leben für ihn riskierte. Nein, Friedrich Spree darf hier nicht wegen einer Lappalie sterben. Auf ihn wartet noch ein ganzes Leben. Er benötigt ihn, der Vater und zwei Schwestern, die ihn beide, oder gar alle drei, von Herzen lieben und gern zum Manne nehmen möchten. Und selbst wenn es nicht dazu käme, so ist Fritz auf jeden Fall ein Mitglied der Familie geworden. Also, der renommierteste Arzt, den es für seinen Freund gibt, und den er daher aus Berlin hierher gebracht hat, der muss jetzt zeigen, dass er seine Kunst versteht und sein Geld wert ist.

Im Stadthospital kommen der Berliner Arzt und seine Kopenhagener Kollegen überraschend gut miteinander zurecht, es gibt überhaupt kein ernsthaftes Kompetenzgerangel. Das liegt zum einen daran, dass die dänischen Ärzte bei Friedrich Spree mit ihrem Latein und praktischem Vermögen am Ende sind und durchaus andere Behandlungsmethoden und einen Stationswechsel zu akzeptieren bereit sind. Zum anderen geben sie nun mit der Entlassung aus dem Spital einen großen Teil ihrer Verantwortung für den ausländischen Patienten ab, nach dessen Gesundheitszustand sich täglich der Hof, die preußische und schwedische Gesandtschaft erkundigen und der Ärzteschaft im Nacken hängen.

Die von Kontorchef Niels Olsen geleitete Sonderkommission steht nach den grandiosen Erfolgen gegen das Piratenunwesen am Ende ihrer Mission und damit auch vor der Auflösung. Olsen muss sich zum abschließenden Rapport mit Graf Kaas im Schloss Frederiksberg einfinden. König Frederik ist dort mit seinem Adjutantenstab versammelt. In feierlicher Zeremonie erhalten die Herren direkt aus der Hand Seiner Majestät das Kommandeurkreuz beziehungsweise Ritterkreuz des Dannebrog-Ordens an die Brust geheftet. „Ich bin trotz aller schrecklichen Vorkommnisse, die wir nicht zu verhindern wussten, stolz auf die Leistungen unserer Ordnungskräfte. Wir haben wieder einmal bittere Lektionen lernen müssen, sind zutiefst enttäuscht; aber das Leben geht weiter, muss einfach weiter gehen. Unser Reich wird stärker hieraus hervor gehen. Wir haben mit dem Ausmerzen der Piraterie unseren Anteil bei der Befriedung des Ostseeraums geleistet und können mit erhobenem Haupt in der Gemeinschaft der Ostsee-Staaten den uns gebührenden Platz einnehmen." Den vor Stolz und Aufregung ganz rot im Gesicht angelaufenen Olsen fragt der König: „Olsen, gibt es noch irgendwelche Spuren von diesen Unglückseligen?" „Nein, Euer Majestät. Außer ein paar Kleidungsstücken sind keine Spuren von Komtesse Mathilde oder Oberstleutnant von Müller vorhanden. Ihre Leichen mögen vielleicht erst bei den Herbststürmen vom Grunde des Öresunds an Land gespült werden." Olsen nennt die Namen der Verbrecher und Meuchelmörder immer noch ganz formell; denn er ahnt, dass sein Monarch sich trotz ihrer Schandtaten und ihres Verrats diesen beiden immer noch irgendwie zugetan ist. Und richtig, denn zu Graf von Bülow gewandt befiehlt der König: „Bülow, Sie stehen mir dafür, dass wenn immer die Leichen auftauchen, sie trotz allem ein christliches Begräbnis erhalten. Wir waren beiden Menschen einstmals sehr zugetan." Und mit diesen Worten beendet der König abrupt die Zeremonie. Sichtlich bewegt begibt sich Seine Majestät hinaus über die Terrasse an seinen Lieblingsort, den Park von Frederiksberg, dessen Flora sich zu dieser Jahreszeit in üppiger Blüte präsentiert. Schon seit vielen Jahren gewährt diese Umgebung Frederik VI. innerliche Ruhe und Kraft, wann immer er ihrer bedarf, und in dieser Stunde ganz besonders. Er lässt einen Chefadjutanten zurück, der sich in der letzten Zeit zum schlichten Hofgeneral degradiert fühlt. Viele Jahre hat er benötigt, um das absolute Vertrauen des Königs zu gewinnen und sich größeren Einfluss als der Regierungschef verschafft. Dabei hat er über seinen Monarchen den Schirm des Gottesgnadentums gehalten und sich darunter auch seinen Platz geschaffen. Und von dem, so gedenkt er, will er ohne Gewalt auch nicht weichen.

Dem preußischen Arzt gelingt es unter Hilfe seiner aus Berlin mitgeführten Spezialmedizin nach knapp einer Woche, das hohe Fieber des Patienten mit Erfolg zu bekämpfen. Nur in einer Nacht gerät der Patient in eine kritische Phase mit extrem hohen Fieber, in der beide, Elisabeth und der Arzt nicht vom Krankenbett weichen. Zwei extra eingestellte Krankenschwestern wechseln sich in Tag- und Nachtschicht mit der Betreuung ab. Am achten Tag nach der Verlegung vom Hospital in die Schwedenvilla öffnet Doktor Weiss erneut die brandig aussehende Halswunde und schneidet das infizierte Gewebe drum herum weg. Friedrich Spree ist nun wieder ständig bei vollem Bewusstsein und nahezu fieberfrei. Er erkennt seine Besucher und unterhält sich bereits mit ihnen. Beim Sprechen und Essen hat er jedoch noch starke Probleme mit seiner versteiften Kau- und Gesichtsmuskulatur. Das lange Liegen hat ihn insgesamt ermattet, hat auch seine ansonsten athletische Muskulatur etwas zum Erschlaffen gebracht, besonders im Rückenbereich. „Die Starre wird mit der Zeit verschwinden, vielleicht nicht gänzlich, aber durch gezielte Heilgymnastik kann über die Zeit hinweg der alte körperliche Zustand wieder hergestellt werden, Herr Rittmeister. Vielleicht empfiehlt sich auch eine Kur in einem Heilbad." „Haben Sie vielen, vielen Dank, lieber Doktor. So kann er mir wenigstens nicht so schnell wieder davon eilen", meldet sich Komtesse Elisabeth zu Wort. Sie verbringt täglich auch weiterhin mehrere Stunden an Friedrichs Krankenbett und liest ihm aus den Werken deutscher und französischer Schriftsteller vor. Und ihrem Friedrich flüstert sie ins Ohr: „Schon sehr bald wirst du aus dem Krankenbett entlassen. Dann verbringen wir eine gemeinsame schöne Zeit hier in unserem Schwedenhaus, draußen im Garten und auch am Wasser, mein Liebster. Aber ich werde dir dann ein Halsband anlegen, damit du mir nicht wieder fort läufst, du kleines dummes Hundchen." „Und du bist mir gar nicht böse wegen der Matti?" „Ach, du Dummer! Einen Mann wie dich oder meinen Bruder Henning, diesen Hallodri, kann eine einzelne Frau gar nicht allein für sich haben, zumindest nicht, solange ihr Schufte noch ledig seid und der Kopf voller Flausen ist." Und etwas spitz ergänzt sie: „Und ausschließlich dir allein hat sie ja wohl auch nicht gehört?", und damit scheint sie das Thema auch nicht mehr anschneiden zu wollen. Friedrich ist es ebenfalls ganz recht so.

Und eine Woche später sitzt Elisabeth tatsächlich mit ihrem Friedrich zum ersten Mal draußen auf einem der geräumigen Balkone des Schwedenhauses. Die tiefen Ringe unter seinen Augen sind fast verschwunden, auch die hohlen Wangen füllen sich allmählich. „Jetzt siehst du fast wieder wie ein Mensch aus", ist Elisabeths Kommentar zu Friedrichs Äußeren, was dieser mit sehr gequältem Lächeln quittiert. „War es wirklich so schlimm?" „Noch schlimmer, du Gespenst!"

Der Doktor wollte eigentlich schon zurück zu seinen anderen Patienten nach Berlin, doch Graf Henning hält ihn noch zurück, damit sein Freund die bestmögliche Versorgung erfährt und das eventuelle Risiko eines Rückfalls gar nicht erst eingegangen wird. Denn schließlich macht er sich nicht nur Sorgen um einen sehr guten Freund und Kameraden, sondern auch um seinen zukünftigen Schwager. Das ist zumindest sein fester Plan, diese beiden jungen Menschenkinder nunmehr für immer und ewig zusammen zu bringen.

Im Labor des Kopenhagener Hospitals hat der Berliner Mediziner die Pfeile aus Mathilde Klampenborgs Köcher verschiedenen Tests und Untersuchungen unterzogen. Mehrere der Pfeile sind speziell präpariert worden. Die Eisenspitzen sind mit einem noch unbekannten Pflanzengift zusammen mit den Ausscheidungen von Pferd und Rotwild eingerieben worden. „Ein besonders gefährliches Gemisch, um auch schon bei geringfügigen Verletzungen schwere, teilweise tödliche Infektionen zu verursachen. Einfach teuflisch, schon im Mittelalter als biologische Kampfführung eingesetzt, aber wir Mediziner werden gewiss einmal ein wirksames Gegenmittel entdecken. Nur alles braucht eben seine Zeit."

An die Wiederaufnahme seines Dienstes in der preußischen Gesandtschaft ist für Legationsrat Friedrich von der Spree noch lange nicht zu denken. So kommen Henning und Elisabeth auf die Idee, gemeinsam mit Fritz nach Falckenhain zu reisen. Dort kann der Rekonvaleszent außerdem seine Genesung in der Nähe des so erfolgreichen Berliner Chirurgen Weiss fortsetzen. Und, so denkt Elisabeth auf jeden Fall, können sie beide sich in vertrauter Umgebung noch näher kommen. Die Zustimmung des Gesandten für einen längeren Urlaub nebst Heilkur ist auch bald eingeholt. Die Donners sowie sein bayrischer Freund und Kollege Florian von Busch bitten Friedrich, nun, da er bedeutend näher am geplanten Hochzeitsort weilen wird, doch gemeinsam mit Komtesse Elisabeth zur geplanten Doppelhochzeit nach Pyrmont zu kommen. Die soll genau am Tage des Sommeranfangs stattfinden, und zwar unter dem beinahe heidnischen Motto: „Am Mittersommernachtstag gefreit, weder Braut noch Bräutigam im Hause Thor oder Donner gereut." Nun ja, wem das gefällt. Wilhelmine, die mit ihrem einfachen Grafen ein glückliches Leben führt, muss es wissen, denn auch sie hatte damals in den Zwanziger Tagen des Monats Juni, also zu Sommerbeginn, geheiratet und möchte ihr Glück auf die Töchter übertragen. Den angehenden zweifachen Schwiegervater Wilhelm Donner plagt in der Tat aber noch sein schlechtes Gewissen wegen seines so wenig fürsorglichen Umgangs mit dem schwer verletzten Friedrich Spree. Was wäre mit ihm wohl geschehen, wenn nicht Henning Graf Falckenhain und seine Schwester mit diesem tüchtigen Arzt aus Berlin die Initiative zur Rettung unternommen hätten? Hätte der Verletzte auch im Stadthospital überlebt oder wäre er gar wie der unglückselige Leopold von Kaiser ein Opfer dieses perfiden Mordkomplotts geworden? Nicht auszudenken!

Ein paar Tage später ist es Zeit für den Abschied von Kopenhagen, vielleicht auch ein letztes Mal für Friedrich Spree, denn bereits schon zum Spätsommer oder spätestens im Herbst soll er auf einen anderen diplomatischen Posten versetzt werden. In Berlin soll er sich deshalb bei der Personalabteilung zu einer Vorsprache einfinden. Und sein Genesungsurlaub - verbunden mit dem regulären Urlaub noch vom vergangenen und dem laufenden Jahr - geht erst einmal bis Mitte August. Ob es sich dann noch überhaupt lohnt, ihn für ein paar Wochen zurück in die dänische Hauptstadt zu schicken, das wird sich dann zeigen. Zumindest hat ihm das sein Chef so angekündigt. Will man ihn hier vielleicht loswerden wegen seiner Verbindung zu Komtesse Mathilde Klampenborg, geht es Spree durch den Kopf. Denn sollte man sie einst lebend oder tot finden, so wird der ganze Fall bestimmt noch einmal gerichtlich und gewiss auch über die Presse aufgerollt werden. Der junge preußische Diplomat mag dann möglicherweise da tiefer hinein gezogen werden, als ihm lieb ist. Aber was soll's, geschehen ist geschehen. Und in den Adern eines jungen Mannes fließt nun einmal kein Wasser sondern Blut, auch wenn er zum diplomatischen Korps gehört und gehalten ist, ohne unliebsames Aufsehen ein Reich zu repräsentieren.

Am Vorabend ihrer Abreise sitzen Henning, Elisabeth und Friedrich allein im Garten vor dem Schwedenhaus. Das herrliche Frühlingswetter zeigt sich zum Abschied noch einmal von der besten Seite. Der Öresund ist Tummelplatz für Segler, kleine Boote, die gerade an ihnen vorbei geglitten sind. So nahe, dass man das „Juhu" und „Juchei" der jungen Besatzungen sowie das Geklapper der Takelage vernehmen kann. Einzelne Personen hüpfen auch über die Reling und baden in dem bestimmt noch kühlen Ostseewasser, doch die Dänen sind ja bekanntlich abgehärtet. Durch ihr ungestümes Planschen verscheuchen sie lediglich ein paar Entenfamilien und Blässhühner, die nach Futter für ihre im Schilf versteckten Jungen schnappen. Es scheint so, als wenn der Duft von unbeschwerter Lebenslust und Freude ganz besonders intensiv über Wasser und Strand hängt.
Der gekühlte Rheinwein schmeckt vorzüglich und löst ein wenig die Sperren der Konvention, die selbst noch zwischen so nahen Freunden bestehen. Henning grinst seine Schwester an und redet bereits mit einer etwas schwer gehorchenden Zunge. „Na, Schwesterchen, willst du Papa nicht die Freude antun und ihn als erste seiner Töchter endlich zum Opa und Schwiegervater machen?" „Noch hat mir keiner das

ernsthaft angetragen, großer Bruder. Und außerdem sollten wir die in unseren Kreisen ganz normale Reihenfolge nicht ohne Not durcheinander bringen." „Schau' dir nur unseren Fritz an, der wird schon ganz verlegen, dieser verklemmte Held." Friedrich Spree ist von Beginn ihrer Freundschaft an, auch jetzt immer noch in letzten noch unausgeräumten Zweifeln, ob er als Angehöriger des niederen Adels, als kleiner Staatsbediensteter und Habenichts wirklich für eine Tochter des reichen und mächtigen Grafen von Falckenhain ein akzeptabler Schwiegersohn sein könnte. Er wähnt sich in der Tat nicht gänzlich sicher, ob ihm Elisabeth nicht vielleicht doch noch auf einen möglichen Antrag eine Absage geben könnte. Wie würde ihn so eine Situation demütigen! Dann unvermutet, für ihn selbst überraschend gibt er sich einen Ruck, dass seine Brust leicht nach vorn schnellt. Mit einem Mal fühlt er sich stark genug. „Fein, ihr beiden verwöhnten Millionärskinder. Ihr treibt wieder einmal eure Spielchen mit einem armen Schlucker wie mir. Gesetzt jedoch einmal den Fall, dass diese junge Dame, diese manchmal so hochnäsige Komtesse von Falckenhain, tatsächlich gewillt ist, sich einem momentan halbinvaliden Burschen wie mir anzuvertrauen. Wohl gemerkt, nur unter so einer Voraussetzung, bitte ich dich um die Hand deiner Schwester." Elisabeth wird zuerst blass, dann durchströmt es sie heiß vom Hals bis hoch zum Haaransatz. Bisher war das Gerede um Verlobung und Heirat stets Frotzelei zwischen eng vertrauten Freunden gewesen, halb ernst, aber auch halb spaßig gemeint, eine Art von tiefer gehendem Flirt und Alberei, dem Antesten von Grenzbereichen. Meint Friedrich das jetzt auf einmal wirklich ernst? Will er, der viel umschwärmte Liebling der Damen sich auf eine einzige festlegen? Und dann auf sie? Redet der Mann wieder im Fieber? Unwillkürlich will sie ihm die Stirn fühlen, doch ihre Hand zuckt wieder zurück. Nein, ihr Oberkörper strafft sich, ein Schwall von Freude und tiefer Genugtuung übergießt sie. Kein Zweifel mehr. Friedrich, ihr Friedrich meint es ernst! Von Henning keine Spur der Überraschung, sondern ganz in seiner trocknen Art. „Gut, armer Schlucker. Die Hand dieser hochnäsigen Person kannst du von mir aus haben, aber den Rest musst du dir - nicht nur der Form halber - bei Vater holen. Sag' ihm aber ganz genau, welche seiner Töchter du denn auch meinst, sonst gibt er dir alle drei auf einmal, damit er endlich seine Ruhe hat und sie alle auf einen Schlag los ist." „Und bis dahin darf ich als Betroffene mir das ja hoffentlich auch noch überlegen, oder?" Damit nimmt Elisabeth Friedrichs Gesicht zwischen ihre beiden warmen Hände und küsst ihn gänzlich ungeniert auf den Mund, was der so Überraschte erst zögernd, dann forsch und auch ausgiebig erwidert.

Bei der Personalabteilung im Berliner Ministerium wird Spree sehr zuvorkommend in Empfang genommen; ihm erscheint es beinahe zu freundschaftlich, um wirklich echt zu sein. Der zuständige Referent witzelt herum. „Lieber Spree, da sind Sie noch nicht einmal zwei Jahre im diplomatischen Dienst, aber Ihre Personalakte hat bereits den Umfang, als wären es schon zwei Jahrzehnte. Allerdings, was Ihre weitere Verwendung anbelangt... Wir haben noch keine ganz konkrete Planung mit Ihnen. Doch es gibt Optionen, die auch Sie sich durch den Kopf gehen lassen können. Zum einen müssen wir die Gesandtschaft beim Deutschen Bund in Frankfurt personell zur Hälfte auswechseln. Da gibt es dann zum Herbststellenwechsel auf Ihrer Ebene zwei offene Posten, für die Sie trotz Ihrer Jugend durchaus schon geeignet erscheinen. Außerdem besteht die Möglichkeit, in der Neuen Welt, sprich bei den Amerikanern, eine diplomatische Vertretung aufzubauen, die als zweiten Mann gewiss noch einen couragierten Rittmeister wie Sie gebrauchen könnte. Die Bewohner heißen dort wohl Rothäute, Trapper, Cowboys oder so ähnlich. In diese illustre Gesellschaft passt ein Ex-Husar und Waidmann bestens hinein. Spaß beiseite, eine fordernde Tätigkeit für gesunde, junge Leute mit Sprachkenntnissen in Englisch sowie Französisch, und die bei einem Kanonen- oder Gewehrschuss nicht gleich fort laufen. Aber das Ganze bedarf noch der Entscheidung auf Ministerebene. Schließlich soll auch noch unser Auslandsnachrichtendienst umfassender mit qualifiziertem Personal ausgestattet werden. Sie könnten mit Ihrer noch ungezügelten Tatkraft und den eigenen Erfahrungen aus den Vorbereitungen der Malmöer Konferenz für uns dabei Pionierarbeit leisten, und das sogar gleich in verantwortlicher Stellung. Dienstsitz wäre dann allerdings Berlin, mit bescheidenem Inlandsgehalt. Überlegen Sie in aller Ruhe. Zuerst einmal weiterhin gute Genesung, und adieu bis Mitte August. Ach so, der schwedische Gesandte hat kürzlich hier wegen Ihnen vorgesprochen. Bei den Schweden scheinen Sie wohl ganz gute Karten zu haben. Stellen Sie sich vor: Der König von Schweden will Ihnen noch eine Auszeichnung samt Titel verpassen. Weiß der Teufel, wofür eigentlich. Der Minister hat den Vorgang zur Entscheidung auf dem Schreibtisch liegen. Es ist allerdings noch sehr fraglich, ob Sie annehmen dürfen, da trotz aller Verdienste Ihr Dienst- und Lebensalter noch einfach viel zu niedrig ist. Irgendwann erwarten die Schweden wo möglich, dass dann auch einer der ihrigen bei uns ausgezeichnet, wo möglich gar geadelt wird. Auf der anderen Seite dürfen wir unsere Alliierten mit einer direkten Ablehnung auch wieder nicht vor den Kopf stoßen." „Besten Dank für die umfassenden und offenen Informationen, Herr Kabinettssekretär. Ich lass mich überraschen, was unser Herr Minister für eine Entscheidung fällen wird. Ich hoffe nicht, dass die Mitglieder unseres Königshauses sich je von einem Schweden beschützen lassen müssen, nur damit dem Prinzip der Reziprozität genüge getan ist, ha ha. Und Ihre Verwendungsvorschläge werde ich Ihrem Ratschlag entsprechend mit meiner zukünftigen Verlobten reiflich überdenken." „Meine ergebendsten Empfehlungen an Graf Falckenhain, und nun aber endgültig adieu, lieber Herr Kollege."

Epilog:

Von Kopenhagen nach Pyrmont – die Schatten wandern mit

-1-

Zum zweiten Mal nach seinem Ausscheiden aus dem Militärdienst sitzt Friedrich von der Spree in der rumpelnden, diesmal jedoch ganz erträglich gefederten Kutsche von Berlin via Magdeburg und Hannover nach Pyrmont. Dieses gleichmäßige Geschaukel hat ihn schließlich sogar schläfrig gemacht, oder liegt es an der noch geschwächten Konstitution, die nach Ruhe und Schlaf verlangt? Unmittelbar vor der ehemaligen Hansestadt Hameln, nur wenige Meilen vom Zielort entfernt, stößt Komtesse Elisabeth den Eingeschlummerten sanft an. „Fritz, schau doch mal hinaus, wie schön und lieblich es hier aussieht. Diese sanft geschwungenen Hügel, der Laubwald, viel abwechslungsreicher als überwiegend Nadelwälder, so wie bei uns." Ja, an diesen Anblick vom Weserbergland kann Spree sich doch noch gut erinnern. Es kommt ihm heute beinahe wie eine Ewigkeit vor, dass er hier das letzte Mal an der alten Festungsstadt am Weserstrom vorbei gerattert ist. Diesmal ist noch ein Pferdewechsel angesagt. „Vor knapp 80 Jahren wartete unser König Friedrich genau wie wir, bis neue Pferde vorgespannt und der Kutscher mit seiner Mahlzeit fertig war. Doch der stets aktive König, der damals wohl auf seinem Weg nach Pyrmont gänzlich ungeplant durch die kurfürstlich Hannoversche Festungsstadt Hameln kam, hat sich gleich von einem verdutzten Garnisonsoffizier die Verteidigungsanlagen und deren Bewaffnung erklären lassen. Es war damals kurz vor dem Ausbruch des 2.Schlesischen Krieges[68], und der junge König war voller Gedanken um Koalitionen gegen die Österreicher. Und da er sich auch stets um alle möglichen Details persönlich kümmern musste, interessierte ihn selbst die Bewaffnung in der Festung eines potenziellen Kriegsgegners. Denn in der Außenpolitik wusste er nie, wer Freund und Feind würde. Da mangelte es ihm an politischem Instinkt. Außerdem war er wohl - bei allem Respekt - zu hochmütig und ließ sich zu selten beraten. Er unterschätzte auch die Weibersleut' auf der gegnerischen Seite, wie ein enger Vertrauter es einmal ausdrückte. Gut ein Jahrzehnt später hat es auch hier an der Weser mehrere Schlachten[69] gegeben. Dabei soll ein Vetter König Friedrichs nach total konfus verlaufender Schlacht die intakte Feste Hameln an die Franzosen übergeben haben. Das muss ein Sohn von Englands König, Georg II., dem Bruder von seiner welfischen Mutter gewesen sein. Obwohl Friedrichs Blut zu drei Vierteln aus Welfenblut besteht, hat er mit dieser Dynastie wenig sympathisiert und ihr zumindest stets misstraut. Das bezog sich auch oder ganz besonders auf seine Frau, Prinzessin Elisabeth Christine aus dem Hause Braunschweig. Aber da ist Onkel Eitel ein überaus großer Kenner von Genealogien, dynastischen Angelegenheiten und der Kriegsgeschichte. Frage ihn ruhig danach, dann wird er dir stundenlang darüber erzählen können. Da wird dir bestimmt schwindelig von." „Glaube ja nicht, nur weil ich eine Frau bin, dass mich Geschichte nicht interessiert, unterschätze bitte nicht die Weibersleut'", entgegnet Elisabeth und plustert sich dabei ein wenig auf. Friedrich erkennt ihre Körpersprache. Und dies ist ein Signal, das zur Vorsicht mahnt. In der Unterhaltung mit Elisabeth oder ihrer Schwester Dorothea Frauen als unwissend oder nur uninteressiert hinzustellen, da kann er sich schnell und gänzlich unbedacht um Kopf und Kragen reden. „Hier am Flussübergang muss es gewesen sein, am ehemaligen Brückentor, wo König Friedrich stand. In den vergangenen zwei Jahren sind die Trümmer von der ehemaligen Stadtbefestigung beseitigt und die Stadt kann sich - befreit von dieser Umklammerung - endlich ausdehnen. Da sind jetzt Licht und Luft hinein gekommen. Man sollte die Mauern von Kopenhagen auch schleifen, damit die eigentlich doch so schöne, aber von Menschen überquellende Stadt sich ebenso wie dieses Weserstädtchen entfalten kann. Aber die Dänen, die in ihrer militärischen Blütezeit übrigens auch Hameln schon einmal besetzt hatten, haben aus der Vergangenheit immer noch viel zu viel Furcht vor den Schweden, die mit ihren Geschwadern und Landungstruppen über den Sund kommen könnten." „Jetzt vergessen wir vorerst einmal Dänemark, das Land deiner schrecklichen Abenteuer und widmen unsere Gedanken deinen Freunden in Pyrmont. Vor allem bin ich gespannt auf den alten kauzigen Oberst, von dem Henning und du mir schon so viel erzählt habt. Vielleicht wäre das sogar auch ein Mann für mich gewesen. Es ist doch auch für uns Frauen besser, wenn wir ein wenig mehr Auswahl haben. Wenn ihr Männer euch selbst zur Friedenszeit nicht alle totschießen lasst, ja dann gibt es nicht mehr so viele alte Jungfern, die keinen Mann abbekommen. Und außerdem sind ältere Männer gewiss viel aufmerksamer, treuer. Sie tragen uns auf Händen." „Das hast du sehr lieb und offenherzig gesagt. Ich weiß zwar nicht, was du da meinst; aber den braven Eitel von der Tanne kann ich dir wahrlich ans Herz legen. Er ist allerdings nicht kauzig, sondern steht mit beiden Beinen fest auf dem Boden. Nur wirkt seine Sprechweise und Gestik ein wenig hölzern bis burschikos. Allerdings ist er ein großer Charmeur und treu anhänglicher Verehrer der Damenwelt. Es gibt in der Tat keinen Treueren im ganzen Königreich Preußen als ihn." „Aber wir kommen doch jetzt bald von Hannover ins Fürstentum Waldeck, oder?" „Sag ich doch, der Treueste im Preußenland, im Waldeckschen hat er allerdings freie Bahn, hahaha. Aber ein Casanova ist er bei weitem noch nicht." Constanze Stephanie von Hochmeier, die gerade 18 Jahre alt gewordene Tochter des Oberinspektors von Gut Falckenhain, kichert in sich hinein. Sie nimmt offiziell die Aufgabe einer Zofe und Anstandsdame für Komtesse Elisabeth wahr, weil eine Reise allein mit dem zukünftigen Verlobten gewiss als unschicklich gälte. Die Kutsche fährt diesmal von Hameln aus einen anderen Weg nach Pyrmont, da ein Unwetter in den vergangenen Tagen einen Abhang auf der regulären Route ins Rutschen gebracht hat, und seitdem die Zufahrt über das unmittelbar vor Pyrmont gelegene Dorf Holzhausen durch Morastlawinen versperrt ist. Es geht nun flussaufwärts, direkt entlang der Weser, deren bräunliches Wasser mit hoher Geschwindigkeit dahin strömt, dabei Astwerk, Bretter und ganze Baumstämme mit sich führend. Ein Zeichen, dass es im ganzen Weserbergland heftige Unwetter gegeben haben muss, deren Spuren sich nun stromabwärts wälzen. Vorbei eilen die Kutschpferde unterhalb der Hämelschenburg, einem imposanten Schloss der Weserrenaissance. Es liegt hoch oben über der Emmer, das Tal dominierend - mit einem Wall umgeben - und verspricht Stärke und Schutz für die Bewohner. Abflussrohre ragen wie Drachenköpfe aus dem Gemäuer, heben sich bedrohlich gegen die gleißende Nachmittagssonne ab. Sie wirken auf den vorbei eilenden Reisenden noch wie Überbleibsel längst vergangener Zeiten. „Anstatt Feuer zu speien fließt lediglich das Regenwasser ab", wirft Henning beiläufig ein und deutet auf die markanten Rohre. „Hier soll einst die märchenhafte Frau Holle in Güte und Strenge über das Hauspersonal gewacht haben, dabei Gutes belohnend und Schlechtes bestrafend. Wer mag ihre Rolle heute übernommen haben?" „Danke, lieber Fritz, für deine Erklärungen. Du erzählst so schön, bitte höre nicht auf damit." Weiter geht es in Richtung Pyrmont. Immer entlang des kleinen Flüsschens. „Hier sind Eitel und ich schon oft beim Äschen- und Forellenfang bis zum Bauch im frischen Quellwasser gewatet. Brr, das war eisig kalt, schnürte einem fast die Luft ab. Manches Mal haben wir geschwind die Pferde auf die am anderen Ufer gelegenen Koppeln getrieben, dass es um die Pferdebeine nur so spritzte und sie mit ihren kräftigen Leibern eine richtige schäumende Bugwelle vor sich her trieben." „Ach, du armer verweichlichter Beamter. Früher als Husar hat dir das gewiss nichts ausgemacht, oder?" Friedrich verkneift sich einen Kommentar und schaut aus dem Fenster. Ähnlich wie beim Anblick von Schloss Falckenhain, wenn er nach langer Abwesenheit aus der Ferne darauf zufährt und die Konturen von Moment zu Moment deutlicher erscheinen, kommt ihm auch hier in den Pyrmonter Bergen eine unerwartete Vertrautheit, beinahe so etwas wie Heimatgefühl hoch. Der Postillon ist gegen ein Extra-Trinkgeld sogar bereit, sie an der Einmündung zum Gutshof von Eitel von der Tanne abzusetzen. Von dort aus hat man die Postkutsche bereits schon gesehen und eilt den Ankommenden entgegen. Voran der Gutsherr in seiner bekannten grünen Lederjoppe, gefolgt vom vertrauten Verwalterehepaar Klüger und ein paar Gutsbediensteten, die das Gepäck übernehmen.

„Ich gehe mit meinem Fritz, wohin er denn auch gehen mag. Schließlich habe ich ihn mir doch eigenhändig aus diesem nordischen Land zurückgeholt." Und mit strahlenden Augen fährt Elisabeth Falckenhain fort: „Und es wenn sein muss, reisen wir gemeinsam selbst bis nach Amerika, noch weiter oder gar ans Ende der Welt." Eitel von der Tanne schaut seinen Freund Fritz fragend an. „Ja, dort, wohin Elisabeth mich sogar hin begleiten will, da gibt es bisher noch keine diplomatische Vertretung, Eitel; aber vielleicht schickt man mich zum Herbst nach Washington[70]. Ach, lieber Freund, darf ich dir übrigens bei dieser Gelegenheit miteilen, dürfen wir beide dir mitteilen, dass Elisabeth und ich uns nach Rückkehr in Falckenhain ganz offiziell verloben werden und auch bald danach zu heiraten gedenken. Vielleicht geht das ja alles ganz schnell, falls wir wirklich auf der anderen Seite des Atlantiks unseren neuen Wohnsitz aufnehmen wollen. „Ja, heiliger Erpelschwanz! Pardon, ich meine, äh, herzlichen Glückwunsch, Komtesschen. Da haben Sie aber wirklich einen meiner tüchtigsten Offiziere und verwegensten Reiter weg geangelt. Aber Ihnen gönne ich diesen braven Kerl von Herzen. Und einen guten Geschmack hat der Junge ja schon immer gehabt, nicht wahr, Dorothea, Mathilde und wie sie alle heißen mögen, oder?

Hm, ha, habe ich da vielleicht wieder etwas Unpassendes gesagt, ha, hm?" „Danke, lieber Onkel Eitel. Das darf ich doch sagen, denn Fritz erzählt mir, dass Sie diese vertraute Anrede von ihm so gern hören. Nun hat es sich allerdings nichts mehr mit Mathilde oder wie sie alle hießen. Jetzt gibt es nur noch Elisabeth, und damit wird er hoffentlich genug Weiblichkeit in seinen noch viel zu dünnen und schwachen Armen halten. Ansonsten muss ich seinen früheren Regimentskommandeur zur Hilfe holen. Und sehen Sie mal, wie zerbrechlich das Kerlchen noch ist." Und Onkel Eitel schaut, sich dabei über seinen gewaltigen Riecher reibend, in seiner herzlichen Unbekümmertheit wirklich gerührt drein. Er drückt vor lauter Freude Elisabeths Hände und lässt sie gar nicht wieder los. „Auf mich können Sie felsenfest bauen, Komtesschen." „Sagen Sie bitte Elisabeth zu mir, lieber, lieber Onkel Eitel."

Mit der Nennung von „Onkel Eitel" strömen Friedrich wieder einmal Erinnerungen durch den Kopf, wie so oft in den vergangenen Wochen. Die Gespräche am Tisch plätschern unmerklich an seinen Ohren vorbei. Das zum Haushalt gehörende Verwalterehepaar verabschiedet sich als erstes, denn Rolf und Edeltraut Klüger müssen beide wieder früh auf. Friedrich Spree bemerkt es nur am Rande. Seine Gedanken gehen im Kreis. Vor zwei Jahren traf er hier ein, nachdem er vom Militärdienst verabschiedet war und danach eine geraume Zeit auf Gut Falckenhain verbracht hat. Damals fühlte er sich noch so unendlich jung und gänzlich unbeschwert. Und was hat er in der eigentlich kurzen Zeit danach alles erlebt? Welche strategischen Entscheidungen hat er als Zeitzeuge mit verfolgt oder selbst als kleiner aktiver Part an ihrer praktischen Umsetzung mit teilgenommen, dabei in Gefahr geraten, ist ernsthaft verletzt worden. Und vor allen Dingen hat er selbst dabei auch Andere zu Schaden gebracht! Wie viel Mitschuld trägt er ganz persönlich am Missgeschick und Unglück anderer Menschen, war er überfordert, zu nachlässig, gar überheblich? Hat er sich stets fair und christlich verhalten und nach bestem Wissen und Gewissen gehandelt? Was würden seine Eltern wohl sagen, würden die sein Verhalten gutheißen? Wie gern hätte er doch ihr Urteil, Ratschlag sowie Trost und Anerkennung erfahren. Seine Kontakte und Beziehungen zu seinen Mitmenschen waren teilweise nur oberflächlich und oftmals ohne dauerhaften Bestand. Auch hat er sich des Öfteren sehr naiv angestellt, gar lächerlich gemacht, besonders im Umgang mit dem weiblichen Geschlecht. Ist bei allem gespreizten Getue und Gerede bei Hofe, im Umgang mit anderen Gesandtschaften oder Bekannten der Diplomat auch immer noch der Mensch Friedrich Spree geblieben, der sich auch einmal über Kleinigkeiten erfreuen kann, der von Herzen lacht und Kummer und Freude mit anderen teilt? Es steigen auch wieder Zweifel auf, ob er denn auch den richtigen Beruf gewählt hat. Hat man ihn seinerzeit überredet, war es der eigene Wunsch nach Veränderung, gekränkte Eitelkeit? Fragen über Fragen, die er heute und wohl auch morgen nicht beantworten kann oder endgültig beantworten will. Fragen, deren Antworten irgendwo wie hinter einer undurchdringlichen Nebelbank liegen. Aber sein reiflich überdachter Entschluss, sich mit der liebreizenden, verständnisvollen und warmherzigen Elisabeth Falckenhain zu verloben, der erscheint ihm der Richtige gewesen zu sein. Wäre, ja wäre da nicht noch die kluge und ihn stets so fesselnde, gar noch attraktivere Dorothea, so wäre es ihm bestimmt noch leichter gefallen. Mehrere Frauen zu lieben, ja, das ist einfach; aber sich für eine zu entscheiden, das kann so unsagbar schwer fallen. Wenn er sich von seiner Verwundung erst einmal ganz auskuriert hat, dann werden die Selbstzweifel und düsteren Schatten bestimmt auch verschwunden sein. Der Rückblick in die gerade abgelaufene und eigentlich zeitlich eng begrenzte Vergangenheit kommt ihm indessen vor wie eine Ewigkeit. Er fühlt auf einmal etwas total Ungewohntes, Unbekanntes und Fremdes in sich, in seinem Gemüt, so als wenn er neben sich stünde. Ist dieses Gefühl vielleicht das so genannte Alter und er fragt sich weiter, ob dies womöglich das abrupte, ja schmerzliche Ende seiner Jugendjahre sein soll. Ein Lebensabschnitt ist abgelaufen, der Kreis hat sich wieder geschlossen, und er soll und will tatsächlich hier bei seinem alten Vorgesetzten und Freund in eine Art von Ruhephase geraten. Eine ersehnte Phase ganz ohne die Schatten einer teils düsteren und unheilvollen Vergangenheit. Und diese körperliche, geistige und seelische Erholung soll nicht etwa in Berlin oder in einer anderen Metropole stattfinden. Nein, dafür ist es dort zu laut und bisweilen hektisch. Nein, der Ort ist ganz wo anders, nämlich auf einem idyllisch gelegenen Reiterhof. Hier im beschaulichen Tal eines kleinen, dem Weserstrom zufließenden Flüsschens mit dem wohl kaum über die Grenzen hinaus jemand bekannten Namen Emmer. Aber was hat er hier überhaupt verloren? Ach richtig, die Einladung zur Doppelhochzeit bei den Donners und seinem bayrischen Kollegen und Spezi Florian. „…kann der Fritz auch wieder bei mir als Reitlehrer anfangen, Komtesschen, Entschuldigung, ich meine Elisabeth." „Wie bitte?", fragt er aus seinen Gedanken gerissen. „Onkel Eitel sagt, wenn du nicht nach Amerika zu den Rebellen, den Cowboys, den Indianern und den wilden Tieren möchtest, dann bist du ihm als Reitlehrer in Pyrmont wieder herzlich willkommen. Und auf ganz zahmen Pferdchen kannst du beginnen, genau, wie das so einem Kriegsveteranen wie dir gebührt." „Danke, lieber Onkel Eitel. Dann müssen wir morgen aber auch unseren ersten Ausritt unternehmen. Ich fühle mich wieder frisch genug, um einen Versuch als Reiter zu wagen. Vielleicht hast du auf deinem Gestüt auch ein altes Maultier, damit alles so richtig neben dir altem Esel zu einander passt, hahaha. Du darfst mich dann auch an der Longe führen, verehrter Herr Oberst." „Respektloser Kerl! Aber es scheint, dass der Junge bald wieder richtig bei Gesundheit und Laune ist, Komtesschen." „Das werden wir sehen, wenn ihn die hiesigen Kurärzte und ihre muskulösen Masseure erst einmal in die Mangel genommen haben. Die bearbeiten ansonsten auch kranke Pferde und Maultiere, erzählt Papa. Unser Berliner Doktor hat ihm nämlich Solbäder, Massagen und eine Brunnenkur verschrieben, nachdem er von dem Ziel unserer Reise erfuhr. Auch sollte er nach Konsultation mit den örtlichen Ärzten durchaus die neue Behandlungsmethode von Moorbädern ausprobieren. Er meinte, Pyrmont sei der ideale Kurort auch für Kriegsinvaliden von seinem geringen Kaliber. Schon wesentlich größere preußische Helden haben die Leiden ihrer frühen oder späten Jahre mit Heilwasser fort gespült. Die Wirkung soll im wahrsten Sinne durchschlagend gewesen sein, berichtet man. Und Papa, der ebenfalls schon dreimal in Pyrmont gekurt hat, erwartet auch, dass sein zukünftiger Schwiegersohn sich erst einmal wieder richtig in Form bringen muss, bevor er ihm eine seiner Töchter freiwillig abtritt. Denn halbe Portionen mag er bekanntlich schon ganz und gar nicht." „Etliche hohe Herrschaften, ja gekrönte Häupter, haben hier gekurt. Schon Friedrich der Große hat als junger König Pyrmonter Heilwasser genossen und - abgefüllt in Flaschen - sich schon als Kronprinz nach Rheinsberg und später nach seinen Kuren sogar an den Königshof nachschicken lassen", ergänzt der Hausherr. „Deshalb ist er in jungen Jahren bestimmt schon so rapide gealtert.... Das sagt wenigstens - im Scherze natürlich – dein geschätzter Freund und Jagdgefährte, der Apotheker und Schnapsfabrikant Elten." „Mein lieber junger Herr, unser Alter Fritz, wie ausschließlich meine Generation zu sagen berechtigt ist, hat ganz allein die Last von halb Europa auf seinen Schultern getragen. Und du, mein Bürschchen würdest gewiss bereits zusammenbrechen, wenn du einmal deine zierliche Braut über die eigene Schwelle tragen solltest. Und mit dem Elten, ja, das habe ich dir wohl mal über den alten Lästerer geschrieben, der hat es gerade nötig mit all seinen Kräuterschnäpsen. Der hat wohl vergessen, dass Friedrich II. im Gegensatz zu seinen jung verstorbenen Vorgängern und auch Nachfolger immerhin ein beinahe biblisches Alter erreicht hat, und dies trotz aller körperlichen Strapazen. Den Apotheker kaufe ich mir noch. Wahrscheinlich geht der mit seinen Waidgesellen nur so oft auf Jagd, damit sie sich ganz ungehemmt von dem selbst gefertigten Gebräu bedienen können. Wenn die nicht so viel davon tränken, von diesem, na, wie heißt er noch gleich? Egal, dann ging's auch..., na schwamm drüber. Wir haben schließlich Damen am Tisch." „Danke, lieber und hoch verehrter Freund, besonders für deine altväterlichen Worte und Belehrungen, die mir bestimmt noch zum Einschlafen gefehlt haben. Außerdem sprach ich vom jungen Fritz, also seinen unbeschwerten Jahren. Da soll er, wie der Volksmund sagt, tierisch gefressen und gesoffen haben. Und das beinahe täglich, die Gelage gingen noch bis nach Mitternacht. Das, was der weise König später seinem Volke vorschrieb, nämlich maßvoll zu sein, das hat er am allerwenigsten eingehalten. Und das sich sein königlicher Leib dann an ihm rächte, zeigt die menschlichen Grenzen des Gottesgnadentums." „Lästermaul, despektierliches; aber recht hast du, Fritz, leider."

-2-

Die Sonnenstrahlen dringen in das kleine Schlafgemach, als der Gutsherr in seiner etwas polternden Art die schweren Vorhänge im Zimmer seines Gastes zurückzieht. Eine morgendliche Frische mit dem erquickenden Duft ungezählter Blüten strömt herein. Von der Terrasse her vernimmt Friedrich die feste Stimme von Elisabeth, die sich draußen mit einem Mann unterhält. Dessen so extrem das „st" betonende Hannoversche Aussprache kommt ihm irgendwie vertraut vor. „Preußischer Held kehrt zur Genesungskur nach Pyrmont zurück", steht da in kapitalen Lettern auf dem Entwurf der „Pyrmonter Badepostille", den Eitel von der Tanne ihm so aus dem Handgelenk heraus auf das Bett wirft. „Ja, pass auf! Der berufsmäßige Heldenverehrer und Schreiberling Nepomuk Kraxler ist schon so zeitig auf seinen dürren Beinchen, um dem berühmten Herrn Rittmeister seine Aufwartung machen zu dürfen. Seine Leser sind schon ganz wild darauf zu erfahren, wie ein so gewaltiger Held sich von einem kleinen dänischen Fräulein hat zur Strecke bringen lassen. Soll ich dem Mucki Kraxler schnell sagen, dass Seine Schlafmützigkeit, der hochwohlgeborene Herr Ex-Rittmeister und Müßiggänger Friedrich Ferdinand Wilhelm Heinrich von der Spree bereit sind, ihn an seiner Lagerstatt zu empfangen und seine untertänigste Huldigung und Bewunderung entgegen zu nehmen?" „Natürlich nicht, du Schurke! Aber, trotz allem", und dabei schaut er ihn schelmisch grinsend an, „es ist doch trotz deiner Bosheiten irgendwie schön, morgens hier aufzuwachen und unvermutet deine unüberhörbare Kasernenhofstimme zu vernehmen. Beinahe hätte ich die noch vermisst, doch in Kopenhagen gab es auch mehrere schwerhörige Soldaten in hohen Rängen, die meinten, sie müssten ihre Umgebung mit dem Ausstoßen von Brülllauten unterhalten. Übrigens die erste Nacht, die ich wieder einmal so richtig lang durch geschlafen habe. Hier bei dir und auf deinem Hof, mein väterlicher Kamerad und Freund, scheint verträumte Ruhe und richtiger Friede zu herrschen, von deinem Stimmorgan einmal abgesehen. Es ist einfach so, wie man sich sein ideales Zuhause vorstellt. Aber sollte dies jedoch nur ein Traum sein, so lass mich bitte noch ein wenig weiter träumen." „Nein, das ist die Wirklichkeit, du Faulpelz, in der schon seit Stunden auf diesem Hof fleißig gearbeitet wird", dröhnt Tannes Stimme ihm ins Ohr, nachdem er ihm die über die Ohren gezogene Bettdecke entrissen hat. „Gib mir wenigstens Zeit zum Aufstehen, und außerdem habe ich wahrhaftig Hunger wie ein Reitknecht. Das macht bestimmt die aromatische Landluft bei dir im Emmertal." „Diese Wünsche können wir dir erfüllen, mein Junge. Zuerst ein Frühstück von der famosen Frau Klüger, und dann kommt die Arbeit. Da wird der liebe Onkel Eitel für dich bestimmt etwas Passendes finden." Als Friedrich voller Lebensfreude die Treppe vom Obergeschoss herunter hüpft, springt ihm Elisabeth in die Arme. Ihr leichtes Sommerkleid gestattet ihm, ihren strammen, aber andererseits auch zartweichen Körper zu spüren, der sich fest an ihn schmiegt und seinen Morgengruß mit einem langen Kuss erwidert. „Guten Morgen, Liebster. Frühstücke bitte rasch, und dann möchte ich mit dir am Bach entlang spazieren gehen, die frische Luft an meiner Haut fühlen und dir die herrliche Natur zeigen. Ach, alles ist so unbeschreiblich schön hier. Du musst es mit deinen eigenen Sinnen spüren. Es wird dir bestimmt gut tun." Und schon am frühen Nachmittag kommt Florian Busch mit seiner Braut vorbei, um mit ihnen gemeinsam zum Schloss Schwöbber zu kutschieren, um daselbst die berühmten Gewächshäuser zu besichtigen, wenn möglich von den dort gezogenen südländischen Früchten zu kosten, und danach einen Kaffee einzunehmen. Doch das Brautpaar hat nur über die bevorstehende Hochzeitsfeier zu berichten, über das Hochzeitsmahl, all die Gäste und erhofften Geschenke, dass sie Friedrich und Elisabeth bald richtig auf den Geist gehen. Beide freuen sich auf einen geruhsameren Abend mit Onkel Eitel, der ihnen zusammen mit den Klügers voller Enthusiasmus Pläne für den möglichen Ausbau des Reiterhofs schildert. Es ist mit einigen möglichen Investoren an den Bau eines Tattersalls gedacht. In einer weiteren Ausbaustufe gar an eine Reitbahn mit Zuschauertribünen. „Das klingt alles sehr interessant, allerdings auch äußerst geschäftsmäßig mit kühner finanzieller Kalkulation. Wenn du eine schlechte Saison hast, Eitel, kannst du dich deiner Gläubiger nicht erwehren." „Ich habe Interessenten für die stille Teilhaberschaft, die mich wohl vor dem Schuldturm bewahren, hahaha. Doch die Frage ist, ob ich mir die Arbeit antun soll. Dann wäre es aus mit der Beschaulichkeit. Doch die guten Klügers raten mir immer wieder zu, auch zeigen die Verantwortlichen in der Kurverwaltung Interesse, um Pyrmont in Konkurrenz zu den anderen Badeorten wieder einen Vorsprung zu verschaffen. Ich bin einmal an deiner Meinung interessiert, Fritz. Nein, nicht heute; aber in den nächsten Wochen." Und mit einem Blick zu Elisabeth: „Natürlich auch an der Ihrigen, meine liebe, verehrte Elisabeth, denn wir rechnen besonders mit der Damenwelt als unsere potenzielle Besucherschaft."

Nur einen Tag später wird die glückliche, ja entspannte und friedliche Atmosphäre auf dem kleinen Gutshof jedoch ganz empfindlich überschattet und zeigt, wie trügerisch selbst so eine idyllische Zuflucht sein kann. Ein Postreiter überbringt Friedrich Spree einen Eilbrief, der das Siegel der Falckenhains trägt. Henning schreibt ihm: „…will ich dich und Elisabeth auf keinen Fall bei der bevorstehenden Hochzeitsfeier in der Familie Donner stören. Unser Agent Jensen meldet jedoch Besorgniserregendes. Unbekannte Täter haben erneut Anschläge in Kopenhagen unternommen, so auch hintereinander auf die schwedische und österreichische Gesandtschaft, die nur geringen Sachschaden verursachten. Unser eigenes Gästehaus indessen, dein prächtiges Schwedenhaus, ist nach einem gezielten Brandanschlag total zerstört worden. Jedoch zum Glück für Jensen, seine Familie und das Personal waren keine Personenschäden zu beklagen. Auch deinem Hengst Ajax ist nichts geschehen. Auf mehrere Beamte der früheren Sonderkommission von Niels Olsen sind Attentate verübt worden. Olsen selbst erhielt einen vergifteten Brief und ist dabei durch die Berührung schwer erkrankt. Ein direkter Zusammenhang mit euren Aktivitäten gegen die organisierte Kriminalität im Ostseeraum liegt logischerweise auf der Hand. Auch sind erst vor ein paar Wochen - nach viel zu langem Prozess - die letzten der so genannten „Bornholmer Seeräuber" aufgehängt worden. Deren Mitläufer oder Hintermänner sinnen jetzt vielleicht darauf, ihre Rache auszuüben. Ich bitte dich inständig, lieber Freund und als Verlobter meiner Schwester beinahe schon lieber Schwager, auf euch acht zu geben. Und warne diskret auch deinen Chef, wenn er in Pyrmont eintrifft, auf dass ihr geeignete Vorsichtsmaßnahmen ergreifen könnt. Ich halte dich auf dem Laufenden und bitte dich um unmittelbare Rückmeldung an Vater und mich…Besonders der alte Herr macht sich verständlicherweise große Sorgen. Er wird im zunehmenden Alter besorgter um seine Familie; aber in deinem Fall bestimmt auch zu Recht. Ach, bevor ich es vergesse, Schwesterchen Dorothea hat aus Karlsruhe geschrieben, dass sie von Wilhelmine Donner auch zur Hochzeitsfeier nach Pyrmont eingeladen ist. Sie ist nun auf dem Weg und freut sich riesig darauf, euch beide und gute alte Bekannte aus Kopenhagener Zeiten wieder zu sehen."

Friedrich nimmt Eitel beiseite und zeigt ihm den Brief. „Potz Blitz, hat das denn überhaupt kein Ende? Da müssen wir sofort etwas unternehmen, um euren Aufenthalt hier auf dem Gutshof sicher zu gestalten, mein Junge. Lass mich nur

machen. Ich baue das Gehöft zur Festung aus. Darüber hinaus stehe ich dir uneingeschränkt zur Verfügung, was immer auch deine Pläne seien mögen."
Ja, was sind denn überhaupt seine Pläne? Er muss außer seinem Chef, der gerade erst in Pyrmont eingetroffen ist, selbstverständlich auch Elisabeth in Kenntnis setzen. Sie wird das, was da wieder an Gewalttaten in Kopenhagen geschehen ist, bestimmt ganz schrecklich finden, doch letztendlich Verständnis zeigen und sich der Lage, sprich, den zu treffenden Vorsichtsmaßnahmen, anpassen. Aber wer steckt denn ganz real hinter diesem Spuk? Sind es immer noch aktive Mittäter dieses Bandenchefs mit dem einprägsamen und verruchten Namen Lars Rutger von Müller? Oder hat er wo möglich gar selbst den Schiffsuntergang im Öresund überlebt und ist nun auf einem ganz persönlichen Rachefeldzug gegen seine ehemaligen Jäger? Wandelt der Oberschurke vielleicht als vermeintlicher Biedermann Brunnenwasser schlürfend auf der Pyrmonter Hauptallee? Nein, unmöglich! Oder doch? Ist seine Komplizin und Geliebte Mathilde etwa auch mit dabei? Eigentlich erscheint dies in der Tat vollkommen unvorstellbar; aber was ist in der jüngsten Vergangenheit nicht alles geschehen, was man vorher auch als „undenkbar" bezeichnet hätte. Beim Gedanken an all' diese Möglichkeiten kommt Friedrich Spree tatsächlich ins Schwitzen, so dass ihm ganz plötzlich kleine Schweißperlen - wie ganz feiner Nebel - auf der Stirn stehen. Er spürt die Feuchtigkeit auf der Haut und wischt sich über den Haaransatz. Noch unentschlossen knabbert er am Fingernagel des linken Ringfingers, schon von jüngster Kindheit an ein Zeichen von höchster Verunsicherung und Nervosität bei ihm. Ebenso die Phasen des fieberhaften Nachdenkens, Gedanken hin und her wälzend. Und dann bricht der Kampfgeist vibrierend in ihm wieder hervor. Er wirft den Kopf in den Nacken. Eine ungebändigte Kraft, die durch die Verletzung und lange Krankheit vorübergehend versickert gewesen ist, quasi die andere Hälfte seiner Energie und Persönlichkeit, kommt wieder hervor und übernimmt das Kommando. Den Halunken werden wir es zeigen! Die sollen ihre ganz persönliche Niederlage, ihr Waterloo erleben! Friedrich Spree ist fest entschlossen, mit aller Kraft sowie klarem Verstand in die Speichen des Schicksalsrades zu greifen. Auch wenn er den Hauptlauf der Dinge nicht zu ändern vermag, will er doch nicht tatenlos zuschauen, bis er oder seine Lieben von den Rädern zermalmt werden. Wie in einer Schlacht will er von übersichtlicher Position zuerst die Lage erfassen, abwägen und dann beherzt für sich nutzen. Elisabeth kennt ihn nicht wieder, wie er da mit blitzenden Augen und geröteten Wangen in die Gartenlaube kommt, um ihr die Situation zu erklären. Sie ist, wie erwartet, sehr gefasst. „Wenn wir mit unseren Freunden zusammen sind, dann empfinde ich keine Furcht, nur wenn wir beide getrennt sein sollten. Diesmal werde ich aber persönlich auf dich aufpassen, dass du nicht wieder zu übermütig wirst und dich unnötigen Gefahren aussetzt. Ich brauche dich noch, ja, ein ganzes Leben lang. Schließlich habe ich meine ganz persönlichen Pläne, möchte auch ich einmal eine Familie mit Kindern haben und die gemeinsam mit dir groß ziehen. Also, bitte Vorsicht; aber auch nicht zu ängstlich, nur weil du dich um mich sorgst. Wir Frauen sind viel stärker als ihr Männer ahnt." Vor Eifer erscheinen rote Flecken auf ihrem Gesicht. Und damit nimmt sie seine beiden Hände in die ihrigen und küsst ihm die Handrücken voller Sanftheit. Dabei lächelt sie ihn unter den langen Wimpern von

unten nach oben an, gütig, lockend, dann fordernd, dass er nur noch dahin schmelzen kann. Zuerst noch scheu, dann aber voller Leidenschaft nimmt er sie in seine Arme.

Wilhelm Donner ist ebenfalls mehr als erstaunt, ja fast schon bestürzt, als Friedrich ihm Henning Falckenhains Brief zum Lesen reicht. „Es scheint, dass mit der Verschwörung im Kopenhagener Hirschpark das Kapitel „Piraterie" immer noch nicht zu Ende geschrieben worden ist. Aber es ist recht, dass unser guter Kamerad Falckenhain Sie so rasch benachrichtigt hat, Friedrich. Wer kann denn schon mit Sicherheit sagen, dass der noch bestehende Einfluss dieses teuflischen Imperiums nicht auch über alle Grenzen hinweg bis hier hin ins Waldecker Fürstentum reicht? Dieser Ex-Höfling von Müller scheint wohl so viele Leben wie eine Katze zu haben. Ja, er ist wohl auch kein Mensch wie Sie, lieber Friedrich oder ich. Aus seiner verletzten Seele und Eitelkeit ist schon so viel Teufelei entsprungen, dass es unser beider Vorstellungskraft schier übertrifft."

Und am späten Nachmittag, als Friedrich Spree sich wieder auf dem Weg zurück zum Gutshof befindet, hat Graf Donner seine Kutsche zum Kavaliershaus, ihrem kleinen vom Hofchef zugeteilten Gästequartier im Pyrmonter Schloss, bestellt. Eigentlich geht er ansonsten die verschiedenen Wege in der Badestadt sehr gern zu Fuß, doch im Westen über den Hagener Bergkuppen, ziehen erste bleigraue Wolken herauf. Sie sind turmhoch aufgequollen, so, als warten sie in Lauerstellung nur darauf, sich in das Pyrmonter Tal wie überkochender Milchbrei herab zu ergießen. Trotz der beunruhigenden Meldung seines Attachés sind seine Gedanken schon ganz auf das Treffen mit einem kürzlich im Kurhaus kennen gelernten Edelmann aus Oldenburg gerichtet. Besagte Bekanntschaft, ein gewisser Baron von Rellüm, hat ihm die Besichtigung und den möglichen Ankauf von besonders kostbaren Jagdwaffen, die aus Englands besten Waffenschmieden stammen sollen, in Aussicht gestellt. Wilhelm Donner ist ein so passionierter, ja teilweise richtig fanatischer Waffensammler, dass ihn seine eigene Ehefrau schon als „überdrehten Waffennarr" bezeichnet hat, und er dem auch nicht widersprach. Von Rellüm, der nach eigenen Angaben seit einer Woche zur Brunnenkur in Pyrmont weilt, hat in einem Gasthof im unmittelbar benachbarten Dorf Oesdorf Quartier genommen. Dort will der Oldenburger im angrenzenden Wald auf einem Schießstand der heimischen Schützengesellschaft dem erfahrenen Jäger die Waffen vorführen. Darunter soll sich sogar eine siebenläufige Mitrailleuse[71] des renommierten Londoner Büchsenmachers Henry Nock befinden. Wilhelm Donners diplomatischer Kollege Peter Doublebridge hat ihm einmal in vertrauter Kopenhagener Runde von so einer Waffe erzählt und in Neid erregender Art vorgeschwärmt. Im Auftrag für die britische Marine ist die zu Ende des vorigen Jahrhunderts hergestellt worden. Sie soll sich auch bei englischen Jägern wegen der außerordentlichen Feuerkraft gegen hochfliegendes Federwild und ebenso gegen Haarwild über beträchtliche Entfernung auszeichnen. Von englischer Seite hätte man jedoch stets besonders darauf gesehen, dass so eine weit entwickelte und überaus gefährliche Waffe nicht außer Landes gebracht würde. So eine Waffe würde ein Preuße nun eventuell mit nach Kopenhagen bringen, und er freut sich schon jetzt über das bestimmt verblüffte Gesicht des britischen Gesandten. Am

liebsten würde er die Waffe bei der bevorstehenden Bockjagd auf dem benachbarten Gut Schwöbber ausprobieren, doch kann er sich ob soviel Unverstand selbst wieder auf den Boden der Tatsachen holen. Man würde ihn dort, auf dem alten Besitz derer von Münchhausen, bestimmt für verrückt erklären und für alle Zeiten von der Jagd ausschließen. Wie ein oldenburgscher Privatmann an solch' eine Waffe gelangen konnte, nun, darüber macht er sich eigentlich gar keine Gedanken. Sein stets so klarer Verstand und die ansonsten allgegenwärtige diplomatische Umsicht scheinen in diesem Falle beiseite gelegt worden zu sein. Ja, er hat nicht einmal im Hofmarschallamt des Pyrmonter Fürsten nach einem Oldenburger Adelshandbuch gefragt, um Erkundigungen über den ihm vollkommen unbekannten Baron einzuziehen. Der hat ihm nur so von Mann zu Mann zu verstehen gegeben, dass er frisch verheiratet sei, und zwar mit einer wesentlich jüngeren Frau. Um sich ihr ganz widmen zu können, dafür müsste er nun seiner zeitaufwendigen Waffenleidenschaft abschwören; und außerdem kann man nie genug Geld besitzen, um einer schönen Frau alle ihre Wünsche zu erfüllen. Für solch' Erklärungen hat Wilhelm Donner volles Verständnis, allein schon aus den eigenen Erfahrungen heraus. Mit diesen offenherzigen Bekenntnissen des Oldenburgers hat dieser mühelos Sympathiepunkte bei ihm gewonnen, so dass er allein schon aus Gründen der Fairness nicht daran denken wird, den verlangten Preis auch nur im Mindesten drücken zu wollen.
Unmittelbar vor der Abfahrt zu seinem Treffen mit Baron von Rellüm fragt Graf Donner noch seine gerade in den kleinen Salon eingetretene Frau: „Wilhelmine, war das etwa deine ganz besondere Idee, die Dorothea Falckenhain mit einzuladen?" Und als sie nicht antwortet, fährt er fort: „Die Elisabeth und Dorothea sind doch beide wie wild hinter dem Friedrich hinterher gewesen. Deshalb hat die Dorothea doch mehr oder weniger im Zorn ihr Vaterhaus verlassen, als sie bemerkte, dass Friedrich sich Elisabeth zugewandt hat. Musste das denn sein, dass gerade hier bei der Hochzeit unserer Töchter bei uns beide ein und denselben Mann liebenden Schwestern wieder auf einander treffen? Sollen da alte Rivalitäten wieder aufflammen? Oder hast du das etwa sogar beabsichtigt, meine Liebe?" Doch Wilhelmine Gräfin Donner entschwindet hoheitsvoll aus dem Raum, ganz so, als hätte sie nichts gehört. Und das ist nun wirklich ganz gegen ihre Art. „Da soll doch, Kruzitürken noch einmal… Weiber, Weiber! Na, die sollen mich vielleicht kennen lernen…, wenn die den Friedrich Spree wieder einmal nicht in Ruhe lassen können…"
Auf der Schlossterrasse steht ein Gefährt des fürstlich Waldeckschen Fuhrparks für ihn bereit. Er hinterlässt noch eine Nachricht für Florian Busch, dass er, der an hoch technisierten Waffen ebenfalls so interessierte, ihm zum Königsberg folgen möge. Ab geht es dann über die Kopfsteinbepflasterung hinab zur hölzernen Brücke, über die der zur Eile angehaltene Kutscher hinüber donnert, dabei die Aufmerksamkeit einiger an der Graft lustwandelnder Badegäste erregend. Nur wenige Minuten benötigt die offene Kutsche vom Schloss nach Oesdorf. Der Waidmann Wilhelm Donner schwelgt in satter Vorfreude. Auf der Treppe des Gasthofes wartet bereits von Rüllem, ihm freundlich, ja fast vertraut zuwinkend. Hinter einem Fenster des Obergeschosses verschwindet ein Frauenantlitz hinter den Gardinen. Es ist durch lange dunkle, allerdings mit weißen Strähnen durchzogene, Haare halb verdeckt.

Seltsam, ist das nicht Mathilde von Klampenborg, aber wie in grausamer Hast gealtert? Nein, bestimmt eine Täuschung, hervorgerufen durch das zum Abend von weiß in gelbgold wechselndem Sonnenlicht, das heute seine etwas angestrengten Augen ein wenig zu irritieren vermag.

Spree und Gutsherr von der Tanne haben die sehr ausführliche Inspektion auf dem Anwesen beendet. An den Verwalter, die beiden Reitlehrer und sie selbst sind Handfeuerwaffen nebst Munition verteilt worden. Mit dieser griffbereiten Bewaffnung fühlt man sich nicht gänzlich geschützt, doch einfach sicherer. Die Gutsleute und Nachbarn sind instruiert, sofort über das Auftauchen von Fremden zu berichten. „Das tut mir leid, lieber Eitel, dass ich dir in deiner Beschaulichkeit unnötige Aufregung bereite. Doch Hennings Brief gibt mir zu denken, auch wenn er über Geschehnisse im fernen Kopenhagen berichtet, und wir hier in Pyrmont weit davon entfernt liegen." „Lass gut sein, Fritz. Wachsamkeit hat noch nie geschadet. Mir gibt es wieder eine lang vermisste Spannung und so richtiges Kribbeln, so wie vor einer Reiterattacke. Außerdem musst du an die Sicherheit von Elisabeth denken, und natürlich deine eigene, die ja wahrlich oft genug in Gefahr gewesen ist. Aber nun ist ja Onkel Eitel bei euch, hahaha. Wir wollen nur hoffen, dass durch die Sicherheitsvorkehrungen die bevorstehenden Hochzeiten im Hause Donner nicht über Gebühr beeinträchtigt werden. Wäre es da nicht auch besser, wenn wir Komtesse Dorothea hier auf dem Hof unterbrächten anstatt allein mit Zofe in einem Pyrmonter Gasthof? Platz ist noch da, wenn auch nicht so hochherrschaftlich wie im „Fürstlichen Badelogierhaus". Oha, horch einmal, da haben die Pyrmonter Schützen heute aber schweres Kaliber im Einsatz." Von der anderen Seite des Tales, drüben in Oesdorf, hallen etliche Abschüsse in rascher Folge wider. „Komm', lass uns einmal hinüber reiten. Ich bin gespannt, mit welchen Waffen da drüben geschossen wird. Und nach einem kleinen Galopprennen mit dir steht mir gerade der Sinn, Fritz." „Dürfen ich die Herren zu Pferde begleiten, oder sind Damen unerwünscht?", fragt Elisabeth. Zusammen mit ihrer Begleiterin, der kleinen Hochmeier, steht sie bereits zu einem Ausritt im Hof parat. Beide Fräuleins möchten sich gern den Männern anschließen. „Na, dann eben nur verhaltener Galopp", knurrt der Gutsherr. Elisabeth hat mit ihren sensibel gespitzten Ohren das Geknurre wohl vernommen. „Keine Rücksicht, Onkel Eitel. Außerdem nehme ich es mit euch betagten Herren bestimmt schon lange auf. Und wir wollten sowieso hinüber nach Oesdorf, um unterhalb des Königsberges das Denkmal für Fredericus Magnus zu sehen. In Berlin, in der Buchhandlung Nicolai[72], habe ich schon viel davon erfahren. Außerdem wollen wir schauen, ob man dort wirklich so einen schönen Ausblick hat, wie der König berichtet hat." Elisabeth ist tatsächlich eine sehr geübte und manchmal auch ungestüme Reiterin. In ihrem neu angefertigten Reitdress aus feinem englischem Tuch sieht sie sehr attraktiv aus. Das dunkle Grün des Reitrocks mit dem hell abgesetzten Kragen schmeichelt ihr, bringt dabei ihre vollendete Figur zur Geltung. In den Pyrmonter Alleen wird solch eine Reiterin bestimmt die Blicke auf sich ziehen. Vielleicht wollte sie auch diese Wirkung einmal ausprobieren, als sie sich zu einem Ausritt am späten Nachmittag entschlossen hat, doch nun zieht sie erst einmal

die Gesellschaft der Männer vor. Nach wenigen Minuten traben die vier aus dem Hoftor, kommen zur steinernen Emmerbrücke und setzen danach in Richtung Oesberg zum Galopp an, auf das die Hufe der Pferde die Erdschollen nur so hoch wirbeln. Elisabeths nur flüchtig mit einer Spange zusammengesteckte Haare lösen sich und bilden für den Betrachter eine optische Einheit mit der fliegenden Mähne und dem Schweif ihres Pferdes.
„Hast du gesehen, wie die Elisabeth lange zum Hof zurück schaute, als wenn es ein Abschied für immer wäre?" „Ach, was du immer so alles hinein deutest, Edeltraut", raunzt Verwalter Klüger seine bessere Hälfte an, kratzt sich jedoch nachdenklich am Hinterkopf. „Ja, Mann, das Ganze gefällt mir auch so nicht im Moment. Wenn die Großstädter kommen, und gar so feine Herrschaften, dann wird hier aber auch alles durcheinander gewirbelt."

Düstere Wolken hängen unheilvoll über der kleinen Residenzstadt, und von den betroffenen Personen haben einige noch nicht einmal die leiseste Ahnung davon.

Personaldaten

Friedrich Ferdinand Wilhelm Heinrich v.d.Spree

geb. 24.Januar 1795, am Geburtstag König Friedrich II. von Preußen protestantisch getauft

Einziger Sohn von Hauptmann Karl v.d.Spree (nachmaliger Major und Stallmeister am Hofe des preußischen Königs) und Hofdame Friederike Charlotte v.d.Spree, geb. v. Findenstein auf Eggebeck

ab 1803 Page am Hofe des preußischen Königs

1808 Kadett an der kgl. Preußischen Landjunker-Akademie zu Berlin

1810 Fähnrich der Husaren

1812 Teilnahme am Russlandfeldzug unter französischem Oberbefehl

1813 Leutnant im preußischen Begleitkommando beim schwedischen Kronprinzen

1813 Schlacht bei Leipzig, rettet schwedischen Kronprinzen

1813 Rittmeister

1814/15 Ordonnanzoffizier in preußischer Delegation beim Wiener Kongress

1815/19 Garnisonsdienst in einem Husarenregiment zu Potsdam

1820 Verabschiedung aus Militärdienst

1820 Aufenthalte in Bernau (Berlin) und Pyrmont

1820 Eintritt in den diplomatischen Dienst

1820 Legationssekretär

1821 Preußischer Diplomat am dänischen Hof

1822 Legationsrat

Weitere agierende Personen in alphabetischer Reihenfolge:

Alteman, Karl Anton und Carola v. preußischer LegRat in Kopenhagen und Frau
Behlow, Edelbert Kühnrat v. preußischer Husarenleutnant
Bille, Rufus schwedischer Major und Ballonfahrer
Blom, Einar schwedischer Fregattenkapitän, Kommandant „Desideria"
Braun, Franz Detlev Leutnant und Schiffsführer auf dem preuß. Schoner „Stralsund"
Bülow, Frantz Graf von Generalmajor, kgl. dänischer Generaladjutant
Busch, Florian Ritter von ResOffizier, kgl. bayrischer Diplomat in Kopenhagen
Dannesvord-Klampenborg Ingolf Graf dän. Oberforstmeister, Blutsverwandter des Königs
Dannesvord-Klampenborg Mathilde Komtesse einzige Tochter
Donner, Wilhelm Graf v. preußischer Gesandter in Kopenhagen
Donner, Wilhelmine Gräfin v., geb. Prinzessin zu Waldeck und Pyrmont Ehefrau
Donner, Wittekind Graf v. Sohn, Schüler und Student
Donner, Margarethe Komtesse v. ältere Tochter
Donner, Ingrid Komtesse v. jüngere Tochter
Doublebridge, Peter Lord und **Lady Anne** englischer Gesandter in Kopenhagen, Adm. a.D.
Elten, Holgers Apotheker und privilegierter Schnapsfabrikant zu Pyrmont
Erdholm, Knud Major und angehender Kommandant auf den Christiansinseln
Falckenhain, Christian Graf v. Schlossherr in Bernau, Mitglied preuß. Herrenhaus, Reeder
Falckenhain, Henning Graf v. Major der Garde, kgl. preuß. Prinzenerzieher, Sohn
Falckenhain, Dorothea Komtesse v. älteste Tochter
Falckenhain, Elisabeth Komtesse v. zweite Tochter
Falckenhain, Andrea Komtesse v. dritte Tochter
Howard-Smith, Richard englischer Konsul in Dänemark
Gleiser, Heinrich Oberschreiber der preußischen Gesandtschaft
Hammersee, Arne Baron AbtLtr im Kopenhagener Polizeipräsidium
Heise, Hannes Seekadett auf dem preußischen Schoner „Stralsund"
Hochmeier, Hans v. Oberinspektor auf Falckenhain
Horst, Günther Inspektor auf Falckenhain, Infanterieleutnant der Reserve
Husum, Johannes Freiherr v. Staatsrat der Holsteinschen Lauenburgischen Kanzlei
Jensen, Jens und **Lone** Agent der Greifenreederei in Kopenhagen, Hofbesitzer und Frau
Kaas, Frederik Luis Graf Polizeichef in Kopenhagen
Kaiser, Leopold Eugen Edler von ksl. österreichischer Handelsrat in Kopenhagen
Klüger, Rolf und **Edeltraut** Verwalterehepaar beim Gutsherrn von der Tanne
Knudsen, Hans Oberst, Kommandant auf Bornholm
Kofoed, Ove Stiftsamtmann auf Bornholm
Krieger, Jens Christian Chef auf Holmen, Onkel von Lone Jensen

Kraxler, Thomas Nepomuk Redakteur und Herausgeber „Pyrmonter Badepostille"
Latour, Pierre französischer Diplomat in Kopenhagen
Lundquist, Palle und **Agneta** Agent der Greifenreederei in Rönne und Frau
Möller, Morten Großreeder in Kopenhagen
Möller, Henrik Schiffsbauer, ältester Sohn
Möller, Anders Kommodore der Möller-Flotte, jüngster Sohn
Moltke, Karl von Kammerherr, kgl. dänischer Diplomat
Müller, Lars Rutger von vorm. dän. Höfling und Diplomat, schwedischer Oberstleutnant
Olsen, Niels leitender Beamter im dänischen Außenministerium, Sonderermittler
Schimmelmann, Heinrich Ernst Graf von dänischer Politiker, Finanzmann und Mäzen
Schmidt, Karsten Polizeiinspektor in Rönne
Schreiner, Max Leutnant der kgl. dänischen Garde
Schönerrock, Fritz, Großkaufmann, Miteigentümer der Greifenreederei in Rostock
Schröder, Gustav diplomatischer Hilfsarbeiter an preuß. Gesandtschaft Kopenhagen
Stackel, Wilhelm v. Verwandter der Familie Falckenhain
Südling, Lasse Baron von schwedischer Diplomat in Kopenhagen, Hauptmann a.D.
Tanne, Eitel Heinrich v.d. preußischer Oberst a.D., Gutsbesitzer bei Pyrmont
Weiss, Johannes preußischer Chirurg und Tropenmediziner
Wulff, Anders von Major, kgl. dänischer Adjutant, Sonderermittler
Zacharie, Hans Kapitän des dänischen Dampfers „Caledonia"

Ostsee-Anrainer

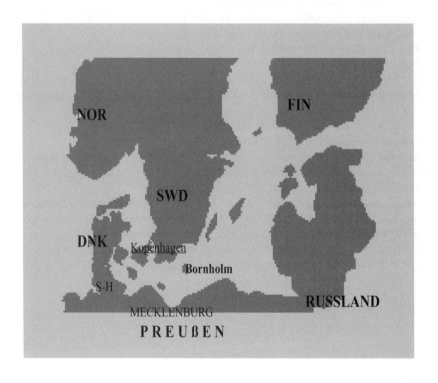

Bornholm

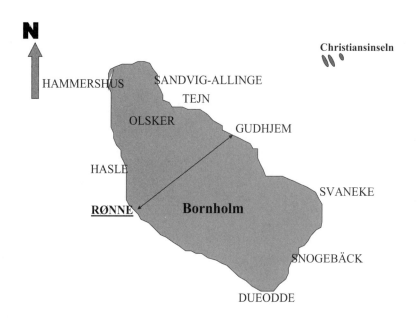

Ostsee-Zugänge

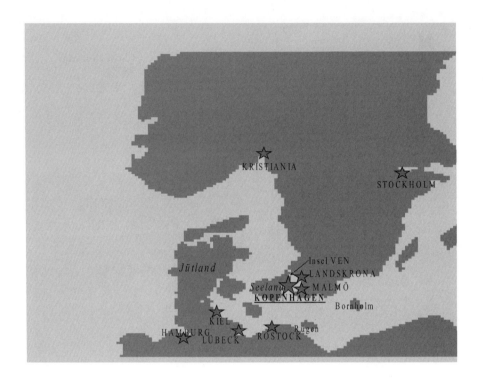

Fürstentum Pyrmont
Mit Grenzziehung nach 1815

Dänisches Königshaus
(bis 1814 auch König von Norwegen)

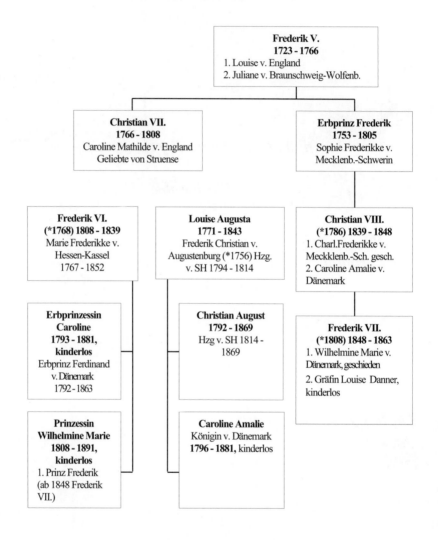

Dänisches Königshaus
(20./21.Jahrhundert)

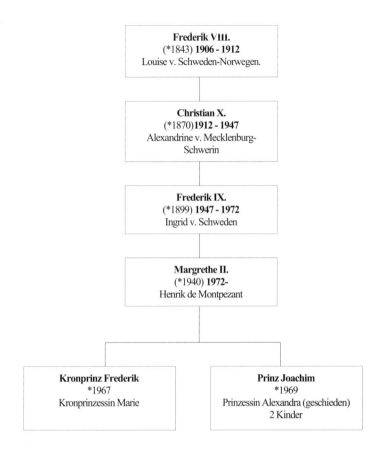

Schwedisches Königshaus ab 1771
(vorher Ständeherrschaft mit präsumtiven Thronfolgern,
ab 1814 auch König von Norwegen)

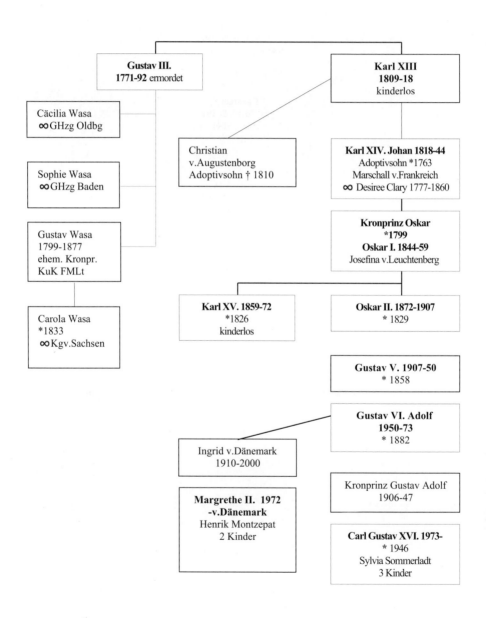

Preußisches Königshaus Hohenzollern
(1701-1918)

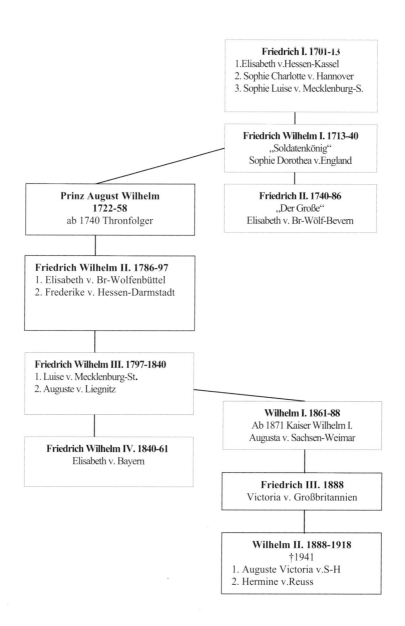

Abstammung Struensee

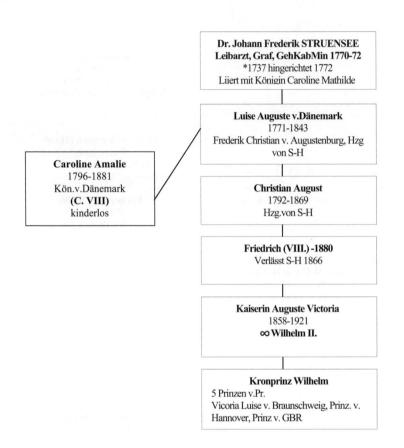

Familienverknüpfungen
(Bonaparte, Beauharnais, Bernadotte, Clary, Bayern, Habsburg)

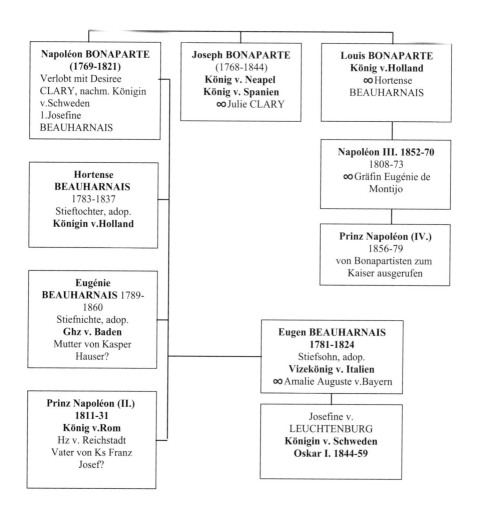

Zeittafel

1797/40	Friedrich Wilhelm III. König von Preußen
1801	Engländer (Adm. Nelson) schlagen dänische Flotte vor Kopenhagen
1806	Preußische Armeen unterliegen Napoléon in Schlachten bei Jena und Auerstedt
1806	Preußen muss Gebiete abtreten und wird durch französische Truppen besetzt
1807	Engländer (Gen. Wellesley) bombardieren Kopenhagen, zerstören dänische Flotte
1807	Dänemark zwangsläufig Verbündeter Frankreichs
1807/08	Kronprinz / König Frederik stellt Kaperbriefe aus
1808/39	Frederik VI. König (Regent seit 1784)von Dänemark und Norwegen
1810	Frz. Marschall Bernadotte wird schwedischer Kronprinz
1810	Tod der preußischen Königin Luise
1810/22	Hardenberg Erster Minister („Staatskanzler") von Preußen
1813	Dänemark erklärt Staatsbankrott, verbleibt Verbündeter des französischen Kaisers
1813	Preußen, Schweden, Österreich, Bayern erklären Napoléon den Krieg
1813	Napoléon unterliegt in Völkerschlacht bei Leipzig
1814	Frieden von Kiel
1814	Dänemark muss Norwegen an Schweden abtreten
1814	Napoléon, Kaiser der Franzosen, wird nach Elba verbannt
1814/15	Friedensschlüsse von Paris und Wiener Kongress
1815	Napoléons Rückkehr nach Frankreich
1815	Wellington (Wellesley) und Blücher besiegen Napoléon bei Waterloo
1815	Napoléon wird nach St. Helena verbannt
1815	Russland, Preußen und Österreich bilden „Heilige Allianz" gegen revolut. Bewegungen
1815	Preußische Gesandtschaft eröffnet in Kopenhagen
1815	Gründung des Deutschen Bundes aus dt. souveränen Fürstentümern und Freien Städten
1815	Frederik VI. wird als Herzog von Holstein ebenfalls Mitglied des Deutschen Bundes
1818/40	Bernadotte als Karl Johann XIV. König von Schweden und Norwegen
1819	Karlsbader Beschlüsse des österr. Fürsten Metternich, Ende der freiheitl. Strömungen
1819/20	Große Firmenpleite in Kopenhagen
1821	Piraterie erlebt neuen Höhepunkt in der Ostsee
1821	Napoléon stirbt auf St. Helena
1821	Karl Johann XIV. / Wellington besuchen Kopenhagen
1821	Ostsee-Konferenz „Kampf gegen Piraterie" im schwedischen Malmö
1821	Herzog von Wellington als diplom. Sondervermittler in Kopenhagen
1821/22	Attentate auf das schwedische Herrscherhaus

Anmerkungen (Fußnoten)

[1] Entspricht dem Dienstgrad Hauptmann
[2] August Graf Neithardt von Gneisenau, General, 1807 Verteidiger von Kolberg, 1813-15 Stabschef bei Blücher
[3] Karl von Grolman, General, 1815-19 Generalstabschef der Preußischen Armee
[4] Oberleutnant
[5] Leutnant, unterster Offizierdienstgrad
[6] abfällige Bezeichnung für Kaufmann
[7] zurückgehend auf das Verschwinden Hamelner Kinder und Jugendlicher im Jahr 1284
[8] Eine deutsche Meile = 7,5 km
[9] Friedrich der Große oder umgangssprachlich der „Alte Fritz"
[10] Johann Philipp Seip, 1686 bis 1757, gebürtig in Oesdorf b)Pyrmont, Fürstlich Waldeckscher Hofrat und Leibarzt; entdeckte und vermarktete Heilquellwasser
[11] in Personalunion mit Großbritannien, nach dem Tode William IV. wird dessen Bruder Ernst August, Herzog von Cumberland, erster selbständiger König von Hannover
[12] diplomatische Vertretung in einer Hauptstadt, unter Leitung eines Botschafters oder Gesandten
[13] dienstliche Wohnung eines Botschafters oder Gesandten
[14] Vorderkopf
[15] Rüssel des Wildschweins
[16] Blut des Wildes
[17] Drei Kronen, Symbol für die drei skandinavischen Königreiche Dänemark, Schweden und Norwegen
[18] Bezeichnung für Geschwindigkeit: Seemeilen pro Stunde; eine Seemeile =1.852 km
[19] seit 1794 Residenz des Königspaares
[20] Heinrich Graf von Podewils, preußischer Gesandter u.a. in Kopenhagen, 1730-60 Minister für Auswärtiges
[21] Observatorium des Astronomen Tycho Brahe, im 17. Jahrhundert von König Christian IV. (C4) errichtet
[22] dänische Form der Heinzelmännchen
[23] Johan Frederik Struensee, Graf, Geheimkabinettsminister, 1737-1772
[24] Graf Christian Günther Bernsdorff, zuerst dänischer Politiker, nach Zerwürfnis mit Frederik VI. Dienst in Preußen, seit 1818 Außenminister
[25] Forstmeister = höherer Forstdienst, hier Chef der königlichen Forstverwaltung
[26] zuweilen auch Deutsche Kanzlei genannt
[27] Marinestation und Werft gegenüber Kopenhagen
[28] Nachfolger von Schimmelmann als Finanzminister, geheimer Staatsminister
[29] Dänemarks größte Zeitung, zweimal wöchentlich, 8.000 Exemplare, deutschen Ursprungs
[30] 1564 bis 1616 in Stratford upon Avon

³¹ Prinz von Dänemark
³² Klemens Fürst von Metternich, ksl österr. Außenminister seit 1809, Regisseur des Wiener Kongresses, seit 1821 Staatskanzler
³³ als letzter römisch-deutscher Kaiser mit Namen Kaiser Franz II. von 1792 – 1806, österreichischer Kaiser 1806-35, Schwiegervater Kaiser Napoléons und zeitweilig dessen Verbündeter
³⁴ Frankfurt am Main ist Sitz des Deutschen Bundes
³⁵ Dänische Flagge
³⁶ 1783 dann erstmalig durch die Franzosen d'Arlandes und Rozier geflogen
³⁷ etwa drei bis vier Kilometer
³⁸ Kabellänge = 1/10 Seemeile, ca. 185 m
³⁹ Mittelwache geht von Mitternacht bis 4 Uhr morgens
⁴⁰ eine Wache von vier Stunden ist in acht Glasen unterteilt; in diesem Fall bedeutet fünf Glasen = 2 Uhr 30 morgens
⁴¹ acht Strich = 90 Grad der Kompassrose; Meldung vom Ausguck erfolgt immer unter der Annahme, dass sein gegenwärtiger Kurs die Bezugslinie ist
⁴² richtungweisendes Staatsgrundgesetz, so die P.S. Kaiser Karl VI. bzgl. der Unteilbarkeit der österreichisch-ungarischen Monarchie auch bei weiblicher Thronfolge; sie verhinderte bei seinem Tode 1740 nicht die 1741-49 kriegerisch ausgetragenen Erbstreitigkeiten zwischen Maria Theresia und Widersachern (auch Friedrich II.)
⁴³ vorübergehender Leiter einer Gesandtschaft
⁴⁴ zweiter und letzter Verbannungsort
⁴⁵ Elitetruppe von Kaiser Napoléon
⁴⁶ erster Verbannungsort, von wo der Kaiser 1815 entkam und eine „Hundert Tage" währende Regierung antrat
⁴⁷ „Eroberer"
⁴⁸ Segelmanöver
⁴⁹ „Dort ist der Verräter"
⁵⁰ „Danke, Hauptmann"
⁵¹ Schnurbesetzter Husarenrock
⁵² Karl Friedrich Hieronymus Freiherr von Münchhausen, *1720 in Bodenwerder/Weser und gest. ebenda 1797; Offizier und Page an europäischen Höfen, Urbild der aufschneiderischen Lügendichtung
⁵³ Ludwig XVI. wurde im Blutrausch der frz. Revolution mit seiner Frau Marie Antoinette, geb. Prinzessin von Österreich, Tochter der Kaiserin Maria Theresia, im Jahr 1893 guillotiniert
⁵⁴ Strickleiter
⁵⁵ „Rettet den König!"
⁵⁶ Stentor= Krieger der griechischen Mythologie, dessen Stimme das Volumen von 50 normalen Männern umfasst haben soll
⁵⁷ „Hauptmann, geben Sie Meldung!"
⁵⁸Kadaverplatz, auch ungeweihter Bestattungsplatz von Hingerichteten und sonstigen Ehrlosen

[59] leichter, vorne offener Ein-oder Zweisitzer mit Faltdach
[60] Fredensborg=Friedensburg; benannt nach dem Frieden von Frederiksborg, der 1720 den zwei Jahrzehnte andauernden „Nordischen Krieg" beendete
[61] König Frederik IV., 1699-1730
[62] Anna Sofie Reventlow
[63] 18.Juni 1815 im südl. Brabant, in Preußen häufig auch unter dem Ortsnamen „Belle Alliance" bekannt
[64] unterster Admiralsrang oder Flaggoffizier, entspricht dem Generalmajor beim Heer
[65] Gebhard Leberecht B., Fürst von Wahlstatt, preuß. Marschall, 1742-1819
[66] 1801 Niederlage vor Kopenhagen gegen Lord Nelsons Flotte und 1807 das Bombardement von Kopenhagen
[67] westliche Landgericht in Viborg, ehemalige dän. Krönungsstadt in Jütland
[68] von 1744-45, Österreich bestätigte im Frieden von Dresden Preußen den Besitz von Schlesien
[69] u.a. am 26.Juli 1757 Schlacht bei Hastenbeck, Dorf unweit der Festungsstadt Hameln,
[70] 1791 gegründet, übernimmt 1800 von Philadelphia den Sitz der Regierung der Vereinigten Staaten von Amerika, 1814 von engl. Truppen teilweise zerstört
[71] so eine Art Vorläufer des Maschinengewehrs
[72] geht zurück auf Berliner Verleger und Schriftsteller Friedrich Nicolai, oftmaliger Besucher Pyrmonts, der bzgl. der Aufstellung eines Monuments für Friedrich den Großen unterhalb des Königsberges aktiv wurde